칭의론 시리즈 ⑥

그리스도의 칭의론
Justified in Christ

K. 스코트 올리핀트 편집 | 조 영 천 옮김

기독교문서선교회

기독교문서선교회(Christian Literature Center: 약칭 CLC)는 1941년 영국 콜체스터에서 켄 아담스에 의해 시작되었으며 국제 본부는 미국의 필라델피아에 있습니다.

국제 CLC는 59개 나라에서 180개의 **본부를** 두고, 약 650여 명의 선교사들이 이동도서차량 40대를 이용하여 문서 보급에 힘쓰고 있으며 이메일 주문을 통해 130여 국으로 책을 공급하고 있습니다.

한국 CLC는 청교도적 복음주의 신학과 신앙서적을 출판하는 문서선교 기관으로서, 한 영혼이라도 구원되길 소망하면서 주님이 오시는 그날까지 최선을 다할 것입니다.

Justified in Christ:
God's plan for us in Justification

Edited by
K. Scott Oliphint

Translated by
Young Chun Cho

Copyright © 2007 by K. Scott Oliphint
Originally published in English under the title as
Justified in Christ: God's plan for us in Justification
by Christian Focus Publications, Ltd.
Translated and used by the permission of
Christian Focus Publications, Ltd.,
Geanies House, Fearn, Ross-shire,
IV20 1TW, UK.

All Rights Reserved

Korean Edition
Copyright © 2017 by Christian Literature Center
Seoul, Korea

추천사 1

강웅산 박사
총신대학교 조직신학 교수

　약 500년 전에 있었던 종교개혁의 신학적 쟁점은 오직 믿음으로 의롭게 된다는 이신칭의 교리였다. 전 세계 개신교가 종교개혁 500주년 기념을 앞두고 분주해지고 있는 이 시점에, 우리는 과연 이신칭의 교리가 지금도 유지되고 있는지 질문하게 된다. 이에 대한 답은 긍정적이지 못하다. 1999년 10월 31일 종교개혁기념일을 기해 로마 가톨릭과 루터란 교단이 이신칭의 교리에 대한 공동 성명을 발표하면서 지난 500년간의 서로에 대한 정죄를 거두었다. 종교개혁은 서로에 대한 오해의 해프닝이 된 셈이다. 2006년 이 공동 성명에 감리교단이 공식 서명함으로써 그 파장은 커지고 있다.
　이와는 별개의 일로 소위 "새 관점"(New Perspective) 학파라고 불리는 바울신학에 대한 새로운 해석이 붐을 일으키며 역시 이신칭의 교리를 위협하고 있다. 종교개혁이 일어난 지 5세기가 지났지만 이신칭의 교리를 둘러싼 논란은 결코 잦아들었다고 하기 어렵다.
　이 시점에 지난 2007년 미국 필라델피아의 웨스트민스터신학교 교수진은 『그리스도의 칭의론』(Justified in Christ: God's plan for us in Justification)이라는 저서를 출간함으로써 종교개혁의 교리를 변증하고 있다. 본서의 특징은 웨스트민스터신학교의 다양한 교수진이 함께 참여하여 성경, 신학, 목회, 문화 등 여러 영역에서 이신칭의 교리의 중요성과 의미를 설명해 주는 독특한 방법을 취하고 있다는 것이다.

이신칭의 교리의 설명은 웨스트민스터신학교의 성경관에 기초를 두고 있는데, 성경은 우리가 어떻게 구원받느냐의 문제(ordo salutis, "오르도 살루티스")와 그리스도가 어떻게 우리의 구원을 이루셨느냐의 문제(historia salutis, "히스토리아 살루티스")를 불가분의 관계에 두고 있다.

종교개혁 이래 그리스도의 대속 교리와 오직 믿음으로 구원받는 이신칭의 교리를 기반으로 가진 복음주의가 이제는 더 이상 하나라고 생각하기 어렵게 된 핵심적인 이유는, 개인의 구원과 그리스도의 구속 사역 간의 불가분의 관계에서 이탈하는 새로운 접근 방법을 따르기 때문이다.

지나치게 구원의 개인적 유익만을 강조하고 소위 듣기 쉬운 설교가 선호되어 그리스도의 사역에 대한 강조가 상실되고 있는 요즘에 본서는 그리스도의 사역이 왜 중요한지를 일깨워 주고 있다. 이론적 근간을 간과하는 실존적 적용만으로는 바른 복음의 제시라고 할 수 없다. 따라서 설교의 사명을 공유하는 모든 이에게 본서를 적극 추천한다. 웨스트민스터신학교에서의 학업을 마친 후 현재 필라델피아에서 목회를 하고 있는 역자의 열정과 노고를 통해 본서가 한국에 소개될 수 있게 되어 기쁨으로 축하와 감사의 마음을 표하고 싶다.

추천사 2

김재성 박사
국제신학대학원대학교 부총장, 조직신학 교수

칭의 교리는 구원론의 핵심으로 기독교 신자들에게 감격과 기쁨을 주는 중요한 가르침이다. 본서는 최근 가장 활발하게 이 주제를 논의하고 있는 개혁주의 신학자들이 연구한 것을 한데 모아놓은 훌륭한 논문집이다. 본서를 통해서 믿음을 선물로 주신 하나님의 엄청난 은총에 대해서 잘 이해하게 되리라 확신한다.

특히 본서를 통해서, 종교개혁의 핵심을 이루는 칭의 교리가 어떻게 발전되어 나왔는가에 대해서 역사적으로, 성경적으로 잘 이해할 수 있을 것이라고 확신한다. 칭의 교리가 신학의 핵심으로 등장하게 된 것은 로마 가톨릭의 왜곡된 공로주의에 맞서서 루터가 로마서 강해를 통해서 강력하게 주장하였기 때문이다. 그런 점에서 루터의 공로를 높이 평가하지 않을 수 없다. 하지만, 정통주의 루터파로 계승되면서, 점차 다양한 주장들이 등장하게 된다.

결국, 종교개혁 2세대에 속하는 칼빈이 나타나면서 좀 더 체계적으로 칭의 교리가 정리되었다. 칼빈은 루터의 입장을 받아들이면서도, 보다 성경적으로 명쾌하게 칭의 교리를 그리스도와의 연합이라는 구조 안에서 다루고자 하였다. 따라서 칭의와 성화는 예수님에게 연합된 자에게 주어지는 두 가지 혜택으로 구별이 되지만, 동시에 분리시킬 수는 없다는 점을 드러냈다.

최근에는 니콜라스 톰 라이트(N. T. Wright)가 "새 관점"(The New Perspective on Paul)을 내놓아서 논쟁이 되고 있다. 종교개혁자들의 칭의론을 거부하는 그의 주장에는 그리스도의 의로움이 전가된다는 것과 그리스도와의 연합으로 주어지는 칭의와 성화의 개념이 모두 다 거부되고 있다. 매우 위험한 칭의론을 제시하는바, 유대주의자들의 언약 개념과 율법주의를 재해석했다는 라이트에 대해서 철저히 파헤친 논문들이 들어 있다.

어려운 신학용어들을 잘 이해할 수 있도록 수고한 번역자의 꼼꼼한 노고에 대해서 많은 분들이 감사하게 될 것이다.

추천사 3

피터 A. 릴백 박사
웨스트민스터신학교 총장, 역사신학 교수

성경의 가르침의 중심에는 하나님의 은혜로운 선물이 있다. 그 선물은 죄인들에게 주어진 것으로서 그리스도를 믿는 믿음으로 말미암아 구원하는 의를 말한다. 개신교 종교개혁은 이러한 중심 되는 진리를 재발견하는 것으로부터 시작되었다. 하지만, 혼동과 타협의 문화 속에서, 죄인들이 그리스도 안에서 의롭게 된다는 핵심적인 진리는 축소되어 왔고 심지어는 사라져 버렸다.

이러한 상황에서, 필라델피아에 소재한 웨스트민스터신학교의 교수들이 협력한 본서는 시기적절하며 환영받을 만하다. 『그리스도의 칭의론』을 읽고 그리스도와의 연합 안에서 주어지는 칭의의 깊은 의미를 새롭게 발견하길 바란다.

추천사 4

레인 G. 팁튼 박사
웨스트민스터신학교 조직신학 교수

조영천 박사는 교회를 위한 섬기기 위한 훌륭한 하나의 작업을 마쳤다. 바로 『그리스도의 칭의론』이라는 책을 한국어로 세심하게 번역한 것이다.

본서 안에 있는 논문들의 목적은 이신칭의를 포함하여 모든 영적인 복은 성령님께서 이루시는 그리스도와의 연합이라는 가장 기본적인 조건 안에서 주어진다는 것을 분명히 하는 것이다.

십자가에서 죽으시고 부활하신 그리스도를 믿는 믿음 때문에 성도들에게 완전하고 값없이 주어진 칭의가 주어진다는 성경적인 가르침이 본서를 읽는 독자들의 마음 속에 더욱 깊이 자리잡기를 소망한다.

역자 서문

조영천 박사

필라델피아 기쁨의교회 부목사, 소래신학연구소 소장

    종교개혁 500주년을 기념하는 해에 중요한 책을 번역하게 되어 감사하다. 종교개혁의 원인을 여러 측면에서 분석할 수 있겠지만, 가장 중요한 부분은 신학의 개혁, 교리의 개혁이었음이 분명하다.

    중세 후기 교회의 부패한 현실에 대한 개혁의 외침은 어느 곳에서나 분출하고 있었다. 대부분의 목소리가 "윤리적, 도덕적 개혁"에 집중되었던 반면, 종교개혁가들은 잘못된 교리, 신학으로부터 잘못된 윤리가 유래한다고 진단하고서 신학의 개혁, 특히 구원론(칭의 교리)의 개혁을 주장하였다.

    종교개혁이 발생한 이후, "칭의"(justification)라는 주제는 지난 500년간 개신교 신학의 핵심 중 하나였으며, 이는 오늘날도 마찬가지이다. 특히 바울에 대한 새 관점 학파의 영향으로 칭의 교리에 대한 전반적인 재해석이 요청되고 있는 오늘날, 칭의 교리를 올바로 이해하는 일은 모두에게 의미 있고 유익한 작업이 될 것이다.

본서는 웨스트민스터신학교의 교수진들이 각각 조직신학, 역사신학, 변증신학, 목회신학의 관점에서 칭의 교리를 다각도로 조명해 놓은 논문 모음집이다. 2007년에 출판되어 10년의 시간 차이가 있긴 하지만, 본서에서 논의하는 쟁점들이 오늘날 한국 교회에 뜨거운 화두가 되어 있음을 볼 때, 본서는 매우 적절한 시점에 한국 독자들에게 소개되었다고 할 수 있겠다.

본서는 무엇보다도 역자 본인에게 개인적으로 큰 도움이 되었던 책이었다. 웨스트민스터신학교에서 박사 과정 종합시험을 준비할 때, 가장 어려웠던 부분이 이 학교의 조직신학적 전통, 특히 구원론 부분을 소화하는 것이었는데, 그때 본서를 통해서 개혁주의 구원론의 핵심, 즉 "그리스도와의 연합으로부터 칭의를 포함한 모든 구원의 복이 유래한다"는 점을 깊이 배울 수 있었다. 이 깨달음은 향후 역자의 박사 학위 논문 주제로도 곧바로 이어져 "그리스도와의 연합 교리"(Union with Christ)에 대한 논문을 쓰게 되었으니, 본 역자는 본서를 통해 두 배의 유익을 얻은 셈이다.

이처럼 개인적으로나 또한 상황적으로나 의미가 큰 책이기 때문에, 모든 내용을 정확하게 그리고 쉽게 번역하려고 노력했다. 하지만, 각각의 논문마다 깊이 있는 내용들이 집약적으로 제시되었을 뿐 아니라, 다양한 논쟁적 상황을 배경으로 논지가 전개되고 있기 때문에, 한 번에 쉽게 읽을 수 있는 책은 아니다. 독자로서는 여러 차례 쉬어가며 저자의 주장을 정리해야 하는 수고로움이 필요할 것이다.

하지만, "단단한 식물"이 우리를 성숙케 하는 자양분이 되듯, 본서 또한 구원에 대한 우리 이해의 수준을 걸음마 단계에서 장성한 분량으로 끌어올리는 역할을 하리라 기대해 본다. 어려운 내용을 깔끔하게 다듬어준 CLC 편집부에게, 그리고 많은 시간을 번역 작업에 쏟을 수 있도록 양보해 준 아내와 아이들(은율, 선율, 하율, 민율)에게 감사의 마음을 전한다.

2017년 1월 16일

목차

- 추천사 1_ 강웅산 박사(총신대학교 조직신학 교수) … 5
- 추천사 2_ 김재성 박사(국제신학대학원대학교 조직신학 교수) … 7
- 추천사 3_ 피터 A. 릴백 박사(웨스트민스터신학교 역사신학 교수) … 9
- 추천사 4_ 레인 G. 팁튼 박사(웨스트민스터신학교 조직신학 교수) … 10
- 역자 서문 … 11
- 기고자들 … 16

서론: 칭의의 위기_ 싱클레어 B. 퍼거슨 박사 … 22

제1부 성경에서의 칭의론

제1장 칭의와 종말론_ 리차드 B. 개핀 박사 … 51

제2장 그리스도와의 연합과 칭의_ 레인 G. 팁튼 박사 … 88

제2부 교회사에서의 칭의론

제3장 칼빈과 법정적 칭의 교리: 칭의와 갱신의 관계에 대한 칼빈과 초창기 루터파의 견해 비교_ 피터 A. 릴백 박사 … 132

제4장 존 오웬의 칭의 교리_ 칼 R. 트루먼 박사 … 184

제5장 그리스도의 능동적 순종과 웨스트민스터 표준문서의 신학: 역사적 검토_ 제프리 K. 쥬 박사 … 211

제3부 칭의론과 변증적 함의들

　　제6장 칭의와 폭력: 속죄 및 현대 변증학에 대한 고찰_ 윌리엄 에드가 박사 … 264

　　제7장 언약적 믿음_ K. 스코트 올리핀트 박사 … 302

제4부 목회적 관점에서의 칭의론

　　제8장 칭의 교리의 목회적 의미_ J. 스태포드 카슨 박사 … 337

제5부 칭의론에 관하여 선별된 참고문헌

　　제9장 참고문헌_ 알렉산더 핀레이슨 박사 … 367

❖ 주제 색인 … 381

기고자들

❖ 싱클레어 B. 퍼거슨(Sinclair B. Ferguson) 박사

펜실베니아(Pennsylvania) 주에 있는 웨스트민스터신학교(Westminster Theological Seminary)에서 조직신학을 가르쳤다. 그는 애버딘대학교(University of Aberdeen)에서 학위를 받았으며 신학교에서의 교수사역 이외에도 사우스 캐롤라이나 주의 컬럼비아 시에 있는 제일장로교회에서 목회활동을 하고 있다. 그가 저술한 책은 다음과 같다. *Taking the Christian Life Seriously*; *Discovering God's Will*; *Children of the Living God*; *John Owen on the Christian Life*; *Daniel*(Communicator's Commentary); *Healthy Christian Growth*; *Deserted by God?*; *The Holy Spirit*; *The Big Book of Questions and Answers*; *Let's Study Philippians*; *Let's Study Mark*; *The Big Book of Questions and Answers About Jesus*; *If I Should Die Before I Wake*.

❖ 리차드 B. 개핀(Richard B. Gaffin, Jr.) 박사

웨스트민스터신학교에서 성경신학과 조직신학을 가르치는 명예 교수이다. 그는 칼빈대학(Calvin College)과 웨스트민스터신학교에서 학위를 받았으며 독일 괴팅겐(Göttingen)에 있는 게오르그아우구스트대학교(Georg-August Universität)에서 대학원 과정을 이수하였다. 그는 *The Centrality of the Resurrection*(=*Resurrection and Redemption*); *Perspective on Pentecost*; *Calvin and the Sabbath*(『성령 은사론』, CLC 刊) 등을 저술하였다.

❖ 레인 G. 팁튼(Lane G. Tipton) 박사

웨스트민스터신학교에서 조직신학을 가르치는 교수이다. 그는 사우스웨스턴오클라호마주립대학교(Southwestern Oklahoma State University)와 캘리포니

아(California) 주에 있는 웨스트민스터신학교 및 펜실베니아 주의 필라델피아에 있는 웨스트민스터신학교에서 학위를 받았다.

❖ 피터 A. 릴백(Peter A. Lillback) 박사
웨스트민스터신학교에서 역사신학을 가르치는 교수이자 총장이다. 그는 씨더빌대학(Cedarville College)과 달라스신학교(Dallas Theological Seminary) 및 웨스트민스터신학교에서 학위를 받았다. 그의 저서로는 *The Binding of God: Calvin's Role in the Development of Covenant Theology*(『칼빈의 언약 사상』, CLC 刊)이 있고, *The Practical Calvinist: An Introduction to the Presbyterian and Reformed Heritage*를 편집하였다.

❖ 칼 R. 트루먼(Carl R. Trueman) 박사
웨스트민스터신학교에서 역사신학을 가르치는 교수이다. 그는 케임브리지의 세인트케더린대학(St. Catharine's College)과 애버딘대학교에서 학위를 받았다. 그는 신학교에서 가르치는 사역 이외에도 「초석」(*Themelios*)의 편집인으로 활동하며 고백복음주의자연맹(Alliance of Confessing Evangelicals)의 위원이기도 하다. 그가 저술하거나 편집한 책으로는 *Luther's Legacy: Salvation and English Reformers, 1525-1556*(『루터의 유산』, CLC 刊); *The Claims of Truth: John Owen's Trinitarian Theology*; *Reformation: Yesterday, Today, Tomorrow*(『종교개혁의 유산』, CLC 刊); *The Wages of Spin: Critical Writings on Historic and Contemporary Evangelicalism*이 있고, *Protestant Scholasticism: Essays in Reassessment*; *Solid Ground: Twenty-five Years of Evangelical Scholarship*; *The Trustworthiness of God*의 공동 편집자이다.

❖ 제프리 K. 쥬(Jeffrey K. Jue) 박사
웨스트민스터신학교에서 역사신학을 가르치는 부교수이다. 그는 얼바인 캘리포니아대학교(University of California at Irvine)과 캘리포니아 주에 있는 웨스트민스터신학교 및 애버딘대학교에서 학위를 받았으며 제네바대학교에서 대학원 과정을 이수하였다. 그의 저서로는 *Heaven upon Earth: The Millenarian Legacy of Joseph Mede*(1586-1638)이 있다.

❖ 윌리엄 에드가(William Edgar) 박사
웨스트민스터신학교에서 변증학을 가르치는 교수이다. 그는 하버드대학교와 웨스트민스터신학교 및 제네바대학교(Université de Genève)에서 학위를 받았다. 그의 저서로는 *In Spirit and in Truth: Ten Bible Studies on Worship*; *Taking Note of Music*; *Reasons of the Heart: Recovering Christian persuasion*; *If You Seek Me*; *The Face of Truth*; *Truth in All Its Glory: Commending the Reformed Faith* 등이 있다.

❖ K. 스코트 올리핀트(K. Scott Oliphint) 박사
웨스트민스터신학교에서 변증학과 조직신학을 가르치는 교수이다. 그는 웨스트텍사스주립대학교(West Texas State University)와 웨스트민스터신학교에서 학위를 받았다. 그의 저서로는 *The Battle Belongs to the Lord: The Power of Scripture for Defending Our Faith*이 있고 공동 저서로는 *If I Should Die Before I Wake*이 있다.

❖ J. 스태포드 카슨(John Stafford Carson) 박사

2005년부터 북아일랜드 아르마 주의 폴타다운(Portadown, County Armagh, Northern Ireland)에 있는 제일장로교회에서 목사로 섬기고 있다. 그는 울스터대학교(University of Ulster)와 벨패스트(Belfast)에 있는 퀸즈대학교(Queen's University) 및 웨스트민스터신학교에서 학위를 받았다. 그는 켈스장로교회와 에스킬래인장로교회 및 칸모니장로교회에서 목사로 섬겼으며, 2000년부터 2005년까지 웨스트민스터신학교에서 부총장으로 섬겼다.

❖ 알렉산더 핀레이슨(Alexander Finlayson) 박사

웨스트민스터신학교에서 도서관장 및 신학서지학(Theological Bibliography)을 가르치는 교수이다. 그는 토론토대학교(University of Toronto)와 틴데일신학교(Tyndale Seminary)에서 학위를 받았다.

Justified in Christ
God's plan for us in Justification

최고 재판관이 자유롭게 용서하실 때, "나는 은혜 베풀 자에게 은혜를 베풀고 긍휼히 여길 자에게 긍휼을 베푸느니라"라는 말씀을 무력하게 하기 위하여 최고 재판관을 정죄하는 것은 얼마나 주제넘는 일인가! 저 말씀으로 하나님께서는 모세의 중재를 막으셨다. 모세의 중재의 취지는, 하나님께서 아무도 아끼시지 말아야 한다는 의미가 아니라, 그들에게 죄책이 있을지라도 하나님께서 그들의 죄과를 지워주시고, 그들 모두를 용서해달라는 것이다. 그러므로 이것 때문에 우리는 진실로 다음과 같이 말한다. '잃어버려진바 된 자들이 자신들의 죄를 묻어 버리고 하나님 앞에서 의롭게 된다. 왜냐하면 죄를 미워하시는 하나님께서 자신이 의롭게 한 자들만을 사랑하실 수 있기 때문이다.' '칭의의 놀라운 계획'은 이것이다. 즉 그리스도의 의로 덮인 그들은 자신들이 받아 마땅한 심판을 두려워하지 않을 것이다. 그리고 그들은 자신을 옳게 정죄하지만, 그들은 그들 밖에서(outside themselves) 의롭다고 여겨질 것이다.

— 존 칼빈, 『기독교 강요』, 3.11.11

서론
칭의의 위기

싱클레어 B. 퍼거슨(Sinclair B. Ferguson) **박사**
전 웨스트민스터신학교 조직신학 교수

  오늘날 복음주의가 분열의 위기를 경험하고 있다는 사실은 자명해 보인다. 50여 년 전에는 복음주의자가 된다는 것이 역사적 기독교의 위대한 교리적 진리들(creedal verities)에 깊이 헌신하는 것을 의미했다. 그리스도의 사역의 본질이 무엇인지, 그리고 구원의 복을 우리가 어떻게 받게 되는지 등에 대해 분명하게 구별된 견해를 가지고 있었다.[1] 그 핵심에는 성경의 권위가 놓여 있었고, 이중적인 확신, 곧 그리스도의 죽음은 형벌적 대속을 의미하며 그리스도인의 삶은 오직 믿음으로 말미암는 칭의로 특징지어진다는 신념이 분명하게 자리 잡고 있었다.

---

1 예를 들어, D.W. Bebbington의 *Evangelicalism in Modern Britain* (London, 1989)과 D.M. Lloyd-Jones, *What is an Evangelical?* (London, 1971)에 나타난 복음주의 분류법을 보라.

물론 복음주의자들 사이에서도 의견 차이가 없는 것은 아니었지만, 크게 봤을 때에는 일반적인 공통분모가 남아 있었다.

하지만 오늘날은 상황이 달라졌다. 아마도 인식하기 어려울 정도로 엄청나게 그리고 영구적으로 상황이 바뀐 것 같다.

"복음주의자가 된다는 것은 무엇을 말하는가?"

이 질문에 대해, 오늘날에는 매우 다양한 답변들이 제시되겠지만, 그 중 대다수는 역사적인 정의보다 확고하지 못하다. 오늘날 일반화된 분석에 따르면, 복음주의는 일련의 거대한 충격들을 겪었다. 그 충격은(오늘날도 여전히 모든 지역에서 그 영향력이 느껴지는) 오순절 운동으로부터 시작하여, 그것과 무관하지 않은 "예배 전쟁" 및 구도자중심 예배, 그리고 최근에 등장한 이머징처치(emerging/emergent church) 운동으로까지 이어졌다. 하지만, 표면적으로 이러한 변화가 진행되고 있을 때, 표면 아래에서는 더욱 심각한 문제가 발생하고 있었는데, 그것의 온전한 실체가 이제는 점점 더 분명해지고 있다.

이전과는 "다른 형태"의 복음주의가 나타날 것이라는 사실은, 복음주의 출판사들이 펴낸 책, 설교의 내용, 그리고 복음주의자들이 개최하고 참석한 컨퍼런스와 세미나의 주제들에 비추어 볼 때 충분히 짐작할 수 있었다. 한 가지 중요한 주제가 간과되어 왔는데, 안타깝게도, 그것은 역사적 복음주의의 정체성과 직결된 주제 중 하나인 **예수 그리스도, 그분의 위격과 사역**이었다.

물론 이 주제가 언제나 일종의 기본적인 전제로 암시되긴 해 왔으나, 20세기 중반 내내 복음주의 출판계는 복음의 이토록 중심된 주제에 대해서, 즉 그리스도와의 연합이 어떻게 그리스도인에게 모든 신령한 복(엡 1:3)을 가져다주는지에 대해서 별 관심을 보이지 않았다. 이 기간 동안 출판되었던 가장 주목할 만한 책들은 대부분 이전 작품들을 재출간한 것에 불과했다. 레온 모리스(Leon Morris)를 비롯하여 소수의 학자들이 최선을 다하긴 했지만, 존 스토트(John Stott)가 1986년에 『그리스도의 십자가』(The Cross of Christ, CLC 刊)를 출판하기까지 이 주제는 오랫동안 복음주의자들의 도서목록에서 빠져 있었다.

스토트의 책이 널리 인정을 받고 추천되기는 했지만, 그것조차도 『목적이 이끄는 삶』(The Purpose Driven Life)의 판매부수와 비교해 보면 보잘 것 없는 수준이다. "십자가가 이끄는 삶"(The Cross-Driven Life)이라는 제목의 책이 그렇게 잘 팔렸다면 멋진 일이었을 것이다.

물론, 몇몇 희망적인 징조도 있었다. 한 예로, 제임스 패커(J. I. Packer)가 쓴 『하나님을 아는 지식』(Knowing God, CLC 刊)은 출판사들이 놀라워할 정도로 베스트셀러가 되었다. 이 책이 처음 영국에서 출판되었을 때, 초판을 인쇄한 부수는 그다지 많지 않았으며, 출판사 측에서는 이러한 제목이 붙은 책에 그렇게 많은 사람이 실제로 관심을 가질 줄 몰랐다고 한다.

하지만 이러한 부분적인 성공에도 불구하고, 삼위 하나님을 알고 예수 그리스도와 그의 사역을 이해하며 그분 안에서 발견되는 은혜와 진리를 배우는 것이 사람들에게 가장 필요한 일이라는 확신은 이미 사라져 버린 지 오래다. 마틴 루터는 외치기를, "그리스도의 사람들에게 '십자가, 십자가'를 말하는 모든 선지자들이 복되도다"라고 외

쳤지만,[2] 그 목소리는 변방으로 밀려났다. 그 대신 이제는, 두려움, 문제, 고통, 낮은 자존감 등을 "어떻게"(How to) 해결하고, 결혼과 자녀 양육에서 "어떻게" 성공할 수 있는지가 복음주의의 새로운 관심사가 되었다.

  스스로 자각하지 못하는 가운데, 복음주의는 자기 자신에 대하여 우스꽝스러운 모습으로 전락해 버렸다. 그 기본적인 구조 안에서 중요한 자리를 차지하고 있던 어떤 요소가 지나칠 정도로 과장되어 균형을 잃어버린 것이다. 부드럽게 표현해 보자면, '그리스도께서 어떻게 구원을 이루셨는가'보다는 '그 구원이 어떻게 해서 나의 것이 되는가' 하는 문제가 더 중요해졌다. 보다 전문적인 신학 용어를 사용하자면, '구원이 어떠한 방식으로 나타나는가(work out)?'라는 **구원의 서정**(*ordo salutis*, "오르도 살루티스")이 '하나님께서 구원을 완성하기 위해 역사 가운데 어떠한 일을 행하셨는가?'라는 **구원의 역사**(*historia salutis*, "히스토리아 살루티스")를 가리워 버렸다. 결국 **그리스도의 죽음**이 가진 의미를 아는 것보다는 **나의 삶**이라는 주제가 더 우선시 된 것이다.

  흥미롭게도, 아니 어쩌면 당연하게도 이러한 형식의 복음주의는 프리드리히 슐라이어마허(Friedrich Schleiermacher, 1768-1834)의 초창기 자유주의 신학과 유사한 사고 구조를 나타냈다.

  슐라이어마허는, 그 자신만의 방식으로, "구도자 중심의"(seeker sensitive) 신학을 만들어 냈다. 그는 자신의 신학이 소위 "신앙을 경

---

2 Matin Luther의 "95개조 반박문" 중 92번째 명제이다.

멸하는 교양인들,"³ 즉 계몽주의의 영향 하에서 기독교 교리의 신뢰성을 포기해 버렸던 당시 사람들에게 복음의 타당성을 제시해 주었다고 굳게 믿었다.

그들에게 있어서 하나님을 안다는 것은 더 이상 획득할 수 없는 불가능한 지식이었다. 칸트(Kant)의 이성 비판을 통해, 인간이 알 수 있는 지식의 대상은 감각적인 현상의 영역(phenomenal realm)에만 제한되었고, 본체적 영역(the noumenal)에 대한 앎은 가로막혔다. 하지만 슐라이어마허는 모든 것이 상실되었다는 점을 부인하였다. 그는 오히려 거꾸로 생각하여, 하나님을 절대적으로 의존하는 감정이나 감각이 기독교 신앙의 핵심이라고 강조하였다.

이러한 방식으로 슐라이어마허는 현대 신학의 아버지가 되었고, 신학이 결국 인간의 종교적인 경험에 대해 연구하는 종교 인간학과 다름없는 것으로 바뀌는 데 기여했다. 그 결과, 오늘날 많은 고등 교육 기관에서 신학 분과나 학부는 종교학 분과나 학부로 이름이 바뀌었다. 이로 인해 특히 그리스도인들 사이에서 나타난 현상으로서 "자기 자신" 및 자아의 발전이 이 시대의 중대한 그리고 매우 개인주의적인 과제로 부각되었다.

이전 세대의 그리스도인들이 많은 관심을 보였던 주제들, 즉 그리스도의 위격과 사역에 대한 지식, 그리고 칭의의 본질과 근거, 칭의가 성화와 어떻게 연관되며 또 어떻게 다른지 등의 문제는 이제 그다지 실질적인 의미가 없는 것으로서 밀려났다. 한 때는 모든 신

---

3 이 표현은 그의 유명한 초기 작품인 *Religion: Speeches to its Cultured Despisers*, 1799를 따른 것이다.

학 논의의 기초 역할을 했던 삼위일체가, 슐라이어마허의 대표작 『기독교 신앙』(*The Christian Faith*, 1821-22, 2nd edition 1830)에서는 하나의 부록 정도로 밀려났다. 오늘날 복음주의자들이 무엇을 믿고 있는지(혹은 믿지 않고 있는지)에 대한 최근의 여론 조사 결과에 따르면, 심지어 자유주의의 영향을 받지 않았다고 여겨지는 집단에서조차 신학의 중심이 삼위일체 하나님으로부터 자기 자신으로 뒤바뀐 당황스러운 현상이 현저하게 드러난다.

복음주의 교회의 기본 분위기가 이와 같은 상황에서, 가르침에 대한 어떠한 새로운 방향을 다루기란 쉽지 않다. 본서가 중요한 이유가 바로 여기에 있다.

이 책에 기고한 저자들은 필라델피아에 위치한 웨스트민스터신학교를 통해 하나로 연대하고 있다. 이들은 복음주의 및 개혁주의라는 훌륭한 전통 위에 서 있는 학자들로서, 배움에 대한 열정을 공유하고 있으며, 그들의 학문적인 은사(gifts)는 성경 주해, 조직신학, 역사신학, 철학적/문화적 변증학, 설교학, 목회학 등을 망라한다. 그들은 또한 교회를 사랑하며 기독교 공동체를 섬기고자 하는 열정으로 하나되어 있으며, 각자가 속한 지역 교회의 사역에 깊이 관여하고 있다. 기고자들 한 사람 한 사람 모두가 저술과 강연 활동을 통해 학문적인 영역에서든 대중적인 영역에서든 광범위한 영향을 끼치고 있다. 그들은, 학문적인 영역과 대중적인 영역이 서로 긴밀하게 연결되어 있으며, 그렇기 때문에 학계에서 일어나는 일이 결국에는 성도들이 접하는 설교나 강의, 책 등을 통해서 영향을 미치게 된다는 사실을 굳게 믿고 있다.

학문을 향한 사랑, 복음을 위한 열정, 하나님의 사람들에 대한 애정으로 하나된 8명의 기고자들은, 오늘날 복음주의가 스스로를 약화시키며 궁극적으로는 신학적 체계와 삶의 방식 사이의 일관성을 파괴시킬 위험들에 노출되어 있다는 사실을 함께 우려한다.

기고자들은 또한 복음주의 학계의 발전과 관련해 특별한 시점에 서 있는데, 여기에 대해 몇 가지 언급할 사항이 있다.

50년 전 복음주의 신학계는 작고 연약했다. 복음주의 학생들은 자유주의 신학계의 공격으로부터 자신들을 지켜줄 만한 책을 거의 가지지 못했다. 하지만 지금은 상황이 급격하게 바뀌었다. 복음주의 신학자들이 사실상 시장을 지배하고 있고, 방대한 분량과 깊이의 보수적 작품들도 쉽게 구할 수 있게 되었다. 50-60년대에는 빗방울 정도였던 것이 90년대에는 홍수가 되었을 정도로 양적으로나 학문적으로나 괄목한 성장을 이루었다. 복음주의 학계는 성년의 시기에 이르렀고, 자신감을 갖게 되었다.

"복음주의적"이 된다는 것, 즉 성경을 하나님의 말씀으로서 읽고 관심 갖는다는 사실이 이제는 예전만큼 부끄러운 일이 아니다. 복음주의자가 되기 위해서는 지성을 포기해야 한다는 식의 말이 학계에서는 점점 사라지고 있다(물론 어린 학생들이 여전히 그러한 방식의 비난을 사용하기는 하지만 말이다).

하지만, 복음주의 학계가 성장하는 가운데, 두 가지 현상이 은연 중에 나타나고 있다. 새로운 유형의 **성경적인** 학자들이 나타나게 되면, 그 결과 복음주의적인 신학, 특히 **조직신학**이 자연스럽게 유익을 받게 되리라는 믿음이 예전에는 있었다. 하지만 이 믿음은 너무도 순진했던 것 같다. 종종 쉽게 지나쳐 버리는 사실이 있다. 즉 '성경은 전(前)신학적(pre-theological)이지 않으며 성경 해석 역시 비(非)신학적(a-theological)이지 않다'는 점이다.

성경은 그 자체의 신학적 기준, 그 자체의 "교훈의 본"(롬 6:17, "form of doctrine," KJV)을 가지고 있으며, 신자들은 복음을 통해 여기에 헌신되어 있다. 다시 말해서, 성경에서 가르치는 신학이 곧이어 주해와 성경신학을 위한 기본적인 틀을 제공한다. 성경의 통일성이 이러한 작업을 가능케 하고 또 실제로 그것을 요구한다. 하지만 안타깝게도 오늘날에는, 학자들의 역할이 "단순히 본문을 따르기만 하는 것"이라는 생각이 널리 퍼져 있는데, 이는 본문이 그것의 신학적 틀로부터 결코 고립되어서는 안 된다는 사실을 충분히 고려하지 못한 결과이다.

어떠한 신학적 전제들(controls)이 없을 경우, 학자들은 자신들이 역사비평적인(historical-critical) 안경을 쓰고 작업하고 있으면서도 그 사실을 인식하지 못한 채 그저 성경 본문을 따르고 있다고 믿어 버릴 가능성이 매우 크다. 더 나아가서 학계의 많은 작업들이 요구하는 것은, 학문의 강(river)의 특정 지점에서 학문의 흐름에 들어가서 그 학문의 규칙을 배우고 그 규칙에 따라 활동하는 것이다. 수면 바로 밑에 암초의 위험이 존재한다는 경고 표지가 거의 제공되지 않은 상태에서 말이다. 어떤 하나의 방법론 안에 표현되어 있는 전제들은 너무도 쉽게 간과될 수 있다.

지난 수십 년에 걸쳐, "새로운" 입장들이 복음주의 성경학계에서 등장해 왔다. 이러한 입장들을 발전시킨 학자들은, 자신들의 접근 방법이 복음주의 신앙의 고백과 일치한다는 점을 지속적으로 주장했다. 하지만 너무도 자주 간과되는 사실이 있다. 바로 오늘날 "복음주의자들"이 사용하고 있는 방법들과 결론들이, 19세기의 학자들, 즉 **비(非)복음주의적**일 뿐 아니라 결국에는 **반(反)복음주의적인** 신학을 초래했던 학자들의 방법 및 결론과 유사하다는 사실이다.[4]

그리고 학계에서 가르치는 내용들이 서서히 대중적인 복음주의 도서들과 교회의 강단 및 교실에까지 전해지고 있다. 이와 비슷한 운동이 신학 분야에서 감지될 수 있다. 자유주의와 복음주의 사이에 이렇다 할 중간지대가 없고 접점도 없을 때, 복음주의는 과거 세대의 진리들을 불편하게 생각하는 사람들을 거의 필연적으로 자신의 진영 안으로 끌어들인다. 이들은 이전의 것을 더욱 깊이 이해하는 것보다는 새로운 것을 발전시키는 것을 자신들의 사명으로 생각한다. 사람들이 더욱 창의적이고 새로운 생각을 추구할수록, 점점 더 과거의 유산은 우리의 생각을 속박하는 것으로, 그래서 제거되어야 하는 껍데기로 보일 가능성이 크다.

이러한 두 가지 흐름이 이제는 하나로 합쳐졌다. 그 결과, 복음주의 학회나 컨퍼런스에 참여하는 강연자나 청중들 중, 역사적 복음주의의 구별된 특징들에 작별을 고하는 사람들이 나타났다(그러면서도 복음주의 깃발 아래에 계속 머물러 있다). 그리고 그들의 글과 말은 보다 일반적인 신자들에게까지 침투하기 시작했다. 아마도 이러한 경향은 앞으로 지속되어 복음주의 신학의 많은 차이점들이 제기될 것으

---

[4] Thomas Carlyle이 한 것으로 보이는 말은 아마도 그 시대에 여러 다른 사람들이 인정한 것보다 더 예언적인 것 같다. "우리나라 사람들 모두 바보가 되었는가? 독일의 믿음 없는 전제들을 가지고 스코틀랜드 복음주의 정통의 결론을 이끌어낼 수 있다고 생각하다니!" John Macleod, *Scottish Theology* (Edinburgh, 1943), 310.

로 보인다. 그 결과, 복음주의 신학의 지형은 거의 알아볼 수 없을 정도로 새롭게 그려질 것이다.

이처럼 다양한 흐름과 영향력의 결과로, "복음주의"라는 용어는 더 이상 예전처럼 분명하고 충분하게 규정되지 않는다. 실제로 복음주의라는 용어 자체가 의미있는 것인지조차 의문시되는 실정이다. 만일 형벌적이고 대리적인 속죄(penal, substitutionary atonement) 개념에 대해 유보적인 태도를 보이거나 심지어 그것을 부인하면서조차 여전히 복음주의자로 남아있을 수 있다고 한다면, "복음주의"라는 용어는 더 이상 과거에 가졌던 의미와 같지 않다. 이와 관련하여 심각한 우려가 생기는데, 그 이유는 "복음이 무엇인가?"라는 질문이 단순히 학문적인 문제가 아니라 교회가 선포하는 구원 메시지의 핵심과 연결되기 때문이다.

이러한 배경에서 본서는 특별히 그리스도께서 자신의 형벌 대속적 희생(sacrifice) 가운데 이루신 순종이 무엇인지, 그리스도의 순종이 개개인들에게 어떻게 전가되는지, 그리고 그것이 이신칭의 교리와 관련하여 어떠한 의미를 가지는지 등의 문제에 집중한다. 이와 같이 서로 긴밀하게 연결되어 있는 주제들이야말로 한 사람의 복음주의자가 되는 것이 무엇을 의미하는지, 그리고 복음의 핵심이 무엇인지와 직결된다.

분명히 강조하건대, 본서의 저자들은 그리스도의 전가된 의나 대리적 속죄 등의 교리를 단순히 인정하는 것만으로 구원을 얻을 수 있다고는 믿지 않는다. 하지만 복음이 이와 같은 개념으로 설명되지 않거나, 최악의 경우 이러한 교리가 부인된다면, 구원자 그리스도에 관한 좋은 소식과 그분을 믿는다는 것의 의미가 왜곡되며 복음이 훼손되어 버린다는 점을 저자들은 확고히 믿는다.

여덟 편의 논문이 보여주듯이, 그리스도의 사역 및 그것의 적용에 관한 논쟁은 최근의 도서와 논의에서 **중대한 이슈**가 되었다. 이는 복음의 객관적인 측면과 관련하여 그렇다.

우리의 구원을 완성하기 위해 십자가 상에서 실제로 이루어진 일은 무엇이었는가?

이는 또한 그것의 주관적인 적용과 관련해서도 마찬가지이다.

"의롭다 함을 받는다"는 것은 무엇을 의미하며, 어떠한 수단을 통해 일어나는가?

본서의 배경에 깔려 있는 보다 구체적인 이슈를 언급하자면, 저자들은 "바울에 대한 새 관점 학파"(The New Perspective on Paul)라고 불리는 영향력에 대해 공동의 관심을 가지고 있다. 이 주제에 대해 친숙하지 않은 독자들을 위해, 이 이름이 무엇을 의미하는지, 그리고 그것이 왜 오늘날 복음주의 그리스도인들 사이에서 그토록 뜨거운 주제가 되었는지에 대해 몇 가지 예비적인 설명을 덧붙이는 것이 유익하겠다.

먼저 지적해야 할 점은, 여기에서 다루고 있는 주장들은 하나로 확실하게 일치된 교리라기보다는 말 그대로 하나의 **관점**(perspective)이라는 사실이다. 이 관점을 함께 주장하는 사람들 사이에서도, (성경의 본질과 신뢰성을 비롯하여) 여러 기독교 교리에 관해 중대한 입장 차이가 나타난다. 이러한 이유 때문에, "새 관점"의 여러 측면들이나 대표자 등은 고정되어 있지 않다고 볼 수 있다.

"새 관점"은 예수님과 바울이 살던 당시 유대교 신앙과 종교에 대한 새로운 관점으로부터 비롯되었다. 그 핵심 주장은 다음과 같다.

제2성전 기간의 유대교는 개신교의 전통적인 해석과는 반대로 사실상 은혜의 종교였다. 그것은 "행위를 통한 의"를 주장하는 종교가 **분명코 아니었다.** 당시 유대교는 스스로의 노력으로 구원을 얻을 수 있다고 가르치지 않았다. 오히려 유대교는, 구원 혹은 언약 공동체로의 가입이 전적으로 은혜의 문제라고 주장했다. 율법을 준수하는 일은 공동체 안에 계속 머물기 위한 방법이었고, 이 언약 공동체를 다른 공동체와 구분하는 핵심적인 외적 "경계"(boundary) 표시들은 안식일, 할례 의식, 음식법 등을 지키는 것이었다. 따라서 예수님의 가르침이나 특히 바울의 가르침은 반드시 이러한 관점에서 (재)해석되어야 한다.

이러한 주장의 배경에는 단순히 1세기 유대교에 대한 관점뿐 아니라 종교개혁 이후 서구 교회 역사에 대한 관점도 깔려 있다. 새 관점 학파의 주창자들은 서구의 성경 연구가 역사적으로 어거스틴의 유령(ghost)에 깊이 영향 받았으며, 위대한 독일의 종교개혁가인 마틴 루터가 복음을 이해한 범주 안에서 형성되었다고 강조한다.

루터에게 있어서 중요한 개인적인 문제는 한 사람의 죄인이 어떻게 하나님 앞에서 의롭게 될 수 있는가 하는 것이었다. 복음이 해결하는 본질적인 "문제"는 의롭고 거룩하시며 죄를 싫어하시는 하나님 앞에 서 있는 자신의 죄악된 상태였다. 루터는 주장하기를, 칭의 즉 하나님 앞에서 의롭다 여김을 받는 일은 예수 그리스도를 각 개인이 믿을 때 일어난다고 하였다. 그 이유는 다음과 같다.

> 하나님이 죄를 알지도 못하신 이를 우리를 대신하여 죄로 삼으신 것은 우리로 하여금 그 안에서 하나님의 의가 되게 하려 하심이라(고후 5:21).

칼빈과 마찬가지로, 루터 역시, 우리의 죄가 십자가 상에서 그리스도에게 "전가"되고 그분의 의(righteousness)가 믿음을 통해 우리에게 "전가"된다는 놀라운 교환에 경탄했다. 종교개혁가들에게 있어서 이러한 "놀라운 교환"이 의미하는 바는, 이중적인 전가(double imputation)가 복음의 핵심을 이룬다는 사실이었다. 따라서 칭의는 "교회가 서느냐 넘어지느냐를 좌우하는 교리"(루터)이자 "모든 신앙을 움직이는 중심축"(칼빈)으로 여겨졌다.

루터와 칼빈 모두 중세 후기 교회가 복음을 왜곡하였으며 결국에는 파괴해 버렸다고 믿었다. 그들은 한편으로는 예수님이 배척했던 유대교와 바울이 상대했던 유대주의자들, 그리고 다른 한편으로는 중세 후기 교회의 가르침 사이에 비슷한 점이 있다고 보았다. 따라서 로마 교회에 대항하여 복음을 설명할 때, 루터와 칼빈은 자신들이 단순히 예수님과 바울의 가르침을 반복하고 있으며, 사도적 교훈의 전통 위에 서 있다고 확신했다.

하지만, 종교개혁가들의 이 같은 해석이 온전한 그림, 곧 참된 그림이 아니라고 제인하는 소수의 학사들이 나타났고, 지난 세기에 걸쳐 그 수는 크게 늘어났다. 한 세기 전, (유대교 학자) 클로드 몽트피오레(Claude Montefiore)와 조지 무어(George Foot Moore)는 기존의 해석에 반대하여 주목할 만한 이의를 제기했다. 그들은 주장하기를,

유대교는 토라(Torah)를 기뻐하는 모습에서 보여지듯이, 은혜의 종교였다고 한다. 이러한 입장은 훗날 제2차 세계대전 이후 세 명의 학자들을 통해 더욱 발전되었다.

1948년, 웨일즈 출신의 학자 데이비스(W. D. Davies)는 『바울과 랍비 유대교』(*Paul and Rabbinic Judaism*)를 출판하였는데, 이 책에서 그는 주장하기를, 본질적으로 다소의 사울은 메시아에 대한 예언의 성취를 예수에게서 찾았던 한 명의 랍비였을 뿐이라고 주장했다. 바로 여기에 바울 복음의 핵심적인 특징이 놓여 있었다. 물론 과거에 예수의 제자들을 핍박했던 사람으로서 충분히 극적인 방향 전환을 겪긴 했지만 말이다. 어쨌건 바울은 '행위 대 은혜'의 대립적인 관점을 지지하지 않았다는 것이 데이비스의 요지였다.

1963년에는 하버드대학교 신학대학의 학장이자 훗날 스톡홀름의 주교가 된 스웨덴 학자 크리스터 스텐달(Krister Stendahl)이 "바울과 서구의 자기 관찰적 양심"(Paul and the Introspective Conscience of the West)이라는 제목의 논문을 「하버드 신학 논평」(*The Harvard Theological Review*)에 기고했다. 흥미롭게도, 그 제목과 접근 방법에 비추어 알 수 있듯이, 스텐달의 논문은 원래 1961년에 미국 심리학회에서 했던 강연이었다. 하지만 이 글은 심리학자들보다는 신약 신학자들에게 훨씬 더 큰 영향을 끼쳤다.

스텐달의 주장은 다음과 같다. 바울이 가지고 있던 죄악된 양심(guilty conscience)이라는 개념은 어거스틴의 영향을 크게 받아 만들어진 서방 기독교의 작품이자 사실상은 일종의 조작이었다. 이 개념은 동방 교회에서는 전혀 나타나지 않았다. 다메섹 도상에서의 체험이 있기 전 바울은, 죄책감이라는 짐 때문에 신음하기는커녕, 실상은 스스로 하나님과 올바른 관계를 가지고 있다고, 즉 "율법으로는 흠이 없는"(빌 3:6) 상태였다고 생각했다. 그가 다메섹 도상에서 경험한 소위 "회심"은 "죄책감"으로부터 "은혜"로의 회심이 결코 아니었다. 그것은 오히려 예수가 메시아라는 깨달음이었다.

바울이 다메섹 도상에서 어떠한 체험을 했건 간에, 그것은 서구적인 의미에서 말하는 한 죄인의 회심이 아니라, 예수의 메시아되심을 인식하라는 일종의 "부르심"이었다. 이 부르심에 반응하여, 바울은 예수를 믿고 그를 메시아로 선포하기 시작했다. 바울의 "죄"는 영적이고 도덕적인 실패에 대한 죄책감이 아니라, 교회가 메시아 공동체라는 사실을 깨닫지 못하고 오히려 핍박했던 것이었다. 바울은 루터가 자신의 죄악된 양심을 해방시키기 위해 사모했던 원형이 아니었다. 이와 관련하여 스텐달은, 위대한 로마서의 핵심이 그리고 바울의 복음의 핵심이 로마서 1-4장이 아니라 9-11장에 나타난다고 주장했다.

커다란 변화가 데이비스의 사위였던 샌더스(E. P. Sanders)의 작품과 함께 나타났다. 그의 책 『바울과 팔레스타인 유대교』(*Paul and Palestinian Judaism*)[5]는 이전 학자들의 주장을 더 진전시킴으로써, 지난 25년 동안 신약 연구, 특히 바울 연구의 지형을 혁명적으로 바꾸어 놓았다. 샌더스는 바울의 사상에 나타나는 **종교의 형태**와 B.C. 200년에서 A.D. 200년 사이 유대교 문헌들에 나타나는 종교의 형태를 비교했다.[6]

---

5 London, 1977.
6 이 책의 부제가 "종교 형태들의 비교"(*A Comparison of Patterns of Religion*)라는

샌더스는 유대교가 "언약적 율법주의"(covenantal nomism)의 종교였다고 주장했다. 하나님과의 올바른 관계는 그분의 은혜로운 언약으로 세워진다. 개인은 순종을 통해 이 지위를 유지한다. 희생 제사 제도는 실패를 위해 제공된다. 샌더스가 말하고자 하는 핵심은, 유대교의 이 같은 "종교 형태"가 바울의 종교 형태, 즉 자기 자신이나 행위의(義)가 아니라 은혜에 근거한 종교 형태와 다르지 않다는 사실이다.

이와 같은 관점은 바울과 그의 가르침을 해석하는 방식에 어떠한 영향을 주는가?

이에 대한 답은 바울의 회심이 어떻게 분석되어야 하는지에 관한 질문과 직접적으로 연관된다. 샌더스는 우리가 해답으로부터 문제를 추론함으로써 이 질문에 접근한다고 주장했다.

다메섹 도상에서 바울에게 드러난 것(즉 해답)은 무엇이었는가?

바로 예수가 메시아라는 사실이었다.

따라서 사울의 문제는 그가 자신의 행위를 통해 구원을 얻으려 했던 게 아니었다. 그가 죄악된 양심으로 고통받았던 것도 아니었다. 오히려, 예수가 메시아라는 사실을 전혀 깨닫지 못하여 핍박한 것이 사울의 문제였다. 요약하자면, 아마도 샌더스의 글 중 가장 잘 알려진 문장처럼, "바로 이 점이 바울이 유대교에서 발견한 오류이다. 그것은 기독교가 아니다."[7]

사실은 의미심장하다.
7 『바울과 팔레스타인 유대교』(*Paul and Palestine Judaism*), 552. 이 문장은 Sanders가 강조한 것이다.

상황이 이렇다고 할진대, 바울에게 있어서 유대주의자들의 근본적인 문제는, 그들이 행위의(義)를 구원 안으로 몰래 집어넣으려 했다는 것이 아니라, 그들이 전통적인 "경계 표지들"(boundary markers)[8]을 고집함으로써 메시아가 자신의 공동체로 **포함**시켰던 사람들을 **배제**시켰다는 데 있었다. 왜냐하면, 만일 구원이 그와 같은 표지들을 요구한다고 했을 경우, 다음과 같은 결론이 나오기 때문이었다.

첫째, 이방인들이 하나님의 백성으로부터 배제될 것이다.

둘째, 그 결과 그리스도의 죽음이 헛된 것이 되어 버릴 것이다.

샌더스의 책은 오늘날 신약성경을 재해석하는 작업과 관련해 필독서가 되었다. 학자들에게 있어서는 일종의 코페르니쿠스적 전환이 언제나 많은 결과물을 생산해 낸다. 정말로 이제는 새 관점 학파에 대해서 적어도 입에 발린 칭찬이라도 하지 않고서는 신약신학에 대한 학문적인 글을 쓰기가 어렵게 되었다.

어떤 학자들이 자신의 연구가 진전되면서 자신의 마음을 바꾸는 동안, (새 관점 학파가 가장 급속도로 성장하고 있는) 영어권에서는 두 명의 영국 학자들이 큰 관심을 이끌어 냈다. 한 사람은 ("바울에 대한 새 관점"이라는 표현을 창시한 것으로 알려져 있으며) 더럼대학교의 라이트풋 교수(Lightfoot Professor at the University of Durham)였던 제임스 던(James D. G. Dunn)이고, 다른 한 사람은, 공교롭게도, 잉글랜드 국교회의 현직 더럼 주교(Bishop of Durham)인 니콜라스 톰 라이트

---

8 안식일, 할례, 음식법 등-역주.

(N. T. Wright)이다. 이 두 학자들의 뛰어난 학문적 역량이 없었다면, "새 관점"이 복음주의 교회에 영향력을 미치기까지 훨씬 긴 시간이 걸렸을 것이다.

상당수의 다른 학자들과 마찬가지로, 두 사람 모두 복음주의의 배경을 가지고 있다. 두 학자 모두 영국의 기독학생회(Inter-Varsity Fellowship) 출신이며, 이와 연관된 영국의 틴데일학회(Tyndale Fellowship)에서 활동했다. 두 사람은 각자 자신들의 "새 관점"으로부터 서로 다른 주석적, 신학적 결론을 이끌어 냈다. 이 학파의 주장을 "관점"이라고 불러야 하는 이유가 여기에서 다시 한 번 나타난다.

하지만, 두 사람이 기본적으로 공유하고 있는 관점이 있는데, 바로 (갈라디아서와 로마서에 나타난) 바울의 주된 관심사는 행위에 대한 반대 개념으로 은혜를 강조하는 것이 아니라는 점이다. 바울이 반대한 것은 자기의(義)를 추구하는 것이 아니었다. 바울이 반대한 것은 교제를 위한 기본 전제로 율법에 대한 준수를 요구하는 것이었다. 특별히 할례, 안식일, 음식법 등과 같은 "경계 표지들"이 메시아 예수에 대한 복음적인 신앙의 자리를 대체해 버리는 것에 바울은 반대했다.

즉, 던과 라이트 두 사람 모두에게 있어서도, 유대교는 기본적으로 은혜의 종교였지 행위의(義)를 추구하는 종교가 아니었다. 따라서, "칭의"를 이야기할 때, 바울은 (언약 관계 속으로) "들어가는 길"(the way in)에 대해 말했던 것이 아니라 이미 그 관계 안에 들어가 있는 사람들의 지위(status)를 묘사했던 것이다.

그러므로, 사울의 회심은 어거스틴이나 루터나 번연의 회심과는 전혀 달랐다. 어거스틴이 펠라기우스(Pelagius)에 반대하고, 루터가 로마 교회에 반대하고, 번연이 고교회파 잉글랜드 국교회에 반대했던 것과는 성격이 다른 종류의 회심이었다는 것이다.

아무리 부드럽고 조심스럽게 진술한다고 하더라도, 결국 이 "새 관점"이 명백하게 말하고자 하는 바는 전통적인 개신교가 바울과 유대교에 대해 잘못 이해했다는 것이다. 개신교는 그동안 루터의 안경을 끼고 유대 종교와 바리새인을 보았으며, 로마 교회의 오류와 유대교를 동일시하는 잘못을 범했다.

"새 관점"이 오늘날 교회에 유익을 몇 가지 주는 것처럼 보인다.

첫째, 기독교의 복음 특히 사도 바울의 가르침이 진정한 유대교의 모습을 왜곡시켰고, 그로 인해 반(反)유대주의(anti-Semitism)가 형성되었다는 비난을 "새 관점"이 누그러트린다.

둘째, "새 관점"은, 로마 가톨릭과 종교개혁 신학자들이 복음의 참된 본질을 제대로 이해할 수 있었더라면 종교개혁이라는 갈등을 피할 수도 있었을 것이라고 암시적으로 (그리고 때로는 직접적으로) 주장한다. 만약 그렇게 되면, 로마 가톨릭과 종교개혁 신학자들 둘 다는 자신들의 오류를 인식하고, 마침내 "새 관점"에 도달할 수 있었을 것이다! 그렇다면 "새 관점"은 교회 연합을 위한 하나의 큰, 아니 어쩌면 **매우** 위대한 비법(alchemy)이 된다.

셋째, "새 관점"은 예수의 메시아로서 주되심을 강조하는데, 이러한 주장은 사회적이고 정치적인 활동에 참여하는 세속적인 기독교에 견고한 기반을 제공하는 것으로 보인다.

새 관점 학파의 비판적인 태도는 다음과 같은 그들의 확신에서 기인한다. "새 관점"이 참된 성경적 복음을 회복하며 복음주의를 그 자체의 역사로부터 구원해준다. 복음주의의 생명력은 구원이 은혜로 말미암는다는 사실을 아는 것에서 비롯되는데, 그동안 복음주의는 복음의 핵심이 어떻게 기능하는지를 이해하고 표현하는 데 있어서 잘못된 분석을 이용해 왔다. 특히 이 점을 명확하게 표현하는 학자가 라이트이다. 그는, 이신칭의 교리가 복음이라는 것과 복음은 "사람들이 어떻게 구원받았는지에 대한 이야기"라는 견해를 비판하며, 오히려 다음과 같이 주장한다.

> '복음'은 예수의 주되심에 대한 선언이며, 예수의 주되심은 사람들을 아브라함의 가족 안으로 이끌어 들이는 능력과 함께 작용하는데, 이 아브라함의 가족은 예수 그리스도를 중심으로 새롭게 정의되고 그분을 믿는 믿음에 의해서만 특징지어진다. 오직 이 근거만을 바탕으로 하여 이 믿음을 가진 모든 사람들이 아브라함 가족의 온전한 구성원이 되었음을 주장하는 것이 '칭의' 교리이다.[9]

라이트의 이러한 주장에는 몇 가지 주목할 만한 내용들이 있다.

첫째, 라이트는 복음주의를 부정적인 모습으로 그려 놓고 있다. 물론 복음주의의 부정적인 모습이 존재하는 것은 사실이다. 이미 우리는 복음주의가 체험에만 집중하는 경향을 보이고 있다는 점을 지적했으며, 그러한 측면에 대한 비판에는 동의할 수 있다.

---

9 *What St Paul Really Said*, 132-133.

하지만, 라이트가 풍자하고 있는 복음주의의 모습은 참된 것이 아니다. 왜냐하면, '이신칭의가 복음의 전부'라는 생각은 결코 역사적 복음주의의 근간이 된 적이 없었기 때문이다.[10] 모든 것의 기초가 되었던 것은 언제나 그리스도의 사역이었다. 그럼에도 불구하고 복음주의는, (언약 관계 속으로) "들어가는 길"이 이신칭의라고 항상 주장해 왔다.

둘째, 라이트가 말한 것들이 성경적 용어와 범주들에 대한 그의 용법에 의해서 역사적 복음주의에서 사용했던 용어들에 대하여 미묘한 차이가 있어 보일지라도, 지금 우리가 주목할 부분은 라이트가 말한 내용이 아니라, 그가 언급하고 있지 **않은** 내용이다. 위의 인용문에서 속죄에 대한 명확한 언급이 없고 그리스도의 죽음이 형벌적이고 대리적이라는 것에 대한 분명한 고백은 더더욱 없다.

라이트가 그리스도의 죽음이 형벌적이고 대속적이라는 것을 직접적으로 부인하지는 않았다. 어쩌면 "예수의 주되심은 … 능력과 함께 작용한다"라는 진술에 그러한 내용들이 포함되어 있다고 누군가 부연 설명할지도 모르겠다. 하지만 그가 그리스도의 죽음의 형벌적이고 대속적인 성격을 명확히 고백하지 않았다는 사실 자체가 오히려 우리에게 이미 말하고 있는 것이 있다.

다른 곳에서 라이트는 복음주의의 중요한 개념들을 언급한다. 예를

---

10 한 개인적인 노트에서 라이트 주교는, 자신이 16세기 잉글랜드 국교회 신학자 Richard Hooker의 작품에서 처음 만났던 "중요하고 자유케 하는 요점," 즉 우리가 의롭다 함을 받는 것은 이신칭의 교리를 믿어서가 아니라는 점에 대해 언급한다(*What St Paul Really Said*, London, 1997, 159). 이 진술과 관련해 놀라운 점은, 비록 그러한 발견이 정말로 자유케 하는 것이었다 하더라도, 교회 역사에서 그토록 왜곡된 관점으로 복음을 가르쳤던 지적인 복음주의자를 찾기란 쉽지 않을 것이라는 사실이다.

들어, 용서(propitiation)[11]라는 개념을 사용한다. 물론, 그가 로마서 1:18 이하나 요한계시록 6:12 이하에서 묘사하고 있는 끔찍한 하나님의 진노를 배경으로 하여 이 개념을 사용하는 것 같지는 않아 보인다.

분명한 것은, 라이트의 관점에 따르면 그리스도의 사역의 핵심은 형벌적 대속(penal substitution)을 이루는 속죄라기보다는 "정사와 권세"에 대한 그리스도의 승리이다. 이러한 견해는 스웨덴 신학자 구스타프 아울렌(Gustav Aulen)의 책 『승리자 그리스도』(*Christus Victor*, 1931)를 통해 잘 알려졌는데, 이는 분명코 복음의 재구성을 의미한다. 즉 형벌적 대속이 속죄의 핵심이자 결국에는 복음의 핵심이라는 사실을 강조하지 않거나 심지어는 부인해 버리는 것이다.

그러므로 이러한 견해가 그리스도의 의가 신자에게 전가됨을 부인하는 것과 관련된다는 사실은 놀랄만한 일이 아니다. 그들의 내세우는 근거 중 하나는, 의(義)는 하나님이 가진 하나의 **속성**이며, 속성은 기본적으로 "전가"될 수 없다는 것이다. 이 주장이 암시하는바에 따르면, 논리적으로 그리고 필연적으로 우리의 죄도 그리스도에게 전가될 수 없다. 왜냐하면 나의 죄 역시 하나의 **속성**, 즉 **나의** 속성이기 때문이다.

그리고 속성이라는 것이 다른 누군가에게 전가될 수 없는 것이라고 한다면, 그리스도의 의가 나에게 전가될 수 없을 뿐 아니라, 애석하게도 나의 죄 역시 그리스도에게 전가될 수 없을 것이다. 이러한 식으로 복음주의 신앙의 핵심은 제거되어 버리고 만다.

---

11 범죄자의 죄값이 다 치뤄짐으로써 하나님의 진노가 누그러짐-역주.

셋째, 주목해야 하는 내용은 이것이다. "새 관점" 주창자들의 비판에 따르면, 종교개혁가들은 교회의 골칫거리인 유대주의자들과 중세 후기에 자신들이 보았던 "은혜가 결여된 구원" 교리를 사실상 동일한 것으로 오해했다. 하지만 이것은 역사적인 상황을 크게 잘못 해석한 것이다.

사실 중세 후기 교회는 은혜에 대한 지대한 관심을 가지고 있었다. 어떻게 하면 각 개인이 자신만의 최선의 노력을 통해 은혜를 "더" 얻을 수 있는지에 그들은 관심이 많았다. 로마 가톨릭 신학이 은혜의 필요성을 모조리 부인하지는 않았다는 사실을 종교개혁가들은 제대로 파악했다.

오히려 종교개혁가들이 문제를 삼았던 것은, 로마 가톨릭에서 "은혜"라고 언급하는 것이 실상은 전혀 은혜가 되지 못한다는 사실이었다. 왜냐하면, 로마 가톨릭 신학에 따르면, 은혜를 얻는 것이 인간의 선행에 달려 있었기 때문이다. "은혜"에 대해서 언급하는 것과 "은혜"를 이해하고 가르치는 것은 전혀 별개의 문제이다. "은혜"라는 단어가 주기적으로 나타난다는 사실만 가지고는, 성경적인 개념의 은혜가 올바로 이해되었다고 단정할 수 없다.

이와 비슷한 현상이 역설적이게도 제2성전 유대교에서 나타나는데, 새 관점 학파는 이 점을 파악하지 못했던 것 같다. "은혜"라고 하는 단어가 자주 사용되긴 했지만, 거기에서 말하는 "은혜"는 인간에 의해 좌우되는 은혜이다. 실상 이것은 타협된 은혜(compromised grace)이지, 진정한 은혜가 아니다. 구약성경의 가르침에도 비슷한 형태가 나타난다.

하나님과의 교제는 순전히 은혜로 이루어지지만, 종종 언약 백성의 역사에서 되풀이 되듯이, 이따금 이 은혜가 랍비 문학에서 심각하게 훼손되었다. 심지어, 야웨가 자신의 가난한 백성들에게 그토록 은혜를 베풀어 주어야 하는 이유는 바로 그 백성들이 매우 크게 고통받고 있기 **때문이라는** 개념이 제시되기도 했다. 즉, 하나님께서 왜, 누구에게 은혜를 베푸시는지를 "설명해 주는" 이유가 바로 사람에게서 발견되어야 한다는 식의 조건주의(conditionalism)로 인해 은혜의 참된 개념이 훼손되는 것이다. 하지만, 진정한 은혜는 그와 같이 어떠한 조건에 좌우되는 것일 수 없다.

바울이 그리스도께 복종하기 전 "죄악된 양심"으로 괴로워했는지 아닌지에 대해서도 지적할 수 있을 것이다. 다소의 사울과 스데반 사이의 관계에 비추어볼 때, 두 사람이 예루살렘에서 같은 회당의 구성원이었을 수 있고, 사울이 스데반을 만나기 전까지는 동년배 어느 누구보다도 더 뛰어난 사람이었으며, 율법이 탐심을 엄격하게 금하고 있었다는 사실 등을 종합적으로 고려해 볼 때, 내 생각으로는 사울이 다메섹 도상에서 단순히 예수의 메시아되심을 깨닫는 정도의 부르심을 받았다기보다는 그보다 훨씬 더 심각한 일들이 그의 삶에서 일어나고 있었던 것으로 보인다.

역사적 복음주의가 처한 상태, 즉 자기 자신 및 주관적인 경험에만 집중하는 현재의 상태에 대해 염려하는 수많은 복음주의자들에게 "새 관점"은 매력적인 대안으로 여겨졌다. 왜냐하면 "새 관점"에서는 이야기로서의 성경, 구속사, 성경신학, 주관보다는 객관, 교회 공동체, 성례, 예수 그리스도의 주되심이 가지는 사회적 의미 등을 강조하기 때문이다.

본서의 저자들은 위의 관심사를 공유하고 있다. 그들은 구속사, 성경신학, 교회의 생명, 그리스도의 주되심이 구속된 사람들에게 가지는 의미 등을 오랫동안 보존해 왔던 전통, 진실로 더 오래된 전통에 속해 있다. 본서를 읽는 독자들은 저자들에게서 아브라함 카이퍼(Abraham Kuyper), 헤르만 바빙크(Herman Bavinck), 게할더스 보스(Geerhardus Vos), 코넬리우스 반 틸(Cornelius Van Til), 헤르만 리더보스(Herman Ridderbos), 존 머레이(John Murray), 그리고 그 모든 배후에 있는 존 칼빈의 영향력을 쉽게 감지할 수 있을 것이다.

그리스도보다 신앙을 강조하거나 혹은 십자가보다 칭의의 체험에 더 초점을 맞추는 주관주의 또는 경건주의의 위험성에 대해 본서의 저자들만큼 잘 아는 복음주의자들은 별로 없을 것이다. 그들은 복음을 잘 이해하고 있으며, 복음을 수호하는 것이 그들의 주된 관심사이다. 본서의 저자들은 바울신학, 역사신학, 신앙고백서 등을 통해 본 칭의 교리 및 그것의 철학적, 문화적, 목회적 관련성을 논의하는데, 그들이 지키고자 하는 "최우선적인" 핵심은 바로 이것이었다.

그리스도께서 성경에 따라 우리의 죄를 위해 죽으셨다(고전 15:3).

서론이라는 형식으로 여기에서 더 많은 이야기를 할 수도 있을 것이다. 하지만, 본서의 무대로 입장하는 커튼을 걷어 올리기 전에, 전체의 그림을 간략하게 제시하는 것이 도움이 될 것이다.

리차드 개핀(Richard B. Gaffin Jr.)은 칭의와 종말론의 관계에 대한 중요한 글로 본서의 문을 연다. 이 글에서 그는 칭의가 "종말"적인 특성을 가지고 있다고 주장한다. 왜냐하면 칭의는 그리스도의 부활-칭의(resurrection-justification)와 필연적으로 연관되기 때문이다. 복음의 또 다른 측면이라 할 수 있는 양자됨(adoption)과 마찬가지로, 칭의 역시 현재의 완전한 현실인 동시에 미래적인 실현을 기대한다.

이 두 가지 "시기," 즉 현재와 종말의 때가 서로 어떻게 연결되는가? 개핀이 제시하는 안전한 가이드에 따르면, 칭의의 최종적인 선언은 현재적인 칭의의 열매이자 공식적인 발표인데, 그것은 오직 그리스도의 완성된 사역에만 근거한다.

레인 팁튼(Lane G. Tipton)은 개핀의 작업에 근거하여 그리스도와의 연합이 가지는 중요성을 설명한다. 성경의 여러 주요 본문들을 꼼꼼히 연구한 후, 팁튼은 신약성경의 가르침에 비추어 이 연합의 특징을, 구원의 모든 유익들이 구분되나 분리되지 않고, 현재적인 동시에 종말적인 성질을 가지고 있는 것으로 설명한다. 더 나아가서 그는 이러한 사도적 가르침이 라이트를 포함하여 다양한 신학자들의 작품에서 얼마나 잘 반영되고 있는지 평가한다.

세 편의 역사신학(historical-theological) 논문들이 그 뒤를 잇는데, 그 중 첫 번째는 현재 웨스트민스터신학교의 총장이자 종교개혁 전문가인 피터 릴백(Peter A. Lillback)의 글이다. 그는 루터파를 포함하여 여러 종교개혁 인물들이 가졌던 칭의에 대한 견해를 살핀 후, 칭의와 성화를 구분되나 분리할 수 없는 2중의 언약적 유익으로 설명했던 칼빈의 교리진술(formulation)을 소개한다. 이러한 방식으로 칼빈은, 성화와 혼동될 수 없으며, 하지만 반드시 윤리적 갱신을 수반하는 법정적 칭의를 가르친다.

잇따른 두 개의 논문은 칭의에 대한 풍성한 신학적 논의가 17세기에 어떻게 이루어졌는지를 살펴본다. 칼 트루먼(Carl R. Trueman)은 영국의 위대한 청교도 신학자(아마도 당시 가장 뛰어난 영국의 신학자였던) 존 오웬의 사상을 꼼꼼하게 살핌으로써 칼빈주의 전통에 대한 연구를 발전시킨다. 소시니안주의(Socinianism)를 비롯하여 17세기의 다양한 신학 집단들을 배경으로 칭의를 설명하는 가운데, 트루먼은 오웬이 그리스도의 능동적 순종과 수동적 순종 그리고 의(義)를 얼마나 명료하고 깊이 있게 설명했는지를 강조한다. "정통 개혁주의의 최고봉"을 여기서 만나게 될 것이다.

17세기를 떠나기 전에, 제프리 쥬(Jeffrey K. Jue)는 웨스트민스터 총회에서 있었던 칭의 논쟁의 현장으로 우리를 초대한다. 이 글은 단지 오늘날 요구에 의한 역사적 흥미에 관한 것이다. 즉 웨스트민스터 총회의 신학자들이 그리스도의 사역에 대한 그들의 진술과 전가(imputation)를 그들의 설명에 있어서 능동적 순종과 수동적 순종이라는 고전적인 구분을 얼버무렸다는 것이다. 쥬는 웨스트민스터 총회의 논쟁으로부터 역사적인 증거를 나열해 놓을 뿐 아니라, 그 논쟁을 올바로 이해하기 위해 필수적으로 필요한 역사적이며 신학적인 배경을 설명한다. 그리고 결론 부분에서는 "바울에 대한 새 관점 학파"와 17세기 알미니안주의자(Arminians) 사이의 유사성을 이끌어 낸다.

윌리엄 에드가(William Edgar)는 그 다음 세기로 논의를 이어갈 뿐 아니라, 프랑스 혁명의 상황과 근대 세계의 등장 속으로 우리를 이끌어 간다. 유럽의 철학적 문화적 배경 사이를 자유롭게 이동하면서, 에드가는 인간이 속죄를 필요로 하지만 속죄를 다른 것으로 대체한다는 점을 깊이 고찰한다. 에드가는, 그의 글의 소제목 중의 하나인 "따뜻한 포용이 칭의는 아니다"를 논증하면서 우리에게 그리스도의 완성된 사역이라는 기초로 돌아가라고 요청한다.

그 다음으로는 언약적 믿음에 관한 스코트 올리핀트(K. Scott Oliphint)의 글이 이어진다. 칭의는 "믿음에 의해" 이루어진다.

하지만 "믿음"이 무엇이며, 그것이 어떠한 의미에서 칭의와 연관되는가?

올리핀트는 ("새 관점" 주창자들의 작품에서 많이 논의된) 바울의 용어 "피스티스 크리스투"(*pistis Christou*, 그리스도의 믿음)가 무엇을 뜻하는지 설명한다. 그는 이 표현이 그리스도 자신의 믿음이나 신실함이 아니라 신자의 믿음을 가리킨다는 고전적인 이해를 지지하며, 이러한 주장에 도움이 되는 중요한 생각들을 제공한다.

스태포드 카슨(J. Stafford Carson)은 이 모든 논의들을 결론지으면서, 이신칭의 교리가 가지는 목회적 가치와 적용점에 대해 이야기한다. 그는 칭의 교리의 훼손이 단순히 전통적인 교리진술을 폐기하는 정도가 아니라 복음의 진리를 실제로 위태롭게 만든다고 지적한다.

마지막으로, 알렉산더 핀레이슨(Alexander Finlayson)은 칭의에 관한 개혁주의 도서들을 정리해 준다. 더 깊은 연구를 원하는 독자들은 이 도서 목록으로부터 출발하는 것이 유익할 것이다.

이제 마지막으로 남은 것은 어거스틴을 회심케 만들었던 유명한 말을 실천하는 것이다.

톨레 레게(*tolle lege*)! 이 책을 집어 들고 읽으라!

제1부
성경에서의 칭의론

제1장 ❖ 칭의와 종말론
―리차드 B. 개핀(Richard B. Gaffin, Jr.) 박사

제2장 ❖ 그리스도와의 연합과 칭의
―레인 G. 팁튼(Lane G. Tipton) 박사

제1장
칭의와 종말론

리차드 B. 개핀(Richard B. Gaffin, Jr.) 박사
웨스트민스터신학교 성경신학과 조직신학 명예 교수

1. 몇 가지 예비적 고찰

종교개혁의 칭의 교리는 복음의 종말론적 핵심을 재발견했다. 이 같은 평가는 그 결과에 비추어 볼 때 분명한 사실이다. 비록 때로는 그 내용이 명확하게 드러나지 못하거나 잘못 이해되었다 하더라도, 이 재발견이야말로 구원론적으로 봤을 때, 종교개혁에서 가장 중요한 부분이라고 말하는 것은 결코 과언이 아닐 것이다. 이보다 더 중요한 것은 결단코 없다.[1]

---

[1] 이 장은 Richard B. Gaffin, Jr., "By Faith, Not By Sight," *Paul and the Order of Salvation* (Milton Keynes, England: Paternoster, 2006), 79-100을 조금 수정한 것이다.

예를 들어, 루터를 비롯한 종교개혁가들은 로마서 8:1, "그러므로 이제 그리스도 예수 안에 있는 자에게는 결코 정죄함이 없나니"와 같은 구절 안에서, 비록 명료하게는 아니더라도 본능적으로 그리고 암시적으로, 종말론적 선언을 들었다. 그들은 "이제"(νῦν, "눈")라는 단어는 그 의미에 있어서 확실히 종말론적이라고 이해했다. 그것은 종말론적 실현을 나타내는 "이제"였던 것이다.

중세 후기 로마 가톨릭의 가르침에 따르면, 최후의 심판 때 이루어질 미래의 선언은 그리스도인이 일평생 어떻게 살았는지에 근거해 이루어진다. 따라서 자신이 어떠한 선언을 받을지가 언제나 불안하고 불확실했다. 하지만 이와는 대조적으로 종교개혁가들은, 역사의 마지막 때에 속하는 이 선언이 역사 가운데 살고 있는 신자들에게 이미 앞당겨 선언되었다고 주장했다. 이 사실로 인해 그리스도인의 삶은 확실하고 안정적인 기반을 갖게 되며, 최후의 심판 앞에서도 흔들리지 않는 확신을 누린다.

이러한 종교개혁의 이해가 신약성경의 가르침, 특히 신자들은 믿음으로 말미암아 이미 의롭다 함을 받았다는 바울의 가르침과 일치한다고 나는 생각한다. 이 장에서는, 그 핵심에 있어 종말론적인 차원을 가지고 있는 가르침을 중점적으로 다루지는 않을 것이다. 이어지는 논의에서 그것에 관하여 몇 가지 중요한 부분들을 언급하긴 하겠지만, 나는 기본적으로 그 교리를 새롭게 논의하기보다는 기본적인 전제로 삼고 논의를 선개할 것이다.[2]

---

[2] "바울에 대한 새 관점"에서 주로 주장하는 내용은 칭의의 주된 관심은 교회론이라는 것이다(즉, 교회가 하나님의 종말적 백성으로서 어떻게 정의되며 누가 거기에

오히려 나는, 신약성경이 칭의를 신자들에게 이미 실현된 현재적 실제로서 분명하게 가르친다는 사실에 기초하여, 칭의의 미래적 측면에 더 집중하고자 한다.

대부분의 사람들이 바울의 가르침에 대해 논할 때, 칭의를 그리고 우리 구원의 "미래적"(not yet) 측면을 어떻게 생각하는가?

바울의 가르침에 따르면 우리는 칭의를 여전히 미래적인 의미로 생각해야 하는가?

다시 말해서, 바울이 가르치는 칭의는 구원에 관한 그의 전체 조망인 "이미-아직 아니"(already-not yet)이라는 관점에서 봐야 하는가?

고린도후서 4:16에 명백하게 나타나는 구별인 "속사람"과 "겉사람"에서 주어지는, 우세한 인간론적 도식으로 칭의에 대한 바울의 가르침을 봐야 하는가?[3]

아마도 이러한 질문들에 대한 우리의 최초의 반응은 강한 "부정"일 가능성이 높다. 그렇게 반응하는 것은 이해할 만한 일일 뿐 아니라, 감사해야 할 일이기도 하다. 칭의를 "아직 이루어지지 않은"(not yet) 미래적인 의미로 이야기하는 것은 "이미 이루어진"(already) 칭의의 확정적 성격을 빼앗는 것처럼 보인다. 칭의를 미래적인 의미로 보는 것은 그것의 현재적이며 절대적인 최종성을 위협하는 것처

속하는지가 칭의의 주된 관심이라는 것이다). 구원론적인 중요성은 기껏해야 두 번째가 되거나 파생적인 것이 될 뿐이다. 이에 관한 대부분의 내용은 여기에서 모두 다룰 수 없다. 하지만, 칭의가 바울의 구원론의 핵심이며, 물론 거기에는 교회론적인 함의가 동반된다는 사실만큼은 분명하게 언급할 필요가 있다.

3 이러한 구분은(참고, 롬 7:22; 엡 3:16) 기본적인 인간론적 범주들 안에서 나타나는 것으로, 믿음으로 그리스도와 연합할 때 갖게 되는 구원의 이중적인 구조, 즉 그리스도의 부활과 재림 사이의 기간 안에서 이미 이루어졌으나 아직 완성되지 않은 이중적인 구조를 반영한다. 이에 대한 더 자세한 논의를 위해서는 Gaffin, *By Faith, Not By Sight*, 53-58을 보라.

럼 보이며, 따라서 그리스도인의 삶에서 칭의의 확실성을 훼손하는 것으로 보인다. 칭의의 분명한 확실성에 조금이라도 이의를 제기하는 것처럼 보이는 내용을 내가 주장한다면, 이는 바울을 잘못 해석하거나 어쩌면 바울의 가르침에 정면으로 반대하는 일이 될 것이다.

그렇게 하는 것은 옳지 않으며, 바울의 사상을 의심하는 것이나 다름없다. 비록 육체의 부활이 여전히 미래의 일이긴 하지만, 신자가 이미 그리스도와 함께 부활했다는 것은 확실한 사실이다(엡 2:5-6; 골 3:1; 갈 2:20). 곧이어 살펴보겠지만, 실제로 부활에 대한 이러한 관찰은 칭의에 있어서 특별한 내적 관련성을 가지고 있다.

바울의 글에서 신자의 미래적 칭의를 분명하게 언급하는 구절은 그다지 많지 않다. 로마서 2:13, 5:19, 갈라디아서 5:5, 디모데후서 4:8 등이 일반적으로 언급되지만, 이 구절들 모두 논쟁의 여지가 있다. 내가 보기에, 적어도 몇몇 구절들은 신자의 실제적인 미래적 칭의나 혹은 칭의의 미래적 측면을 나타내는 것으로 해석될 수 있을 것이다. 최근에 집중적인 조명을 받고 있는 로마서 2:13을 비롯하여 이러한 본문들을 상세하게 주해하는 작업은 분명코 유익할 것이다. 하지만, 여기에서 그 모두를 자세하게 다룰 수는 없으며, 따라서 지금 이 글은 앞으로 더 확장된 논의로 반드시 발전되어야 할 필요가 있다.

위에서 언급한 본문들을 우리의 관심 영역에서 잠시 제외시키는 것이 유익할 것이다. 왜냐하면, 앞으로의 논의에서 나타나겠지만, 위 본문들만 가지고서는 그리스도인의 칭의가 가지는 미래적 측면을 주장하기 어렵기 때문이다. 칭의의 동의어라 할 수 있는 구원의 법정적(forensic) 측면이 결정적으로 미래적 차원을 가지고 있다는 사실을 주장하기 위해서는 다음 네 가지 요소를 고려해야 한다.

① 바울의 구원론과 종말론 구조로부터 유래한 하나의 가설적 논의
② 육체적 죽음을 포함한 죽음과 부활의 법정적 의미
③ 양자됨
④ 최후의 심판 등에 대한 바울의 가르침

2. 웨스트민스터 표준문서와 정통 개혁주의의 관점

이 네 가지 요소를 다루기에 앞서, 하나의 배경 지식으로서, 웨스트민스터 표준문서(the Westminster Standards)가 이 문제에 대해 어떻게 이야기하고 있는지 그 문서의 역사적이며 신학적인 관점을 살펴보자. 대요리문답(Larger Catechism) 90번은 다음과 같이 질문한다.

"심판의 날에 의인에게 어떠한 일이 있을 것인가?"

마찬가지 맥락에서 소요리문답(Shorter Catechism) 38번도 이렇게 묻는다.

"부활의 때에 신자들은 그리스도로부터 어떠한 유익을 얻는가?"

이에 대한 각각의 대답에서 공통된 것은 신자들 곧 의롭다고 불린 자들은 심판의 날에 "공개적으로 인정되며 그 죄가 사면될

(acquitted) 것"이라는 점이다.[4]

대요리문답과 소요리문답 모두에서 핵심이 되는 내용은 그리스도인들이 최후의 심판에 포함될 것이라는 점이다. 당연한 사실을 되풀이하자면, 그리스도인들에게 있어서 최후의 심판은 법정적 또는 법률적(legal) 의미를 가질 것이다. 왜냐하면 그것이 심판과 연결되기 때문이다. 그들은 최후의 심판에서 심판을 받을 것이다.

그 심판의 평결(verdict)은 그들의 사면(acquittal)인데, 그리스도인들은 "공개적으로 사면"될 것이다. 다시 말해서, 자신들에게 제기된 어떠한 죄목에 대해서도, 그들은 무죄 선언을 받을 것이며, 이러한 일은 모두가 볼 수 있는 공개적인 방식으로 일어날 것이다. 소요리문답은 이러한 사면이 그리스도로부터 얻게 될 "유익들" 중 하나라고 밝힌다. 이 일이 "공개적으로" 또는 공적으로 일어난다는 사실 역시 앞으로 우리가 자세하게 살펴볼 중요한 내용이다.

"사면을 받는다"는 말과 "의롭다 함을 받는다"(justified)는 말은 일반적으로 서로 교환되어 사용된다. 성경적인 가르침 전체를 살펴볼 때, 물론 이 두 용어가 완전히 동일한 의미는 아니다. 칭의에는 죄로 인해 야기된 죄책을 사법적(judical)으로 제거하는 사면뿐만 아니라, 긍정적인 차원에서의 법정적인 지위가 회복되는 것도 포함된다. 하지만, 이 두 용어는 상호간에 중복되는 의미를 가지며, 사면은 칭의의 핵심을 이룬다.

결과적으로 웨스트민스터 요리문답은, 신자들에게 있어 최후의

---

[4] 이것을 지지하는 성경 구절로 대요리문답에서 제시하는 것은 마 25:33과 10:32이고 소요리문답에서는 마 25:23과 10:32이다.

심판은 그들의 죄가 사면되는 것과 연관되며 따라서 그들을 의롭게 하는 중요성을 가진다고 가르친다. 어떤 의미에서는, 신자들이 의롭다고 선언되는 것이 신자들의 칭의가 될 것이다.

그러므로 우리는 다음과 같이 결론 내려도 좋을 것이다. 신자의 칭의가 어떤 면에서 미래적인 차원을 가진다는 개념은 정통개혁주의에 입각한 신앙고백이다. 이 개념은 바울에 대한 현대의 역사-비평적 연구로부터 나온 것이 아니다. 그것은 또한 "바울에 대한 새 관점"에서 나온 최근의 발견도 아니다. 이 개념은 종교개혁의 유산과 충돌하지 않으며, 오히려 종교개혁의 유산으로서 주어진 것이다.[5]

---

5 이와 같은 일반화는 아마도 정통개혁주의(reformed orthodoxy)로 좁혀져야 할 것이다. 왜냐하면, 연구의 부족으로 인해, 루터파의 신앙고백들과 신학 안에서 비슷한 진술이 나타나는지에 대해서는 필자가 알지 못하기 때문이다.
이러한 일반화에는 필자가 여기에서 다 제시할 수 없는, 주의해야 할 문서들이나 문헌들이 있음도 인정한다. 흥미롭게도, 과거 17세기로부터 시작하여, 개혁주의 신학에는 미래적 의미의 칭의라는 개념이 광범위하게 수용된 것으로 보이며, 적어도 오늘날 인정되는 것보다 훨씬 더 널리 퍼져 있었던 것 같다. 칭의를 미래로 이야기하는 개혁주의 저자들은 다음과 같다. R. Dabney, *Systematic Theology* (Edinburgh: Banner of Truth, nd/ 1871), 645; J. Fisher, *The Assembly's Shorter Catechism Explained, by Way of Question and Answer* (Glasgow: William Smith, 1779/ 1753), 251-52; J. Flavel, "An Exposition of the Assembly's Shorter Catechism," in *The Whole Works of the Reverend Mr. John Flavel* (Edinburgh: Andrew Anderson, 1701), 832; J. Owen, *The Doctrine of Justification By Faith* (John Owen, *The Works of John Owen*, ed., W. H. Gould [Edinburgh: The Banner of Truth Trust, 1977], V. 159-60); Francis Turretin, *Institutes of Elenctic Theology*, vol. II, ed. James T. Dennision Jr., trans. George Musgrave Giger [Phillipsburg, New Jersey: Presbyterian and Reformed Publishing Company, 1994], II. 685 [16:9:11-12]; H. Witsius, *The Economy of the Covenants Between God and Man* (Phillipsburg, NJ: Eng. trans., Presbyterian and Reformed Publishing Co., 1990/1677), 1:418-24 (book 3, chapt. 8, para. 63-77). 이러한 자료들은 주의 깊게 읽고 생각해 볼 가치가 있다. 이러한 자료들에 대해 알려 준 Robert Tarullo와 Peter Wallace에게 감사의 마음을 전한다.

3. 미래로서의 칭의: 하나의 가정적 논의

하지만, 바울의 경우는 어떠한가?

웨스트민스터 신앙고백의 입장은 바울신학과 조화되는가?

나는 하나의 가정적 논의를 통해, 즉 바울신학 특히 그의 구원론의 기본 구조를 설명함으로써 이 질문에 답변하겠다. 부정문으로 표현하자면, 바울에게 있어서 칭의는 다음과 같이 진술될 수 있다.

첫째, 존귀히 높여지신 그리스도와 믿음으로 연합하는 것 바깥에서(outside of) 칭의는 일어나지 않는다. 즉 칭의는 그리스도와의 연합과 함께 주어지는 유익이 아닐 수 없다.

둘째, 그리스도와의 연합을 설명해 주는 "이미-아직 아니"(already-not yet)라는 구조 바깥에서는 칭의가 일어나지 않는다.

셋째, 위의 구조와 상응하는 고린도후서 4:16의 "속사람-겉사람"(inner-outer) 인간론의 관점 바깥에서 칭의는 일어나지 않는다.

다시 말해서, 그리스도께서 재림하실 때, 즉 우리가 보게 될 육체의 부활과 최후의 심판 때, 그리스도인들의 미래적 칭의가 이루어진다는 주장은 "적절하고 필연적인 결론"이며, 바울의 가르침과 전적으로 조화된다.

이에 반대하는 주장이야말로 심각한 어려움을 만나게 될 것이다. 칭의를 구원의 "이미-아직 아니"의 구조로부터 특히 구원의 "미래적" 측면으로부터 따로 떼어내어 고립시켜 버린다고 한다면, 칭의를 그리스도와의 연합에 집중되어 있는 바울의 구원론 및 고린도후서 4:16이 보여주는 "속사람-겉사람" 인간론과 어떻게 조화시켜야 하는지의 문제가 남게 되기 때문이다.

이러한 설명이, 적어도 이 시점에서는, 모든 사람들에게 설득력 있게 보이지 않을지도 모른다. 하지만, 바울 서신이 하나의 신학적 사고 구조를 제시하며 따라서 이 신학의 전반적인 측면들과 씨름해야 할 필요가 있다는 사실을 인식한 독자들에게는 위 내용이 중요하게 여겨질 것이다. 어떠한 표면적인 위험이 존재하든지 간에, 칭의에 대한 바울의 가르침에는 그의 종말론적 구원론이 가지고 있는 "이미-아직 아니"의 구조가 반영되어 있다고 예상해도 좋을 것이다.[6] 하지만 우리에게는 이러한 가설만 있는 것이 아니다.

4. 죽음과 부활

부활하신 그리스도와 믿음으로 연합하는 것은 그리스도인의 성화와 갱신(renewal)에 관한 바울의 모든 가르침의 기본 근거이다. 이 사실에 이의를 제기할 사람은 거의 없을 것이다. 하지만 부활하신 그리스도와의 연합은 단순히 갱신적인(renovative) 것만이 아니다. 이 연합에는 사법적인 혹은 법정적인 차원의 의미도 담겨 있다. 그리스도 자신의 부활이 그러하듯 말이다. 그리스도의 부활이 가진 사법적 의미는 로마서 4:25에 분명하게 나타난다.

---

6 바울신학의 기본적인 구조뿐만 아니라 이러한 구원론에 관하여 가장 잘 논의한 책으로는 Geerhardus Vos, *The Pauline Eschatology* (Grand Rapids, Mich.: Baker, 1979), 36-41; Herman N. Ridderbos, *Paul: An Outline of His Theology*, trans. John Richard DeWitt (Grand Rapids, Mich.: W. B. Eerdmans Publishing Co., 1975), 44-90 등을 참고하라.

> 예수는 우리가 범죄한 것 때문에 내줌이 되고, 또한 우리를
> 의롭다 하시기 위하여 살아나셨느니라(롬 4:25).

여기에 부활과 칭의 사이의 직접적인 연관성이 제시된다. 바울의 가르침의 전반적인 문맥에 비추어볼 때, 그 연관성은 다음과 같이 이해될 수 있다. 죄를 담당하신 대표자이자 의로운 대리자로서(롬 3:25; 8:3; 고후 5:21), 그리스도는 죽음에 이르기까지 완전히 순종하셨다(빌 2:8). 그리스도의 부활은 그분 자신의 칭의라 할 수 있는데, 이는 부활 그 자체가 '하나님께서 그리스도의 순종에 근거해 그의 의를 인정하셨다'는 것을 보여주는 **사실상** 선언적 인정(declarative recognition)이기 때문이다(참고, 고전 1:30). 하나의 사건으로서 그리스도의 부활은 사법적 의미로서 "말한다"라고 볼 수 있다.

부활과 동시에 주어진 그리스도께서 받으신 칭의(Christ's justification)가 이제는 그리스도인들의 것이 된다. 부활하신 그리스도, 곧 의롭다 하심을 받은 그리스도와 믿음으로 연합할 때, 그리스도의 의가 그들의 것으로 여겨지거나 그들에게 전가된다.[7] 부활이 그리스도 자신의 칭의를 의미한다는 사실은 디모데전서 3:16이 확증한다.

> 그는 육신으로 나타난 바 되시고, 영으로 의롭다 하심을 받으
> 시고(딤전 3:16).

---

[7] 필자는 이 단락을 시작하면서 그리스도와의 연합이 법정적인 의미를 갖는다고 말했는데, 그렇다고 해서 '전가'를 제외시키거나 불필요하게 만드는 것은 아니다. 오늘날과 과거의 논의에서 종종 그래왔던 것처럼 연합과 전가를 둘 다 주장하지 않고 둘 중에 하나만 선택하여 '전가'를 없애도 되는 것으로 평가절하하려는 시도는 바울을 잘못 이해한 것이다.

분명코 이 구절은 성령께서 예수를 죽은 자 가운데서 살리신 행동을 언급한다. 대부분의 성경은 이 구절의 동사를 "~의 정당함이 입증된"(vindicated)으로 번역한다.[8] 여기에서 "~의 정당함이 입증된"의 의미는 분명 법적이다. 그리고 이것은 "육신으로"(in the flesh) 순종하심, 즉 부활 이전에 있었던 지상의 삶에서 나타난 그리스도의 의에 비추어 이해되어야 한다. 따라서, 일반적으로 번역되었던 "의롭다 함을 받은"(justified-KJV, NKJV)이라는 표현을 포기해야 할 이유가 전혀 없다. "의롭다고 보여진"(Shown to be righteous-NLT)이라는 번역도 나쁘지 않다.

물론 이와 관련하여 한 가지 기억해야 할 점이 있는데, 그리스도께서 받으신 칭의는 신자의 칭의와는 달리 어떤 다른 사람으로부터 의를 전가받을 필요성이 없다는 사실이다. 그리스도께서 의롭다는 선언을 받으신 근거는, 신자들의 경우와는 달리, 그분 자신의 의와 순종이었다.[9]

신자의 칭의와 부활 사이의 직접적인 연관성은 로마서 5:18에 나오는 "의롭다 하심을 받아 생명에 이르렀느니라"(δικαίωσιν ζωῆς, "디카이오신 조에스," 생명의 칭의)는 표현에 나타난다. 이것이 특히 그리스도의 부활과 함께 주어진 생명을 가리킨다는 사실은 21절에 나오는 "영생"이라는 표현, 그리고 고린도전서 15:21-22에 진술된 유사한

---

8 개역개정 성경에서는 "의롭다 하심을 받으시고"로 번역됨-역주.
9 부활을 그리스도께서 받으신 칭의로 보는 관점을 더 깊이 이해하기 위해서는 Richard B. Gaffin, Jr., *Resurrection and Redemption, A Study in Paul's Soteriology*, 2nd ed. (Phillipsburg, New Jersey: Presbyterian and Reformed Publishing Co., 1987), 특히 119-24를 보라.

표현들에 비추어 볼 때 의심의 여지가 없다.

여기에서 말하는 의미는, 칭의가 생명, 즉 **사실상** 칭의라 할 수 있는 부활의 생명(resurrection-life)에 있다는 것이거나 또는 생명이 칭의의 결과라는 것이다. 다른 본문들에 비추어 둘 중 어떠한 방식으로 이해하든지 간에, 부활은 반드시 법정적인 성격을 가진다. 부활은 그리스도께서 자신의 의에 근거하여 의롭다 함을 받으셨다는 것을 나타내며, 신자의 칭의는 부활하신 그리스도와의 연합의 역할이거나 나타남이다.

물론 부활은 죽음과 분리되어서는 아무런 의미가 없다. 성경의 표현에 따르면 부활은 언제나 "죽은 자로부터의" 생명이다. 따라서, 부활이 가지는 법정적이고 의롭게하는 의미는 반드시 그것과 대비되는 결과라 할 수 있는 죽음과 묶여 있는데, 이 죽음 역시 부활과 마찬가지로 사법적인 의미를 가진다.

간단히 말해서,[10] 바울은 인간의 죽음을 죄의 사법적인 결과로 본다. 죽음은 단순히 죄의 필연적인 작용을 의미하지도 않고, 죄를 짓는 행위가 축적되어 나타난 결과도 아니다. 죽음은 죄 자체의 돌아오는 "응보"(reward)이거나 "청산"(pay-off)만이 아니다. "죄의 삯"(롬 6:23)으로서 죽음은 단순한 값어치적인(pecuniary) 것만이 아니다.

하나님께서 자신의 율법에 계시하신 그분의 뜻을 위반하는 것이 죄이기에, 죽음은 죄가 마땅히 지러야 하는 형벌적인 배상(penal recompense)이다. 죽음은, 죄에 대한 하나님의 반응으로서, 사법적인 성

---

10 더 상세한 개관을 위해서는 Gaffin, "*By Faith, Not By Sight*," 30-35를 보라.

격을 갖는다. 죽음은 죄에 대한 하나님의 궁극적인 저주이며, 죄에 대한 그분의 공의로운 형벌이다. 바울에게 있어서 죽음이 반드시 형벌적인 의미를 가졌다고 말하는 것은 과장이 아니다.

로마서 5:16-18이 이것을 명확하게 보여준다. 아담에 대하여 바울이 전개하는 논증의 핵심은, 단순히 죄로부터 사망으로 곧바로 이어져 사망이 왕노릇하는 것이 아니다. 바울의 논리에 따르면, 죄로부터 정죄로 이어지고, 그 다음에야 정죄의 결과로서 사망에 이른다. 즉 사망은 분명코 죄의 사법적인 결과인 것이다.

이처럼 죽음과 부활이라는 양쪽 모두 일종의 법정적인 차원을 가진다. 죽음은 정죄의 사법적인 결과이자 인증이며, 부활은 칭의의 사법적인 결과이자 인증이다. 부활이 가지고 있는 "이미-아직 아니"의 구조에 이러한 법정적 차원을 연결시킴으로써 다음의 결론이 도출된다. 신자들은 그리스도와 함께 이미 부활하였으므로, 이미 의롭다 함을 받았다. 신자들은 아직 부활하지 않았으므로, 어떤 의미에서, 앞으로 의롭다 함을 받을 것이다.

고린도후서 4:16의 인간론 구조에 비추어 표현하자면, 후패하고 낡아지며 죽을 수밖에 없는 "겉사람"은 여전히 부활하지 못한 상태이며, 이러한 면에서 신자의 칭의는 여전히 미래의 일로 남아 있다. 로마서 8:10은 이 결론을 뒷받침한다.

> 또 그리스도께서 너희 안에 계시면 몸은 죄로 말미암아 죽은 것이나, 영은 의로 말미암아 살아 있는 것이니라(롬 8:10).[11]

여기에서 바울은 신자의 현재 상태를 바라보고 있다. 한편으로 그의 주된 강조점은, 신자들이 성령을 통하여 그리스도로 말미암아 살아 있다는 것이다. 성령은 "그리스도의 영"으로서 그리스도와 밀접하게 연결된다(참고, 롬 8:9, "그리스도의 영"; 롬 8:2, "그리스도 예수 안에 있는 생명의 성령"; 고전 15:45, "살려 주는 영"). 다시 말해서, 신자들은 그리스도와 함께 이미 부활한 것이다.

하지만, 이와 동시에, 로마서 8:10에는 고린도후서 4:16에서 "속사람-겉사람"으로 표현하는 이중적인 인간론의 흔적 역시 분명하게 남겨져 있다. 혹은, 로마서 6:12-13에서 사용하는 표현으로 바꾸어 말하자면, 신자들은 "죽은 자 가운데서 다시 살아난" 자들이지만(롬 8:10, "영은 의로 말미암아 살아 있는 것이니라"), 오직 "죽을 몸(육체)" 안에서만 그렇게 될 것이다(롬 8:10, "몸은 죄로 말미암아 죽은 것이나").

이처럼, 양면적인 상황의 한 면으로서, "겉사람" 즉 육체는 "죄로 인해 죽은 것"이라고 표현된다. 하지만, 바울의 전반적인 가르침에 비추어 볼 때 이것이 뜻하는 바는, 단지 신자의 육체가 죄의 결과로

---

11 10절 하반절을 "… 영은 … 살아 있는 것이니라"(the/your spirit is alive NIV, NASB)라고 번역해도 분명히 바울의 의미를 전달할 수 있을 것이다. 하지만 더 나은 번역은 "영은 생명이니라"인데, 왜냐하면 바울이 여기서 형용사(alive)가 아니라 명사(life, ζωή, "조에")를 사용하고 있기 때문이다. 이 절의 주해와 관련하여, John Murray, *The Epistle to the Romans: The English Text with Introduction, Exposition, and Notes*, in *The New International Commentary on the New Testament* (Grand Rapids, Mich.: Wm. B. Eerdmans Publshing Co., 1959), 288-291을 참고하라.

서 죽은 상태라는 의미일 뿐이다. 그리고, 앞에서 로마서 5:16-18과 관련해 살펴본 것처럼, 신자의 죽음이라는 것은 특별히 죄의 사법적인 결과이다.

다른 한편으로 "속사람"의 관점에서 볼 때, 성령은 신자 안에 내주하시는 부활하신 그리스도의 생명이 되시는데(갈 2:20; 골 3:4), 이는 바로 "의로 말미암은"(because of righteousness) 것이다. 다시 말해서, 그리스도 안에서 구체화된(embodied) 의(義)가 이러한 생명의 사법적인 근거이다. "속사람"의 측면에서 나타나는 이러한 결과가 특히 법정적인 성격을 가진다는 점은 5:18의 "의롭다 하심을 받아 생명에 이르렀다"(생명의 칭의)는 구절에 비추어 볼 때 분명하다. 즉, 8:10에서 이야기하는 의는 의롭게 하는 의(justifying righteousness)이다.

여기서 강조하고 싶은 점은, 이 의는 신자 안에서 하나님의 갱신적 사역의 결과, 즉 신자의 내부에서 만들어진 의가 아니라는 사실이다. 반대로, 이 의는 신자들 안에서 행해진 어떤 것과도 구별되는 그리스도의 의이다. 만일 그렇지 않다고 한다면, 바울은 사실상 "성령은 (신자들 안에서) 만들어진 의의 결과로 나타난 생명"이라고 말하는 셈이 된다. 하지만, 이는 바울이 말하고자 하는 내용과 정반대가 될 것이다. 신자 안에서 성령께서 역사하신 의(Spirit-worked righteousness)는 그들이 성령 안에서 얻게 된 생명을 반영하거나 보여주는 것일 뿐이다. 그러한 의 "때문에" 결코 생명이 생기는 것이 아니며, 그러한 의는 결코 이 생명의 근거가 아니다.

혹시라도 발생할 수 있는 혼란과 오해를 피하기 위해서, 나는 내가 말하고자 하는 바가 **아닌 것**이 무엇인지를 밝히고자 한다. 속사람과 겉사람을 구별해 놓는 것과 관련하여, 바울은 '신자의 칭의가 부분적이라고, 즉 아직 완성되지 않았거나 그 결과가 불확실한 하나의 과정에 불과하다'는 식으로 말한 것이 아니다. 로마서 8:10의 바로 앞에 나오는 로마서 8:1이 확실한 기준점으로 길잡이 역할을 해 준다.

여기에서 바울은 신자에게 정죄함이 없으며 이러한 칭의는 부분적으로가 아니라 전인적으로 이루어진다고 분명하게 선언했다. 믿음으로 그리스도와 연합된 죄인들에게 있어서, 이전에 존재했던 하나님께로부터 받은 정죄의 상태는 뒤집어졌다. 그래서 그들은 죄책이 없으며, 의로운 자로 선언되었다. 이 같은 사법적인 역전은 인격으로서 신자에게 적용되며, 어떤 부분이나 일부 측면에만 적용되는 것이 아니다.

고린도후서 4:16을 통해 살펴보자면, 이 문장의 단일하고 전체적인 주어는 의롭다 함을 받아 "낙심하지 아니"하는 인격이지, 그 인격의 "속사람"만이 아니다. 이와 달리 해석한다면 바울의 의도를 왜곡하는 일이 될 것이다.

하지만 이와 동시에 우리는 로마서 8:10에서, 생명과 죽음의 **분리**(disjunction)나 다름없는 둘(구원의 완료성과 미래성-역주) 사이의 구별을 고려해야만 한다. 이것은 특히 **그리스도인들**에게 적용된다. 그리고 바울이 가르치고 있는 그리스도인들의 부활에 대한 실현된 미래의 패턴에 입각하여 그 구별을 고려해야만 한다.

이러한 맥락에서 볼 때, 다음과 같이 보는 것이 공정한 것 같다. 즉 신자들에게 있어서는 "죄로 말미암아" 죽음이 반드시 형벌적이다. 그리고 죽음의 제거는 사법적인 결과로서 칭의에서 이미 이뤄진 심판의 역전이다. 그러므로 죽음의 제거는 전부 단번에 발생하는 것이 아니라 두 단계로, 즉 이미 실현된 단계와 앞으로 실현될 단계로 나타나는것이다.

정확히 말하자면, 그 사법적 역전에 대한 공개적이고 공적인 선언, 즉 그들의 육체적 부활과 최후의 심판에 수반하는 그 명백한 선언은 마찬가지로 여전히 미래적이다. 고린도후서 4:16의 인간론적 구별("속사람-겉사람"-역주)에 상응하는 고린도후서 5:7의 "우리가 믿음으로(by faith) 행하고 보는 것으로(by sight) 행하지 아니함이로라"는 구절을 빌려 표현하자면, 신자들은 믿음으로(by faith) 이미 의롭다 함을 받았지만, 보는 것으로(by sight) 여전히 의롭다 함을 받아야 한다.[12]

이 점을 분명히 하기 위해 한 가지 비유를 사용해 보자. 어떤 죄수가 있는데, 그에 대한 유죄 선고가 뒤집혀졌고, 이와 함께 그의 구속 역시 종결되었다. 하지만 법원이 이 결정을 실행하는 절차는, 비록 그것의 시행이 뒤집힐 수 없는 확실한 일이라 하더라도, 두 단계에 걸쳐 진행된다. 즉 감옥으로부터 실제적으로 석방되는 일이 한편으로는 즉각적으로 결정되었지만, 다른 한편으로는 미래의 어느 시점에 이루어지는 것이다(이 비유는 "속사람-겉사람" 인간론이 끼어들면 무너진다.).

이번엔 이 비유를 "속사람-겉사람" 인간론과 연결해 보자. 죄인들의 속사람은, 그들이 믿음으로 의롭다 함을 받을 때, 즉각적으로 사망의 감옥, 형벌로부터 석방되어 부활의 생명의 상태로 들어간다. 하지만 그들의 겉사람이 그러한 감옥으로부터 석방되는 일은

---

12 원문은 "they are yet to be justified - by sight"이다. 부연하자면, 육체적 종말과 최후의 심판 때 우리 구원의 완성을 눈으로 볼 수 있게 됨을 의미한다-역주.

육체의 부활이 이루어지는 날까지 어느 정도 지연된다. 고린도전서 15:54-56은 이러한 관점을 지지해 준다.

> 이 썩을 것이 썩지 아니함을 입고 이 죽을 것이 죽지 아니함을 입을 때에는 '사망을 삼키고 이기리라'고 기록된 말씀이 이루어지리라. 사망아 너의 승리가 어디 있느냐, 사망아 네가 쏘는 것이 어디 있느냐. 사망이 쏘는 것은 죄요, 죄의 권능은 율법이라(고전 15:54-56).

여기서 바울은 신자의 육체적인 부활, 즉 "겉사람"의 부활을 말하고 있다.[13] 육체적인 부활과 관련하여, "사망을 삼키고 이기리라"는 부분은 신자에게 **아직 이루어지지 않은**(not yet) 현실이다. "때에는," 다시 말해서 미래의 어느 시점에 이르러서야, "사망을 삼키고 이기리라고 기록된 말씀이 이루어**지리라**"(54절).[14] 고린도전서 15장의 중심적인 은유를 사용하자면, 부활의 "열매"(20, 23절)와 관계되는 한, 사망을 삼키어 이기는 일은 아직 일어나지 않았다.

이같이 교회가 사망을 이기는 일이 여전히 미래에 속한다는 점은 25-26절에 의해서도 뒷받침된다. "그가," 즉 이미 부활하신 그리스도가 "모든 원수를 그 발 아래에 둘 때**까지** 반드시 왕 노릇 하시"되, "멸망 받을" 이 원수들 가운데 "맨 나중"인 사망을 그때까

---

13 믿지 않는 자들의 부활은 고전 15장 전체에서 바울의 관심 밖에 있다는 점을 기억할 필요가 있다(이는 살전 4:13-17 역시 마찬가지다. 반면, 행 24:15에서 바울은 "의인"의 부활과 더불어 "악인"의 부활도 주장한다).
14 바울은 54절과 55절에서 구약성경(사 25:8; 호 13:14)을 흥미롭게 사용하고 있다.

지는 사용하신다.

앞뒤 문맥에 비추어 볼 때, 헬라어 동사의 현재시제(καταργεῖται, "카타르게이타이," 멸망 받을)는 분명히 미래를 의미하며, 거의 모든 영어 성경은 이렇게 번역한다. 그리스도 자신이 육체적으로 부활하심으로써 부활의 "첫 열매"가 되셨다. 이로 말미암아 사망이 최종적이고 완전하게 멸망하는 것은 그리스도에게 개인적으로 이미 일어났고 추수될 모든 열매들(신자들)에도 확실하게 보장된다.

하지만, 그리스도인들이 이러한 사망의 파멸에 실제적으로 그리고 육체적으로 참여하는 것은 아직 일어나지 않았다. 더 나아가서 50-52절은 54-55절이 말하는바 사망을 이기는 미래의 일이 "마지막 나팔"이 울릴 때, 즉 최후의 심판 때에 일어날 것이라고 분명하게 밝힌다(참고, 살전 4:16; 마 24:31). 육체적인 죽음을 파괴시키는 일이 신자들에게 있어 미래적 사건이라는 맥락에서, 56절은 다음과 같이 선언한다.

사망이 쏘는 것은 죄요 죄의 권능은 율법이라(고전 15:56).

신자들이 현재로서는 계속해서 죽을 수밖에 없다는 사실과 관련하여, 사망과 죄 사이에 분명한 연결고리가 나타난다. 특히 여기서 죄는 율법을 위반한 것으로 언급된다. 죄는 "사망이 쏘는 것," 즉 죽음의 "입맞춤"라고 말할 수 있을 것이다. 즉, 신자들의 현재의 육체 안에서, 죄는 죽음에 이를 정도로 치명적인 파괴력을 여전히 가지고 있다. 이는 바울이 말한 바, 율법이 율법을 위반한 죄에 대한 처벌로 죽음을 요구한 것과 같다.

다시 말해서, 죄의 결과로 생긴 신자들의 지속적인 죽음 가능성은 사법적인, 법정적인 의미를 가진다. 그들의 육체가 죽을 수밖에 없다는 사실은 죄의 형벌적인 결과가 여전히 제거되지 않은 채 남아 있다는 의미로 보여진다.

물론, 그리스도께서 그들을 위해 죽으셨을 때, 그들의 죄로 인해 응당 받아야 할 형벌을 온전히 담당하셨고 그 형벌의 제거를 보장하셨다(롬 3:25-26). 바울은 결코 이 사실을 부인하지 않는다. 하지만, 신자들의 육체와 관계되는 한, 죄에 대한 정당한 처벌인 죽음은 아직 제거되지 않았다. 그 형벌의 궁극적인 제거가 신자들에게 있어 아무리 확실하게 보장되었다 하더라도, 죽음이 여전히 존재하는 한, 그리고 죽음이 활동하는 정도만큼, 죄에 대한 형벌의 결과 역시 지속된다. 이러한 의미에서, 죄에 대한 형벌이자 저주로서, 죽음은 아직 제거되지 않은 것이다.

고린도전서 15장을 끝맺으며 바울이 주는 권면 역시 이러한 결론과 조화된다. 바울은 그리스도인들에게, "너희 수고가 주 안에서 헛되지 않다"고 안심시키며, 그 이유가 바로 "우리 주 예수 그리스도로 말미암아 우리에게 승리를 주시는 하나님" 때문이라고 설명한다. 하지만, 바로 앞에 나오는 구절들(54-55절)에 근거해 볼 때, 이처럼 사망을 멸망시키는 승리는, 비록 그것이 확실하게 보장되어 있다 하더라도, 여전히 미래의 일이다.

이렇게 생각한다고 해서, 바울 자신이 고백한바 "죽는 것도 유익"(빌 1:21)하다는 사실을 부인하거나 훼손하는 것은 물론 아니다.

하나님 아버지의 사랑의 섭리에 따라, 신자들은 육체적인 죽음을 통해 그리스도와 함께 거하는 상태로 들어가며, 이것이 "훨씬 더 좋은"(23절) 복이다. 신자들에게 죽음은, 현재 메고 있는 육체적 실존이라는 짐을 벗어 버리고, "속사람"의 완성에 이르는 수단이다. 또한 그리스도인들은 심지어 죽음의 때에서조차, 육체와 영혼 모두가 그리스도와 연합되어 있다. 이 사실은 데살로니가전서 4:14에서 유추할 수 있다.

> 우리가 예수께서 죽으셨다가 다시 살아나심을 믿을진대, 이와 같이 예수 안에서 자는 자들도 하나님이 그와 함께 데리고 오시리라(살전 4:14).[15]

뿐만 아니라, 그 어떤 것도, 심지어 죽음조차도, 그리스도 안에 있는 하나님의 사랑으로부터 믿는 자들을 빼앗아갈 수 없다(롬 8:38-39). 그들이 비록 여전히 죽음의 형벌을 받아야 하는 상태에 있다 하더라도, 하나님은 더 이상 그들에게 진노로 가득 찬 두려운 재판장이 아니라 그들을 사랑하시는 하늘 아버지가 되신다. 궁극적으로 아담 안에 뿌리내리고 있는 그들의 죄성 때문에(롬 5:12 이하), 또한 여전히 죄를 계속해서 범하고 있는 자신들의 현재 상태로 인하여, 신자들이라 하더라도 육체적인 죽음과 고통을 맞이한다.

---

15 이 구절에 근거하여 웨스트민스터 소요리문답 37번은 성도들의 죽은 육체가 "여전히 그리스도 안에 연합하고 있다"고 답한다. 대요리문답 86번도 마찬가지이다. "(성도들은) 그들의 몸의 완전한 구속을 기다리는데(롬 8:23), 그들은 비록 죽음 가운데 있어도 그리스도께 계속 연합되어 있다(살전 4:14)."

하지만, 한 찬송가의 가사처럼, 그리스도께서는 "이 가장 깊은 고난을 거룩하게 하신다." 여기에서 자세히 다룰 순 없겠지만, 바울의 가르침에 따르면, 신자들의 현재적 고통은 그들이 그리스도와 함께 이미 일으킴 받았다는 사실에 대한 표현일 수 있으며 실제로 그렇다. 그리스도와 함께 고난받는 것 자체가 그의 부활-생명을 표시하는 매개체인 것이다.[16]

더 큰 복으로 넘어가는 하나의 단계이긴 해도, 육체의 죽음 그 자체는 여전히 복이 아니다. 바울은 "차라리 몸을 떠나 주와 함께 있는 것"(고후 5:8)을 더 원한다고 말하는 동시에 육체가 없는 실존이 되는 궁극적인 "벗음"으로부터 열심히("우리가 … 탄식") 뒤로 물러난다. 그리고 그의 깊은 갈망은 그와 같은 육체의 없어짐을 겪지 않는 것이다(2-4절).[17] 육체적으로 하나님의 형상대로 지음 받았고, 육체의 부활 때 그 형상이 온전하게 회복되기를 소망 가운데 기다리는(고전 15:49) 피조물에게 있어서, 육체적인 실존으로부터 제거되는 것은 매우 왜곡된 기형이다. 이러한 점은 죽음을 죄의 사법적인 결과로서 이해할 때만 합당하게 설명될 수 있다.

신자들의 육체적 죽음을 미화시켜서 이 경험 자체를 덜 끔찍하게 혹은 더 긍정적으로 본다고 하면, 이는 죽음을 낭만화시키는 일이 되는데, 바울이나 대부분의 성경 기자들은 그렇게 하지 않았다. 신자들을 향한 하나님의 사랑은 그와 같이 낭만적으로 이해된 죽음에

---

16 특히 고후 4:10-11; 빌 3:10; 고후 12:9-10; 빌 1:29 등을 참조하라. 바울 서신 안에서 이러한 연관된 본문들에 관해서 더 깊은 연구를 원한다면 Gaffin, "The Usefulness of the Cross," *Westminster Theological Journal* 41 (1978-79): 228-46을 참고하라.
17 이러한 구절들의 해석에 관해서는 특별히 Vos, *Pauline Eschatology*, 186-98을 보라.

서 나타난 것이 아니다.

그들을 향한 하나님의 사랑은 오히려, 죽음이 가지고 있는 가장 추한 파괴력에도 불구하고, 아버지로서의 사랑과 돌보심을 멈추지 않으시는 데서 나타난다(롬 8:38-39). 그리고 이 사랑은 육체의 부활과 함께 죄의 삯이 최종적으로 제거될 때까지 계속된다.

이 두 번째 요점을 요약하자면, 신자의 "겉사람"은 그리스도와의 연합으로 말미암는 구원의 유익을, 변화적인(transformative) 의미에서든 아니면 법정적인 의미에서든, 아직 경험하지 않는다. 내가 "겉사람"인 한, 나는 아직 '육체적으로'(bodily) 부활하지 않은 것과 마찬가지로, 아직 '공개적으로'(openly) 의롭다 함을 받지 않았다. 물론, 결코 취소될 수 없는 칭의를 내가 이미 받았으며, 최후의 심판날 육체가 부활할 때 나의 칭의가 절대적으로 확실할 것이라는 사실에는 변함이 없다. 여기에서 다시 한번 고린도후서 5:7의 원리가 적용된다. 나는 지금 "믿음으로" 의롭다 함을 받았으나, 아직 "보는 것으로" 의롭다 함을 받지는 않았다.

5. 양자됨

그리스도인의 칭의가 가지는 현재-미래의 구조는 양자됨(adoption)에 대한 바울의 기본적인 가르침을 통해 더욱 강화된다. 바울에게 있어서 양자됨은, 칭의와 마찬가지로, 법정적인 실제이다. 간단히 설명하자면, 죄인들은 하나님으로부터 소외되었기 때문에, 본질상 하나님의 자녀가 아니다. 정반대로, 그들은 "본질상 (하나님의) 진노의 자녀"이다(엡 2:3). 이 같은 하나님의 진노는 틀림없이 사법적이며, 언제나 공의로운 진노이다(롬 2:5, 8; 살후 1:8-9).

따라서, 이러한 진노가 제거되고 하나님의 자녀로서 그분과의 관계를 회복하는 것은 법적인 측면과 관련된다. 그리스도인들은 본래적으로 혹은 창조되었다는 이유로 하나님의 자녀인 것이 아니다. 하나님의 자녀가 되는 것은 삶의 갱신적 과정의 결과로 나타나는 것도 아니다. 신자가 하나님의 자녀라는 지위를 갖게 되는 것은 하나님의 결정적이고 선언적인 행동을 통해서이다. 칭의와 마찬가지로, 양자됨 역시 사법적인 선언에 근거한다.

로마서 8:14-17에서 바울은 신자들이 이미 양자되었다는 사실을 분명하게 강조한다. 양자됨을 통하여, 그들은 지금 "하나님의 아들"이며, 그 결과, 그들 안에 거하시는 "양자의 영"이신 성령을 즐거워하는 특권을 누린다. 성령께서는 하나님이 현재 그들의 아버지이시며 그들이 하나님의 양자된 아들로서 하나님을 자신의 아버지로 부를 수 있다는 확신을 그들에게 주신다.

하지만, 몇 구절 뒤로 넘어가면, 바울은 "우리가 양자될 것 곧 우리 몸의 속량을 기다린다"(23절)라고 말한다. 여기에서 양자됨은 부활의 날에 육체의 부활과 함께 실현되는 미래적 사건이다. 앞에서 칭의와 관련해 본 것처럼, 양자됨에 있어서도, 미래에 일어날 육체의 부활은 **사실상** 법정적인 의미와 연결된다.[18] 신자의 부활은 그들

---

18 바울 서신에서는 오직 여기에서만 부활을 "구속"으로 묘사하는데, 이는 법적적 의미를 강화한다.

의 양자됨에 대한 선언이 될 것이다.

기본적으로 같은 맥락에서, 양자됨이 법정적인 선언이라는 사실은 현재적인 동시에 미래적인 측면을 갖는다. 처음에는 이것이 혼란스럽게, 심지어는 모순되게 보일 수도 있다.

어떻게 해서 양자됨이 현재의 사건인 동시에 미래의 사건이 될 수 있단 말인가?

사안의 본질상 내가 양자가 되었거나 아니면 되지 않았거나 둘 중 하나일 수밖에 없지 않은가?

양자가 되었다고 하면서, 어떻게 또 양자됨을 기다릴 수 있겠는가?

분명코 바울은 여기서 불확실한 입장을 취하거나, 한 입으로 두 말하고 있는 것이 아니다. 그는 일종의 역설, 즉 미래적인 차원의 양자됨이 불확실한 양자됨을 현재적이고 확립된 것으로 보이게 한다는 식의 이야기를 하는 것이 아니다.

바울이 현재와 미래를 구별해 놓은 관점은 바로 뒤에 이어지는 문맥을 통해 분명하게 드러난다. 여전히 미래로 남아 있는 일, 즉 모든 피조물이 고대하고 있는 일은 "하나님의 아들들이 나타나는 것," 부연하자면, "하나님의 아들들이 (**공개적으로**) 나타나는 것"(19절)이다. 또한 고대하는 바는 "하나님의 자녀들의 영광의 자유," 즉 그들의 영광이 자유롭고 공개적으로 드러나는 것이다(21절). 신자들은 육체의 부활과 함께 자신들의 양자됨이 공개적으로 나타날 것을 기다린다.

여기에서 다시 한 번 고린도후서 5:7의 원리를 적용할 수 있다. 예수님이 오시기 전 지금 이 시간에 그리스도인들은 자신들의 양자됨을 "믿음으로" 가지고 있지만, 아직 "보는 것으로" 가지고 있지는 않다. 그들은 "믿음"이라는 방식에서 하나님의 자녀가 되었지만, (아직) "보는" 방식으로 그렇게 된 것은 아니다. 그들은 아직 (모두가 볼 수 있게) **공개적으로** 자녀가 된 것은 아니다. 이 점에 대한 훌륭한 설명은 요한일서 3:2에서 찾을 수 있다.

> 우리가 지금은 하나님의 자녀라. 장래에 어떻게 될지는 아직 나타나지 아니하였으나(요일 3:2).

양자됨에 대한 바울의 가르침은 우리가 칭의의 법정적인 복을 어떻게 보아야 하는지에 대한 관점을 제공한다. 양자됨이 현재적이고 미래적인 것처럼, 칭의 역시 그렇다. 우리는 이미 믿음으로 의롭다 함을 받았지만 (아직) 보는 것으로는 그렇지 못하다. 양자됨과 마찬가지로, 우리의 칭의 역시 장차 공개적으로 드러날 것이다. 우리는 아직 "공개적으로 사면"받지 못했다.

6. 최후의 심판

바울이 칭의를 미래의 사건으로 분명하게 언급한 구절은 그리 많지 않고 또 논쟁의 여지가 있다 하더라도, 그가 최후의 심판과 그리스도인 사이의 연관성에 대해 여러 곳에서 명확하게 말하고 있다는 것은 분명하다. 더 나아가서 최후의 심판은 "행위에 근거한" 심판일 것이다. 즉, 최후의 심판에서는 "행위"가 본질적인 기준으로 사용될 것이다.

이에 대한 가장 분명한 본문은 로마서 2:5-16과 고린도후서 5:10이다.[19] 고린도후서 5:10은 바울이 소망에 대해서, 즉 육체의 죽음을 떠나 주님과 함께 있을 소망과 더 궁극적으로는 육체의 부활이라는 최종적인 소망에 대해서 이야기한 내용의 결론 부분이다. 여기에서 바울은 다음과 같이 선언한다.

> 이는 우리가 다 반드시 그리스도의 심판대 앞에 나타나게 되어 각각 선악간에 그 몸으로 행한 것을 따라 받으려 함이라 (고후 5:10).

신자들도 최후의 심판을 맞이한다. 그리고 신자들에게 있어서도 심판은, 그들이 "겉사람" 안에서 육체로 행한 것에 대한 공정한 판결이 될 것이다.

로마서의 앞부분에서(1:18-3:20) 바울은 주로 인간 죄의 보편성을 증명하는 데 집중한다. 그의 기본적인 주장을 요약하자면, 율법을 소유했다는 특권을 가진 유대인이건 아니면 이방인이건 간에 상관없이, "모든 사람이 죄를 범하였으매 하나님의 영광에 이르지 못하더니"(롬 3:23). 이에 따라, "진노의 날 곧 하나님의 의로우신 심판이 나타나는"(롬 2:5) 그 심판의 날에, "하나님께서 각 사람에게 그 행한

---

19 행 17:31; 롬 14:10; 딤후 4:1, 8 등이 관련된다.

대로 보응"하실 것이다(롬 2:6).[20] 뒤이어 로마서 2:7-11은 각 행동에 상응하는 심판의 두 측면과 결과를 자세하게 이야기한다.

로마서 2:5-11과 12-13에서 가장 중요한 질문은, 심판의 긍정적인 측면[21]에 관한 내용들이 실제적인 것이냐 아니면 원리상으로만 참될 뿐 아직 실현되지는 않은 것이냐 하는 문제이다.

다시 말해서, 지금 바울은 그리스도인들에게 닥칠 최후의 심판의 실제적인 결과를 이야기하고 있는가, 아니면 단순히 가정적으로 이야기하고 있을 뿐인가?

내가 보기에, 분명히 바울은 심판의 실제 상황을 이야기하고 있다.

'바울이 말한 것은 긍정적인 측면에서는 원리적으로 참되지만 사실상 실현되지 않는다'는 그 "가정설"(the hypothetical view)을 취하는 사람들의 주 논거들 중에 나온 것 하나는, 이 구절들에서 복음에 대해 또는 복음의 조건사항과 결과에 대해 언급한 것은 큰 문맥(롬 1:18-3:20)과 상관이 없기에 부적절하다는 것이다. 왜냐하면 그 문맥에서 바울의 관심은 율법과 보편적인 죄에 있기 때문이다. 복음과 구원, 특히 율법의 행위가 아니라 믿음으로 말미암는 칭의는 로마서 3:21 이전에는 아직 나타나지 않는다.

로마서 1:18-3:20에 대한 이 같은 "전(前)복음적인"(pre-evangelical) 견해에는 어느 정도 일반적인 진리가 들어 있다. 하지만 이것은 몇 가지 조건에 종속될 수밖에 없고, 이 조건들은 로마서

---

20 헬라어로 기록된 구약성경 중에서 시 61:13(히브리어 성경은 62:13, 영어 성경은 62:12)과 잠 24:12을 인용하였다.
21 최후의 심판 때 상을 받는 측면을 의미한다-역주.

2:5-11을 이해하는 방법에 영향을 미친다.

예를 들어, 로마서 2:29은 "할례는 마음에 할지니 영에 있고"(circumcision of the heart, in the Spirit)에 대해 이야기하면서, "이면적" 유대인을 구별하고 있다. 이 구절을, 원리적으로만 참된 것을 묘사한 것으로서 보려고 노력하여서, 29절에서 말하는 그런 사람이 실제로 있다고 주장하지 않을지라도, 이 구절에서 특별히 성령에 대한 언급이 있다는 것을 고려한다면, 이 구절은 그리스도인에 대한 언급으로밖에 읽혀질 수 없다. 로마서 2:29이 그리스도인을 지칭한다는 사실은, 빌립보서 3:3에서 묘사하는 교회의 모습에 비추어 볼 때 분명하다.

> 하나님의 성령으로 봉사하며 그리스도 예수로 자랑하고 육체를 신뢰하지 아니하는 우리가 곧 (참) 할례파라(빌 3:3).

내가 말하고자 하는 요점은, 바울이 로마서 3:21 이전부터 복음의 결과에 대해 논증하고 있다는 것이다. 더 나아가서, 특히 로마서 2:6 이하의 내용과 직접적으로 연관해서, 바울은 최후의 심판이 "곧 나의 복음에 이른 바와 같이"(롬 2:16) 이루어진다고 말한다. 그렇다고 한다면, 로마서 2:5-11에서 묘사하고 있는 심판의 긍정적인 측면은 단순히 율법과 관련되어서만이 아니라 복음과 관련되어서도 의미를 가진다고 봐야 할 것이다.

그 가정설의 또 다른 주된 논거는 부정적인 것인데 그것은 다음과 같다. 이 구절과 특별히 12-13절을 그것의 긍정적인 측면에서 보아서 그리스도인에 대한 최후의 심판에 관한 것으로 여기는 것은, 바울 서신들의 분명하고 일관된 가르침, 즉 칭의는 행위로 말미암지 않고 믿음으로 말미암는다는 것과 근본적으로 상반된다는 것이다. 즉, 13절 하반절, "오직 율법을 행하는 자라야 의롭다 하심을 얻으리니"라는 내용을 그리스도인에게 적용한다면, 이는 로마서 3:20, "율법의 행위로 그의 앞에 의롭다 하심을 얻을 육체가 없다"는 구절을 비롯한 다른 본문들과 정면으로 배치된다는 것이 그들의 입장이다.

나는 13절 하반절이 신자들에게 고유하게 적용되는지에 대한 질문은 열어두겠다. 그러나 설령 13절 하반절이 신자들에게 고유하게 적용된다고 할지라도, 그것이 필연적으로 모순된 결과를 낳는 것이 아니라는 것을 우리의 논의가 보여주기를 나는 바란다.

로마서 2:5-13, 아니면 적어도 로마서 2:5-11을 "가정설"의 관점으로 읽는 것은 본질적인 문제점을 안고 있다. 이 본문에서 이야기하는 미래의 심판은, 또 그와 연관된 행위의 원리와 역할 등에 관한 내용은 성경의 여러 다른 곳에서 말하고 있는 바와 다르지 않다. 신약성경 중 다음의 본문들과 비교해 보자.[22]

> 인자가 아버지의 영광으로 그 천사들과 함께 오리니, 그 때에 각 사람이 행한 대로 갚으리라(마 16:27).

---

22 구약성경에 관해서, 예를 들면, 각주 19번에 인용된 참조사항들에 덧붙여서, 욥 34:11; 렘 17:10; 32:19 등을 참고하라.

> 무덤 속에 있는 자가 다 그의 음성을 들을 때가 오나니, 선한 일을 행한 자는 생명의 부활로, 악한 일을 행한 자는 심판의 부활로 나오리라(요 5:28-29).

> 사망과 음부도 그 가운데에서 죽은 자들을 내주매, 각 사람이 자기의 행위대로 심판을 받고(계 20:13).

> 보라 내가 속히 오리니, 내가 줄 상이 내게 있어 각 사람에게 그가 행한 대로 갚아 주리라(계 22:12).

그밖에도, 바울 서신에서 한 구절을 더 인용하자면, 바울은 신자들을 향해 선한 일을 행하는 것에 지치지 말라고 격려하면서 다음과 같이 말한다.

> 사람이 무엇을 심든지 그대로 거두리라. 자기의 육체를 위하여 심는 자는 육체로부터 썩어질 것을 거두고, 성령을 위하여 심는 자는 성령으로부터 영생을 거두리라(갈 6:7-9).

만일 로마서 2:5 이하 구절들이 가정적으로 해석된다면, 이신칭의에 대한 성경적 가르침과 충돌하는 문제는 이 구절들과 유사한 다른 구절들에서 발생하지 않으며, 그 구절들은 그 긍정적인 측면에서 가정적으로 해석되어야만 할 것이다.

그러나 존 머레이(John Murray)가 예리하게 지적하듯이, "그와 같은 방식은 불가능하다."[23] 보다 넓은 성경의 맥락에 비추어 볼 때, 로마서 2:5 이하에 나오는 긍정적인 결과는 최후의 심판 때, 그리스도인에게 참되게 나타날 일에 대한 묘사로 보는 것이 가장 타당해 보인다.

이제 이 본문 안으로 본격적으로 들어가 보자. 긍정적인 측면과 관련하여 그리스도인들이 당면한 쟁점은, 종종 해석되는 것과는 달리, 어떠한 부차적인 결과, 말하자면 상대적인 정도나 수준에서 이루어지는 응보 정도가 아니다. 오히려, 부정적인 측면[24]에서도 분명한 것처럼, 문제가 되는 것은 최후의 심판이고, 이 심판은 궁극적 결과, 즉 절대적이며 최종적이고 영원한 운명에 대한 것이다. 이 점은 6-11절의 특징적인 구조에 근거해 볼 때 명백하다. 재판관이신 하나님의 공정함을 6절과 11절에서 언급하며, 그 안에서 10절은 7절과, 9절은 8절과 상응함으로써, a-b-b-a의 교차구조(chiasm)를 이루고 있다.

긍정적인 측면에서 볼 때, "참고 선을 행하여 영광과 존귀와 썩지 아니함을 구하는 자"(7절), 즉 "선을 행하는 각 사람에게는"(10절) 심판의 결과로서 "영생"(7절)과 "영광과 존귀와 평강"(10절)이 주어질 것이다. 그들에게 이것은 궁극적인 결과이며, 이에 반대되는 유일한 다른 대안은 완고하며 불순종한 자들에게 닥칠 영원한 멸망으로, 이는 "진노와 분노"(8절) 그리고 "환난과 곤고"(9절)로 묘사된다.

보다 넓은 맥락에서 바울의 가르침 전체를 생각해 볼 때, 다음 질

---

23 Murray, *Romans*, 63. 이러한 구절들에 관한 방대한 주석들과 논문들 중에 Murray의 논의가 특별히 도움이 되었으며, 필자 자신의 해석을 다듬어 주었다.
24 최후의 심판 때 벌을 받는 측면을 의미한다-역주.

문이 필연적으로 제기될 수밖에 없다.

이 본문을 비롯하여 여러 곳에서 말하고 있는 '행위에 따른 미래적 심판'과, 바울이 분명하게 힘주어 가르치는 칭의 교리, 즉 '칭의는 이미 선언된 종말적 심판으로서 현재적인 실재이며 그것은 오직 믿음을 통하여 그리고 그리스도 안에 계시된 하나님의 의의 전가에 근거해서만 얻게 된다'는 교리를 어떻게 조화시킬 수 있을까?

여기에서 상세하게 다 다룰 수 없는 다소 복잡하고 장황한 논의를 염두에 두고서 답변하자면, 위 질문에 대한 해결책은 칭의를 서로 **다른** 두 칭의로 구별하는 데에 있지 않다. 칭의를 별개의 두 칭의로 나누는 견해는 다음과 같이 다양한 형태로 나타난다.

하나는 믿음에 의한 현재적 칭의이고 다른 하나는 행위에 의한 미래적 칭의이다. 또는 하나는 오직 믿음만으로 이루어지는 현재적 칭의이고 다른 하나는 믿음에 행위가 더해져서 이루어지는 미래적 칭의이다.

전자의 칭의(현재적 칭의)는 그리스도의 사역에 근거하는 반면, 후자의 칭의(미래적 칭의)는, 설령 성령의 능력으로 행하여진 것이라 하더라도, 우리의 순종에 근거한다. 또는, 믿음에 근거한 현재적 칭의는 신실한 전체 삶에 근거한 미래적 칭의를 기대한다.[25] 하지만 이 모든 견해들은, 의도하였든 의도하지 않았든 간에, 칭의가 전적으로

---

25 예를 들면, 이것은 분명하게 N. T. Wright의 관점이다. 그는 이렇게 말한다. "현재적 칭의가 믿음에 근거하여, 미래적 칭의가 (롬 2:14-16; 8:9-11에 따라서) 전체 삶에 근거하여 공적으로 확인할 바를 선언한다. *What St Paul Really Said* (Grand Rapids, Michigan: William B. Eerdmans Publishing Company, 1997), 129. 어떤 사람들은 이 진술이 단지 미래적 칭의의 "증거적 근거"(evidentiary basis)를 말하는 것뿐이라고 주장한다. 하지만 이 진술의 맥락에서 볼 때 그러한 주장은 분명치 않아 보인다(필자가 볼 때는, Wright의 글 어디에서도 마찬가지이다).

은혜로 말미암는다는 바울의 가르침을 훼손한다.

위 질문에 대한 답은 믿음으로 그리스도와 연합의 "이미-아직 아니"의 구조에서, 그리고 "사랑으로써 역사하는 믿음"(갈 5:6)이라는 믿음의 본질에서 찾아야 한다. 이 표현이 의롭게 하는 믿음(justifying faith)을 묘사한다는 사실에는 거의 이의가 없을 것이다. 바로 앞 문맥에서(갈 5:2 이하) 칭의의 문제, 특히 할례가 칭의에 필요한지의 문제가 논의되고 있으며, 6절에서는 이와 대조되는 의미에서 "할례나 무할례나 효력이 없으되 사랑으로써 역사하는 믿음뿐이니라"고 선언하는 것이다.

그리스도인에게 있어 행위에 따른 미래의 심판은, 그들의 이미 믿음으로 의롭다 함을 받음과는 다른 별개의 원리에 따라 이루어지는 일이 아니다. 다른 점이 있다면, 미래의 심판이 현재의 칭의를 공개적으로 드러내준다는 것, 즉 그들이 "공개적으로 사면을 받는다"는 것뿐이다. 그리고 이 미래의 심판에 있어서 그들의 순종이나 그들의 행위는 심판의 근거가 아니다. 믿음에 무엇인가를 보충함으로써 하나님의 승인을 이끌어낸다는 식으로 그들이 하나님과 공동 작업을 하는 것도 아니다.

오히려 그들의 행위는, 그 믿음에 대한 본질적이고 명백한 증거이다. 『웨스트민스터 신앙고백서』 16:2의 표현을 빌리자면, "참되고 살아 있는 믿음의 열매들이요 증기들"이다. 바울은 로마서 2:6에서 "그 행한 대로"(κατά, "카타")라고 말하고 있지, 근거를 의미하는 "행위 때문에"(διά, "디아")라는 표현을 쓰지도 않고, 수단을 나타내는

"행위에 의하여"(ἐκ, "에크")라는 표현도 쓰지 않는다.[26]

7. 부활과 최후의 심판

이 장의 처음 부분에서 나는, 신자들이 최후의 심판날에 공개적으로 사면을 받는다고 가르치는 웨스트민스터 대요리문답과 소요리문답을 인용했다. 독자들이 간파했을지도 모르겠지만, 두 요리문답에서 실제로 사용된 표현은 서로 다르다.

대요리문답 90번은 다음과 같이 질문한다.

"심판의 날에 의인에게 어떠한 일이 일어나는가?"

소요리문답 38번은 다음과 같이 질문한다.

"부활의 때에 신자는 그리스도로부터 어떠한 유익을 얻는가?"[27]

이렇게 상이한 표현으로 인하여, '육체의 부활과 최후의 심판은 어떻게 연관되는가?'라는 질문이 이어진다. 바울에 관한 한, 특히 고린도후서 5:10에 비추어볼 때, (대요리문답 88번이 선언하듯이) 부활이 최후의 심판보다 먼저 일어난다. 최후의 심판 날, 신자들은 그리스도와의 연합 안에서 이미 부활한 육체로 나타날 것이다.

즉, 그들은 "신령한" 육체를 가지고, 다시 말해서 성령께서 살리시고 변화시키신 육체, 그래서 썩지 아니하고 영광스러우며 권능 있는

---

26 이 본문 및 연관된 본문에 관한 많은 논쟁점들에 대해서는 Ridderbos, *Paul*, 178-181 ("Judgment According to Works")과 Murray, *Romans*, 78-79를 참고하라.
27 이 강조들은 필자의 것이다.

육체의 모습으로(고전 15:42-44) 심판의 자리에 나타날 것이다. 육체의 부활을 통해 그리스도인들은, 자신들의 형제 곧 존귀히 높아지신 그리스도의 형상을 온전히 닮은 모습으로 최후의 심판을 맞이할 것이다(고전 15:49; 롬 8:29).

이 사실은 바울이 가르친 미래적 칭의를 이해하고 적용하는 데 중요한 의미를 전달한다. 만일 최후의 심판 날에 신자들이 이미 부활한 육체를 가지고 나타난다고 하면, 그때 그들은 **이미 공개적으로 의롭다 함을 받은** 상태로 나타나는 것이다. 앞에서 이야기한 것처럼, 그들의 미래적 칭의는 그들의 육체가 부활하는 데서 이미 일어날 것이며, 이는 **사실상** 선언적이고 법정적이며 의롭다 하는 의미를 가진다. 더 나아가 이것이 의미하는 바는 다음과 말할 수 있다. 최후의 심판은 행위에 따라 이루어져야 하기 때문에, 최후의 심판은 그들의 육체의 부활 가운데 이미 명백하게 드러난 그들의 칭의를 그들에게 반영하고 증언해주는 현실이 될 것이다.

따라서, 최후의 심판에 대한 바울의 가르침이 이 세상에 있는 그리스도인들로 하여금 죽음 앞에서 미래에 대해 불확실한 마음을 갖게 만든다고, 다시 말해서, 그들로 하여금 최후의 심판 때 자신에게 닥칠 결과를 확신하지 못하고 자신들을 영생으로 이끌기에 충분할 만큼의 "선한 행위"를 했는지 안 했는지 의심하게 만든다고 해석한다면, 이는 완전히 잘못된 것이다.

반대로, 그들의 확신을 포함하여 지금까지 논했던 모든 것들은 그리스도에게 의존한다. 특히 그것들은 오직 믿음으로 그리스도와 연합한 가운데 그들에게 전가된 그리스도의 다 이루신 의에 근거한다.

이와 더불어, 최후의 심판 및 그것이 신자들을 위해 갖게 될 역할에 대해 바울이 가르친 내용들은 궁극적인 관점에서 칭의와 성화 사이의 통합적이고 끊을 수 없는 결속을 제공한다. 믿음만이 "유일한 칭의의 수단이지만, 칭의된 사람 안에는 이것만 있는 것이 아니라 다른 모든 구원하는 은혜들을 항상 수반한다(『웨스트민스터 신앙고백서』 11:2)"는 진리도 이러한 맥락에서 이해된다.

제2장
그리스도와의 연합과 칭의

레인 G. 팁튼(Lane G. Tipton) **박사**
웨스트민스터신학교 조직신학 교수

1. 서론

예수 그리스도의 죽음과 부활(historia salutis, "히스토리아 살루티스")의 중심성을 강조함으로써, 그리고 믿음을 통한 그리스도와의 연합을 구원론의 핵심 구조(ordo salutis, "오르도 살루티스")에 통합시킴으로써,[1] 존 칼빈의 전통에 서 있는 개혁주의 신학은 그리스도 안에서의 구원에 대한 풍부한 개념을 제공하며,[2] 그리스도 안에서의 칭의

---

1 구원론(soteriology)은 예수 그리스도 안에서 성도들에게 이루어지는 구원의 적용에 관한 연구이다. 구속사(historia salutis)는 그리스도의 낮아지심과 높아지심 안에서 단번에 이루어진 구원의 완성에 중점을 둔다. 구원의 서정(ordo salutis)은 그리스도 안에서 성도들에게 이루어지는 완성되고 지속되는 구속의 적용에 관심을 둔다. 자신의 죽음과 부활을 통해서 **그리스도께서** 이루신 것(historia salutis)은 **그리스도 안에서** 모든 성도들에게 주어진다(ordo salutis).

2 개혁주의 구원론 안에서 이루어진 이러한 발전을 훌륭하게 요약해 놓은 자료로, Sinclair B. Ferguson, *The Holy Spirit* (Downers Grove, Illinois: IVP, 1996), 93-114를 참고하라.

라는 견고한 신학을 주장한다. 신자들은, 십자가에서 죽으시고 부활하신 하나님 아들로부터 전가된 의를 오직 믿음을 통해 받아들임으로써 그리스도 안에서 의롭다 함을 받는다.[3] 개혁주의 신학은 구원에 있어서 그리스도와의 연합이 중심적인 의미를 가진다고 선언하며, 오직 믿음으로 얻게 되는 그리스도의 의의 전가(imputation)만이 칭의의 유일한 근거라는 점을 확고하게 주장한다. 이 글의 주된 목적은 다음의 질문에 답하는 것이다.

그리스도와의 연합이 칭의와 어떻게 관련되는가?

조금 더 정확하게 표현하자면, 능동적 순종과 수동적 순종이라는 의미로 이해되는[4] 그리스도의 의의 전가가 그리스도와의 연합과 어떻게 연결되는가?

칭의에 있어 신자에게 주어지는 의의 전가와 그리스도와의 연합 사이의 올바른 관계를 밝히고자 하는 것이 이 글의 목적이다. 이 글의 핵심 논지는 다음과 같이 두 가지이다.

첫째, 그리스도와의 연합은 구원론의 체계적인 구조를 제공하며, 이에 따라 성령께서는 그리스도 안에서 실현된 모든 구속적 유익들을 신자들에게 구별되나 분리되지 않게, 동시적이면서 종말론적으로[5] 적용시키신다.

---

3 『웨스트민스터 신앙고백서』의 11장의 1-2절과 웨스트민스터 대요리문답 65-69번에 나오는 그리스도와의 연합과 칭의에 관한 전통적인 진술을 참고하라.
4 능동적 순종은 그리스도께서 하나님의 도덕법의 행해야 하는 계명에 순종하신 것을 가리킨다. 수동적 순종은 하나님의 언약을 깨트린 결과 받게 된 형벌을 그리스도께서 담당하신 것을 가리킨다. 능동적 순종과 수동적 순종은 하나님의 아들의 높아지심/영화로워지심에서 절정에 이른다.
5 "distinctly, inseparably, simultaneously, and eschatologically" - 여주.

둘째, 그리스도의 의의 전가는 칭의의 사법적 근거를 마련하는 그리스도와의 연합의 측면으로 이해할 때 가장 정확하다. 그리스도와의 연합과 그리스도의 의의 전가는, '믿음으로 예수 그리스도와 연합함으로써 의롭다 함을 받는다'는 것이 무엇을 의미하는지를 보여주는 구별되나 분리되지 않는 측면이다.

이 두 가지 요점은 그리스도 안에서 이루어지는 칭의에 대한 성경적이며 개혁주의적 신학을 요약한다. 이 관찰들에서 함축된 추가적 요점은, 개혁주의 신학이 종교개혁 이후의 루터파의 신학이나 라이트(N. T. Wright)의 소위 새 관점적 접근의 교리진술들로 축소될 수 없는, 그리스도와의 연합과 칭의 간의 관계에 대하여 범주적으로 구별된 개념을 제공한다는 점이다.

2. 그리스도와의 연합과 칭의: 성경적이며 조직신학적인 고려들

만일 그리스도의 의의 전가를 '칭의의 사법적 근거를 제공하는 그리스도와의 연합의 측면'으로 보는 것이 가장 올바른 이해라고 한다면, 이를 뒷받침하는 성경적인 근거를 검토해 보는 것이 중요해 보인다. 이 부분에서 우리는 6가지의 구별되는 논증을 살펴볼 텐데, 그 논증들은 '의의 전가가 칭의를 위한 사법적 근거이며, 그것이 그리스도와의 연합 안에서 구별되나 분리되지 않게, 동시적이면서 종말론적으로 주어진다'는 사실을 확증한다.

첫째, 칭의와 성화와 양자됨을 포함하여 구원과 관련된, 복음의 모든 유익들은, 십자가에서 죽으시고 부활하신, 성경의 그리스도와 믿음으로 연합함을 통해서만 신자들에게 주어진다.

바울은 에베소 성도들에게, 그리고 더 나아가서는 모든 성도들에게, 우리가 "그리스도 안에서 하늘에 속한 모든 신령한 복을"(엡 1:3) 얻는다고 가르친다. 성령 안에서 모든 복이 이 시대에 주어질 수 있으며, 그리스도 안에서 교회는 이 복을 현재 소유하고 있다. 이 사실을 조금 더 깊이 생각해보자.

신자들은 그리스도 안에서 선택되고 예정되며(엡 1:4-5), 그리스도 안에서 죽고 부활하며(엡 2:4-6; 골 2:11-13; 3:1-4), 그리스도 안에서 부르심을 받고(고전 1:9; 딤후 1:9), 그리스도 안에서 다시 태어나며(엡 2:5; 골 2:13) 그리스도 안에서 의롭다 함을 받고(롬 8:1; 갈 2:17; 고전 1:30), 그리스도 안에서 성화되며(고전 6:11; 롬 6:5 이하), 그리스도 안에서 신앙을 지키고(롬 6:4; 고전 1:4-9; 빌 1:6), 그리스도 안에서 죽으며(계 14:13; 살전 4:17), 그리스도 안에서 다시 살아나 영화롭게 될 것이다(고전 15:22; 롬 8:30). 헤르만 바빙크(Herman Bavinck)는 『하나님의 큰 일』(*Our Reasonable Faith*, CLC 刊)에서 다음과 같이 설명한다.

> 우리가 그리스도의 인격과 사귀지(share in) 않으면 그리스도의 유익들을 공유(sharing)할 수 없다. 왜냐하면 유익들은 인격으로부터 분리될 수 없기 때문이다. 그 유익들은 어떤 한 사람 안에, 사제 안에, 혹은 교회 안에 (즉, 성례 안에) 저장되어 있는 것이 아니다 … 그리스도의 복들의 보화는 오직 그리스

도 안에만 저장되어 있다 … 그리스도의 인격에 참여(sharing)하지 않으면 그분과의 교제는 없다 … **그리스도 자신과 그분의 모든 유익들**은 성령을 통해 교회에 속해 있다.[6]

신자는 죽으시고 부활하신 그리스도의 인격과 연합함으로써 모든 구원의 유익, 즉 칭의든 성화든 양자됨이든 받는다. 왜냐하면 구속의 유익들은 십자가에서 죽으시고 부활하신 그리스도의 인격으로부터 분리될 수 없기 때문이다.

신자는 그리스도의 인격과 연합한다. 더 구체적으로, 신자는 십자가에서 죽으시고 부활하신 그리스도의 인격과 연합한다. 따라서, 이 내용을 확장시키면 다음의 두 번째 명제가 나온다.

둘째, **그리스도와의 연합**은, 그리스도의 삶의 경험에서 앞서 이미 발생했던 일, 즉 죽으심과 부활하심이, 신자의 삶의 경험의 구조에서 **구원적인 의미로 되풀이되는 것이다**.[7]

에베소서 2:5-6이 이와 관련하여 특별히 중요하다. 아마도 가장 광범위한 방식으로 표현하면서, 바울은 신자의 개인적인 구원 경험을 그리스도와 함께 살아나는 것으로(엡 2:5) 그리고 그리스도 예수 안에서 하늘의 영역으로 들려 올라가는 것으로(엡 2:6) 설명한다.

---

6 Herman Bavinck, *Our Reasonable Faith: A Survey of Christian Doctrine* (Grand Rapids, Michigan: Eerdmans, 1956), 399-400 (강조된 부분은 필자의 것이다).

7 두 가지 부연설명이 필요해 보인다. 첫째, 여기에서 말하는 반복은 죄인의 삶/경험 안에서 발생한다. 다시 말해서, 한편으로는 그리스도께서 죽으시고 부활하신 것, 그리고 다른 한편으로는 신자가 그리스도 안에서 죽고 부활하는 것 사이에 유비적인 관계가 존재한다. 둘째, 성도들의 삶/경험 속에서 발생하는 이러한 구조 및 구속적인 실체는 다른 아닌 그리스도의 부활의 생명이며, 이는 그리스도와의 연합을 통해 신자에게 주어진다.

에베소서 2:2, 3, 5은, 그리스도와 연합하기 이전 신자의 삶의 상태가 어떠한지를 먼저 언급한다. 2절에서 말하고 있는 이전의 삶의 모습(참고, 골 3:7; 고후 5:7)은 습관적으로 일어났던 삶의 형태를 가리키는 것으로 일종의 윤리적인 방향성을 말하는 것이다. "이전의 행실"과 관련하여 에베소서 2:3은, 그리스도 안에서 다시 살아나고 일으켜지기 이전에 되풀이했던 죄악된 불순종의 삶의 경험을 이야기한다(참고, 고후 1:12; 딤전 3:15).

이러한 사실은, 그리스도와의 연합이 "이전"의 삶의 경험과 "이후의" 삶의 경험과 연결된다는 바울의 기본적인 확신을 강화해 준다(참고, 롬 16:7). 그리스도와의 연합이 가지는 "이전"과 "이후"의 측면은, 그리스도인의 경험에서 생각할 수 있는 가장 기본적인 변화를 나타낸다. 즉 죄와 허물로 죽은 상태(엡 2:1-3)로부터 그리스도 예수 안에서 부활의 생명을 누리는 상태(엡 2:4-6)로 바뀐 것이다.

그리고 에베소서 2:6은 그리스도 안에서 주어진 새 생명이 결정적으로 부활의 구조를 갖는다는 점을 강조한다.

> 또 함께 일으키사 그리스도 예수 안에서 함께 하늘에 앉히시니
> (엡 2:6).

신자들은 부활의 행동에 의해서 새 생명을 얻게 되는데, 이것은 그리스도와의 연합과 뗄 수 없는 일이다. 부활의 생명이라고 하는 기본적인 범주로부터 떨어져서는, 구원받은 생명에 대한 어떠한 개념도 가질 수 없으며, 이러한 부활의 생명은 그리스도와의 연합을

통해서 주어진다. 따라서, 바울은 우리가 그리스도 안에서 살아났다(엡 2:5)는 사실의 의미를 밝히면서, 자연스럽게 그리스도 안에 있는 부활의 생명이라는 범주를 끌어들인 것이다(엡 2:6). 그리스도와 함께 살아나는 것은 그리스도와 함께 그리고 그리스도 안에서 부활하는 것을 의미한다. 신자가 그리스도와 함께 그리고 그리스도 안에서 죽고 부활하는 것은 예수 그리스도께서 죽은 자 가운데서 부활하신 사건을 구원론적인 차원에서 반복하는 것이다.

바울의 구원론을 주도하는 이 같은 핵심 요점은 에베소서 2:5-6을 에베소서 1:19-20에 비추어 읽을 때 더욱 분명해진다. 그리스도의 삶에서 일어났던 일이 신자의 삶에서 다음과 같이 반복되어 나타난다. 그리스도께서 신자들의 죄를 자신에게 담당하심으로써 죽으신 것(엡 1:20)처럼, 그리스도와 연합하기 전, 신자들 역시 "허물로 죽었다"(엡 2:5).

그리스도께서 "죽은 자들 가운데서 다시 살리심"을 받은 것(엡 1:20)처럼, 신자들 역시 "그리스도 예수 안에," "함께 일으키심"을 받는다(엡 2:6). 부활하신 그리스도께서 "하늘에서 자기(하나님)의 오른편에 앉히심"(엡 1:20)을 받은 것처럼, 신자들 역시 "그리스도 예수 안에서 함께 하늘에 앉았다"(엡 2:6).[8]

그리스도께서 부활하시고 하늘에 앉으신 일이 그리스도 안에서 교회가 경험하는 일과 연결된다. 이와 같은 반복의 원리는 그리스도

---

8 보충적 교리진술은 롬 6:1-14에 나타난다. 바울은 성도의 성화를 죄에 대하여 죽고 생명에 대하여 살아난(4절) 그리스도에 대한 구원론적 반복으로 본다. 바울은 그리스도의 죄에 대한 죽음과 하나님을 향한 생명의 부활(10절)로부터, 신자가 죄에 대하여 죽은 것과 그리스도 안에서 하나님께 대하여 살아난 것(11절)을 직접적으로 논증한다.

와의 연합이 가지는 부활 구조를 설명해 준다. 신자들이 그리스도와의 연합 안에서 소유하게 되는 생명은 그리스도 안에 있는 부활의 생명, 즉 그리스도께서 친히 경험하신 바로 그 부활의 생명이다. 이처럼, 그리스도의 부활의 생명이 신자 안에서 반복되는데, 이 일은 그리스도와의 연합을 통하여 일어난다.[9]

셋째, 그리스도의 육체적 부활은, 구속사에 있어 하나의 종말적 사건으로서, 그분 자신의 칭의, 양자됨, 성화를 포함한다(참고, 딤전 3:16; 롬 1:4; 6:9-11).

이 점은 앞에서 논의했던 내용과 뒤에 이어질 내용 모두에 구속사적 원리를 제공해 준다. 바울은 그리스도의 죽으심과 부활이 그리스도와의 연합을 구성하는 기본적인 구속적 범주의 역할을 한다고 이야기할 뿐 아니라, 구체적인 범주들로써 그분 자신의 육체적 부활의 본성에 대하여 생각한다. 바울은 예수의 부활은 그 자신의 칭의와 성화 및 양자됨으로 이해하고, 각각의 유익은 부활이라고 하는 하나의 종말적 사건의 '구별되나 분리될 수 없는' 측면이다.

디모데전서 3:16은 예수의 칭의에 초점을 맞춘다.[10] 부활의 시점

---

9 이 표현은 그리스도와의 연합의 부활 구조를 보존하는 동시에 창조주와 피조물 사이의 구별을 유지하는 방식으로 이해해야 한다. 삼위일체의 제2위로서 갖는 그리스도의 존재론적 위치가 전적으로 유일하기 때문에, 그리고 둘째 아담으로서 성육신하신 중에도 여전히 신적인 위격이시기 때문에, 그리스도와 연합된 사람들이 갖는 부활의 생명은 피조물의 수준에서 이루어진 것임을 반드시 강조해야 한다. 이처럼, 그리스도 자신의 죽으심과 부활, 그리고 그리스도와 연합한 신자의 죽음과 부활 사이에는 유비적인(analogical) 관계가 존재한다. 하지만, 그렇다고 해서 '신자의 구원은 십자가에서 죽으시고 부활하신 구세주와의 연합을 통하여 그리스도 자신의 부활의 생명을 공유하는 것'이라는 가장 기본적인 이해가 가려져서는 안 된다.

10 딤전 3:16 "크도다 경건의 비밀이여, 그렇지 않다 하는 이 없도다 그는 육신으로 나타난 바 되시고("Ὃς ἐφανερώθη ἐν σαρκ, "호스 에파네로떼 엔 사르크") 영으로 의롭다 하심을 받으시고(ἐδικαιώθη ἐν πνεύματι, "에디카이오떼 엔 프뉴마티") 천사들에게 보이시고 만국에서 전파되시고 세상에서 믿은 바 되시고 영광 가운데서

에서 그리스도는 성령 안에서 의롭다 함을 받으셨다. 이 본문은 사실상 하나의 잘 구성된 시로 볼 수 있는데, 대다수의 견해에서 주장하듯, 각각 두 줄로 구성된 세 연으로 이루어져 있으며, 각 연은 서로 대조되는 내용을 제시한다.[11]

첫 번째 대조는 육신-영, 두 번째 대조는 천사들-만국, 세 번째 대조는 세상-영광이다. 이러한 구조가 본문의 핵심적인 신학적 메시지를 뒷받침해 주는데, 여기에서 주목하는 주제는 그리스도의 두 가지 본성이 아니라 그리스도의 두 가지 상태, 즉 낮아지심과 높아지심이다.

따라서 이 본문에 등장하는 대조군들은 기본적으로 종말적인 성격을 갖는다. 예수께서 육신 가운데 나타나셨을 때, 육신에 속한 존재가 연루되는 모든 조건에 처하게 되셨다. 그리스도의 부활은 육신의 영역에서 성령의 영역으로 전이됨의 요점을 특징짓는다.

그렇다면 이 본문에 따르면, 예수 그리스도의 성육신과 부활에서 무엇이 보여야 하는가?

디모데전서 3:16에 기록된 바 "육신으로" 나타난 하나님의 아들은 아무런 죄와도 관련이 없는 분이시지만, 그의 존재 방식은 일정 기간 동안만 지속되고, 일시적이고, 임시적인[12] 성격을 가진다. 육신은 성령과 대조적인 관계에 놓여 있다. 성령은 새 창조의 작용인(the agent)

올려지셨느니라."
11 어떠한 해석들이 가능한지 알기 원한다면, William Mounce, *Pastoral Epistles*, *Word Biblical Commentary* (Nashville: Thomas Nelson Publishers, 2000), 215-18을 참조하라.
12 "temporary, transitory, and provisional"-역주.

으로서 육신에 맞서 서 있다. 조지 나이트(George Knight)는 이에 대해 유익한 설명을 덧붙인다.

> 로마서 1:4은 이 간략한 진술에 대한 최고의 해설이다(크랜필드[Cranfield], 머레이[Murray], 리더보스[Ridderbos]의 주석을 참고하라). 로마서 1:4에서 영(πνεῦμα, "프뉴마")은 성령인 것으로 보인다. 이 구절은 일종의 증명 또는 입증을 지칭한다("능력으로 하나님의 아들로 선포되셨으니"). 또한 이러한 선포는 '죽은 자들 가운데서 부활하심'을 통해서 이루어졌다 … 이러한 병행점을 염두해 볼 때, 여기서 바울은 예수께서 부활을 통해 성령에 의해서 입증되셨다는 사실을 이야기하고 있는 것이다.[13]

뿐만 아니라, 우리는 성자께서 "세상에서(ἐν κόσμῳ, "엔 코스모") 믿은 바 되시고"와 "영광 가운데서(ἐν δόξῃ, "엔 독세") 올려지셨느니라" 사이의 대조에도 주목해야 한다. (지금 존재하고 있는) 세상과 (종말론적인 미래의 영역이자, 현재로서는 부활의 질서 안에서 실현된) 영광 사이에 나타나는 대조 관계가 육신/영(Spirit) 사이의 관계에서도 동일하게 나타난다. 그러므로, 디모데전서 3:16에서 영과 영광은 분명히 서로 동격의 관계를 가진다. 그리고 성령은 육신과 종말론적으로 대조되며, 마찬가지로 영광은 세상과 대조된다.[14]

---

13 George Knight, *The Pastoral Epistles* (Grand Rapids, Michigan: Eerdmans, 1992), 184-85.
14 여기서 말하고자 하는 바는 영(Spirit)과 영광 사이의 구별을 희미하게 만드는 것이 아니다. 영은 성령의 위격을 지칭하며, 영광은 다가올 세상 및 성령의 사역을 시술한다.

그리스도께서 "육신으로" 나타나셨다는 것은 그분께서 스스로를 연약하며 깨어지기 쉬운 인성과 동일시하신 사실을 강조하며, 하위 종말론적인(sub-eschatological) 존재 양식 가운데 인성을 입으신 사실을 표현한다.

그리스도께서 성령 안에서 의롭다 하심을 받으셨다는 것은, 성령을 통한 종말론적 사역, 곧 그분 자신의 부활과 함께 시작된 새 창조의 사역과 관계됨을 의미한다. 이처럼 바울은 그리스도의 부활에 담겨 있는 근본적으로 종말론적인 특징을 주장한다. 부활하심으로써 예수는 이제 육신적이고 연약하며 임시적인 질서와 동일시되는 것이 아니라, 영광과 불멸이라고 하는 성령의 질서에 참여하시는 것이다(참고, 고전 15:42-49).

그리고 이 사실은 단순히 부활하신 분으로서만이 아니라, 부활 가운데 의롭다하심을 받으신(ἐδικαιώθη, "에디카이오떼") 분으로서의 그리스도에게 참되다(딤전 3:16b). 예수 부활의 종말론은 그의 칭의가 어떠한 본질을 가지는지를 밝히 비춰준다.

예수께서 종말론적인 질서로 일으킴 받으신 반면 결코 연약하며 임시적이고 일시적인 질서로 돌아가지 않으시는 것처럼, 그분의 부활이 가지는 칭의의 측면 역시 마찬가지이다. 부활하시고 의롭다 함을 받으심으로써, 예수는 둘째 아담과 메시아가 되시되, 시험 단계(probation)를 뛰어넘어 종말론적인 의를 영원토록 충민하게 소유하

말하고자 하는 핵심은 영과 영광이 종말론적 질서, 즉 육신과 세상이라고 하는 하위-종말론적인(sub-eschatological) 질서와 대조되는 질서의 현존을 가리킨다는 것이다. 하지만, 어떠한 경우에도 (피조되지 않으셨으며 스스로 충족적이신 삼위일체의 제3위이신) 성령 하나님과 영광 (즉, 피조되었으며 의존적인 종말론적인 질서) 사이의 절대적이고 근본적인 구별을 허물려고 하는 것은 결코 아니다.

신 분이 되신다.[15] 예수께서 성령 안에서 의롭다 함을 받으셨다는 말씀은 그분의 종말론적 의를 입증하는 불변의 선언이다.[16]

동일한 동사(εδικαιώθη, "에디카이오떼")가 다른 문맥에서도 나타나는데, 로마서 4:2과 마태복음 11:19에서 이 동사는 법정적이고 선언적이며 확정적인 의미에서 공개적으로 무죄를 입증받는 것을 의미한다. 예수께서 부활과 함께 의롭다 함을 받으셨다는 사실을 우리가 이해할 때, 그분의 죽은 자로부터의 부활이 사법적으로 확증적(demonstrative)이고 법정적으로 선언적인 특성이 명백해진다. 예수의 부활은 '하나님의 아들이 의롭다고 입증되셨다'는 사실을 종말론적으로 증명하고 법정적으로 선언하는 사건이다.

예수의 부활이 그 자신의 칭의라는 사실은, 그가 대속적 희생제물로서 자신의 죄가 아니라 자기 백성의 죄 때문에 하나님의 진노와 정죄를 받아 죽으셨다는 사실로부터 나온다(히 2:17; 롬 3:24-25; 4:25; 고후 5:21; 히 9:26-27). 예수께서는 그의 백성들이 정죄 받을 수밖에 없었던 그들의 죄책을 자신의 대속적 죽음 가운데 담당하셨다. 예수

---

15 칭의의 "이미-아직 아니"의 측면을 허용하는 가운데 일종의 통합적 요소를 교리진술에 첨가하려고 하는 시도, 즉 언약적인 신실함이나 선한 행위가 미래적 (두 번째) 칭의를 위한 근거를 제공한다는 식의 시도는 신자의 칭의에 있어서 가장 중요한 핵심을 놓친 것이다. 부활하심을 통해 예수님께서는 의롭다 함을 받으신 둘째 아담이자 메시아로서 시험의 단계를 영원히 뛰어넘으신다. 마찬가지로, 그리스도와 연합한 신자들 역시 영원히 시험의 단계를 뛰어 넘으며 종말론적인 의를 소유한다. 칭의의 "아직 아니"(not yet)의 측면은 **신자가 그리스도 안에서 얻는 현재적 칭의는 예수 그리스도께서 받으신 칭의와 마찬가지로 확정적이며 취소될 수 없다**는 근본적인 복음 진리와 결코 충돌할 수 없다. 칭의의 미래적 종말에 대한 논의는 언제나 신자가 그리스도 안에서 얻은 현재적 칭의의 불변성으로부터 시작되어야 하며, 이와 일관되어야 한다(참고, 웨스트민스터 대요리문답 70, 71, 90).
16 엄밀한 주해와 신학적 통찰력을 바탕으로 Gaffin은 예수님의 부활을 그분의 칭의, 양자됨, 성화로 설명한다. 참고, Richard B. Gaffin, Jr., *Resurrection and Redemption: A Study in Paul's Soteriology* (Phillipsburg, New Jersey: P&R, 1987), 119-23.

자신은 **본질적으로** 죄가 없으시지만, 대속적 희생제물로서 죄로 인한 죄책 및 종말론적 정죄라는 형벌을 자신의 죽음 안에서 실제로 담당하신 것이다. 바로 이 사실 때문에 우리는 예수의 부활을 그분의 칭의로 이야기해야만 한다. 의롭다는 사법적 선언**만이** 정죄라는 사법적 판결을 뒤집는데, 예수의 칭의 선언은 바로 성령 안에서 이루어진 부활을 통해 명백해진 것이다.

예수께서 둘째 아담이자 마지막 아담으로서 능동적 순종은 언약적 특성을 가지고 있으며(눅 4:1-13; 롬 5:12-19; 고전 15:45, 47), 그의 능동적 순종과 수동적 순종은 행위 언약의 정당한 요구를 만족시킨다. 이 점을 인식할 때, 그리스도의 칭의로서의 그리스도의 부활은 '하나님의 아들께서 행위 언약의 적극적인 교훈과 형벌적인 처벌 둘 다에 있어서 공의의 요구를 완벽하게 만족시키셨다'는 것에 대한 사법적 선언을 반드시 포함'해야만' 한다.[17]

이처럼, 칭의로서 그리스도의 부활은, 하나님의 아들께서 행위 언약이 요구했던 **언약적**(*ex pacto*, "엑스 팍토")이고 공로적인 순종을 삶과 죽음 모두에서 이루셨다는 사실에 대한 법정적 선언이다.[18] 칭의로서 그리스도의 부활은 행위 언약 아래에서 하나님의 아들이 제공하

---

17 그리스도의 능동적 순종을 부인하려면 반드시 행위 언약을 부인해야만 한다. 왜냐하면 행위 언약은 아담이 최초에 행하는 순종을 조건으로 종말론적인 생명을 약속받았다는 사실을 주장하기 때문이다. 그러므로 그리스도를 둘째 아담이자 마지막 아담으로 언급할 때(분명한 구절로는 고전 15:45, 47; 암시적인 구절로는 롬 5:12-19, 눅 4:1-13), 이는 하나님의 아들의 순종에는 행하신 측면과 당하신 측면이 모두 포함되어 있음을 의미한다.

18 행위 언약 아래 놓여진 아담의 순종의 공로적 특징에 관해서는 M. G. Kline, *Kingdom Prologue* (Overland Park, Kansas: Two Age Press, 2001), 107-117 그리고 Francis Turretin, *Institutes of Elenctic Theology*, vol. I, (Phillipsburg, New Jersey: P&R, 1994), 578을 참조하라.

는 공로적 순종의 필연적인 성취이다.

행위 언약이 하나님의 아들의 사역에 종말론적이고 공로적인 성격을 모두 부여하기 때문에, 그리스도의 부활은 종말론적인 칭의를 포함해야 한다. 언약신학은 바로 이것을 요구하며, 바울 역시 디모데전서 3:16에서 자신의 신학 전체와 일관되게 '예수 그리스도께서 성령 안에서 부활하심으로써 종말론적으로 의롭다 함을 받으셨다'는 것을 가르친다.

그리스도의 부활이 그분 자신의 칭의를 포함한다는 사실을 이해하지 않을 경우, 은연중에 일종의 가현설적 기독론(Docetic Christology)에 빠지기 쉽다.[19] 예수의 정죄라고 하는 현실은 부활에 칭의의 측면이 포함될 것을 요구한다. 왜냐하면 칭의의 사법적 선언만이 정죄의 사법적 선언에 응답하며, 그리스도께서 십자가에서 담당하셨던 정죄의 선언을 종말론적으로 뒤집는 일은 그 자신의 부활 안에서 이루어진 칭의의 선언을 통해 나타나기 때문이다.[20]

예수께서 죽음 가운데 **진정으로 정죄 받으신** 것처럼, 그분은 부활 가운데 **진정으로 의롭다 함을 받으셨다**. 바울은 예수께서 육체 가운데 나타나신 것을 그가 성령 안에서 의롭다 함을 받으신 사실의 맥

---

19 내가 '가현설적'(docetic)이라는 표현을 사용하며 의도한 뜻은 다음과 같다. 전통적으로, 가현설 옹호자들은 하나님의 아들이 단지 참된 인성을 가진 것처럼 보였을 뿐이라고 주장한다. 이러한 맥락에서 '가현설적'이라는 단어는 '하나님의 아들이 택함 받은 자기 백성들을 위해 대리적 속죄 가운데 종말론적 진노와 정죄를 실제로 담당하셨다'는 사실을 넌지시 부인하는 것을 뜻한다.

20 이와 더불어, Vos는 그리스도의 "부활은 정죄 선고를 무효화시켰다"고 예리하게 지적한다(*The Pauline Eschatology* [Grand Rapids, Michigan: Eerdmans, 1961], 161). Gaffin 역시 "자신의 부활 안에서 죽음을 없애신 것은 정죄의 선고를 제거하며 자신의 (아담적인) 의를 효과적으로 확증하신 것이나 다름없다"고 설명한다(*Resurrection*, 122).

락에서 강조한다. 이로 인해 어떠한 형태의 가현설적 기독론이나 혹은 그와 연관된 의미들은 제거된다.

넷째, 십자가에서 죽으시고 부활하신 예수 그리스도는 구별되나 분리되지 않게, 동시적이면서 종말론적으로 교회가 얻는 모든 구원론적 유익들을 그분 자신 안에 가지고 계신다(참고, 고전 1:30, "너희는 하나님으로부터 나서 그리스도 예수 안에 있고, 예수는 하나님으로부터 나와서 우리에게 지혜와 의로움과 거룩함과 구원함이 되셨으니").

하나님의 지혜가 가진 기독론적인 특성, 그리고 어떠한 육체도 하나님 앞에서 자랑할 수 없다는 사실을 강조하면서 바울은, 하나님으로부터 유래한 구속사의 어떤 상황 가운데 그리스도께서 자신의 죽음과 부활을 통해 자기 백성들을 위한 종말론적 지혜가 되셨다고 주장한다. 그리스도께서 "하나님으로부터 나와 우리를 위한 지혜가 **되셨다**."[21]

그리고, 너희가 "그리스도 안에" 있는 것은 "하나님의 행하심"으로 말미암은 결과이다. 어떠한 육체도 하나님 앞에서 자랑할 수 없는데, 그 이유는 오직 하나님으로 말미암아 혹은 하나님의 행하심으로 말미암아 신자가 그리스도 안에 있기 때문이다. 그리스도와의 연합을 가져오는 것은 하나님의 주권적 능력 혹은 행동이며, 육체 안에

---

21 두 가지 점을 간략하게 설명할 필요가 있다. 먼저, 고린도전서의 다른 곳에서, 즉 15:45에서 바울은 그리스도께서 "~이 되신 것"(becoming)을 이야기한다. 바울이 말하고자 하는 바는 그리스도께서 자신의 부활, 더 구체적으로는 자신의 승천을 통해 "생명을 주는 영"이 되셨다는 것이다. 죽은 자로부터의 부활이 없었다면, 그리스도는 우리를 위한 종말론적이고 구원론적인 지혜가 되시지 않았으며 마찬가지로 생명을 주시는 영도 되시지 않았다. 둘째, 고전 2:4 이하에 나오는 성령에 대한 언급은 고전 1:30에서 말하는 지혜와 연결된다. 그리스도와 성령을 기능상 동일시함으로써 죽음과 부활이라는 범주 모두를 전제하고 있다.

있는 그 어떤 것도 아니다. 이처럼, 신자가 그리스도와 연합할 수 있는 근거는 하나님의 결정적인 행동이다. "그리스도 예수 안에"라는 표현은, 하나님의 지혜를 아는 자들과 알지 못하는 자들 사이의 차이를 요약해 주는 포괄적인 구원에 관한 교리진술이다. 바울은 "그리스도 안에"라는 표현을 광범위하게 표현하면서, 그리스도의 복음 안에 도래한 구원의 다양한 측면의 현실을 전달한다.

하지만, 고린도전서 1:30은 신자와 연합하신 그리스도의 본성과 관련하여 무엇을 보다 구체적으로 말하는가?

고린도전서 1장에서 전개되는 논리에 비추어 볼 때, 바울은 고린도전서 15:45 이하에 나오는 교리진술을 고린도전서 1:30에서 굉장히 집약된 형태로, 그러면서도 조금 다른 관점에서 미리 보여주고 있다. 고린도전서 15:45에서 바울은, 승천하신 그리스도와 연합한 자들에게 주어진 부활의 생명을 묘사하는 가장 광범위한 구속적 범주로서 "살리는 영"(life-giving Spirit)에 대해 강조한다.

반면 고린도전서 1:30은 동일한 구속사적 현실을 보다 좁은 범주 안에서 묘사하면서, 특히 구원의 구체적인 유익들을 언급하고 있다. 고린도전서 15:45이 **미래**의 종말론적인 복에 초점을 맞춘다고 하면, 고린도전서 1:30은 현재 실현된 복들에 초점을 맞추고 있다고 하겠다. 즉, 그리스도께서는 죽음과 부활을 통해, 넓은 관점에서 보면 "살리는 영"이 되셨고, 보다 좁은 범주로서는 구원의 유익들이라 할 수 있는 "의로움과 거룩함과 구원함"이 되셨다고 말할 수 있는 것

이다.²²

그렇다고 한다면, 이 구절의 서술적 주어라 할 수 있는 "의로움과 거룩함과 구원함"을 어떻게 이해해야 할까?

이를 이해하기 위한 기본적인 열쇠는, 그리스도께서 자기 백성을 위한 "지혜"가 되셨다는 사실이 바로 의와 거룩과 구속 등의 구원적 범주로 이해되어야 한다는 것이다. 고든 피(Gordon Fee)는 이에 대해, 참된 지혜는 하나의 동일한 구원하는 실제(saving reality), 즉 그리스도의 구속 사역 안에서 우리를 위해 성취된 것의 세 가지 다른 측면들로 이해되어야 한다고 주장한다.²³ 다시 말해서, 바울이 세 가지 명사를 추가하면서 의도했던 바는, 그리스도께서 죽음과 부활 가운데 우리를 위해 되어 주신 하나의 근본적인 구원하는 실재의 다양한 측면들을 강조하는 것이라는 점이다.

이처럼 고린도전서 1:30에서 바울은, 그리스도께서 하나님으로부터 나와 우리를 위해 지혜가 되셨다는 사실에 비추어 그리스도와의 연합을 이야기한다. 이 지혜는 의로움과 거룩함과 구원함이라고 하는 구별되지만 분리될 수 없는 범주들 가운데 양상적으로(aspectivally) 이해된다.

이러한 사실을 염두에 둘 때, 우리는 다음과 같이 추론할 수

---

22 고전 1:30에서 바울은 성화의 확정적인 측면을 생각하고 있다. 확정적인 성화란 죄의 지배로부터 영구히 단절되는 것이다. 이러한 외미에서 그리스도는 그분 자신 안에 우리의 거룩함을 가지고 계신다. 즉, 죽으시고 부활하심으로써 그리스도께서 죄에 대해서 죽는 영원한 상태에 들어가셨으며, 이 사실이 그리스도 안에 있는 신자들에게도 동일하게 적용되는 것이다(롬 6:9-11; 골 3:1-4).

23 Gordon Fee, *The First Epistle to the Corinthians*, New International Commentary on the New Testament, eds. Ned B. Stonehouse, F.F. Bruce, Gordon D. Fee (Grand Rapids, Michigan: Eerdmans, 1987), 86.

있다. 그리스도 자신이 우리를 위해 "살리는 영"이 되신 것처럼(고전 15:45), 마찬가지로 그리스도께서는 그 자신 안에 "의로움과 거룩함과 구원함"을 구별되나 분리되지 않게, 동시적이면서 종말론적으로 가지고 계신다. 그리스도 안에 있다는 것은, 십자가에 죽으시고 부활하심으로써 이 모든 구원의 유익들의 구체화(embodiment)가 되신 분 안에 있다는 것을 의미한다. 따라서, 그리스도와의 연합 바깥에서는 구원의 어떠한 유익도 존재할 수 없다.

다섯째, 이제 그리스도와의 연합과 그분의 의의 전가라는 주제로 초점을 돌려볼 때, 우리는 다음의 사실에 주목할 필요가 있다. **불법과 불순종으로 이해되는 아담의 죄는 정죄를 가져오며, 그 결과 아담 및 그가 대표하는 사람들 모두에게 사망이 임한다. 반면, 이러한 현실과 대조적으로, 의와 순종의 한 공로적 행동으로 이해되는 그리스도의 의는 칭의를 가져오며, 그 결과 그리스도 및 그가 대표하는 사람들 모두에게 종말론적인 생명이 임한다**(롬 5:12-19).[24]

① 아담의 죄와 불법과 불순종은 서로 긴밀하게 연결되어 있으며, 아담 자신과 우리 모두가 정죄 받는 배경이 된다. 아담의 죄는(롬 5:12) 무엇보다도 하나님의 뜻을 위반한 것으로 이해되어야 한다(롬 5:15, 17a). 죄는 분명코 일종의 관계적 개념이며, 그것은 언약적 창조주와 피조물 사이의 관계를 배경으로 하는 개념이다. 죄의 핵심은 하나님의 의로운 뜻을 위반하는 것, 하나님의 언약적 관계를 깨트리는 것이다(참고, 웨스트민스터 소요리문답 14번).

---

24   이러한 통찰력 중 많은 부분은 Gaffin에게서 도움을 받았다.

② 바울은 하나님의 뜻을 위반하는 것과 죄 사이의 긴밀한 관계를 설명하면서, 서로간에 필연적으로 연결되어 있는 또 하나의 문제에 주목한다. 그것은 **범죄와 정죄**이다(참고, 롬 5:18, "한 범죄로 많은 사람이 정죄에 이른 것 같이"). 하나님의 뜻을 언약적으로 위반함으로써 아담 및 그가 대표하는 모든 사람들은 사법상의 정죄를 받을 수밖에 없다.

③ 보다 총체적으로 말하면서, 바울은 그의 초점을 넓게 확장하여 다음과 같이 요약한다.

> 한 사람이 순종하지 아니함으로 많은 사람이 죄인 된 것 …
> (롬 5:19).

죄는 위반이며, 죄책을 수반하고, 아담과 그 후손에 대한 객관적이고 사법적인 정죄 선언으로 이어진다. 많은 사람들이 하나님 앞에서 사법적으로 책임이 있고, 죄책이 있고, 정죄되는 것은 바로 한 사람의 불순종 때문이다. 이 논증을 정리해 보자. 아담의 죄는 위반과 불순종으로 이해되며, 그 결과는 정죄와 사망이다. 아담의 죄로 인해 아담 및 죄인들은 하나님께 사법적으로 책임을 져야 한다. 죄는 법정적이고 사법적인 정죄의 선언이다.

④ 위반과 불순종을 특징으로 하며 정죄와 사망을 초래하는 죄와 대조적으로, 그리스도의 의는 순종을 특징으로 하며 칭의와 생명을 가져온다. 이 논증에서 두 가지 점에 주목하자. 먼저, 죄와 의가 직접적인 대조를 이루는데, 각각은 아담의 일을 묘사과 그리스도의 일로 묘사한다(5:18). 아담이 행한 일은 범죄와 불순종이다.

하지만 둘째 아담으로서 그리스도께서 행하신 일은, 위반과 불순종으로서의 죄와 **직접적으로 대조**되는, "한 (사람의) 의로운 행위"로 묘사된다. 범죄와 불순종으로서의 아담의 죄는 그리스도께서 행하신 하나의 의로운 행위과 **대조**된다.

따라서 의는 죄인들로 하여금 하나님께 사법적인 책임을 지게 만든 죄에 대한 대답이다. 그렇기 때문에 의는, 죄에 대한 책임을 지고 정죄를 받아야 하는 상황을 뒤집는 것과 연관된다. 바울은 바로 이 점을 로마서 5:18에서 분명하게 밝히고 있다.

> 그런즉 한 범죄로 많은 사람이 정죄에 이른 것 같이, 한 의로운 행위로 말미암아 많은 사람이 의롭다 하심을 받아 생명에 이르렀느니라(롬 5:18).[25]

한 사람의 의로운 행위가 한 사람의 범죄에 대해 직접적으로 응답한다. 죄가 하나님의 뜻을 위반하는 것이며 정죄를 초래하는 것이라고 했을 때, 의는 하나님의 뜻에 순종하는 것이며 칭의를 일으킨다.[26]

---

25 δι' ἑνὸς δικαιώματος("디 에노스 디카이오마토스")의 번역에 대한 간단하면서도 유익한 논의를 위해서는 C. E. B. Cranfield, *The Epistle to the Romans*, International Critical Commentary, vol. 1, eds. J. A. Emerson, C. E. B. Cranfield, and G. N. Stanton (Edinburgh: T&T Clark, 1998), 288-90을 참고하라.

26 이 본문은 적어도 두 가지 이유에서 그리스도의 능동적 순종을 전제한다. 첫째, 아담의 죄는 하나님의 의로운 뜻을 위반한 것인데, 이 하나님의 뜻은 행위 언약 가운데 아담에게 계시되었다. 아담의 죄가 가진 특징은 하나님께서 계시하신 율법의 적극적인 계명을 신뢰하지 못하고 순종하지 못한 것이다. 따라서 둘째 아담으로서 그리스도께서 행하신 한 의로운 행위는 적어도 행위 언약으로서 율법의 적극적인 계명에 대한 순종을 포함해야 한다. 둘째, 예수님의 한 의로운 행위는 의와 **생명**으로(εἰς δικαίωσιν ζωῆς, "에이스 디카이오신 조에스," 롬 5:18) 이루어진 칭의를 가져온다. 생명은 행위 언약의 종말론적인 초점인 **맨 첫번째** 기능이며, 이에 따라 종말론적인 진보가 순종하는 아담에게 제시되었다(Vos, *Biblical Theology*, 28 이하). 행위 언약 하에서 능동적

⑤ 특히 로마서 5:18에 집중해 볼 때, 한 사람의 범죄와 한 의로운 행위 사이의 대조로부터 하나의 추가적인 대조가 유래한다. 즉, 범죄의 결과로서 초래된 '정죄'와 한 의로운 행위의 결과로서 나타나는 '칭의와 생명' 사이의 대조이다.

> 그런즉 한 범죄로 많은 사람이 정죄에 이른 것 같이, 한 의로운 행위로 말미암아 많은 사람이 의롭다 하심을 받아 생명에 이르렀느니라(롬 5:18).

법정적이고 선언적인 성격을 갖는 정죄는 한 사람의 범죄의 결과이다. 마찬가지로 법정적이고 선언적인 성격을 갖는 칭의 역시 한 의로운 행위의 결과이다. 한편으로는 죄와 의 사이에서, 다른 한편으로는 정죄와 칭의 사이에서 대조적인 병행이 나타난다.

그러므로 아담이 행한 불순종의 결과, 그가 대표하는 사람들이 정죄를 받은 것처럼, 그리스도께서 행하신 한 의로운 행위의 결과, 그가 대표하는 사람들이 의롭다 하심과 생명을 받는다. 그리고, 아담의 범죄 행위를 우리의 정죄로 "여기거나"(reckoning) 혹은 그리스도의 의로운 행위를 우리의 칭의로 "여긴다"는 내용을 전달하기 위해 개혁주의 신학자들은 **전가**(imputation)라는 용어를 전통적으로 사용

순종은 종말론적인 생명에 도달하는 최초의 그리고 유일한 길이었다. 이 사실은 고전 15:45 이하에서 분명하게 설명된다. 바울은 신령한 삶에 대한 기대가 아담적인 질서 안에 내포되어 있었다고 주장한다. 그러므로 둘째 아담이신 그리스도의 이루신 의와 순종의 결과물인 생명은 능동적 순종을 요구한다.

해 왔다.[27] 마지막으로, 바울이 19절에서 이 내용들을 어떻게 확장시키고 있는지에 주목하라.

> 한 사람이 순종하지 아니함으로 많은 사람이 죄인된 것 같이,
> 한 사람이 순종하심으로 많은 사람이 의인이 되리라(롬 5:19).

이제 바울은 정죄와 칭의에 대한 선언을 각각 불순종과 순종에 근거하여 해석한다. 아담의 불순종은, 그가 대표하는 사람들에 대한 사법적 정죄 판결의 근거가 되는 언약적이고 대표적인 행동이다. 반면, 그리스도께서 행하신 공로적인 순종 행위는, 우리의 칭의를 위해 그 자신이 친히 부활하신 결과를 포함하여(롬 4:25), 그가 대표하는 사람들이 의롭다 함을 받는 사법적 판결의 근거가 된다. 결과적으로, (둘째 아담) 예수 그리스도의 순종에 근거한 칭의는 첫째 아담의 불순종에 근거한 정죄의 문제를 직접적으로 해결한다.

⑥ 그리고 이전의 모든 논의에 비추어, 우리는 **그리스도의 순종과 부활이 신자들의 칭의에 절대적으로 확정적인 중요성을 가진다**는 사실을 이해할 수 있다. 이러한 논증의 연장선상에서 우리는 그리스도께서 "우리가 범죄한 것 때문에 내줌이 되고 또한 우리를 의롭다 하시기 위하여 살아나셨느니라"(롬 4:25)고 주장한 바울의 논리를 이해할 수 있다.

27　웨스트민스터 소요리문답 33번을 참고하라.

예수께서 자신의 부활의 시점과 함께 의롭다 함을 받으셨으며(딤전 3:16), 그분의 부활이 자기 백성들을 그 사건 안으로 포함하여 하나로 묶는 연대적 사건이라고 한다면(롬 4:25), 분명코 예수의 부활은 모든 신자들의 칭의와 특별한 연관성을 갖는다. 예수가 단지 신자들의 칭의를 위해 피를 흘리셨다(롬 5:9)는 사실만으로는 충분치 않다. 왜냐하면 예수의 종말론적인 칭의는 바로 죽은 자들 가운데서 살아나신 부활과 하나로 매여 있기 때문이다(딤전 3:16).

로마서 4:25에서 바울은, '예수의 부활이 그의 칭의'이며 '예수의 부활이 신자들을 그 효력 안에 포함시키는 연대적 사건'이라는 두 가지 개념을 하나로 통합한다. 그 결과, 예수는 단순히 그 자신만의 칭의를 위해 부활하신 것(딤전 3:16)이 아니라, 믿는 자들의 칭의를 위해서도 부활하셨다(롬 4:25). 이러한 교리진술은 앞으로 로마서 5:12-19에서 두 아담이 보여줄 연대적 역할을 예상한다.

게할더스 보스(Geerhardus Vos)는 "부활의 생명의 기쁨"(The Joy of Resurrection Life)이라는 제목의 설교에서 이 본문을 자세히 다루었다. 보스는 그리스도의 부활이 "칭의의 복음, 혹은 죄책으로부터의 해방이라는 복음의 핵심을 이룬다"고 주장하면서,[28] 다음과 같이 설명한다.

> 그리스도를 사망으로부터 다시 살리심으로써, 하나님께서는 그리스도의 속죄 사역이 절대적으로 완벽하고 완전하다는

---

28 Geerhardus Vos, *Grace and Glory* (Carlisle, Pennsylvania: Banner of Truth Trust, 1995), 157.

사실을 최고 재판관으로서 확증하셨다. 부활은 '그리스도께서 죽음의 형벌을 고통스러운 마지막까지 담당하셨으며, 그 결과 죄의 지배가 끊어졌고, 저주가 영원토록 사라졌다'는 사실을 세상에 알리는 공개적인 선언이다.²⁹

그리스도는 우리의 범죄함을 위하여 내어주신 바 되었으나, 우리의 칭의를 위하여 살아나셨다. 부활하신 그리스도와 믿음으로 연합함으로써, 그분의 모든 공로적인 능동적/수동적 순종 및 그분의 죽으심과 부활을 통해 칭의에 이르신 모든 일들이 믿는 자들의 것으로 여겨진다.

이처럼, 바울 구원론의 가장 핵심 구조에서, 우리는 그리스도와의 연합과 의의 전가가 완벽하게 하나된다는 사실을 파악한다. 그리스도 자신의 부활은 그의 칭의이며, 부활하신 그리스도와 믿음으로 연합함을 통해 신자들은 그리스도 안에서 (믿음을 수단으로 하여) 의롭다 함을 받으며, 그분의 의를 얻게 된다.

그리스도의 의가 전가되어, 그분의 의가 신자 자신의 의로 여겨지는 일은 그리스도와의 연합과 동시에 발생한다. 하지만 이 일은, 그것의 독특하게 법정적이며 사법적인 성질에 비추어 볼 때, 그리스도와의 연합과 구별될 수 있을 것이다.

아마도 이 사실은 다음과 같이 표현될 수 있을 것이다. 그리스도 안으로 통합되는 일에는 그리스도 자신의 의를 소유하는 것이 포함

---

29 Ibid., 161.

되는데, 이 의는 십자가에서 죽으시고 부활하시며 의로우신 하나님 아들과의 결속(solidarity) 때문에 신자에게 전가된다.

그리스도와의 연합은 바울로 하여금 관계적인 측면과 사법적인 측면을 동시에, 어느 한쪽에 대한 훼손 없이 말할 수 있도록 만든다. 바울신학에서 법정적인 개념와 참여적인 개념은 서로 대립되지 않으며, 오히려 상호간에 보완하여 그 뜻을 더 분명히 밝히는 역할을 한다. 결론적으로, 그리스도의 의의 전가는 칭의의 사법적 근거를 제공하는 그리스도와의 연합의 측면으로 이해하는 것이 가장 타당하다.

지금까지 주석적인 내용을 살펴본 목적은, 바로 이제부터 다루게 될 역사적 교리진술을 평가하기 위한 하나의 기준을 제공하기 위함이었다. 성경 내용에 대한 깊은 고찰은 칼빈과 개혁주의 전통에서 발견되는 구원론 교리진술들과 조화된다.

3. 그리스도와의 연합과 칭의: 역사적이며 신학적인 교리진술들

칭의 가운데 주어진 그리스도의 의의 전가와 그리스도와의 연합은 서로 어떻게 연결되는가?

나는 이 질문에 답하는 세 가지 다른 방식을 설명하고자 한다. 개혁주의적 견해는 그리스도와의 연합과 의의 전가를 구별되나 분리될 수 없는 동시적인 실재들로 본다. 루터파의 견해에 따르면, 연합과 전가는 구별되며 분리될 수 있는 실재들이다. 라이트의 소위 새 관점 학파 교리진술은, 연합과 전가가 서로 기능적으로 동일하다고 (즉, 분리될 수도 없고 구별될 수도 없다고) 주장한다. 이 세 가지 관점들을 각각 차례대로 살펴보자.

1) 개혁주의 신학이 말하는 연합과 전가:
   구별되나 분리될 수 없으며 동시적인

간단히 요약해서 말하자면, 개혁주의 전통의 중요한 흐름에서는 '그리스도의 의의 전가가 그리스도와의 연합과 구별되나 분리될 수 없다'고 주장한다. 그리스도의 의의 전가, 즉 그리스도의 의를 신자 자신의 것으로 여기는 일은 연합과 동시에 발생한다. 하지만 이는, 그것의 독특하게 법정적이며 사법적인 성질에 비추어 볼 때, 그리스도와의 연합과는 구별될 수 있다.

그리스도와의 연합이 가지는 구원론적 중요성과 관련하여, 칼빈은 하나의 고전적인 교리진술을 제공한다. 칼빈는 다음과 같이 말한다.

> 우리가 무엇보다 먼저 이해해야 하는 사실은 이것이다. 그리스도께서 우리 바깥에 머물러 계시는 한, 그리고 우리가 그분과 분리되어 있는 한, 그분께서 인류의 구원을 위해 고통당하시고 행하신 모든 일들은 우리에게 아무런 유익과 가치가 없다.[30]

---

30 Calvin, *Institutes*, III.1.1, 537.

단순히 말해서, "우리가 그리스도와 그의 모든 유익들을 누리게 되는 것은 … 바로 믿음에 의해서이다."[31] 그리스도와의 연합을 떠나서는, 죄인들은 어떠한 구속적 유익도 누릴 수 없다. 이처럼, 그리스도와의 연합은 칼빈의 구원론의 핵심을 이루며, 신자에게 구속이 어떻게 적용되는지에 대해 핵심적인 신학적 구조를 제공한다. 칼빈은 그리스도와의 연합이 가진 근본적인 구조를 설명하면서, "하나님의 이중적인 은혜"를 이야기한다.

> 그분께 참여함으로써, 우리는 원리적으로 이중적인 은혜(*duplex gratia*, "듀플렉스 그라티아")를 받는다. 하나는 우리가 그리스도의 흠 없으심을 통하여 하나님과 화목되어, 하늘에 계신 하나님을 재판관이 아니라 자비로운 아버지로 소유할 수 있다는 것이고, 다른 하나는 그리스도의 성령으로 거룩하게 되어 우리가 흠 없고 순결한 삶을 증진시킬 수 있다는 것이다.[32]

하지만, 여전히 해결되지 않은 질문이 있다.
이 두 가지 복들은 서로 어떻게 **연관**되는가?
칼빈은 논증하기를, 이 두 가지 기본적인 구원의 유익들은 신자가 그리스도와 연합할 때 동시적으로 받게 되는 실재들로서, 서로 구별되지만 분리될 수 없다(distinct-yet-inseparable)고 한다. 마치 "그리스

---

31 Ibid.
32 Ibid., III.11.1, 725.

도께서 여러 부분으로 찢어질 수 없듯이, 우리가 그분 안에서 함께 발견하는 이 두 가지 유익들, 즉 의와 성화는 분리될 수 없다."[33]

칼빈은 계속해서 말한다.

> 우리가 그리스도 안에서 오직 하나님의 자비를 통해서만 의롭다 함을 받는다는 것은 정말로 참된 사실이다. 하지만, 의롭다 함을 받은 모든 사람들은 주님께로부터 부르심 받은 사람들로서 자신들의 부르심에 합당한 삶을 살아야 한다는 것 역시 동일하게 참되며 확실한 사실이다.

칼빈은 다음과 같이 결론 맺는다.

> 따라서 신자들은 단지 칭의를 위해서만이 아니라 성화를 위해서도 그리스도를 받아들여야 한다. 왜냐하면 신자들이 반쪽짜리 믿음으로 **그리스도를 나누지** 않게 하기 위하여 **그리스도께서 이 두 가지 목적 모두를 위해 우리에게 주어지셨다.**[34]

다시 말해서, 그리스도 안에서 구속의 적용이 이루어질 때, 칭의와 성화라는 두 가지 유익은 구별된 채로 남아 있다.

---

33 Ibid., III.11.6, 732.
34 John Calvin, *Calvin's Commentaries*, vol. XIX, (Grand Rapids, Michigan: Baker, 1996), 294.

하지만, 서로 간에 구별됨에도 불구하고, 이 두 가지 유익은 따로 분리될 수 없으며, 믿음으로 그리스도와 연합할 때 동시에 주어진다.[35] 고린도전서 1:30을 설명하면서, 칼빈은 다음과 같이 자신의 생각을 전개시킨다.

> 하지만 본문이 의와 거룩에 대해서만 다루고 있기 때문에, 이 문제를 생각해 보자. 비록 우리가 그 둘 사이를 구별할 수 있다 하더라도, 그리스도께서는 이 두 가지 모두를 자신 안에서 분리될 수 없게 가지고 계신다.
> 당신은 그리스도 안에서 의를 얻기 원하는가?
> 그렇다면 무엇보다 먼저 그리스도를 소유해야 한다. 하지만, 그분의 거룩하심에 참여하지 않으면서 그분을 소유할 수는 없다. 왜냐하면 그리스도는 여러 부분으로 나누어질 수 없으시기 때문이다. 이 두 가지 유익들을 우리에게 주셔서 누리게 하시는 것이 오직 그분 자신을 통해서만 가능하므로, 그리스도는 이 두 가지를 동시에 주신다. 어느 한쪽도 다른 한쪽 없이는 주어지지 않는다. 따라서, 우리가 행위와 관계없이 의롭다 함을 받지만, 우리를 의롭게 하시는 그리스도 안에 참여한 연고로, 성화 역시 의와 더불어 함께 포함된다. 이는 얼마나 참된 진리인가![36]

---

35 Peter Lillback, *The Binding of God: Calvin's Role in the Development of Covenant Theology* (Grand Rapids, Michigan: Baker, 2001), 183을 참고하라.
36 Calvin, *Institutes*, III.16.1, 797-98.

달리 표현해 보자면, 믿음으로 그리스도 안에 연합(incorporation) 되는 것에는 그리스도 자신의 의, 곧 순종하시고 십자가에서 죽으시고 부활하신 하나님 아들과의 결속(solidarity)을 통해 신자에게 전가된 의를 소유하는 것이 포함된다.[37] 칼빈의 구원론에서 그리스도와의 연합(Union)은 그의 의가 신자에게 전가되어 신자의 것으로 여겨진다는 개념을 의미한다. 칼빈은 이 사실을 다음과 같이 훌륭하게 설명한다.

> 그리스도가 우리의 것이 되기 전까지는, 우리는 이와 같이 엄청난 선(즉, 의롭게 하는 의)으로부터 박탈된다. 그러므로, 머리와 지체들이 하나로 연합하는 것, 그리스도께서 우리 마음 안에 거하시는 것, 즉 이러한 신비한 연합(mystical union)이야말로 우리에게 **최고로 중요**하다. 그래서 그리스도가 우리의 소유가 되셨을 때, 그리스도께서 우리를 그분에게 주어진 은사들을 **그리스도와 함께 공유하는 자**로 만드신다. 따라서, 우리는 그리스도의 의가 우리에게 전가되게 하기 위하여 그분을 **우리 바깥에** 멀리 계신 분으로 바라보지 않는다. 그러나 **우리가 그리스도로 옷 입고, 그리스도의 몸에 접붙임 받기 때문에**, 간

---

37 Cavin은 칭의를 "신앙을 움직이는 중심축"이자 "하나님을 향한 경건을 세워가는 기초"로 간주했으나(*Institutes*, III.11.1), 앞에서 언급했듯이, Cavin에게 있어서 구원론의 기본적인 구조는 그리스도와의 연합이었다. 그리스도와의 연합이 중심축을 형성하고 기초를 세우는 역할을 했다. Cavin의 그리스도와의 연합 신학이 왜 칭의와 성화에 상대적인 우선권만을 주는지에 대해서는 다음 자료를 참고하라. Richard B. Gaffin, Jr., "Biblical Theology and the Westminster Standards," *The Practical Calvinist: An Introduction to the Presbyterian and Reformed Heritage*, ed. Peter A. Lillback, (Mentor/ Christian Focus Publications, Great Britain: 2002), 430 39.

단히 말해서, 황송하게도 그리스도께서 우리를 그분 자신과 하나되게 하시기 때문에, 이러한 이유로 우리는 우리가 그리스도와 함께 의의 교제를 갖는다는 사실을 기뻐한다.[38]

연합과 전가 사이에 어떤 본질적인 충돌이 있다고 누군가 생각한다면, 이에 대한 유일한 이유는 아마도 **루터파의 전가 개념을 전제하기 때문일 것이다.** 종교개혁 이후의 루터파가 그리스도와의 연합과 전가 사이의 관계를 어떻게 이해했는지 이제부터 살펴보자.

2) 종교개혁 이후의 루터파 신학에 나타난 연합과 전가:
   구별되고 나눠질 수 있으며 순차적인(Sequential)

종교개혁 이후의 보수적인 루터파 신학은 오직 그리스도 안에서, 오직 믿음을 통하여, 오직 은혜로 말미암는 칭의 교리를 견고하게 주장한다. 종교개혁 이후 루터파 구원론에 대한 분명한 교리진술을 보여주는 확실한 자료는 프란시스 피퍼(Francis Pieper)와 존 테오도르 뮐러(John Theodore Müeller)가 쓴 조직신학 교과서인데, 두 사람 모두 자신의 책을 『기독교 교의학』(Christian Dogmatics)이라 이름 붙였다.

뮐러는 "구원론 교리"라는 제목의 장을 시작하면서, "구원론 교리

---

38 Ibid., III.11.10, 737 (강조된 부분은 필자의 것이다). 그리스도와의 연합에 관한 Cavin의 신학을 통찰력 있게 역사적이며 신학적으로 연구하고자 한다면 Mark A. Garcia, *Life in Christ: The Function of Union with Christ in the Unio - Duplex Gratia Structure of Calvin's Soteriology with Special Reference to the Relationship of Justification and Sanctification in Sixteenth-Century Context* (미간행 박사학위 논문, University of Edinburgh, 2004)를 참고하라.

의 목적은 그리스도께서 자신의 대리적 속죄를 통해 온 인류를 위해 이루어 놓으신 복된 구원을 성령께서 각 죄인에게 어떻게 적용하시는지를 보여주는 것"이라고 말한다.[39]

뮐러는 다음과 같이 말한다.

> 죄인이 믿음을 통해 하나님의 일반적인 사죄하심을 받아들이는 순간 … 그는 개인적으로 의롭다 함을 받는다 … 따라서 칭의는 행위와 상관 없이 오직 은혜로 말미암는다. 칭의는 신자로 하여금 그리스도의 완전한 순종을 통해 보장된 모든 공로 혹은 복들을 소유하도록 이끈다. 의롭다 함을 받은 죄인은 은혜와 평강의 상태로 들어가며, 그 안에서 자신의 현재적 구원과 미래적 구원을 확신한다.[40]

구원의 첫 단계는 칭의를 위한 하나님의 죄 사함을 받아들이는 데 있다. 이로 인해 신자는 그리스도의 완전한 순종을 통해 보장된 모든 공로를 얻게 되고, 은혜와 평강의 상태로 들어간다.

하지만, 칭의가 그리스도와의 연합과 정확히 어떻게 연관되는지가 아직 분명치 않다. 뮐러는 자신의 생각을 발전시키면서 다음과 같이 주장한다.

39　John Theodore Müeller, *Christian Dogmatics* (St. Louis, Missouri: Concordia, 1934), 319.
40　Ibid., 319.

> 칭의는 성삼위 하나님 특히 성령께서 신자 안에 거하시는 신비적인 연합을 이끌어 낸다 … 이 신비적인 연합은 칭의의 결과이지, 칭의의 원인이 아니다(갈 3:2).[41]

다시 말해서, 칭의는 복음의 일련의 논리적인 복들 중 첫 번째이며 가장 중심적인 복으로서, 다른 모든 구원의 유익들은 칭의로부터 유래한다는 것이다.

칭의는 성화와 관련해서도 비슷한 인과관계를 갖는다. 뮐러는 "칭의가 성화를 산출해 내며 … 성화는 칭의의 결과로서 칭의에 뒤따른다"고 주장한다.[42] 이처럼 칭의는, 그리스도와의 연합 및 성화를 포함하여, 모든 다른 유익들의 근원 역할을 하는 가장 중심적인 구원의 유익이다.

루터파 구원론의 핵심을 드러내는 가운데, 뮐러는 이신칭의 교리의 세 번째 부분을 "칭의 교리: 기독교 신앙의 중심 교리"라고 이름 붙였다.[43] 뮐러에 따르면, "이신칭의 교리가 모든 기독교 신앙의 중심 교리라는 것은 이를 뒷받침하는 증거가 거의 필요하지 않을 만큼 자명한 사실이다."[44]

뮐러의 주장을 보완하면서 프란시스 피퍼는 자신의 책 『기독교 교의학』의 "칭의: 기독교 신앙의 중심 교리"라는 제목의 장에서 다

---

41 Ibid., 320.
42 Ibid.
43 Ibid., 371.
44 Ibid.

음과 같이 설명한다.⁴⁵

> 루터파 신학에서 칭의 교리는 기독교 교리와 기독교 교회가 서고 넘어지는 중심 교리이다. 그것은 모든 기독교 교리의 정점(apex)이다.⁴⁶

오직 믿음에 의한 칭의는, 단순히 기독교 **구원론**만이 아니라, 모든 **기독교 교리**의 정점이다. 따라서 칭의는 구속사(historia salutis), 그리스도와의 연합, 종말론, 하나님 나라, 그리스도의 낮아지심과 높아지심 등의 교리보다 우위에 있다. 피퍼는 이 점을 다음과 같이 분명하게 주장한다.

> 십자가에 달리신 그리스도를 믿음으로써 의롭다 함을 받는다는 이 칭의 교리는 단순히 바울신학에서만 중심적인 교리인 것이 아니다 … 성경에 있는 모든 교리들은 바로 이 칭의 교리를 섬긴다.⁴⁷

더 나아가서 피퍼는 "기독론은 단순히 칭의 교리의 하부구조(substructure)로서의 역할만 가지고 있다"고 주장한다.⁴⁸ 자신의 신학적

---

45 Francis Pieper, *Christian Dogmatics*, vol. II (St. Louis, Missouri: Concordia, 1950), 512.
46 Ibid., 520.
47 Ibid., 513.
48 Ibid.

선배를 뛰어넘는 과장법을 사용하면서, 피퍼는 "십자가에서 죽으시고 부활하신 그리스도를 믿음으로 의롭다 함을 받는다는 교리가 복음 **전체**이다"라고 말한다.[49]

지금까지 설명한 요점을 정리해 보자면, 밀러와 피퍼의 책이 대표적으로 보여주듯 종교개혁 이후 보수적 루터파 구원론은 두 가지 핵심적인 명제를 주장한다.

첫째, 칭의는, 비록 시간적으로는 아니라 하더라도, 논리적으로는 그리스도와의 연합보다 우선한다. 칭의는 그리스도와의 연합의 원인이며, 그리스도와의 연합은 칭의의 결과이다.

둘째, 칭의는 단순히 구원론 교리의 중심일 뿐 아니라 기독교 신앙 전체의 중심 역할을 한다. 칭의는 모든 기독교 교리의 정점이며, 복음 자체이다.

게할더스 보스(Geerhardus Vos)는 『구속사와 성경 해석』(*Redemptive History and Biblical Interpretation*)에서 개혁신학적(혹은 언약신학적) 견해와 루터파 견해가 어떻게 다른지를 예리하게 설명했다. 개혁주의 구원론과 루터파 구원론 사이에는 다음과 같이 기본적인 구조상의 차이가 존재한다.

> 믿음으로 (그리스도인은) (은혜) 언약의 일원이다. 믿음은 단순히 칭의만이 아니라, 더 넓고 포괄적인 대상, 즉 그리스도 안에 있는 모든 유익들을 바라본다. 루터파에서는 믿음을 단편적으로,

---

49　Ibid., 372.

즉 칭의와의 관계 속에서만 이해하는 경향이 있는 반면, 개혁주의 그리스도인에게 있어 구원하는 믿음은 가장 거대한 의미를 갖는다. 루터파에 따르면, 성령께서는 일시적으로나마 여전히 그리스도와의 연합 바깥에 남아 있는 죄인 안에 믿음을 먼저 일으키신다. 그리고 나서 칭의가 믿음을 뒤따르며, 오직 그 후에야 비로소 중보자와의 신비적 연합이 일어난다. … 언약적 (혹은 개혁주의적) 관점은 **정반대**이다. 우리는 먼저 언약의 중보자 되신 그리스도와 신비적 연합에 의해서 연합하되, 이 연합은 믿음에 의해 의식적으로 인식된다. 이 같은 그리스도와의 연합을 통해, 그리스도 안에 있는 모든 것들이 동시적으로 주어진다. 믿음은 이 모두를 또한 받아들인다. 믿음은 단지 칭의만을 파악하는 것이 아니라, 그리스도를 선지자요 제사장이요 왕이시며 부요하고 충만한 메시아로서 붙잡는다.[50]

보스에 따르면, 개혁주의 신학은 그리스도와의 연합을 복음의 가장 기본적인 구원적 실재로 보며, 바로 이 연합으로부터 모든 유익들이 신자에게 동시적으로 주어진다고 이해한다.

하지만, 루터파에 있어, 칭의는 그리스도와의 연합 바깥에서(outside of)나 혹은 그리스도와의 연합 이전에(prior to) 발생한 전가를 단순히 선언하기만 하는 행동이다. 따라서 루터파의 견해에 따르면, 칭의는 연합과 구별되며, 이 둘은 하나의 구원적 실재로부터 분리될

50　Geerhardus Vos, *Redemptive History and Biblical Interpretation* (Phillipsburg, New Jersey: P&R, 2001), 256 (강조된 부분은 필자의 것이다).

수 없는 측면들이 아니다.

그러므로 루터파 교리진술에 따르면 칭의와 연합은 서로 구별된 채로 남아 있으며, 칭의와 연합은 서로 **분리될 수** 있다. 루터파의 전제에 근거에 의하면 칭의는 그리스도와의 연합 바깥에서, 그리고 그리스도와의 연합과 상관없이 일어나는 하나의 판결이다.

바로 이러한 점에 있어서, 칼빈의 전통을 따르는 개혁주의 신학은 그리스도와의 연합과 상관없이 죄인에게 낯선 의(alien righteousness)[51]가 주어진다는 사실을 불편하게 여긴다. 칼빈의 전통을 따르는 개혁주의 신학에서는, 오직 그리스도와의 연합 안에서 믿음을 통해 전가되고 얻게 되는 그리스도의 의만이 칭의를 위한 신자의 의가 된다고 주장한다. 루터파 교리에 따르면, 비록 칭의와 연합의 구별된다는 측면이 성공적으로 제시되지만, 칭의와 연합이 따로 분리될 수 없다는 사실은 심각하게 훼손된다. 이와 반대되는 극단은 라이트의 교리진술에서 나타난다.

3) 그리스도와의 연합과 전가:
　분리될 수 없고 구별될 수 없는(N. T. Wright)

그리스도와의 연합과 관련하여 칭의에 관한 라이트의 교리진술은 간단하게 생각해 볼만하다. 왜냐하면 그의 견해는 루터파의 입장이나 개혁주의의 입장 어디에도 속하지 않기 때문이다. 『바울은 정

---

51 '낯선 의'란, 신자 자신 안에 존재하는 의가 아니라 신자 바깥에 존재하며 전가되는 그리스도의 의를 가리킨다-역주.

말로 무엇을 말했는가』(*What Saint Paul Really Said*)에서 라이트는, 전통적인 의미에서의 전가는 마치 법정을 통과한 "물체나 가스"와 같이 이상한 개념처럼 보인다고 비판한다.[52] 법정의 재판관의 의를 언급하는 본문들이 있다고 해서 그러한 본문들이 전통적인 전가 개념을 지지해주지는 않는다. 이러한 점은 그리스도의 의의 전가라는 개념에도 동일하게 적용될 수 있어 보인다. 로마서 5장에 대한 라이트의 설명은 이에 대해 더 명료하게 밝히지 않는다.[53]

간단히 말해서 라이트는, 개혁주의 신학(및 루터파 신학)에서 주장하는 전가 개념은 로마서 5장에서 바울이 말하고자 했던 주된 관심사가 아니며 따라서 그와 같이 이상한 개념이 바울의 신학에 나타날 거라고 기대해서는 안 된다고 주장한다.

그렇다면 라이트는 전가를 완전히 부인하는가?

라이트는 전가에 대해서 이야기한다. 하지만, 의를 나타내는 용어가 새롭게 정의되는 방식에 따라 전가의 개념도 새롭게 정의한다.

라이트의 신학에서 전가는 어떠한 모습을 보이는가?

라이트가 제안하는 근본적인 명제에 따르면, 그리스도와의 연합은, 앞에서 간략하게 살펴본 칼빈의 신학에서처럼, 전가를 불필요한 것으로 혹은 중복되는 것으로 만든다. 라이트는 생각하기를, 만일

---

52 N. T. Wright, *What Saint Paul Really Said* (Grand Rapids, Michigan: Eerdmans, 1997), 98.
53 N. T. Wright, *The Letter to the Romans*, The New Interpreter's Bible: A Commentary in Twelve Volumes, vol. 10, ed., Leander E. Keck (Nashville, Tennessee: Abington, 2002), 522-32. 역사적인 개혁주의 전가 교리를 분명히 요구하는 것으로 보이는 본문을 다루면서, 실망스럽게도, Wright는 전가에 관련하여 가장 중요한 주석적이고 신학적인 쟁점들을 피하고 있다.

그리스도와의 연합이 바울의 구원론에서 신학적으로 어떠한 역할을 하는지를 진지하게 고민해 본다면, 우리는 그리스도와의 연합과 전가가 기능상 동일한 의미로 이해해야 한다고 한다.

> 메시아 안에 있는 사람들에게 참인 것에 대한 바울의 가르침은 **바울의 사고의 구조 안에서 필요한 결과를 이룬다.** 그리스도의 의의 전가에 대한 전통적인 개신교의 강조는 바로 바울의 이러한 사고 구조 안에서 이해되어야 한다. 다시 말해서, 의의 전가라는 가르침이 주장하고자 했던 바는, 바울이 로마서 6장에서 충분히 설명하듯이, 메시아에게 참된 것은 그의 모든 백성들에게도 동일하게 참되다는 선언이다.[54]

다시 말해서, 바울이 말한 그리스도와의 연합은 **전통적인 개신교 신학에서 이야기하는 전가**와 동일한 기능을 한다. 라이트의 의도는 칭찬받을 만하지만, 그의 설명은 성경적이며 조직신학적인 관점과 역사적이며 신학적인 관점 모두에 근거해 볼 때 심각한 문제를 야기한다.

첫째, 라이트는 바울의 사상과 전통적인 개신교 신학 사이에 근본적으로 단절이 존재한다고 가정하는 것 같다.[55] 하지만, 앞에서 보았듯

---

54 N. T. Wright, "New Perspectives on Paul," the 10th Edinburgh Dogmatics Conference at Rutherford House, Edinburgh, 25-28 August 2003, 13.
55 칼빈주의자와 종교개혁 이후 루터파 입장 사이의 근본적인 차이점들을 고려해 볼 때, "전통적인 개신교" 신학과 같은 일반화를 피하고 대신에 역사적으로 더욱 정확하게 말하는 것이 더 나을 것이다.

이, 바울의 구원론과 개혁주의 구원론 사이에는, 특히 그리스도와의 연합 및 의의 전가라는 주제에 있어서, 분명한 조화가 나타난다. 라이트가 사용한 표현들은 "전통적인 개신교의 강조점"이 본질에 있어서는 바울의 신학과 전혀 다른 하나의 "구조"(scheme)에 불과하다는 식의 인상을 준다. 하지만, 앞에서 보았듯, 이는 사실이 아니다.

둘째, 로마서 6장에 대한 라이트의 설명은 바울의 실제 관심사를 잘 드러내지 못하고 있다. 로마서 6장이 칭의가 아니라, 확정적 성화(definitive sanctification)에 대해서 이야기하고 있다는 사실에 주목하라. 확정적 성화는, **죄의 예속하는 힘**(enslaving power)에 초점을 둔, 그리스도와의 연합의 한 측면이며, 죄의 사법적 죄책과는 상반된다.[56]

그리스도와의 연합의 결과, 죄가 가진 **지배력**은 결정적으로 끊어진다(롬 6:4; 9-11). 그리스도와의 연합에 의해, 신자는 죄에 대하여(2, 7절), 특히 죄의 지배력에 대하여(8-14절) 죽는다. 그리스도께서 죄에 대하여 단번에 죽으시고 하나님께 대하여 살아나신 것처럼(10절), 신자 역시 스스로를 죄에 대하여는 죽고 하나님에 대하여는 그리스도 예수 안에서 살아난 자로 여겨야 한다(11절). 신자는 더 이상 죄

---

56 이 주제에 관한 훌륭한 연구는 John Murray, "Definitive Sanctificaiton" and "The Agency in Definitive Sanctification" in *The Collected Writings of John Murray*, vol. II (Carlisle, Pennsylvania: Banner of Truth, 1977), 277-93이다. Murray는 다음과 같이 설명한다. "십자가 위에서의 그리스도의 죽으심을 취소하거나 반복하는 것을 용인할 수 없다는 바로 그 이유 때문에, 우리는 모든 신자가 죄에 대하여 죽었고 **더 이상 죄의 지배 하에서 살 수 없다**는 교리에 관하여 어떠한 양보도 할 수 없다 … 모든 신자에게 있어서 새 생명으로의 결정적이고 확정적인 진입은 그리스도의 부활이 결정적이고 확정적이라는 사실에 의해 요구된다. 부활의 취소나 반복을 용인할 수 없듯이, 우리는 '모든 신자가 새사람이고, 옛사람은 십자가에 못 박혔으며, 죄의 몸은 멸망했고, 그리스도 예수 안의 새 사람으로서 성령의 거소와 성전이 되어 성령의 새로움 속에서 하나님을 섬긴다'는 교리에 관하여 어떠한 양보도 용인할 수 없는 것이다("The Agency of Definitive Sanctification," 293).

의 종이 아니라 의의 종이며(18절), 따라서 자신의 몸의 지체를 "의에게 종으로 내주어 거룩함에 이르러야" 한다(19절).

이처럼 로마서 6장에서 바울의 주된 관심은 그리스도와의 연합이 가진 확정적이고 갱신적인 측면이다. 라이트가 로마서 6장에 근거하여, 바울이 그리스도와의 연합에 대해 말한 것과 "전통적인 개신교 구조"에서 전가를 다룬 것이 동일하다고 주장은 서로 다른 범주를 혼동한 오류이다. 죄책은 전가를 통해서 다루어야 하지만, 죄의 **힘**은 확정적 성화 (및 점진적 성화)에 의해 다루어야 한다. 전가와 갱신(renovation)은 바울의 사상 및 칼빈주의적 교리 모두에서 구별된 기능을 가진다.

셋째, (앞에서 지적한 문제점을 확장해 볼 때), 특히 로마서 6장에서 이야기하는 그리스도와의 연합이 개신교 신학자들(예, 칼빈)이 전가에 대해 이야기하며 주장한 내용과 같은 역할을 한다고 말하는 것은 역사적으로 옳지 않다. 칼빈의 구원론에 따르면, 그리스도와의 연합 안에서 주어지는 법정적인 유익과 갱신적인 유익 사이에는 분명하고 타협할 수 없는 구별이 존재한다. 그리스도와의 연합은 다양한 측면을 가지고 있는 실체로서, 거기에는 구별되지만 분리될 수 없는 유익들이 두 가지 범주로 포함된다.

하나는 법정적/전가적 범주이고, 다른 하나는 갱신적/변화적 범주이다. 그리스도와의 연합 **그 자체로**는 전가도 갱신도 아니다. 그리스도와의 연합은 전가와 갱신 모두를 그 범위 안에서 구별되나 분리되지 않게, 동시적이면서 종말론적으로 포함한다. 따라서, 바울신학에서 말하는 그리스도와의 연합은 칼빈의 "더 오래된 개신교" 신학에서 말하는 전가의 "필요한 결과를 이룬다"고 주장하는 것은 역사적으로도 주석상으로도 옳지 않다.

라이트의 주장은 '바울의 구원론이 보여주는 갱신적인 측면이 전통적인 개신교 구원론이 말하는 전가와 기능적으로 동등하다'는 잘못된 가설에 근거한다. 이러한 잘못된 전제의 결과로, 라이트는 구별된 채로 남아 있어야 할 구원의 유익들을 뒤섞어 버렸다. 바울의 구원론에 들어 있는 갱신적인 범주에 전가라고 하는 낯선 임무를 부여함으로써, 라이트는 온갖 종류의 혼동을 야기시킨 것이다.

따라서 라이트의 교리진술이 가진 문제는 종교개혁 이후 루터파에서 주장한 것과 정반대의 오류에 해당한다. 그리스도와의 연합 안에서 주어지는 복들이 분리될 수 없다는 점을 지나치게 강조한 나머지, 그는 그리스도와의 연합과 전가 사이에 존재하는 구별을 훼손한다. 이러한 잘못은 루터파의 주장만큼이나 문제가 있고 신학적으로 유익하지 못하다. 우리는 '분리될 수 없다'는 점을 지나치게 강조하여 의미 있는 구별을 무시해서도 안 되고(새 관점 학파의 극단), 의미 있는 구별을 지나치게 강조하여 둘 사이를 분리시켜서도 안 된다(루터파 교리의 극단).

4. 요약 및 결론

요약해 보자면, 그리스도와의 연합 및 칭의에 대한 개혁주의적 관점은 루터파의 입장도 아니요, 라이트가 주장하는 새 관점 학파의 입장도 아니다. 개혁주의적 관점은 독특하면서도 분명하게 정의된 **제3**의 입장으로, 루터교(Lutheranism)와 라이트가 각각 가지고 있는 문제점들을 피할 수 있다. 이것이 의미하는바, 그리스도와의 연합과 칭의의 관련성은 단순하다. 신자가 믿음으로 그리스도에 참여하는 것(그리스도와의 연합)과, 신자가 그리스도의 의와 공로적 순종을 받아 자신의 것으로 여김받는 것(전가)은, 구별되나 분리될 수 없는 구원의 실재들이다.

이 둘을 따로 떼어내 분리시키면 루터파 신학의 잘못에 빠진다. 이 둘을 구별하지 않고 단순히 기능적으로 동일한 하나로만 보는 것은 라이트의 교리진술에서 나타나는 문제이다. 그리스도와의 연합과 의의 전가는 구별되나 분리될 수 없는 유익들로서, 구원의 서정(ordo salutis)에서 동시에 그리고 종말론적으로 주어진다는 것은 지금까지 살펴본 개혁주의적 (그리고 성경적) 입장이다.

성경에 충실히 따르고자 할 때, 개혁주의 신학은 양 극단 중 어디와도 어울릴 수 없다. 그리스도와의 연합은 그리스도의 의의 전가를 수반하며, 그리스도의 의의 전가는 그리스도와의 연합을 필요로 한다. 개혁주의 구원론의 관점에서 볼 때, 그리스도와의 연합과 의의 전가 사이에는 어떠한 본질적인 갈등도 존재할 필요가 없다. 전가와 연합은 우리가 그리스도 안에서 갖는 종말론적 구원의 구별되나 분리될 수 없는 실재들이며, 이처럼 독특한 신학적 교리진술은 일관되게 성경적이고 칼빈주의적인 구원론의 열매이다.

제2부
교회사에서의 칭의론

제3장 ❖ 칼빈과 법정적 칭의 교리:
　　　　칭의와 갱신의 관계에 대한 칼빈과 초창기 루터파의 견해 비교
　　　　　　　　　　　　　—피터 A. 릴백(Peter A. Lillback) 박사

제4장 ❖ 존 오웬의 칭의 교리
　　　　　　　　　　　　　—칼 R. 트루먼(Carl R. Trueman) 박사

제5장 ❖ 그리스도의 능동적 순종과 웨스트민스터 표준문서의 신학:
　　　　역사적 검토
　　　　　　　　　　　　　—제프리 K. 쥬(Jefferey K. Jue) 박사

제3장
칼빈과 법정적 칭의 교리:
칭의와 갱신의 관계에 대한 칼빈과 초창기 루터파의 견해 비교

피터 A. 릴백(Peter A. Lillback) **박사**
웨스트민스터신학교 총장, 역사신학 교수

1. 서론

  루터와 칼빈의 신학을 계승한 루터파와 개혁주의 사이에는 분명한 차이점들이 존재한다. 하지만, 두 진영이 칭의라고 하는 핵심 교리에 있어서도 각각 구별된 견해를 가지고 있다는 사실을 아는 사람은 많지 않다. 그 이유 중 하나는 아마도 종교개혁가들이 칭의와 관련하여 많은 부분에서 기본적인 의견 일치를 보았기 때문일 것이다.

  가장 단적인 예로, 종교개혁가들은 공통적으로 로마 가톨릭의 칭의 개념을 공격했다. 루터는 "교황청의 궤변론자들은 우리에게서 이러한 그리스도의 지식과 천상의 위로를 파괴시킨다"고 주장했다.[1]

---

1 Martin Luther, *Martin Luther, Selections from His Writings*, ed. John Dillenberger (Garden City, N.Y.: Doubleday, 1961), 135.

칼빈 역시, "모든 오류의 온상인 소르본(Sorbonne)의 학자들은 모든 경건의 총화(sum)라고 할 수 있는 이신칭의를 우리로부터 빼앗아 갔다"고 지적했다.[2] 프로테스탄트 종교개혁가들은 로마 가톨릭[3]이 인간의 공로와 행위를 강조함으로써 전적인 은혜 교리를 더럽혔으며, 고해성사라는 인간적인 발명품을 고안함으로써 하나님의 진노를 만족시킨 그리스도의 사역을 훼손했다고 비판했다.

칭의에 대하여 루터와 칼빈이 공통적으로 가르친 내용들은 다음과 같다. 두 사람 모두 인간의 공로를 거부하고 하나님의 은혜를 강조한다. 두 사람 모두 그리스도의 죽으심이 하나님의 공의를 만족시키는 데 있어 가장 중심적인 역할을 한다고 주장한다. 두 사람 모두, '오직 믿음**만**으로'에서 볼 수 있듯이, "배타적인 요소"를 강하게 주장한다. 두 사람 모두 그리스도의 의의 전가와 죄 사함, 화목, 용납, 영생 등과 칭의를 긴밀하게 연결시킨다. 두 사람 모두 의롭게 하는 믿음이 살아 있는 믿음이라는 사실을 강조한다.

더 나아가서, 종교개혁가들이 하나같이 로마 가톨릭에 반대했으며 칭의를 논의할 때 유사한 모습을 보여준다는 사실은 루터와 칼빈이 같은 시대를 살았다는 사실로 인해 더욱 강화된다.

> 뿐만 아니라, 칼빈은 마틴 루터의 동시대인이었으며, 루터가
> 정확히 무엇을 가르쳤는지를 알고 있었다. 이는 루터가 주

---

2 John Calvin, *Institutes of the Christian Religion*, vol. 20 of Library of Christian Classics, ed. John T. McNeil, trans. Ford Lewis Battles, Library of Christian Classics (London: SCM Press, 1960), III.15.7.
3 원문은 "Rome"이지만 "로마 가톨릭"으로 번역했다-여주.

장한 칭의 교리를 자신이 찬성하는지 그렇지 않은지를 이해하는 데 도움이 된다. 만일 그가 루터의 견해에 찬성하지 않는다면, 동의하지 않는다고 분명하게 밝혔을 것이다. 마찬가지로, 만일 그가 루터의 견해에 찬성한다면, 그렇다고 분명하게 언급했을 것이다.[4]

칼빈은 자신의 시대의 신학 서적을 열심히 연구했기 때문에, 루터에 대해서도 잘 알고 있었을 것이다.

이뿐 아니라, 루터와 칼빈 모두 칭의의 중요성을 강조했다. 루터에게 있어서 칭의는 교회가 서고 넘어지는 교리로서, 칭의를 잃어버리면 그리스도 자신을 잃어버리는 것과 다름 없었다.[5] 칼빈 역시, 칭의는 구원의 모든 교리가 좌우되는 중심축이라고 선언하였다.[6] 『기독교 강요』(Institutes of the Christian Religion)에서 칼빈이 칭의 교리에 얼마나 많은 분량을 할애했는지를 볼 때, 그가 이 성경적인 교리를 소중하게 여겼음이 분명히 드러난다.[7]

그럼에도 불구하고, 칼빈이 루터의 칭의 교리에 전적으로 동의했다고 언급하는 직접적인 구절은 전혀 없다. 일반적으로, 칼빈은 자신의 글에서 루터의 이름을 언급하지 않았다. 성찬에 대한 논의에서처럼 루터의 교리에 반대할 때든, 아니면 교황에 대한 비판에서처

---

4 W. Standford Reid, "Justification by Faith According to John Calvin," *Westminster Theological Journal* 42, no. 2 (Spring 1980), 290.
5 Luther, *Martin Luther, Selections from His Writings*, 100, 106.
6 Calvin, *Institutes*, III.11.1.
7 Reid, "Justificaiton," 291.

럼 루터의 견해에 동의할 때든, 칼빈은 루터와의 관계를 명백하게 드러내지 않는다. 따라서, 칼빈이 루터에 동의했는지 반대했는지의 여부는 두 사람이 쓴 글을 각각 구체적으로 비교함으로써 판단해야 할 것이다.

개혁주의 전통에서 칼빈의 위치는 2세대 종교개혁가이다. 그는 츠빙글리(Zwingli), 불링거(Bullinger), 오이코람파디우스(Oecolampadius), 부서(Bucer) 등의 인물들을 통해 시작된 개혁주의 운동의 지도자가 된 것이다. 1549년에 작성된 "취리히 협약"(*Consensus Tigurinus*)에 서명함으로써 칼빈이 스스로를 취리히 개혁주의 전통과 동일시하였기 때문에, 루터가 개혁주의 신학자들의 칭의 교리에 관하여 어떻게 이야기했는지를 되돌아보는 작업이 필요할 것이다.

루터는 1531년에 쓴 『갈라디아서 주석』(*Commentary on Galatians*)에서 스위스 개혁주의자들의 교리를 거부했는데, 그 중에는 "그리스도의 의에 관한" 교리도 포함되어 있다. 루터는 츠빙글리 전통에 있는 사람들을 가리켜 "광신자들" 및 "분파주의자들"이라고 경멸적으로 불렀다.[8]

종교개혁이 일어난 지 5세기가 지난 지금, 우리는 종종 초창기 종교개혁가들과 후대의 루터파 및 정통 개혁주의의 최종적인 교리적 설명이 동일했을 것이라고 생각하기 쉽다. 하지만 사실은 그렇지 않았다. 칭의 교리에 있어서 초창기 종교개혁가들의 가르침이 성숙해

---

8 참고, Peter Lillback, *The Binding of God: Calvin's Role in the Development of Covenant Theology* (Grand Rapids, Michigan: Baker Book House, 2001), 78-80.

짐에 따라, 점진적인 발전이 나타났고 때로는 조금씩 다른 표현이 나타나기도 했다.

따라서 이 장의 목적은 칼빈과 초창기 루터파들이 칭의를 각각 어떻게 이해했는지에 대해 구체적인 실례를 근거로 연구하는 것이다. 특히, 루터와 초창기 루터파들이 어떻게 자신들의 칭의 교리에 중생을 포함시켰는지, 그리고 그것을 칭의의 법정적 개념과 어떻게 조화시키려 했는지를 살펴볼 것이다. 우리가 보게 될 것은, 법정적 칭의에 대한 칼빈의 가르침이, 죄인들의 재판장이신 하나님 앞에서 죄인이 믿음에 의해서 의롭게 되었다고 법적으로 선언된다는 점을 강조한다는 사실이다.

칼빈의 법정적 관점에 따르면 칭의는 "의롭다고 선언된다"(declared righteous)는 의미로 정의된다. 이처럼 칼빈은 "점점 의로워지다"(becoming righteous) 또는 "의롭게 되었다"(made righteous)는 식의 의미를 거부하며, 하나님 앞에서 인간의 본성이 새롭게 갱신된다는 개념에 반대한다. 앞으로 살펴보겠지만, 칼빈은 법정적 칭의와 갱신을 하나로 섞어버리는 것을 보았는데, 그러한 견해는 비성경적인 방식으로 그 교리를 묘사하는 것으로서 초창기 루터파 신학자들에게서 발견된 것과 같은 것이다.

그 대신 칼빈은 칭의의 선언적 혹은 법정적 성격을 강조한다. 칼빈은 루터, 멜랑히톤(Melanchthon), 켐니츠(Chemnitz) 등이 주장한 칭의 교리를 칭의의 법정적 본질과 충돌하는 것으로 간주할 것이다.

매우 재미있게도, 칭의를 법정적인 의미로 정의한다는 점에 있어서 루터파 정통주의(Lutheran orthodoxy), 즉 성숙한 루터파 신학이 칼빈의 견해와 궁극적으로 일치할 것이다. 개신교 칭의 교리의 핵심이라 할 수 있는 이 문제에 있어서, 루터파 정통주의가 루터와 더 가까운지 아니면 칼빈과 더 가까운지를 검토하는 일은 매우 흥미로운 작업이다.

칭의에 대한 칼빈의 최종적인 표현은 언약적인 맥락에서 나타난다. 즉 갱신이나 중생은 성령께서 행하시는 성화의 출발점으로서 칭의의 한 부분이 아니다. 오히려, 갱신이나 중생은 구별될 수 있는 언약의 유익이다. 비록 그 언약적 유익이 법정적 칭의와 분명하게 구별되며 논리적으로 법정적 칭의에 종속된다고 할지라도, 그것은 법정적 칭의와 따로 분리될 수 없으며 동시적으로 주어진다.

루터는 갱신과 칭의의 연관 관계를 강조하는데, 이로 인해 그는 순종에 대한 모든 논의를 칭의로부터 제거하는 결과를 초래한다. 그뿐 아니라, 칭의가 갱신과 뒤섞여 버림으로 인해 루터는 법정적 칭의를 분명하게 표현하기가 어려워졌다.

반면 칼빈은, 법정적 칭의로부터 갱신적 요소를 분명하게 제거함으로써, 갱신의 의미를 '새로운 본성의 새로운 순종'이라고 충분히 표현할 수 있게 된다. 왜냐하면 갱신은 하나님의 은혜 언약과 동반되는 필수적이면서도 구별되는 요소이기 때문이다. 즉 칼빈에 따르면, 갱신은 법정적 칭의와의 관계에서는 전적으로 구별된, 언약의 유익이다.

이 장의 핵심 요지를 잠시 제외해 놓고, 먼저 칭의 교리가 루터의 사상에서 얼마나 중요했는지 또 그것이 신학적으로 얼마나 복잡한 주제였는지를 생각해보자. 루터는 다음과 같이 지적했다.

훌륭한 형제들이여, 여러분이 종종 듣는 바와 같이, 칭의와 관련된 교리는 그것 자체로 참된 신학자를 만들 만큼 중요하기에, 이 교리에 대해서 자주 연구하는 것이야말로 교회에서 반드시 있어야 하는 옳은 일입니다 … 하지만, 칭의에 대해 논의할 때 알게 되는 사실은, 몇몇 사람이 생각하듯, 그 단어를 한두 번 들었다고 해서 결과적으로 신학자가 되는 것은 아니라는 점입니다. 그들은 크게 오해하였습니다 … 믿음이라고 하는 주제는 얼마나 크고 또 어려우며, 믿음에 대한 논쟁은 또 얼마나 치열한지요! 그러므로, 이 가르침에 본질적이고 큰 유익이 있음과 동시에, 그것을 더 잘 이해할수록 더 큰 유익이 생긴다는 사실을 기억합시다.[9]

루터의 권면을 받았으니, 이제 칼빈과 루터파 신학자들, 특히 종교개혁 시기에 주도적인 역할을 했던 마틴 루터, 필립 멜랑히톤, 마틴 켐니츠 등을 비교함으로써, 법정적 칭의 교리와 갱신 교리가 어떠한 관계에 있는지를 살펴보자.

---

[9] *The Disputation Concerning Justification* in Martin Luther, *Luther's Works*, eds Helmut T. Lehmann and Jaroslav Jan Pelikan (St. Louis, Philadelphia: Concordia Publishing House Fortress Press, 1955), 34:157.

2. 종교개혁 논쟁의 고전적인 도식:
로마 가톨릭과 대조되는, 종교개혁가들의 칭의에 대한 정의

칭의에 대한 개신교의 정의는 트렌트공의회(Council of Trent)에서 공식적으로 발표한 로마 가톨릭의 입장과 분명하게 대조된다. 트렌트공의회의 선언에 따르면 다음과 같다.

> 이러한 준비 혹은 성향에 뒤따르는 것은 칭의이다. 칭의는 단순히 죄 사함만이 아니라, 성화이고, 은혜와 은사를 자발적으로 받아들임에 의한 속사람의 갱신이다. 이로부터 영생의 소망에 따라 상속자가 될 만큼 불의한 사람은 의로운 사람이 되고, 원수가 친구가 된다.[10]

역사가들과 신학자들은 로마 가톨릭과 개신교를 다음과 같이 구별하였다. 로마 가톨릭에서는 칭의(죄 사함)을 성화 및 갱신과 합쳐버린 반면, 루터파와 개혁주의 신학에서는 **하나님 앞에서**(*coram deo*, "코람 데오")의 의에 대한 법정적 또는 사법적 선언을 강조했다. 칼빈의 『로마서 주석』 영역본 편집자는 다음과 같은 각주를 남겼다.

---

10   *Acts of the Council of Trent*, 6th Session, VIII in John Calvin, *Selected Works of John Calvin: Tracts and Letters*, ed. Jules Bonnet and Henry Beveridge (Grand Rapids, MI: Baker Book House, 1983), III. 95.

의의 전가가 그 사람들의 도덕적 성품에 영향을 끼친다는 것은 종교개혁의 교리 또는 루터파와 칼빈주의 신학자들의 교리가 결코 아니었다. 물론 하나님께서는 자신이 의롭다고 선언한 자들을 또한 거룩하게 만드신다. 하지만 칭의는 성화가 아니며, 의의 전가는 의의 주입(infusion)이 아니다.[11]

마찬가지로, 커닝햄(Cunningham)은 루터와 멜랑히톤에 대해 다음과 같이 설명한다.

비록 이 주제에 대한 그들의 견해가 훗날 더욱 분명해지고 풍부해졌지만, 그들은 처음부터, 그리고 트렌트공의회가 열리기 오래전부터, 종교개혁의 위대한 교리를 가장 분명하고 온전하게 주장했다. 즉, 성경에서 말하는 칭의는, 물론 성품의 근본적인 변화가 반드시 수반되기는 하지만, 사람들의 도덕적 성품에서의 변화가 아니라 그들의 법적인 지위와 상태에서의 변화를 올바로 묘사한다.[12]

벌코프(Berkhof)도 다음과 같이 설명한다.

---

11 Calvin, *Romans 3:21*, in John Calvin, *Calvin's Commentaries: Calvin Translation Society* (Grand Rapids, Michigan: Baker Book House, 1979), 135, n. 1. (본 논문의 Calvin의 주석들에 관한 모든 참고자료들은 *CTS*의 것이다. 그렇지 않으면 언급할 것이다).

12 William Cunningham, *Historical Theology* (London: Banner of Truth Trust, 1960), 2:13.

구원의 서정과 관련해서는 칼빈과 루터 사이에 차이점이 존재할지라도, 이신칭의 교리의 본질과 중요성에 관해서는 두 사람이 분명코 같은 견해를 가졌다. 로마 가톨릭에 함께 반대하면서, 두 사람 모두 칭의를 전적인 은혜의 활동으로 설명했고, 또 법정적인 활동으로 묘사했다. 즉, 칭의는 한 사람의 내적인 삶이 바뀌는 것이 아니라 그와 하나님 사이의 사법적 관계가 바뀌는 것을 의미한다.[13]

칭의에 대한 이와 같은 종교개혁의 기본 구조를 우리는 "종교개혁 논쟁의 고전적인 도식"이라 부를 텐데, 이는 단순히 영어권 학자들만의 주장이 아니라 독일어권 학자들의 동일한 주장이기도 하다. 예를 들어, 바우어(Baur)는 지적하기를, 개신교가 이해하는 칭의는 법정적 행위로서 "유스티피카레"(*justificare*, 의롭다고 하다)를 "유스툼 프로눈티아레"(*justum pronuntiare*, 의롭다고 선언하다)로 이해하지만, 로마 가톨릭에서 이해하는 칭의는 일종의 치료적 행위로서 "유스티피카레"(*justificare*)를 "유스툼 에피케레"(*justum efficere*, 의롭게 만들다)로 이해한다고 한다.[14]

하지만, '의롭다고 선언한다'는 법정적 개념의 칭의와 '의롭게 된다'는 갱신적 혹은 도덕적 개념의 칭의 사이의 대립이 실제로 루

---

13 Louis Berkhof, *The History of Christian Doctrines* (Grand Rapids, Michigan: Baker Book House, 1975), 220.
14 Ferdinand Christian Baur, *Der Gegensatz Des Katholicismus und Protestantismus Nach Den Principien und Hauptdogmen der Beiden Lehrbegriffe* (Tübingen: O. Zeller, 1834), 151, 184.

터의 종교개혁이 시작되는 순간부터 종교개혁의 전 과정에 이르기까지 개신교와 가톨릭을 나누었던 이슈였는가?

주요 종교개혁가들에게서 이러한 예를 찾을 수 있는가?

아니면, 혹시 개신교 정통주의가 그와 같이 주장했고, 그 주장을 초창기 종교개혁가들에게까지 소급해서 적용한 것은 아닌가?

3. 마틴 켐니츠: 루터파 정통주의의 법정적 칭의와 갱신

이 문제를 검토하는 데 좋은 출발점은 마틴 켐니츠(Martin Chemnitz)이다. 켐니츠는 1577년 『일치 신조』(*Formula of Concord*)를 작성하는 데 주도적인 역할을 한 신학자로서, 루터파 정통주의의 대변자라 할 수 있다. 1566-75년에 쓴 기념비적인 작품 『트렌트공의회에 대한 검토』(*Examination of the Council of Trent*)에서 켐니츠는 칭의 교리와 관련해 로마 가톨릭과 루터교 사이의 진정한 쟁점이 무엇인지를 밝히려 했다.

먼저 그는 트렌트공의회가 루터파 교리에 대해 제기한 비판, 즉 루터교는 "신자들이 죄 사함만 받을 뿐 성령에 의해 갱신되지는 않으며, 그리스도께서는 우리를 위해 화목만 가져다주실 뿐 갱신을 이루지는 않으신다."[15]고 가르친다는 비판에 답변한다. 켐니츠는 이렇게 반박한다.

---

15 Martin Chemnitz, *Examination of the Council of Trent*, ed. Fred Kramer (St. Louis, Mo.: Concordia Publishing House, 1971), 465.

하지만, 그와 같은 비판은 뻔뻔한 중상모략일 뿐이다. 그들이 이러한 소란을 일으키는 목적은, 경험이 부족한 사람들로 하여금 실제 논쟁의 쟁점이 무엇인지를 간파하지 못하게 하려는 것이다.[16]

켐니츠에 따르면, 가톨릭과 개신교를 둘로 나누는 진정한 쟁점은 갱신이 필요한가 아닌가의 문제가 아니다. 왜냐하면 양 측 모두 갱신의 필요성을 주장하기 때문이다. 오히려 진짜 쟁점은, 이 갱신이 하나님 앞에서 신자가 칭의를 받는 근거인가 아닌가 하는 것이다. 이것이 논쟁의 핵심이다.[17]

켐니츠는 계속해서 칭의의 법정적 의미를 훌륭하게 주장한다.[18] 여기까지 그는 종교개혁 논쟁의 고전적인 도식에 잘 맞는다. 하지만 칭의의 법정적 의미를 뒷받침하는 여러 근거들을 제시하기에 앞서, 켐니츠는 예상치 않았던 한 단락을 포함시킨다. 초대 교부신학자들이 법정적 칭의를 분명하게 가르치지 못했다는 사실을 비난하는 대신, 그는 오히려 초대 교부적인 정의, 즉 갱신을 받아들일 수 있다고 언급한다. 이러한 언급은 예기치 못했던 것인데, 왜냐하면 그러한 가능성을 인정할 경우 법정적 칭의를 강조하는 자신의 논증이 약해지는 것처럼 보이기 때문이다.

---

16 Ibid., 466.
17 Ibid., 468.
18 Ibid., 169f.

더 나아가서, 루터교가 자신의 주장을 강화하기 위해 초대교부들의 글을 근거 자료로 사용하기도 했지만, 그 글들이 성경과 대립될 경우에 루터파 신학자들은 기꺼이 그것들을 포기하곤 했다.

그런데도 켐니츠는 왜 법정적 칭의를 논하는 중에 오히려 그와 대립되는 견해를 제기하는 것일까?

이에 대한 실마리를 켐니츠는 다음과 같은 설명으로 제공한다.

> 교부들은 많은 경우 "의롭다고 하다"라는 단어를 갱신을 나타내는 의미로, 즉 성령을 통해 우리 안에서 이루어진 의로운 행위들을 나타내는 의미로 사용했다. 하지만, 그럼에도 불구하고, '한 사람이 어떻게 해서 그리고 무엇 때문에 하나님과 화목되고, 죄 사함과 양자됨을 얻으며, 영생을 소유하게 되는지'의 문제에 대해서, 그들은 성경에 따라 올바르고 적절하게 가르쳤다고 볼 수 있다. 의미에 있어서의 이 같은 차이점은 우리의 교사들에게서도 종종 나타났으며, 교부들이 사용했던 의미는 신앙의 유비(the analogy of faith)[19]와 성경의 영속적인 의미에 따라 올바르게, 경건하게, 그리고 능숙하게 이해되어 수용될 수 있을 것이다. 만일 그것이 라틴어 문법에 따라 그리고 교부들과 함께 수용된다면 말이다. 하지만, 교황주의자들은 이 점을 전혀 고려하지 않았다. 칭의 교리를 둘러싼 논쟁의 핵심은 단순히 어떠한 단어가 사용되었느냐가 아니라, 그 단어를 통해 전달하

---

[19] 그 의미가 더 분명한 성경 말씀을 그렇지 않은 성경 말씀의 해석적 기초로 사용하는 것-역주.

고자 했던 내용 자체가 무엇이었느냐 하는 데 달려 있다.[20]

켐니츠의 설명에서 주목할 만한 부분은, "교부들"뿐 아니라 자신의 "교사들" 역시 칭의의 법정적 의미를 훼손하지 않으면서 칭의를 갱신적인 의미로 올바르게 사용했다는 사실을 인정하려고 애쓴다는 점이다. 이처럼 켐니츠는 칭의와 관련해 모든 갱신적인 표현을 모조리 거부할 수 없었다.

왜냐하면, 교부들과 마찬가지로 자신의 "교사들" 역시 비슷한 표현을 사용했다는 점을 그가 잘 알고 있었기 때문이다. 일종의 양보로서, 켐니츠는 칭의에 관한 개신교 메시지가 언제나 법정적인 용어로만 표현되는 것은 아니라고 한발 물러선다. 물론, 사용된 용어가 어떠한 것이었든지 간에, 그것이 의도한 의미는 언제나 법정적 칭의였다는 점을 주장하면서 말이다.

핵심적인 루터파 신학자들의 공동 작품이었던 『일치 신조』 역시 켐니츠와 마찬가지로 다음과 같이 설명한다.

> 때로는, 『변증서』(*Apology*)에서처럼, "레게네라티오"(*regeneratio*, 중생)라는 단어와 "비비피카티오"(*vivificatio*, 살아남)라는 단어가 칭의를 대신하여 사용된다. 하지만, 그러한 경우에 그 단어들은 이신칭의와는 구별되는 인간의 갱신을 나타내는 것이 아니라, 칭의와 같은 의미로 사용된 것이다.[21]

---

20 Ibid., 468.
21 Epitome, III. 5. in Theodore G. Tappert, "Confessions of the ELC," in *The Book*

위 인용문은 법정적이지 않은 용어를 사용해서 칭의를 설명한 루터파 교사의 한 사례로서 멜랑히톤의 『아우구스부르그 신앙고백서의 변증서』(Apology of the Augsburg Confession, 1531)를 언급한다. 『일치 신조』가 제시하는 해결책은, 『변증서』에서 그러한 단어들이 사용될 때, 그 단어들은 일반적인 의미와는 다른 의미로 이해되어야 한다는 것이다. 다시 말해서, 그와 같은 갱신적 표현들이 칭의의 의미를 결정하는 것이 아니라, 법정적 칭의라는 개념이 그러한 단어들의 의도를 지배한다는 것이다.

이것이 정말로 멜랑히톤이 그러한 단어를 사용하면서 가졌던 의도였을까?

아니면, 이것은 오히려 후대 루터파 정통주의의 관점에 근거하여 초창기의 조금은 달랐던 루터파 신학 전통을 해석한 것일까?

이 질문에 답하기 위해 다시 한 번 『일치 신조』를 살펴보자. 『일치 신조』는 『변증서』가 중생과 칭의를 번갈아 사용한다고 지적한다. 더 나아가서 『일치 신조』는 이 두 용어 사이의 혼란을 피하기 위해서 세심한 구별이 이루어져야 한다고 설명한다.

> "중생"이라고 하는 단어가 이따금 "칭의"를 대신하여 사용되기 때문에, 이 단어의 뜻을 엄밀하게 규정하는 것이 필요하다. 즉, 이신칭의를 뒤따라 일어나는 갱신은 칭의와 혼동될

---

of Concord the Confessions of the Evangelical Lutheran Church, ed. and trans. Theodore G. Tappert (Philadelphia: Fortress Press, 1959), 474.

수 없다. 엄밀한 의미에서, 이 둘은 서로 구별될 것이다.[22]

"중생"이 가지는 두 가지 의미는 다음과 같이 구별될 수 있다.

> 먼저, "중생"이라고 하는 단어는 오직 그리스도로 말미암는 죄 사함과, 믿음으로 의롭다 함을 받은 신자 안에서 성령께서 행하시는 후속적인 갱신 둘 다를 포함하는 넓은 의미로 사용된다. 하지만 이 단어는 또한, 죄 사함과 하나님의 자녀로 양자됨을 의미하는 좁은 의미로도 사용된다. "칭의는 중생이다"라는 식으로 『변증서』에서 이 단어가 자주 사용되었을 때, 그것은 두 번째의 의미이다.[23]

이처럼, 『일치 신조』에 따르면, 중생은 한편으로 죄 사함과 신자의 성화 둘 다를 포함하는 넓은 의미로 사용될 수 있고, 다른 한편으로 죄 사함과 신자의 양자됨만을 의미하는 좁은 의미로 사용될 수 있다. 이러한 방식으로 『일치 신조』의 신학자들은, 초창기 루터파 종교개혁가들이 사용한 모호한 표현들을 설명하면서, 법정적 의미의 칭의를 변호하고자 힘썼다. 다음 부분에서 우리는, 법정적 칭의의 기본 의미를 지키고자 했던 루터파 정통주의의 이 같은 관심이 칼빈의 칭의 교리와 잘 어울린다는 점을 살펴볼 것이다.

22　*Solid Declaration*, III. 18 in Tappert, "Confessions of the ELC," 542.
23　Ibid.

4. 갱신과 법정적 칭의의 관계에 대한 칼빈의 입장

루터파 정통주의가 법정적 칭의 개념을 어떻게 구체화시켰는지, 특히 초창기 루터파 개혁가들의 글에 나타난 모호한 표현들을 명료하게 만들기 위해 어떻게 노력했는지 살펴보았다. 이제는 칼빈의 사상에도 그와 같은 모호함이 나타나는지를 검토해 볼 차례이다. 흥미롭게도, 그리고 놀랍게도, 칭의에 대한 칼빈의 이해에서도 점진적인 발전이 나타난다. 『기독교 강요』 초판에서, 칼빈은 심지어 칭의에 대한 정의조차 내리지 않았다.[24] 하지만 1539년의 제2판에서는 칭의에 대해 최초로 다음과 같이 정의했다.

> 신자는 하나님 보시기에 의롭다 일컬음 받는다. 그는 하나님의 심판에서 의롭다 여김을 받으며, 그분의 의를 힘입어 용납되었다.[25]

법정적인 개념이 여기에 분명하게 나타난다. 이처럼, 칼빈은 정확히 1539년 판 『기독교 강요』에서 법정적 개념을 수용하고 있다.

---

24 Francois Wendel, *Calvin: the Origins and Development of His Religious Thought*, Philip Mairet (London: Fontana, 1965), 257.
25 Calvin, *Institutes*, III.11.2. Calvin의 『기독교 강요』에 관하여 이 논문에서 제시되는 모든 날짜들은 Barth와 Niesel의 『작품선집』(*Opera Selecta*)에 근거한 Battles 판의 본문비평장치(textual apparatus)로부터 가져온 것이다.

만일 어떤 사람이 무고하게 고소를 당해 의로운 재판장의 심판대 앞에 소환된다면, 그는 자신의 결백함에 따라 심판을 받을 것이고, 재판장 앞에서 "의롭다"(justified)는 선언을 받을 것이다. 이처럼, 하나님 앞에서 의롭다 칭함받은 사람은, 죄인들의 무리로부터 자유케 되며, 하나님이 그의 의를 증언하며 확인하신다.[26]

이로 볼 때, 1536년에서 1539년 사이에 칼빈의 사상이 발전하였다. 1536년에는 칭의에 대한 아무런 정의도 내리지 않았지만, 1539년에는 분명하게 법정적인 정의를 나타냈다. 4년 뒤 1543년 판 『기독교 강요』에서 칼빈은 전가(imputation)에 대한 분명한 진술을 추가한다.

그러므로, 우리는 칭의를 하나님께서 우리를 의로운 사람들로 보시고서 그분의 은총 안으로 받아 주시는 것으로 설명한다. 이러한 칭의는 죄의 사면(remission)와 그리스도의 의의 전가로 이루어진다.[27]

칼빈이 왜 『기독교 강요』의 초판에서 칭의에 대한 정의를 내리지 않았는지는 확실히 알 수 없다. 하지만 한 가지 가능성은, 그가 1536년에 칭의를 정의하지 않는 이유는 칭의의 정확한 의미를 확신하지 못했었기 때문일 수 있다. 중요하게도, 칼빈이 칭의에 대해 최

---

26   Ibid.
27   Ibid.

초로 정의한 1539년은 그가 로마서 주석을 처음으로 출판한 해이기도 하다. 이러한 시간상의 연관성은 '칼빈이 로마서를 연구하는 가운데 칭의에 대한 여러 가지 정의를 비교해보았고 마침내 법정적 의미를 선택하게 되었을 것'이라는 추측을 가능케 한다. 칭의에 대한 칼빈의 사상이 이처럼 역사적으로 발전하였다는 점은 로마서 1:17에 대한 그의 주석을 통해 뒷받침된다.

> 어떤 사람이 다음과 같이 생각하는 것은 매우 중요하다. 즉 이 본문에서 말하는 의가 단순히 죄의 사면만 포함하는 것이 아니라, 부분적으로는, 중생의 은혜도 포함한다는 것이다. 하지만 나는, 하나님께서 우리를 그분 자신과 거저 화해시켜 주시기 때문에 우리가 생명으로 회복된다고 생각한다. 이 점은 앞으로 적절한 곳에서 다룰 것이다.[28]

위의 진술은 여러 가지 중요한 단서들을 제공한다.

첫째, 칼빈은 아마도 멜랑히톤이 칭의와 관련하여 중생이라는 단어를 사용했다는 사실을 알고 있었던 것으로 보인다. 실제로 칼빈은, 자신이 로마서를 연구할 때 불링거와 부서의 주석과 함께 멜랑히톤의 주석도 사용했다고 언급한다.[29]

둘째, 40여 년 후에 『일치 신조』가 제시할 설명과는 대조적으로, 칼빈은 '중생이 칭의와 연관되어 사용될 경우 그것은 죄의 사면을

---

28 *Comm. ad Romans* in Calvin, *Calvin's Commentaries*: *Calvin Translation Society*, 65.
29 Calvin, *Calvin's Commentaries*: *Calvin Translation Society*, xxv.

의미하지 않는다'고 넌지시 주장한다. 그렇지 않고 중생이 죄의 사면을 의미한다고 한다면, 칼빈이 진술한 문장은 다음과 같은 동어반복(tautology)이 될 것이다.

"이 본문에서 말하는 의가 단순히 죄의 사면만 포함하는 것이 아니라, 부분적으로는, 죄의 사면(즉 "중생의 은혜")도 포함한다."

이로 볼 때, 칼빈은 여기서 훗날 『일치 신조』가 부인했던 의미, 즉 "성령의 후속적인 갱신"이라는 의미로 중생을 이해했음에 분명하다.

셋째, 초창기에 칼빈은 중생이 화해에 뒤따르거나 아니면 화해와 동시에 일어난다고 이해했다(화해는 칭의를 나타내기 위해 사용한 칼빈적[Calvinian] 동의어이다. "의심의 여지없이 그[바울]는 '화해된'이라는 단어를 '의롭다 함을 받은'이라는 의미로 사용한다"[30]).

넷째, 여기서 칼빈은 중생을 배제한 죄 사함으로서의 의라는 의미로 칭의를 정의하기를 선호한다. 이렇게 함으로써, 칼빈은 중생을 칭의와는 구별되는, 그리스도의 구속 사역의 또 다른 유익으로 만든다.

다섯째, 칼빈은 "어떤 사람이 다음과 같이 생각하는 것은 매우 중요하다 …"라는 표현으로 글을 시작하고 있는데, 이는 칭의와 갱신의 관계에 대한 설명이 아직 확실한 이해로까지 발전하지는 못했다는 점을 보여준다. 따라서, 이 시점의 칼빈은 칭의와 갱신을 어떤 의미에서 뒤섞은 사람들을 여전히 칭의에 대한 성경적인 견해의 범주 안으로 포함시키려 했다.

---

30 Calvin, *Institutes*, III.11.4.

하지만 놀랍게도, 칼빈 자신 역시도 중생이 칭의의 일부가 될 수 있다는 가능성을 어느 한 지점에서 받아들인다. 그가 트렌트공의회에 대해 비판한지 거의 2년 후 1549년에 출판한 디도서에 대한 주석에서, 칼빈은 디도서 3:7을 다음과 같이 설명한다.

> 만일 우리가 "중생"을 엄밀하고 일상적인 의미로 이해한다면, 사도 바울이 "거듭난"은 단어 대신에 "의롭다 하심을 얻은"이라는 단어를 사용한다고 생각할 수도 있다. 종종 이 단어가 그러한 뜻을 전달하기도 하지만, 그것은 굉장히 드문 경우이다. 하지만 우리로 하여금 이 단어의 엄밀하고 가장 자연스러운 의미로부터 떠나도록 강요하는 필요성은 존재하지 않는다. 바울이 의도한 바는, 우리의 모든 존재와 소유를 하나님의 은혜로 돌림으로써, 우리가 교만하게 스스로를 다른 사람들보다 높이지 않도록 하는 것이다. 이러한 이유에서 그는 하나님의 자비를 높이며, 우리가 구원받은 이유를 전적으로 거기에 돌리고 있다. 하지만, 그가 불신자들의 악에 대해서 언급한 적이 있었기 때문에, 그들을 치료하는 약이라 할 수 있는 중생의 은혜를 제외하는 것은 부적절했을 것이다.[31]

칼빈은 여기에서 바울이 사용한 단어 "의롭다 하심을 얻은"을 설명한다. 칼빈은 바울이 "엄밀하고 일반적인 의미"로 이해된 중생에

---

31 *Comm. ad Titus 3:7*, Calvin, *Calvin's Commentaries: Calvin Translation Society*, 335. 이 날짜는 T.H.L. Parker의 날짜를 따른다.

대한 동의어로서 칭의라는 단어를 사용했을 수 있다고 제안한다. 칼빈이 말한 "엄밀하고 일반적인 의미"의 중생이 무엇을 뜻하는지는 바로 앞 문맥을 통해 알 수 있다. 디도서 3:5을 설명하면서 칼빈은 다음과 같이 말한다.

> 그러므로 우리를 중생케 하시는 이, 우리를 새로운 피조물로 만드시는 이는 성령이시다. 하지만 그분의 은혜는 볼 수 없고 감추어 있기 때문에, 세례라는 상징 안에서 그것을 볼 수 있게 나타내신다.

분명코 갱신의 은혜는 칼빈이 중생에 대해 이해한 내용과 일치한다. 더 나아가서 칼빈은 중생의 은혜를 죄인들의 "치료를 위한 약"으로 해석하기도 한다. 하지만 칼빈은, "의롭다 하심을 얻은"은 그렇게 사용되는 것이 거의 드물기 때문에 여기에서 그러한 뜻으로 이해할 필요성은 없다는 점을 분명히 한다. 그럼에도 불구하고 칼빈은, 이 본문에서 "중생"이라는 단어가 칭의의 의미로 타당하게 해석될 수 있다고 생각한다. 따라서, 매우 믿기 어려워 보이지만, 이 경우에 칼빈은 칭의가, 비록 드물기는 하나, "치료를 위한 약"이자 성령의 갱신을 의미할 수 있다고 기꺼이 주장한다.

하지만 그렇다고 할 때, 칼빈이 그리스도의 구속 사역의 두 가지 구별되는 유익들을 하나로 뒤섞어 버렸다는 말인가?

칼빈은 이러한 우려를 의식하고 있으나, 바울 자신이 이 본문에서 그렇게 하고 있다고 믿는다. 칼빈은 다음과 같이 설명한다.

하지만 그렇다고 해서 이로 인해 바울이 하나님의 자비를 찬양하는 일이 방해받지는 않는다. 바울은 심지어 두 가지 축복들, 즉 우리의 죄가 거저 용서받았다는 사실과 우리가 하나님께 순종하기 위해 갱신되었다는 사실을 하나로 뒤섞기까지 한다. 바울이 "칭의"를 하나님께서 거저 주시는 선물로 주장한다는 점은 적어도 분명하다. 따라서 유일한 질문은 그가 **"의롭다 하심을 받은"**이라는 단어를 통해 무엇을 의미하는가 하는 사실이다. 문맥을 고려해 볼 때, 그 단어는 의의 전가 이상으로까지 확장되는 것 같다. (내가 앞에서 언급했듯이) 바울은 이처럼 넓은 의미로 그 단어를 거의 사용하지 않는다. 하지만 그 단어의 의미는 죄 사함에만 국한되지는 않는다고 봐도 좋을 것이다.[32]

흥미롭게도 칼빈은 이 본문을 주석하면서 칭의와 갱신을 하나로 통합시키고 있다. 반면 그로부터 2년 전 "독일 잠정 협정"(German Interim)을 논박하면서 쓴 글에서는 다음과 같이 주장한다.

반면, 우리가 오직 성령으로 새롭게 되어 율법에 순종할 수 있게 됨으로써만 그리스도에 참여한다는 사실을 누군가 반대한다면, 이는 참된 것으로 인정되어야 한다. 중생은 중생으로서의 의미만 갖도록 두자. 칭의가 중생의 자리를 대신하는

---

32   *Comm. ad Titus 3:7*, Calvin, *Calvin's Commentaries*: Calvin Translation Society, 335.

것을 우리는 반대한다.[33]

이처럼 칼빈은, 매우 드문 경우에 칭의가 갱신의 의미를 포함한다는 점을 인정하기는 하지만, 갱신이 칭의의 근거라는 점은 받아들이지 않는다. 이와 유사한 방식으로 칼빈은 10년 뒤 출판된 『기독교 강요』의 최종판에서 오시안더(Osiander)가 갱신을 칭의의 근거로 주장한 것에 대해 강하게 비판한다.

> '하나님께서 죄인들의 용서함으로써가 아니라 그들을 중생시키심으로써 칭의를 이루신다'는 첫 번째 주장을 증명하기 위해, 오시안더는 '하나님께서 죄인들의 악을 전혀 변화시키지 않고 그들의 본성 그대로 남겨 두신 채 그들을 의롭다 하실 수 있는가'를 질문한다. 이것은 답변하기에 지극히 쉬운 질문이다. 그리스도께서 부분으로 나누어질 수 없듯이, 우리가 그분 안에서 발견하는 두 가지 유익 즉 의와 거룩 역시 분리될 수 없고 하나로 연결되어 있다.
> … 태양의 빛이 그 열과 분리될 수 없다고 한다면, 우리는 지구가 태양의 빛 때문에 따뜻해진다고 말해야 하는가?
> 혹은 태양의 열 때문에 지구가 밝아진다고 말해야 하겠는가?

---

33 John Calvin, *The True Method of Giving Peace, and of Reforming the Church*, in Jean Calvin, *Tracts Containing Antidote to the Council of Trent: German Interim with Refutation, True Method of Reforming the Church, Sinfulness of Outward Conformity Romish Rites, Psychopannyschia, or, The Soul's Imaginary Sleep Between Death and Judgment.*, trans. Henry Beveridge (Edinburgh: Calvin Translation Soc., 1851), III.244.

> … 여기에는 상호간의 그리고 불가분의 연결이 존재한다. 하지만 이성 그 자체는 우리로 하여금 한쪽이 가진 독특한 특징들을 다른 쪽으로 옮기지 못하도록 막는다. 오시안더는 두 가지 종류의 은혜를 혼동하며 그것을 우리에게 강요하고 있는데, 이는 어리석은 일이다 … 오시안더는 중생이라는 선물을 거저주시는 용납(칭의-역주)을 뒤섞어 버리며, 그 둘이 사실상 하나요 동일한 것이라고 주장한다.[34]

요컨대, 칼빈은 초창기의 논쟁, 즉 종교개혁적인 칭의 개념에 중생을 포함시켜야 하는지 아닌지에 대해 알고 있었음이 분명하다. 그는 법정적 칭의 개념을 강력하게 옹호했으며, 이 점에 있어서 로마가톨릭과 오시안더 양쪽 모두를 거부했다. 그럼에도 불구하고, 칼빈은 여전히 '중생이, 매우 드물기는 하지만, 바울신학에서 칭의의 의미로 사용될 수 있다'는 점을 인정하고자 했다. 디도서 3:7의 경우에서처럼, 칭의는 일종의 갱신의 의미와 연결될 수 있으며, 그 의미가 "의의 전가 이상으로까지 확장"될 수 있다.

칼빈의 관점을 가장 잘 이해하기 위해서는 이와 유사한 개념들인 "듀플렉스 그라티아"(*duplex gratia*, 은혜의 두 가지 유익들, 즉 칭의와 성화)와 그가 강조한 그리스도와의 연합을 고려해야 한다.

---

34   Calvin, *Institutes*, III.11.6.

그러므로, 머리와 지체들이 하나로 연합하는 것, 그리스도께서 우리 마음 안에 거하시는 것, 즉 이러한 신비한 연합이야말로 우리에게 최고로 중요하다. 그래서 그리스도가 우리의 소유가 되셨을 때, 그리스도께서 우리를 그분에게 주어진 은사들을 그리스도와 함께 공유하는 자로 만드신다. 따라서, 우리는 그리스도의 의가 우리에게 전가되게 하기 위하여 그분을 우리 바깥에 멀리 계신 분으로 바라보지 않는다. 그러나 우리가 그리스도로 옷 입고, 그리스도의 몸에 접붙여지기 때문에, 간단히 말해서, 황송하게도 그리스도께서 우리를 그분 자신과 하나되게 하시기 때문에, 이러한 이유로 우리는 우리가 그리스도와 함께 의의 교제를 갖는다는 사실을 기뻐한다.[35]

칼빈이 여기에서 주장하는 내용은, 구원론에 있어서 개혁주의와 루터파를 구별하는 교리적 개념 중 하나이다. 벌코프가 "구원의 서정과 관련해서는 칼빈과 루터 사이에 차이점이 존재할지라도, 이신칭의 교리의 성질과 중요성에 관해서는 두 사람이 분명코 같은 견해를 가졌다"[36]고 말할 때 지적했던 차이점은 바로 이것이었다.

---

35 Richard B. Gaffin Jr., "Biblical Theology and the Westminster Standards," in *The Practical Calvinist*, ed. Peter A. Lillback (Mentor/Christian Focus, 2002), 439를 보라.
36 Geerhardus Vos는 구원과 칭의에 관한 루터파의 이해와 개혁주의적 이해의 차이점에 대해 다음과 같이 설명했다. "언약은 가정적인(hypothetical) 관계도 아니고 조건적인(conditional) 입장도 아니다. 그것은 오히려 신선하고 살아있는 교제(fellowship)이다. 그 교제 안에서 은혜의 권능이 작용한다. 오직 믿음의 사용을 통해서만 언약은 실제가 된다. 하나님과 참된 언약의 동반자로서 행동하는 이들은 언제나 신자들이다. 언약 파트너인 그들은 또한 신자들인 자신들에게만 온전히 인봉된 약속을 가진 자들이다. 그 언약은 그것으로부터 어떠한 유익도 제외될 수 없는 하나의 전체이다 … 믿음으로 말미암아 (그리스도인은) 언약의 일원이 된다. 그리고 그 믿음은 칭의를 가리킬 뿐만 아니라 그리스도 안에 있는 모든 유익을

칭의와 갱신의 관계와 관련하여 초창기 종교개혁의 교리가 발전 과정을 거쳤다는 사실이 다시 한 번 분명해진다. 이 시점에서 명백하게 드러나는 것은, 칼빈이 의식적으로 그리고 적극적으로 법정적 칭의와 전가의 관점에서 칭의를 강조하려고 노력했다는 사실이다. 그렇게 하는 가운데 칼빈은 성숙한 개신교 칭의 교리를 위한 발판을 마련해 주었다. 칼빈은 또한 이 교리와 관련하여 초창기 루터파 신학자들이 보여주었던 일반적인 애매함을 바로잡고 있다.

5. 멜랑히톤의 법정적 칭의 교리 및 갱신과의 관계

지금까지 우리는 켐니츠, 루터파 정통주의를 대표하는 『일치 신조』, 그리고 칭의와 갱신에 관한 칼빈의 견해 등을 살펴보았다. 이러한 배경을 바탕으로 이제는 멜랑히톤과 루터가 이 문제를 어떻게 다루었는지로 넘어가 보자. 앞에서 우리는, 『일치 신조』가 "칭의는

가리킨다. 루터파에서는 믿음을 단편적으로, 즉 칭의와의 연관성 속에서만 보려 하는 반면, 개혁주의 그리스도인들에게 있어 구원하는 믿음은 가장 넓은 의미를 갖는다. 루터파들에 의하면, 성령께서는 임시적으로 아직은 그리스도와의 연합 밖에 머물고 있는 죄인 안에서 먼저 믿음을 생성하신다. 그리고 칭의가 믿음을 따라 나온다. 결국 그렇게 될 때에만 중보자와의 신비적인 연합이 이루어진다. 모든 것은 이러한 칭의에 의존한다. 이러한 칭의는 잃어버릴 수 있는 것이다. 즉 성도들은 은혜의 영광을 조금씩만 얻어서 그 날만을 위해 사는 것이다(즉, 신비적인 연합은 하나님께서 칭의를 행하실 때에 일어난다). 개혁주의의 언약적 관점은 그것과 반대다. 사람은 먼저 언약의 중보자이신 그리스도와 신비적인 연합을 통해서 연합하게 된다. 이 연합은 믿음에 의해 의식적으로 인지된다. 이러한 그리스도와의 연합을 통해서 그리스도 안에 있는 모든 것이 동시에 주어진다. 믿음은 이 모든 것을 포함한다. 믿음은 칭의 뿐만 아니라 그리스도를 선지자와 제사장과 왕으로서, 그리고 풍성하고 완전한 메시아로서 붙잡는다(Richard B. Gaffin Jr., ed., *Redemptive History and Biblical Interpretation: The Shorter Writings of Geerhardus Vos* [Phillipsburg, N.J.: Presbyterian and Reformed Publishing Co., 1980], 256).

중생이다"라고 말한 멜랑히톤의 글을 인용했다는 점을 보았다.

이것은 멜랑히톤의 일상적인 표현이었을까?

『일치 신조』에서 지적한 대로, 멜랑히톤은 중생을 단순히 법정적 칭의의 동의어로 가르쳤을까?

멜랑히톤은 중생을 비(非)법정적인 의미로 사용하며, 그것을 칭의에 대한 타당한 정의라고 주장한다. 멜랑히톤의 칭의 교리는 단순히 선언적인 의만을 나타내는 것이 아니라, 도덕적이고 효력적인 의도 함께 포함했다. 앞으로 보겠지만, 멜랑히톤은 종교개혁 논쟁의 고전적인 도식, 즉 '칭의를 갱신으로 보는 관점 대(對) 칭의를 법정적 선언으로 보는 관점'의 틀에 잘 맞지 않는다. 멜랑히톤은 1521년에 출판된 『보편 논제』(Loci Communes) 초판에서 칭의를 정의하면서 갱신을 포함시켰다.

> 그러므로, 율법에 의해 죽고, 그리스도 안에 약속된 은혜의 말씀에 의해 다시 살아날 때, 우리는 의롭다 함을 받는다. 복음이 우리의 죄를 용서하며, 우리는 믿음 안에서 그리스도께 매달린다.[37]

이 인용문은 칭의에 이르는 사건들과 칭의 이후의 사건들을 단순히 재연하는 것처럼 보이기 때문에, 그렇게 결정적인 진술로 볼 수 없다. 하지만 다음 인용문은 멜랑히톤의 의도를 분명하게 보여준다.

---

37 Philipp Melanchton, *Loci Communes Theologici*, ed. and trans. Wilhelm Pauck (Westminster, 1969), 88.

칭의가 시작되었지만 아직 완성되지는 않았다. 우리는 성령의 첫 열매를 받았지만(롬 8:23), 아직 완전한 추수를 얻지는 못했다.[38]

이 글에서 칭의는 완료된 행동으로 정의되지 않고, 성령과 관련된 유익들에 연합하는 일종의 과정으로 이해된다. 이보다 더 분명하게, 멜랑히톤은 칭의의 갱신적 측면을 다음과 같이 이야기한다.

여기에서 우리의 칭의는 단지 시작되기만 했을 뿐이다. 우리는 아직 그것을 완성하지 못했다. 그렇기 때문에 바울은 우리에게 마음을 새롭게 하여 변화를 받으라고 여러 차례 명령하는 것이다(롬 12:2). 빌립보서 3:12에서도 바울은 자신이 "이미 얻었다 함도 아니요, 온전히 이루었다 함도 아니라 … 그것을 잡으려고 달려가노라"라고 고백한다.[39]

멜랑히톤은 칭의를 완료된 행동이 아니라 하나의 과정으로 보며, 그 결과 갱신의 요소를 포함하는 의미로 칭의를 정의한다. 이처럼, 초창기의 멜랑히톤은 칭의를 엄격하게 법정적인 의미로 진술하지 않았다.

멜랑히톤의 신학이 아직 미숙했기 때문에 칭의 교리를 위와 같은 방식으로 진술한 것이었을까?

그렇지 않다. 앞에서 보았듯이, 10년 후 1531년에 작성한 『아우구

---

38 Ibid., 106.
39 Ibid., 125.

스부르그 신앙고백서의 변증서』에서 멜랑히톤은 여전히 갱신적인 언어를 사용하고 있다. 1530년에 멜랑히톤이 작성하였고 찰스 5세가 주재한 아우구스부르그 제국회의에서 낭독된 루터교의 위대한 교리적 문서『아우구스부르그 신앙고백서』(Augsburg Confession)에서, 멜랑히톤은 루터파 칭의 교리를 "의롭다는 선언을 되는" 것이 아니라 "의롭게 되어가는 것"(becoming righteous)으로 정의했다.

> 우리가 하나님 앞에서 죄 사함과 의를 얻을 수 있는 것은 우리 자신의 공로들이나, 행위들이나, 보속 행위들(satisfactions) 때문이 아니라고 우리는 또한 가르친다. 그리스도께서 우리를 위해 고난받으셨으며, 그분으로 인해 우리 죄가 용서를 받고 의와 영생이 우리에게 **주어진다**는 사실을 믿을 때, 우리는 은혜로, 그리스도 때문에, 믿음을 통해, 죄 사함을 받고 하나님 앞에서 **의롭게 되어간다**(becoming righteous). 왜냐하면 바울이 로마서 3:21-26과 4:5에서 말하듯, 하나님께서는 이러한 믿음을 의롭다고 **간주해주시고 여겨주실** 것이기 때문이다.[40]

루터파 신학의 근원이라 할 수 있는 이 신앙고백서에서 칭의는 갱신적인 의미 "의롭게 되어가는 것"으로 먼저 정의된다. 그리고 나서야 멜랑히톤은 신자의 믿음이 의로운 것으로 "간주되며 여겨진다"고 부연한다. 법정적인 의미가 담겨 있긴 하지만, "의롭게 되어

---

40   Tappert, "Confessions of the ELC," 32 (강조된 부분은 필자의 것이다).

간다"는 갱신적인 의미와 함께 사용된다.

로마 가톨릭의 비판에 맞서 『아우구스부르그 신앙고백서』를 변증하기 위해 이듬해 1531년에 쓴 『변증서』에서 멜랑히톤은 칭의를 법정적 칭의와 갱신의 이중적 관계로 이해했다. 그는 자신이 사용한 용어들을 다음과 같이 설명한다.

> "의롭다 함을 받음"(to be justified)이라는 용어의 의미는 의롭지 않은 사람들을 **의롭다고 선언되거나 인정되는**(pronounced or accounted righteous) 것뿐 아니라, 그들을 의롭게 만들거나 혹은 **중생시키는 것**(to regenerate)이다. 성경이 두 가지 방식 모두로 칭의를 말하기 때문이다. 따라서 우리는, 오직 칭의만이 불의한 사람을 의롭게 만든다는 사실, 즉 믿음으로 죄 사함을 얻는다는 사실을 우선적으로 보여주고자 한다.[41]

이와 마찬가지로, 멜랑히톤은 "그러므로 우리는 오직 믿음으로 의롭다 함을 받는바, 칭의는 불의한 사람을 의롭게 만드는 것(making)이나 혹은 그를 거듭나게 작용하는 것(effecting)으로 이해된다"라고 설명한다.[42] 멜랑히톤의 칭의 개념에서는 갱신이 한 자리를 차지하고 있으며, 믿음은 또한 성령을 받는 수단이기도 하다.

---

41 Ibid., 117.
42 Ibid., 78.

> 오직 믿음만이 의롭게 하는데, 그 이유는 우리가 오직 믿음으로만 죄 사함과 성령을 받기 때문이다.[43]

> 우리는 오직 믿음으로만 그리스도의 공로로 죄 사함을 받으며, 오직 믿음으로만 의롭다 함을 받는다. 즉, 의롭지 않은 자가 의롭게 되고(made righteous), 그리고 거듭나게 된다.[44]

여기에서 보면, 믿음이라는 수단을 통해 주어지는 두 가지 구별된 결과물이 있다. 하나는 죄 사함이고, 다른 하나는 구체적으로 칭의라고 지칭되는데, 그것은 의롭지 않은 사람을 의롭게 만들거나 거듭나게 하는 것이다. 이처럼 멜랑히톤은 로마 가톨릭과 개신교를 분리시켰던 고전적인 설명에 부합되지 않는다. 그는 칭의를 '의롭지 않은 상태에서 의로운 상태로 바꾸어지는 하나님의 새롭게 하심 및 도덕적 변화'라고 생각한다. 물론, 멜랑히톤은 중생이 칭의의 전부라고 말하지는 않는다.

> 칭의는 그리스도로 인해 말미암는 화목이다 … 칭의는 우리의 갱신의 시작만을 의미하는 것이 아니라, 화목도 의미하는 바, 이를 통해 우리는 장차 용납된다.[45]

---

43 Ibid., 119.
44 Ibid., 123.
45 Ibid., 129.

율법의 의에 대해 이야기하면서도 멜랑히톤은 부정적인 의미에서 칭의의 병행적인 개념들을 다음과 같이 설명하기도 한다.

> 그러므로 율법의 의는 우리를 의롭게 하지 못한다. 즉, 그것은 우리를 화목시키지도 못하고 우리를 거듭나게도 못한다. 율법의 의는 그 자체로 우리가 하나님 앞에서 용납될 수 있도록 만들지 못한다.[46]

이와 같이 멜랑히톤의 글에는 칭의의 두 가지 다른 측면들이 자주 연결되어 나타난다.

> 오직 믿음만이 죄 사함을 가져오며, 의롭다고 인정하며, 거듭나게 한다.[47]

> 이러한 이유에서 우리는, 믿음으로 우리가 의롭다 함을 받고, 화목되며, 거듭난다고 주장할 수밖에 없다.[48]

하지만, 이처럼 칭의의 다양한 측면들을 하나로 통합시키면서, 멜랑히톤은 성경에서 법정적인 의미로만 이해될 수 있는 본문들의 구별된 의미를 주장하고자 힘쓴다. 멜랑히톤은 로마서 2:13과 야고보

46　Ibid., 132.
47　Ibid., 152.
48　Ibid., 155.

서 2:22과 같은 어려운 본문들을 다음과 같이 주의 깊게 설명한다.

> 여기에서 "의롭다 함을 받는다는 것"은 한 악인이 의롭게 된다는 것을 의미하는 것이 아니라 그가 법정적인 방식으로 의롭다고 선언되는 것을 의미한다. 마치 로마서 2:13, "율법을 행하는 자라야 의롭다 하심을 얻으리니"라는 말씀에서처럼 말이다. "율법을 행하는 자라야 의롭다 하심을 얻으리니"라는 말씀은 우리의 입장과 전혀 모순되지 않는다. 우리는 "사람이 행함으로 의롭다 하심을 받고 믿음으로만은 아니니라"라는 야고보서의 말씀에 대해서도 동일한 사실을 주장한다. 이는 믿음과 선한 행위를 가진 사람들이 분명코 의롭다고 선언되기 때문이다. 성도의 선행이 의로우며 하나님을 기쁘시게 하는 이유는 바로 믿음 때문이다.
> 야고보는 믿음의 결과로 나타나는 행위만을 선포한다. 왜냐하면 그는 아브라함을 언급하며 "믿음이 그의 행함과 함께 일한다"(약 2:22)는 것을 보여주기 때문이다. 이러한 맥락에서, "율법을 행하는 자라야 의롭다 하심을 얻으리니"라고 말한 것이다. 즉 하나님께서는, 그를 진심으로 믿고서 선한 열매를 맺는 사람들, 즉 믿음으로 인하여 그분을 기쁘시게 하며 율법을 지키는 사람들을 의롭다고 선언하신다. 간단히 말해서, 이러한 말씀들에는 잘못된 내용이 전혀 없다.[49]

---

49 Ibid., 143.

이처럼, 멜랑히톤에게 칭의는 한 가지 이상의 미묘한 차이점을 가진다. 그가 자주 갱신적인 개념을 가지고 칭의를 정의하기 때문에, 위 인용문에서는 그는 반드시 법정적인 개념으로 이해해야 하는 본문들이 있다는 것을 말하고 있다. 행위의(義)를 가르친 로마 가톨릭 교리에 반대하기 위해, 멜랑히톤은 주장하기를, 한 사람이 "의롭다고 선언되는" 일은 율법을 행함으로써 그리고 그 행위와 함께 역사하는 믿음으로써 이루어진다고 설명한다. 멜랑히톤의 생각에 이것은 선언적인 칭의로, 불신자들이 아니라 "성도들"의 칭의인데, 성도들의 행위는 "믿음으로 인해 의로우며 하나님을 기쁘시게 한다."

어떤 이는 이것을 가리켜 "의로운 자의 칭의"라고 부르기도 했다. 멜랑히톤이 보기에 이러한 이해에는 "간단히 말해서 잘못된 내용이 전혀 없다." 멜랑히톤이 이전에 갱신적인 개념을 가지고 칭의를 설명하지 않았다고 한다면, 그는 위 인용문의 시작에서 "여기에서 '의롭다 함을 받는다는 것'은 … 을 의미하는 것이 아니라 …"라고 말하며 이 본문들의 의미를 다른 본문들의 의미와 구별해야 할 필요성을 느끼지 않았을 것이다. 이와 비슷한 방식으로 멜랑히톤이 세심하게 주해하는 또 다른 사례는 다음과 같다.

"그러므로 우리가 믿음으로 의롭다 하심을 받았으니"(롬 5:1)라고 바울이 말한 데서 나타나듯이, 성경은 "믿음"이라는 단어를 이러한 방식으로 사용한다. 이 본문에서 "의롭게 한다"는 단어는 사법적인 의미로 사용되며, 그 의미는 "죄가 있는 사람을 사면하고 그를 의롭다고 선언한다"는 뜻이다. 이렇게 선언할 수 있는 근거는 다른 누군가의 의, 즉 그리스도의 의가 믿음을 통해 우리에게 전달되기 때문이다.[50]

만일 멜랑히톤이 "의롭다고 선언한다"는 법정적 의미만을 칭의의 유일한 의미로 생각했었다고 한다면, "이 본문에서 '의롭게 한다'는 단어는 사법적인 의미로 사용된다"라고 굳이 언급할 필요가 없었을 것이다. 멜랑히톤이 루터와 긴밀한 관계 속에서 일했던 사실을 고려할 때, 우리는 루터의 칭의 교리에도 갱신적인 개념이 포함되어 있었는지를 살펴보아야 할 것이다.

6. 루터의 칭의 교리: 법정적 칭의와 갱신의 관계

루터는 멜랑히톤과 비슷한 방식으로 칭의를 이해했는가?
아마도 이 시점에서 우리는 루터 자신도 갱신적인 개념을 포함하는 칭의 교리를 가르쳤을 것이라고 추측해야 한다. 멜랑히톤이 루터의 지도 아래에서 작업을 하고, 또 루터파 정통주의가 루터의 통찰력과 가르침을 체계화하고자 했다는 사실에 비추어 볼 때, 이와 같이 추론하는 것이 자연스러울 것이다.
칭의 안에 신자의 갱신을 포함시켰던 멜랑히톤의 주장은 그의 『보편 논제』에서 두드러지게 나타났는데, 루터는 이 작품에 대해 극

---

50 Ibid., 154.

찬을 아끼지 않았었다. 루터는 멜랑히톤의 『보편 논제』가 처음으로 출판된 지 4년 후 1525년, 에라스무스의 인간 의지의 자유에 대한 주장들에 대하여 다음과 같은 글을 썼다.

> 나는 당신의 주장들을 이미 여러 차례 반박했으며, 그것들은 또한 필립 멜랑히톤의 『보편 논제』을 통해서도 완전히 가루가 될 정도로 부서졌다. 내가 보기에 멜랑히톤의 이 작은 책은 영원히 보존되어야 할 뿐 아니라 심지어 정경화(canonized) 할 만한 가치가 있다. 그 책과 비교했을 때, 당신의 책은, 정말로 미안한 말이지만, 별로 볼품이 없어 보인다.[51]

멜랑히톤의 칭의 교리가 루터 자신의 견해와 일치하지 않았다면 『보편 논제』에 대해서 위와 같이 극찬할 수 있었을까?

『보편 논제』만큼의 극찬은 아니었지만, 멜랑히톤이 작성한 『아우구스부르그 신앙고백서의 변증서』에 대해서도 루터는 기본적으로 동의했다. 그래서 루터는 1533년 게오르그 백작(Duke George)에 의해 추방된 라이프치히(Leipzig) 루터교도들에게 다음과 같이 편지했다.

"우리의 신앙고백서와 그 변증서가 있습니다 … 우리의 신앙고백서와 변증서를 붙드십시오."[52]

---

51 Martin Luther and Desiderius Erasmus, *Luther and Erasmus: Free Will and Salvation*, trans. E. Gordon Rupp and Philip S. Watson (Philadelphia: Westminster Press, 1969), 102.

52 Friedrich Bente, *Historical Introductions to the Book of Concord* (St. Louis: Concordia Publishing House, 1965), 47에서 인용.

루터는 그 자신이 직접 독일어로 된 『변증서』를 만들려 시작했지만, 그 작업을 끝내지는 못했다. 멜랑히톤은 1533년 4월 8일에 요한 브렌츠(Johann Brenz)에게 편지하기를, "루터가 지금 독일어로 된 『변증서』를 준비하고 있습니다"라고 썼다.[53] 아마도 이것은 단순히 멜랑히톤의 『변증서』를 독일어로 옮기기만 하는 작업이 아니었을 것이다. 왜냐하면 라틴어 "인스티튜이트"(*instituit*, 설립하다, 제정하다, 시작하다-역주)는 단순한 번역이 아니라 하나의 독립된 작품을 가리키는 것으로 보이기 때문이다.[54] 초창기 루터파 신학자 요한 브렌츠는, 루터가 멜랑히톤의 『보편 논제』을 극찬했던 것과 비슷한 방식으로, 멜랑히톤의 『변증서』를 칭찬했다.

"『변증서』는, 내 생각에, 정경(canon)의 가치에 버금간다."[55]

앞에서 본 멜랑히톤, 켐니츠, 초창기 루터파 작품 등과 일치되게, 루터 역시 칭의 교리 안에 갱신적 개념을 주장했던 것으로 보인다. 물론, 놀랍게도 루터 자신은 "법정적"이라는 단어를 실제로 전혀 사용하지 않았음에도 불구하고, 루터의 글에는 법정적인 개념을 띠는 용어들이 적지 않게 나타난다. '법정적'이라는 단어가 사용되는데 멜랑히톤이 특별한 기여를 했다.[56]

루터는 다음과 같이 말한다.

---

53 Ibid., 43.
54 Ibid., 43.
55 Philipp Melanchthon et al., *Corpus Reformatorum* (Halis Saxonum: Schwetschke, 1911), II. 510.
56 Friedrich Loofs, "Die Rechtfertigung Nach Den Lutherschen Gedanken in Den Bekenntnisschriften Des Konkordienbuches," *Theologische Studien und Kritiken* 94 (1922): 317을 참조하라.

여기에서 문제는 우리가 어떠한 수단을 힘입어 의롭다 함을 받고 영생을 얻는가 하는 것이다. 바울과 마찬가지로 우리는 '오직 그리스도 안에서 믿음으로 의롭다고 선언된다'라고 대답한다.[57]

하지만, 루터의 진술은 더 깊은 검토가 필요하다. 그렇게 할 때 우리는 루터의 칭의 교리에 분명하게 갱신적인 측면이 들어 있음을 발견한다. 루터는 『신약성경에 대한 서문』(Preface to the New Testament, 1522)에서 다음과 같이 말한다.

> 아브라함의 계열에 서 있는 모든 믿는 자들은 복을 받는다. 즉, 그들은 죄와 사망과 지옥으로부터 구원받는다. 이와 같이 **의롭게 되어**(made righteous), 그들은 영원한 복락을 누리며 살 것이다.[58]

또 이렇게 말하기도 한다.

> 이처럼, 우리 자신의 행위들이 아니라, 그분의 행위와 고난과 죽음으로, 그분께서 우리를 **의롭게 만드시며**(makes us righteous), 우리에게 생명과 구원을 주신다.[59]

---

57 Galatians in Luther, *Martin Luther, Selections from His Writings*, 116.
58 Luther, *Martin Luther, Selections from His Writings*, 16 (강조된 부분은 필자에 의한 것이다).
59 Ibid., 17.

루터는 디모데전서 1:9을 자신의 말로 다음과 같이 바꾸기도 했다.

> 사람은 믿음을 통해 생명과 구원과 **의를 얻는다**(is given righteousness). 이러한 믿음을 증명하기 위해 그에게 요구되는 것은 아무것도 없다.[60]

1520년에 쓴 『그리스도인의 자유』(*Freedom of a Christian*)에서는 다음과 같이 표현한다.

> 그리스도를 선포하는 것은 영혼을 먹이고, **의롭게 만들며**(make it righteous), 자유케 하고, 구원하는 것을 의미한다. 그 선포를 믿는다면 말이다.[61]

가장 분명하게는 다음과 같이 말했다.

> 이는 마치 그가 이렇게 말하는 것과 같다. '율법의 작지만 완전한 성취인 믿음은 신자들을 의로 가득 채운다. 그 결과 그들은 **의로워지기 위해**(to become righteous) 아무것도 필요치 않는다.[62]

이러한 표현들은 루터가 1520년대에 쓴 초기 작품들에서 나온다.

---

60 Ibid., 17-18.
61 Ibid., 55.
62 Ibid., 56.

하지만 루터는 1531년에 쓴 『갈라디아서 주석』에서도 비슷한 방식으로 말했다.

> 당신이 믿음으로 그리스도를 붙잡았기 때문에, 즉 그분을 통하여 당신이 **의롭게 되기**(art made righteous) 때문에, 이제 당신은 올바르게 행동하기 시작한다.[63]

루터가 1531년에 자신의 칭의 교리를 발전시키면서 "의롭게 된다"(art made righteous)라는 표현을 사용했다는 사실은 중요하다. 왜냐하면 이 시기는 칭의 문제에 대한 그의 생각이 무르익었을 때이기 때문이다. 그는 갈라디아서를 이미 1519년과 1523년 두 차례에 걸쳐 강의한 바 있지만, 1531년에 했던 강의만을 후대를 위해 남겨 놓을 가치가 있는 것으로 여겼다.[64] 따라서, 그가 줄곧 법정적 칭의 개념만을 주장하다가 실수로 갱신적 요소를 한번 추가했다고 생각하기는 어렵다.

위에서 인용한 글 외에도, 다른 관련 본문들 역시 루터의 칭의 교리에 담겨 있는 갱신적 요소를 보여준다.

룹스(Loofs)는 루터가 자신의 독일어 성경에서 칭의를 가리키기 위해 어떠한 표현들을 사용했는지를 요약해 주었다. 루터가 신약성경을 독일어로 번역하면서 칭의를 표현하기 위해 사용한 단어는 다음과 같다. "레히트페어티겐"(*Rechtfertigen*, 의롭게 하다) "게레히트 베

---

63 Ibid., 111.
64 Ibid., 99를 참조하라.

어덴"(gerecht werden, 의롭게 되다) "게레히트 마켄"(gerecht machen, 의롭게 만들다) "게레히트 자인"(gerecht sein, 의로워지다).[65] 죽는 순간까지 루터는 자신의 뛰어난 동료 신학자들과 함께 독일어 신약성경을 거듭 개정하였다. 이러한 표현들이 루터 성경 안에 여전히 남아 있다는 사실은 루터가 칭의를 법정적인 용어로 뿐 아니라 갱신적인 용어로도 말하고자 했다는 점을 보여준다.

아담과 그리스도 사이의 유사성에 대한 루터의 이해 역시 이 논의에서 중요하다. 『로마서 서문』(Preface to Romans)에서 루터는 다음과 같이 설명한다.

> 바울은 이제 흥미롭게도 잠깐 벗어나, 죄와 의의 근원, 그리고 사망과 생명의 근원을 논의한다. 그는 아담과 그리스도가 각각 두 가지 반대되는 유형들을 어떻게 대표하는지 보여준다. 그리고 나서 결과적으로 말하기를, 그리스도께서 둘째 아담으로 오셨고, 믿음 안에 있는 새롭고 영적인 출생으로 인하여 자신의 의를 전달해 주신다고 설명한다. 이것은 아담이 우리의 이전의 육체적인 출생을 통해 우리에게 죄를 전달해 준 것과 평행이 되는 일(counterpoise)이다.[66]

여기에서 루터는, 신자가 믿음 안에서 새롭게 태어나는 가운데 그리스도의 의가 신자에게 전달된다고 주장한다. 아담의 죄로 인해 더

65　Loofs, 320. Loofs는 긴 성경본문인용 목록을 제공한다.
66　Luther, *Martin Luther, Selections from His Writings*, 28.

럽혀진 육신 안에서 태어난 결과로 모든 사람들에게 실제의 죄가 존재하는 것처럼, 그리스도의 의는 거듭남을 통하여 전달된다. 또 루터는 다음과 같이 말하기도 한다.

> 죄는 아담으로부터 우리에게 상속되어져 왔고, 이제는 우리 자신의 것이 되었다. 마찬가지로 그리스도의 의와 생명 역시 우리의 것이 되어야 한다. 이를 위해서는 아담으로부터 우리에게 전해져 내려왔던 것과 동일한 힘으로 의와 생명이 우리 안에 역사해야 한다. 마치 의와 생명이 그리스도로부터 우리에게 상속되는 것처럼 말이다. 그리스도 안에는 의와 생명은 단순히 그리스도 개인에게만 해당하는 수준이 아니라, 실제적이고 강력한 것으로서, 아담으로부터 죄와 사망이 사람의 모든 본성에 흘러 들어간 것처럼, 정말로 그리스도에 참여하는 모든 사람들 안으로 흘러 들어가는 용출샘과 같은 것이다. 그 결과 다음과 같이 선언되었다. 즉 그리스도께서 죄와 사망을 지워 없애기 위해 자신의 손으로 그들을 만지시고 말씀을 통해 사람들에게 자신의 사역과 권능을 분여하시고 그들이 이와 같은 것을 믿을 때, 그들 자신으로부터나 그들 자신을 통해서가 아니라 주님이신 그리스도의 낯선 의(alien righteousness)와 생명을 통하여, 사람들이 의로워져 가고(become righteous) 죄와 사망으로부터 살아나게 된다.[67]

---

[67] R. Seeburg, *Textbook of the History of Doctrines* (Philadelphia, 1905), II. 262, n.1.

여기에서 그리스도의 의는 그리스도께 참여한 자를 가득 채워주는 넘치는 샘에 비교된다. 그 결과, 그 사람은 의롭게 **된다**(become). 이 의는 낯선 의, 즉 실제로 그리스도의 의이므로 죄인에게는 낯선 의이다. 믿음을 통하여 그리스도께서 자신의 말씀으로 그 사람을 만지실 때, 이 의는 죄와 사망을 깨끗하게 제거한다. 이처럼 "치료적인"(medicinal) 용어가 전가(낯선 의)와 함께 사용되고 있다. 루터는 그리스도와 신자의 믿음이라는 관점에서 이러한 갱신을 이해하며, 성령을 직접적으로 언급하지는 않는다. 그리스도 자신이 거룩케 하시는 분이신 것이다.

하지만 루터는 또한 성령을 죄 사함의 실제적인 작용인(agent)으로 보기도 했다. 일반적으로 칭의 용어로 간주될 내용을 루터는 성화의 영역에서 사용하기도 한다. 그는 『대요리문답』(*Larger Cate-chism*, 1529)에서 다음과 같이 설명한다.

> 성부께서 창조주로 불리고 성자께서 구속주로 불리듯이, 성령께서는 자신의 사역으로 인해 거룩케 하는 분(Sanctifier), 즉 사람들을 거룩하게 만드시는 분으로 불려야 한다.
> 이러한 성화의 사역이 어떻게 일어나는가?
> 성자께서 자신의 탄생, 죽음, 부활 등의 사역을 통하여 우리를 사셔서 통치권을 얻으신 것처럼, 성령께서는 성도의 교제 또는 기독교 교회, **죄 사함**, 육체의 부활, 그리고 영생을 통해 우리의

성화를 이끌어내신다.[68]

『대요리문답』의 질문에서, 루터는 칭의의 일반적인 정의라 할 수 있는 '죄 사함'을 성화의 일부로 이해한다. 더 나아가서 그는, 칭의가 그리스도의 구속에 의해 가능해지는 반면 이러한 구속의 적용, 즉 죄 사함은 성령에 의해 이루어진다는 식의 구별을 만드는 것 같다. 성령이 죄를 용서하심으로써 성화를 이루신다는 것이다. 마지막으로 주목해야 할 부분은, 루터가 성령에 의한 성화에 대해 설명하면서 신자가 행하는 새로운 순종을 언급하지 않고 지나가버린다는 사실이다.

> 만일 "성령을 믿습니다"라는 말이 무슨 뜻이냐는 질문을 받는다면, "나는 성령께서, 그분의 이름처럼, 나를 거룩하게 만드신다는 것을 믿습니다"라고 대답할 수 있다.
> 성령께서는 이 일을 어떻게, 어떠한 수단으로 행하시는가?
> **대답**: 기독교 교회를 통하여 **죄 사함**(이 주어진다) … .[69]

신자의 성화에 있어서 은혜의 수단인 성례조차도 죄 사함에 관여한다.

> 더 나아가서 우리는 이러한 기독교 교회 안에서 죄 사함을 받는다는 사실을 믿는다. 이 일은 전체 복음의 모든 위로의 말

---

68 Martin Luther, *Large Catechism*, in Martin Luther, *Selected Writings of Martin Luther*, ed. Theodore G. Tappert (Philadelphia: Fortress Press, 1967), 415 (강조된 부분은 필자의 것이다).
69 Luther, *Selected Writings of Martin Luther*, 416 (강조된 부분은 필자의 것이다).

씀을 통해서 뿐 아니라, 성례와 사죄의 선언(absolution)을 통해서 주어진다.[70]

루터는 이 죄 사함을, 신자의 부분적인 거룩함을 개선하기 위한 하나의 지속적인 과정으로 이해하기도 한다.

> 이제 우리는 절반 정도로만 순결하고 거룩하다. 우리가 더 이상 죄 사함이 필요 없는 그러한 삶에 이르기 전까지는, 성령께서 우리 안에서 지속적으로 역사하시되, 말씀을 통하여, 매일의 죄 사함을 통하여 역사하셔야 한다. 죄 사함이 필요 없게 될 그러한 삶 안에서만, 완벽하게 순결하고 거룩하며, 선과 의로 가득하고, 죄와 사망과 모든 악으로부터 완전히 자유로운 사람들이 존재하며, 그들은 새롭고 쇠하지 않는 영화로운 몸을 가지고 살 것이다.[71]

성령은 신자의 거룩함이 성장하여 천상의 완전함에 이르기까지 매일 "죄를 사하신다"(grants forgiveness). 성령의 이 사역은 마지막 날까지 계속될 것이다.

"성령은 자신의 모든 백성들을 아직 다 모으지 않으셨으며, 죄를 사하는 사역도 아직 완성하지 않으셨다."[72]

70　Ibid., 417.
71　Ibid., 418.
72　Ibid., 419.

이처럼, 루터에 따르면, 그리스도는 자신의 외부적인 의를 통하여 신자의 갱신을 이끌어내시는 분으로 묘사될 수 있으며, 성령은 죄를 사하시기 때문에 거룩케 하시는 분으로 불릴 수 있다. 결과적으로, 칭의에 대한 루터의 신학은 종교개혁 논쟁의 고전적인 도식과 잘 어울리지 않는다.

루터는 자신이 법정적 칭의와 갱신적 칭의 둘 다를 이야기하고 있다는 사실을 인식하고 있었을까?

아마 그러했던 것으로 보인다. 이는 그가 1532년, 칭의의 이중적 개념을 다음과 같이 설명한 데서 알 수 있다.

> **칭의의 두 가지 요소**는 이것이다. **첫째**는 그리스도를 통해 계시된 은혜이다. 즉 그리스도를 통해서 우리는 진노를 푸신 하나님을 모신다. 죄는 더 이상 우리를 정죄할 수 없으며, 하나님의 자비에 대한 신뢰는 확신으로 바뀐다. **둘째**는 성령께서 그분의 여러 은사와 함께 주어지는 것이다. 성령은 영과 육신이 오염을 대항하여 비추신다.[73]

이처럼 루터의 칭의 교리는 이중 구조를 가지고 있다. 그리고 루터는 이러한 입장을 양보할 수 없는 것으로 생각했다.

루디는 두 가지 종류의 신앙고백서를 준비하라고 요청받은 적이 있다. 하나는 협상이 가능한 교리들을 정리한 것이고, 다른 하나는

---

73 Seeburg, *Textbook of the History of Doctrines*, II.263, n.1(강조된 부분은 필자의 것이다).

재고의 여지가 없이 협상불가능한 교리들을 정리한 것이다. 루터가 이렇게 정리해 놓은 조항들은 훗날 루터교의 신조가 되어 『합의서』(Book of Concord)에 포함될 예정이었다. 이 조항들의 제목은 『슈말칼트 조항』(The Smalcald Articles)으로 붙여졌고, 1537년에 작성되었다. 개신교와 가톨릭 간의 분열을 해결하기 위해 오랫동안 고대해 왔으며 교황 바오로 3세(Paul III)에 의해 최종적으로 소집된 공의회에서 개신교 측의 주장을 대변하려는 목적에서 루터는 이 문서를 만들었다.

이 공의회는 1537년 만투아(Mantua)에서 열리기로 계획되었지만, 1546년, 즉 루터가 죽은 해에 이르기까지 열리지 않다가, 마침내 트렌트에서 개최되었고 트렌트공의회(Council of Trent)로 알려졌다.

이처럼 루터는 생애를 마감하기 10년 전, 로마 가톨릭의 오류라고 생각하던 것에 반대하여 자신의 칭의 교리를 진술할 기회를 가졌다. 마치 두 번째의 보름스 의회(Diet of Worms)인 것처럼, 칭의 교리에 대한 루터의 단호함은 흔들리지 않았다. 제3부 17항, "하나님 앞에서 인간의 칭의, 그리고 선한 행위"에서, 그는 다음과 같이 선언했다.

> 나는 내가 지금까지 이 주제에 대해 지속적으로 가르쳐 왔던 내용을 어떻게 바꿔야 할지 알지 못한다. 즉, (사도 베드로가 말했듯이) 믿음을 통해 우리는 새롭고 정결한 마음을 얻으며, 하나님께서는 우리의 중보자 되신 그리스도로 인해 우리를 의롭고 거룩한 자로 여겨 주신다. 비록 우리 육신의 죄가 완전히 제거되거나 삭제되지 않았다 하더라도, 하나님은 그것을

개의치 않으실 것이다. 선한 행위는 이와 같은 믿음, 갱신, 그리고 죄 사함에 뒤이어 나타난다.[74]

여기에 나타나는 루터의 단호한 답변 역시 갱신이 칭의의 한 측면임을 강조한다. 칭의는 의롭다 여김을 받는 것임과 동시에, 새롭고 정결한 마음을 얻으며 죄의 비(非)전가(non-imputation)를 경험하는 것이다. 로마 가톨릭과의 논쟁에서 자신의 칭의 교리의 핵심으로 법정적 칭의를 강조하는 대신, 루터는 이전과 마찬가지로 종교개혁 칭의 교리라는 제목 아래에서 갱신뿐만 아니라 새로운 마음, 의롭다고 여겨짐, 죄 사함을 연합한 것이 칭의라는 그의 요약으로부터 조금이라도 벗어나는 것을 거부했다.

7. 결론

초창기 루터파 종교개혁가들이 칭의 교리에 있어서 갱신과 법정적 개념을 어떻게 연결시켰는지에 대한 논의를 마무리하면서, 다음과 같은 질문을 가져 본다.

만일 멜랑히톤이 칭의와 갱신의 관계에 대한 루터의 견해가 어떤지를 직접 물어봤다면 우리에게 도움이 되지 않았을까?

실제로 그런 일이 있었다. 루터의 학생들은 그가 남긴 모든 말을

---

74 Theodore G. Tappert, ed., *The Book of Concord: The Confessions of the Evangelical Lutheran Church* (Philadelphia: Fortress Press, 1959), 315.

하나도 놓치지 않으려고 했는데, 『루터의 탁상담화』(*Luther's Table-talk*)에는 고맙게도 다음의 대화가 보존되어 있다.

> 필립 멜랑히톤이 루터에게 이야기했다.
> "칭의에 대한 어거스틴(St. Austin)의 견해를 반박하는 것보다는 반박하지 않는 것이 더 적절하고 편리해 보입니다. 어거스틴은 다음과 같이 말했습니다. '우리는 믿음으로 의롭게 된다고, 즉 **우리의 거듭남** 또는 **새로운 피조물됨을 통해** 의롭게 된다고 주장해야 한다.' 만일 그렇다고 한다면, 우리는 **오직 믿음으로만 의롭게 되는 것이 아니라**, 하나님께서 우리에게 주신 모든 은사와 능력들(virtues)에 의해 의롭게 된다는 것입니다. 루터, 당신의 생각은 어떻습니까?
> 당신도 어거스틴의 견해처럼 사람이 **이러한 거듭남을 통해 의롭게 된다고 주장하십니까?**"
> 루터가 대답하였다.
> "**나도 그렇게 생각하네.** 그리고 내가 확신하는 바는 이것이네. 즉 복음과 사도의 참된 의미는 우리가 하나님 앞에서 의롭게 되는 것은 **은혜로**(gratis), 거저(for nothing), 오직 하나님의 순전한 자비로 인한 것이네. 바로 이것에 의해서 그리고 그것을 이유로 하나님은 그리스도 안에서 우리에게 의를 전가하신다네."[75]

---

75 Bell의 1652년도 번역판, 208. William G. T. Shedd, *A History of Christian Doctrine* (Minneapolis: Klock and Klock, 1978), II. 258에서 인용했다(강조된

루터의 답변은 분명하게 중생을 포함할 뿐 아니라, 중생을 의의 전가와 결합시킨다. 여기에서 루터는 어거스틴을 "반박하는" 견해를 지지하지 않는다. 어거스틴은 종종 주장하기를, 중생의 사역이 신자가 의롭다 함을 받는 근거 역할을 한다고 했다.[76] 멜랑히톤의 표현을 되풀이하며 루터는 어거스틴의 가르침, 곧 믿음으로 의롭게 된다는 것에는 한 사람의 중생도 포함된다는 가르침에 동의한다. 이처럼 루터와 초기 루터교는 칭의를 중생이나 갱신과 연결시키며 동일시했다.

칭의의 법정적 개념뿐 아니라 갱신적 개념까지도 함께 주장했던 초창기 루터파 개혁가들의 입장에 비추어 볼 때, 우리는 칼빈의 법정적 칭의 교리가 독특하게 구별된다는 점을 강조해야 한다. 루터, 멜랑히톤, 켐니츠, 그리고 초기 루터교 신앙고백서 등은 법정적 칭의만을 주장했던 칼빈의 입장과 분명히 다르다. 초기 루터파들은 칭의를 가르칠 때 갱신적 개념과 법정적 개념 모두가 중심된다는 점을 주장했다. 반면 칼빈은, 바울의 글에서 비(非)법정적인 개념은 거의 나타나지 않는다고 주장했다.

루터 및 초기 루터파들과 칼빈 사이에 나타난 차이점을 고려할 때, 다음과 같은 주목할 만한 결론이 도출된다. '법정적 칭의를 주장하되 갱신적 요소를 제외시키는 것'이 개신교를 가톨릭과 구별시키는 관점, 즉 종교개혁 논쟁의 고전적 도식이라고 한다면, 이는 루터의 영향력보다는 칼빈의 영향력을 더 많이 받은 것으로 보아야 한다. 왜냐하면 법정적 칭의가 가장 그리고 유일하게 중요하다는 사

부분은 필자의 것이다).
76　Seeburg, *Textbook of the History of Doctrines*, I. 349를 참조하라.

실을 개신교 신학에 궁극적으로 확립시킨 사람은 바로 칼빈이었기 때문이다.

칼빈의 기본적인 주장에 따르면, 신자가 은혜 언약을 통해 그리스도와 연합될 때, 이 연합은 언약의 두 가지 유익, 구별되지만 분리될 수 없는 유익, 칭의와 성화를 제공한다. 그리고 성화는 성령에 의해 거듭나거나 새로워지는 사역을 포함하며 그것과 함께 시작된다.

칼빈이 제시한 이러한 해결책은 독특한 법정적 칭의를 가능케 하며 확실케 한다. 하지만, 그와 동시에, 도덕적 갱신의 필요성을 무시하거나 감소시키지 않는다. 이러한 방식으로 칼빈은 그리스도의 주 되심(Lordship)이 신자의 삶에서 가지는 중요성, 즉 언약적 순종 가운데 선한 행위로 나타나는 중요성을 충분히 강조할 수 있다.

이처럼 칼빈은 개신교에 확실한 영향을 남겼다. 법정적 칭의를 주장하는 동시에, 성령의 능력으로 삶에서 나타나며 새로운 순종으로 입증되는 갱신을 강조한 칼빈의 가르침은 개혁주의 신학의 핵심이 되었다. 그의 법정적 칭의 교리는 또한 개혁주의와 루터파 정통주의 모두에 있어 표준이 되었다. 놀랍게도, 칭의에 대한 개혁주의와 루터파의 설명이 매우 비슷한 이유는 의식적으로건 무의식적으로건 간에 루터파 정통주의가 최종적으로 칼빈의 법정적 칭의 견해를 수용했기 때문이다.

제4장
존 오웬의 칭의 교리

칼 R. 트루먼(Carl R. Trueman) 박사
웨스트민스터신학교 역사신학 교수

1. 서론[1]

루터는 칭의 교리를 가리켜 "교회가 서느냐 넘어지느냐를 좌우하는 교리"라고 유명하게 표현했는데, 이 교리는 종교개혁이 시작되었던 시기와 마찬가지로 오웬의 시기에도 여전히 논쟁적인 교리였다.[2] 물론, 오웬이 칭의에 대해 논했던 상황이 복잡했다는 사실을 처음부

---

[1] 이 글은 필자의 책 *John Owen*(Aldershot: Ashgate, 2007)의 일부를 발췌 및 요약한 것임을 밝혀둔다.

[2] Owen은 "칭의에 관한 글이 없어질 때, 모든 기독교의 가르침이 동시에 없어지는 것이다(*Amisso articulo justificationis, simul amissa est tota doctrina Christiana*)"라고 말하면서 루터를 인용한다(John Owen, *The Works of John Owen*, ed. W. H. Gould [Edinburgh: The Banner of Truth Trust, 1977], V. 57. 칭의 교리의 역사에 관해서는 다음 자료를 참고하라. Albrecht Ritschl, *The Christian Doctrine of Justification and Reconciliation: the Positive Development of the Doctrine*, trans. H. R. Mackintosh, Macaulay (Edinburgh: T&T. Clark, 1900). Alister E. McGrath, *Iustitia Dei. A History of the Christian Doctrine of Justification*, 3rd (Cambridge: Cambridge University Press, 2005). 『하나님의 칭의론』(CLC, 刊) 참조.

터 인정하는 것이 필요하다.

첫째, 칭의 교리는 개신교와 로마 가톨릭을 구별하는 핵심적인 특징 중 하나였기 때문에, 칭의에 대한 논의는 교회적인 차원에서나 사회적인 의미에서나 언제나 매우 정치적인 성격을 띨 수밖에 없었다. 오웬이 활동하던 시기에는 이미 개신교와 가톨릭 사이의 논쟁점들이 잘 확립되어 있었기에, 칭의 교리에 대한 오웬의 설명은 이 구도 안에서 이해될 필요가 있다.

둘째, 정통 개혁주의가 속한 서방 교회의 교리적 논의의 지나온 궤적들을 보다 폭 넓게 고려할 필요가 있다. 트렌트공의회에서 공식적으로 고백한 가톨릭의 입장과 그후 여러 개신교 신조들에서 공식화시킨 개신교의 입장 사이에 근본적인 차이점이 존재함에도 불구하고, 양측 모두 넓게 봤을 때 어거스틴적이라고 불릴 수 있는 관점에서 논의를 펼쳐갔다.

즉, 힙포(Hippo)의 주교가 쓴 반(反)펠라기우스 작품들, 그리고 의(義), 신적인 것과 인간적인 것, 그 밖의 연관된 교리들 등에 뿌리를 두고 논의가 진행되었던 것이다. 우리는 오웬이 단순히 개혁주의 신학자나 개신교 신학자만이 아니라, **어거스틴적**(Augustinian) 신학자였다는 사실을 기억해야 한다.[3]

---

3 이 용어가 가지고 있는 문제점을 필자는 알고 있다. 이 단어를 사용할 때 필자가 지칭하는 대상은 서구 신학에서 반(反)펠라기우스적인 전통 안에 서 있으며 Augustine의 작품의 권위를 높게 평가하는 신학자들이다. 이 용어가 가지는 문제는 일반적으로 어느 한 사람의 이름을 딴 전통에서 일반적으로 나타나는 문제와 동일하다. 즉, 그 원저자의 작품이 가진 개념 및 내용을 충실히 따르며 연속성을 보여주고 있는가 그렇지 않은가에 대한 복잡한 질문이다. 예를 들어, Daphne Hampson은 인성(humanity) 및 인격성(personhood)에 대한 기본적인 개념에 있어서 가톨릭과 개신교 사이에 근본적인 차이점이 있는지에 대해 중요한 의문을 제기했다. 왜냐하면 가톨릭은 인성 및 인격성을 기본적으로 실체적(substantial)인 것으로 보며, 개신교는 관계적(relational)인

셋째, 오웬이 칭의에 대한 글을 쓴 배경은 영국이었다. 영국에서는 칭의 교리와 관련하여 그 자체의 독특한 문제점들이 발생하였는데, 특히 반율법주의(antinomianism)와 신율법주의(neonomianism)가 특정한 사회적 배경 속에서 발생하였고 서로 대적하면서 공존하였다. 칭의에 관해 위대한 논문을 쓸 때, 오웬은 양쪽 모두를 염두에 둘 수밖에 없었다.[4]

2. 능동적 의의 전가와 수동적 의의 전가

오웬이 칭의에 대한 글을 썼던 1677년은, 칭의에 관한 논쟁, 특히 전가와 기독론에 관련된 논쟁이 이전 16세기보다 훨씬 더 정교해진 상황이었다. 사실, 오웬은 그리스도의 능동적 순종과 수동적 순종 모두가 전가된다는 입장에 헌신했는데, 이는 1658년의 『사보이 선언』(Savoy Declaration)에 명백히 나타난다. 『사보이 선언』은 기본적으로 『웨스트민스터 신앙고백서』를 수정한 것으로, 대부분 교회 정치에 관한 가르침을 수정하였다.

하지만, 칭의에 관해서는 『사보이 선언』이 웨스트민스터 신앙고

것으로 보기 때문이다. 이 점에 근거해서, Hampson은 개신교가 Augustine으로부터 심각하게 이탈하였으며 그 결과 칭의의 개념에도 큰 영향을 끼쳤다고 주장한다. Daphne Hampson, *Christ Contradictions: The Structure of Lutheran and Catholic Thought*(Cambridge: Cambridge University Press, 2001)을 보라.

4 반율법주의의 배경에 대한 최근의 두 연구서를 참고하라. David R. Como, *Blown by the Spirit: Puritanism and the Emergence of an Antinomian Underground in Pre-Civil War England* (Stanford: Stanford University Press, 2004); Theodore Dwight Bozeman, *The Precisianist Strain: Disciplinary Religion and Antinomian Backlash in Puritanism to 1638* (Chapel Hill: University of North Carolina Press, 2003).

백을 더욱 확장하였는데, 그리스도의 능동적 의와 수동적 의 모두가 전가된다고 분명하게 언급했다. 토마스 굿윈(Thomas Goodwin)과 함께 이 『사보이 선언』을 작성하는 데 주도적인 역할을 했던 인물이 바로 오웬이었다. 따라서 이 문서는, 『웨스트민스터 신앙고백서』의 원래 입장을 오웬이 다소 모호하거나 부적절한 것으로 보았다는 사실을 보여준다고 할 수 있을 것이다.[5]

오웬은 칭의와 관련된 몇몇 쟁점들을 이전의 여러 작품들에서 다루었으며, 특히 리차드 백스터가 쓴 『칭의 경구』(Aphorisms of Justification)를 둘러싸고 백스터와 논쟁을 벌이기도 했다. 하지만, 칭의에 관한 오웬의 가장 주된 작품은 『그리스도의 의의 전가를 통한 이신 칭의 교리』(The Doctrine of Justification by Faith, through the Imputation of the Righteousness of Christ; Explained, Confirmed, and Vindicated, 1677)이다. 이 책의 서론적인 장에서 오웬은 수동적/능동적 구별에 대해 길게 다루고 싶지 않다고 밝힌다.[6] 그럼에도 불구하고, 이 책의 본론에 들어가서는 이 주제를 정면으로 다룬다. 왜냐하면 자신이 참여하고 있

---

5   『사보이 선언』의 11:1은 다음과 같다. "하나님께서 효과적으로 부르신 자들을 하나님은 또한 값없이 의롭게 하셨다. 그 의롭게 하심은 의를 그들 안으로 주입하신(infusing) 방법으로가 아니라 그들의 죄를 용서하시는 방법으로써 이루셨다. 그리고 그들의 인격을 의롭다고 여겨주시고 받아들이시는 방법으로써 이루셨다. 이것은 그들 안에 이루어진 어떠한 일 때문이 아니고 그들이 이룬 일들 때문도 아니며, 오직 그리스도 자신으로 말미암아 이루어진 것이다. 믿음 그 자체의 전가나 믿는 행위로 인한 것도 아니고 그들의 의로서 복음적 순종으로 인함도 아니다. 그것은 오직 전체 율법에 대한 그리스도의 능동적 순종과 그들의 완전하고 유일한 의를 위한 그리스도의 죽음을 통한 수동적 순종을 그들에게 전가하심으로 인해, 그리고 그분과 그분의 의를 믿음으로 받아들이고 그분에게 머물러 있음을 통해서 이루어졌다. 그 믿음조차 그들 자신의 것이 아니라, 하나님의 선물이다." *A Declaration of the Faith and Order Owned and Practised in the Congregational Churches in England/ Agreed Upon and Consented Unto by Their Elders and Messengers in Their Meeting at the Savoy, October 12, 1658* (London, 1658), 20-21.

6   Owen, *Works*, V. 63.

는 논쟁의 핵심에 바로 이 문제가 놓여 있었기 때문이다.

『사보이 선언』에 비추어 예상할 수 있듯이, 오웬은 그리스도의 능동적 순종과 수동적 순종 모두가 전가된다는 표준적인 정통 입장을 주장하고, 이 입장에 반대하는 주장들을 논쟁적으로 검토한다.

이 입장을 거부하는 반대자들을 오웬은 몇 가지로 분류하는데, 그리스도의 능동적 순종이 칭의에 어떠한 역할을 하는지와 관련하여 다음의 세 부류로 나누었다.[7]

① 그것이 불가능하다고 보는 자들.
② 그것이 무익하다고 보는 자들.
③ 그것이 유해하다고 보는 자들.

첫 번째 그룹에 해당하는 사람으로 오웬은 소시누스(Socinus)를 언급한다. 소시누스는 『구원자이신 예수 그리스도』(*De Jesu Christo Servatore*)라는 책에서, 그리스도의 순종은 그 자신의 구원을 위해서 필요하였고 심지어 그의 죽음조차도 그 자신을 위한 제사였으며 하나님은 이에 대한 보상으로 그를 양자삼으셨다고 주장했다.[8]

이는 그리스도가 행한 사역의 대속적 본질을 부정하는 대신 그것의 모범적인 중요성만 강조하는 소시니안주의 구원론과 분명히 일관된다. 스말키누스(Smalcius)의 『라코우 교리문답서』(*Racovian Catechism*) 8장 "그리스도의 죽음에 관하여"는 다음과 같이 주장한다. 그

---

7   Ibid., 262.
8   Ibid., 253.

리스도의 죽음은 오로지 신자들을 향한 모범이자 격려일 뿐이었으며, 대리적 속죄 또는 속량과 같은 개념은 "잘못되고, 옳지 않으며, 매우 해롭다." 이러한 주장은 칭의의 본질에 관해서 분명한 의미를 갖는다.[9]

오웬이 이 입장을 반박함에 있어 소시니안주의자들에게 집중하긴 했지만, 소시니안주의자들의 주장은 피스카토르(Piscator)나 개태커(Gataker) 등이 설명한 내용과 크게 다르지 않다는 점을 기억할 필요가 있다. 비록 목적론적인(teleological) 의미에서는 분명코 차이가 있지만, 피스카토르와 개태커 역시 그리스도께서 율법에 적극적으로 순종하신 것을 이성적 피조물로서의 의무를 수행하신 것으로만 보았다. 그리스도의 능동적 순종의 전가에 대해 "약한"(soft) 견해를 가진 사람들과 소시니안주의자들 사이의 연관성은 당시의 논쟁적 수사학으로 이미 잘 세워져 있었으며, 역사적 근거가 없지 않다.

예를 들어, 피스카토르는 자신의 친구 콘라드 볼스티우스(Conrad Vorstius)로부터 칭의에 대한 벨라르민(Bellarmine)의 주장을 논박해 달라는 요청을 받고 『유익한 논문』(*Profitable Treatise*)을 썼다. 이 책의 서문은 1593년 12월 18일에 작성된 것으로, 볼스티우스가 개혁주의 진영에서 최우선적인 공공의 적이 되기 이전의 일이다. 하지만, 신학적으로든지 아니면 공적인 연관성의 측면에서든지, 관련성은 분명코 작지 않았다.[10]

---

9   *The Racovian Catechism* (Amsterdam, 1652), 122-39, 특히 126. Francis Cheynell, *The Rise, Growth, and Danger of Socinianisme* (London, 1643), 24 참고.

10 Johannes Piscator, *A Learned and Profitable Treatise of Man's Justification* (London, 1599), 서문.

더 나아가서, 피스카토르의 입장과 비슷한 주장을 이끌었던 영국 신학자 앤토니 워튼(Anthony Wotton)은 오랫동안 소시니안주의자라는 비난을 받아왔다. 이러한 비난을 주도한 사람은 강경한 정통주의자 조지 워커(George Walker)였는데, 그는 웨스트민스터 총회의 회원이었으며, 개태커마저도 소시니안주의자로 공격했다.[11]

하지만, '그리스도께서 율법에 순종하신 것은 스스로를 다른 사람들을 위한 속죄제물로 바치기에 합당하도록 만드는 필수적인 요소였다'는 개념은 서방 신학에서 오랫동안 전해 내려오던 주장이었다. 특히 안셀름(Anselm)이 『왜 하나님이 인간이 되셨는가』(Cur Deus Homo, "꾸르 데우스 호모")에서 성육신을 논증하는 핵심적인 근거였다.

능동적 의와 수동적 의 모두가 전가된다는 주장을 거부하는 입장에 맞서, 오웬은 중보자의 인격과 사역으로부터 논의를 시작하여 능동적 의와 수동적 의가 모두 신자에게 전가되어야 한다고 주장한다. 여기에서 핵심이 되는 부분은 중보자의 본성들이 아니라 중보자의 인격을 우선적으로 강조하는 것이다.

---

11 Walker는 강박관념에 사로잡힌 듯한 끈질김으로 Wotton을 설득했다. 이러한 헌신 때문에, 훗날 그의 운동을 관찰하는 자들은 수면 아래에 어떠한 개인적인 이슈들이 있었는지를 궁금해 했다. Walker는 1626년 Wotton이 죽은 이후에도 그 운동을 지속하기까지 했다. 1611년에 시작된 논쟁에 대해 Walker가 어떻게 묘사하는지 알고자 한다면, Walker, *A True Relation of the cheife passages between Mr Anthony Wotton, and Mr George Walker* (London, 1642)를 참고하라. Wotton의 입장은 그가 죽은 후 그의 아들이 출판한 작품, *Mr Anthony Wotton's Defence Against Mr George Walker's Charge, Accusing him of Socinian Heresie and Blasphemie* (Cambridge, 1641)에서 볼 수 있다. 이 작품은 Walker가 쓴 *Socinianism in the Fundamental point of Justification discovered and confuted* (1641)에 대한 반론이었다. Wotton의 작품에는 Gataker가 쓴 머리말과 후기가 들어있다. Gataker 역시 Walker가 자신을 향해 제기한 소시니안주의자라는 비난에 맞서 스스로를 변호하기 위해 *An Answer to Mr George Walker's Vindication or rather Fresh Accusation* (London, 1642)을 출판해야 했다.

만일 그리스도께서 율법에 대해 순종하신 것이 그분 자신을 위한 일이었다고 한다면, 그것이 그의 인격이 행한 행위인 까닭에, 신적인 본성이 자리잡은 **그의 전 인격**(his whole person)이 '율법 아래 놓이게' 되는데, 이는 불가능한 일이다. 왜냐하면 성경이 증언하는 것처럼(빌 2:19; 눅 24:26; 롬 14:9), 비록 하나님의 계획 안에서 그분의 낮아지심(exinanition)이 그분의 영광스럽고 위대한 높아지심보다 먼저 일어나야 하긴 했지만, 그럼에도 불구하고 그분의 영광은 절대적으로 위격적 연합(hypostatical union)의 즉각적인 결과였기 때문이다(히 1:6; 마 2:11).[12]

물론, 이러한 논증이 소시니안주의자들을 설득시켰을 것으로 보이진 않는다. 왜냐하면, 그들은 이 논증의 핵심적인 전제라 할 수 있는, 그리스도의 위격에 대한 칼케돈 신경의 정의 자체를 부인할 것이기 때문이다. 그럼에도 불구하고, 정통 개혁주의의 틀 안에서 볼 때,

---

12 Owen, *Works*, XII, 256. George Downame 역시 다음과 같이 비슷하게 주장했다. "그러나 이러한 사람들은 그 율법을 순종한 사람이 사람일 뿐만 아니라 하나님이시라는 것을, 따라서 그의 피는 하나님의 피였고 그래서 그의 순종은 하나님의 순종이었으며, 결과적으로 그 순종은 의무적인 것도 아니었고 그 자신을 위한 것도 아니었다는 사실을 떠올려야 한다. 왜냐하면, 만일 그것이 의무였다고 한다면, 하나님은 율법에 대한 채무자가 되셔야만 하기 때문이다. 인성, 즉 신성과 위격적으로 연합한 인성은 그 자신을 위해서는 순종 혹은 공로가 필요하지 않다. 거기에는 하나님의 아들의 신성과 인성이 위격적으로 연합되어 있다. 그렇게 존재하는 그분의 인격에는 처음부터 여전히 자신의 것이었던 최고의 완전한 행복이 있다. 그분의 인격은 이때에도 지복(至福)을 누리셨다. 스콜라 학자들이 말한 것처럼 그분은 순례자인 동시에 완성자이셨다. 다만 하나님께서 육체 가운데 나타나셔서 우리를 위해서 육체 안에서 그리고 육체를 통하여 순종하시고 고난을 당하신 것이다." George Downame, *A Treatise of Justification* (London, 1634), 29. 웨스트민스터 총회를 향한 Daniel Featley의 주장을 위해서는 Featley, *Dippers Dipt*, 5th (London, 1647), 196를 참고하라. 또한 James Ussher, *Immanuel, or, the Mystery of the Incarnation of the Son of God* (London, 1653), 11도 참고하라.

이 논증은 명확히 설득력을 갖는다. 즉 오웬은 구속 언약(covenant of redemption)이라는 개념 하에서 그리스도를 중보자로 세우며, 그리스도께서 자신의 두 본성에 따라 그리고 자신의 인간됨의 비위격적 본성(anhypostatic nature)에 따라 중보직을 갖는다고 생각한다.

성육신 안에서 두 본성이 연합된 결과, 그리스도께서는 중보자로 활동하실 수 있다. 왜냐하면 이러한 두 본성의 연합은 성육신하신 중보자를 이해하는 데 필요한 교리적 배경이라 할 수 있는, 구속을 위한 의지적(voluntary) 언약에 의해 결정되었기 때문이다.[13]

오웬은 중세 스코투스주의자들(Scotist)이 그리스도께 적용하였던 "비아토르"(viator, 나그네)와 "포쎄쏘르"(possessor, 소유자)라는 용어를 받아들였는데, 이는 그분의 지상에서의 나그네 삶을 그분의 나중 영광과 구별하기 위해서였다. 그러나 오웬은, 그리스도의 역사적 삶이 하나님의 뜻에 따라 세워진 구속 언약의 내용들을 반영한다고 보았다. 반면, 오웬은 그리스도의 역사적 삶이 그리스도가 중보자로서 자격을 갖추는 데 어떠한 결함도 가리키는 것은 아니라고 보았다.[14]

언약 사상의 중요성은 이 주제에 대한 오웬의 다른 논증들에서도 분명히 나타난다. 오웬에 따르면, 그리스도께서 구속 언약에 의해 중보자로 임명되셨다는 사실은 그분께서 행하신 모든 사역들이 결국,

---

13 "주 그리스도는 말로 표현할 수 없는 인성과 신성의 연합으로 말미암아 중보의 전 사역에 완벽하게 적합하셨다. 이로 인해 그분은 그 어떤 것보다도 높은 위엄과 영광과 가치를 가지셨다. 다시 말해서, 그렇게 수립된 중보자의 인격이 낳은 결과는 이러한 수립을 위한 필수 조건(qualification)이 아니다. 그분께서 중보자로서 행하신 일은 그분 자신을 그 일에 적합하도록 만들고자 하신 일이 아니었다"(Owen, *Works*, V. 258). "성부와 성자 사이에서 이루어진 언약, 곧 우리를 위해 맺으신 언약이 분명하게 입증해 주는 것처럼, 그분께서 행하신 일은 우리를 위한 것이지 그분 자신을 위한 것이 아니었다"(Owen, *Works*, V. 258-59).

14 Owen, *Works*, V. 259.

자신의 존재를 위해 필요했던 것이 아니라, 구원의 경륜(economy) 가운데 스스로 낮아지심이라는 점을 의미한다. 즉 그리스도께서 행하신 모든 사역들의 의미와 가치는 성육신의 기초가 되는 언약(영원한 구속 언약-역주)에 의해 결정되는 것이다.[15]

뿐만 아니라, 언약의 보증인(sponsor)으로서의 지위가 의미하듯, 그리스도께서는 언제나 한 개인으로서가 아니라 공인으로서 행동하신다. 따라서 그분의 사역을 그 어떤 다른 개인과 비교하는 것은 온당치 않다. 그리스도의 삶 전체는 구속 언약에 기초하여 이루어지는 것으로, 은혜 언약의 보증인으로서의 삶이며, 따라서 그 모든 부분은 은혜 언약의 목표를 완전히 이루는 의미를 갖는다.

성부와 성자 사이의 구속 언약에 기반한 이와 같은 언약적 대표(federal headship) 신학은, 그러므로 칭의 논쟁과 계속해서 연관되며, 그리스도께서 중보자로 가지셨던 위치와 역할을 명확하게 이해하기 위한 개념을 제공한다.[16]

이러한 맥락에서 오웬은 칭의에 대한 논문에서나 히브리서 주석에서나 한 가지 개념에 반대하였다. 즉 오웬은 히브리서 7:22에서 언급한 그리스도의 보증인직(sponsorship)은 하나님을 대표하여 되신 것이며 그 결과 언약은 인간에게 확실한 것으로 보여진다는 개념에 반대

---

15 Ibid., 257-58.
16 Ibid., 260-61. 또한 Owen, *Works*, X. 174-77; Owen, *Works*, XII. 502-3; David Dickson, *The Summer of Saving Knowledge* (Edinburgh, 1671), Head II; Patrick Gillespie, *The Ark of the Covenant Opened* (London, 1677)을 참조하라. 이러한 맥락에서 볼 때, 『사보이 선언』이 『웨스트민스터 신앙고백서』의 8장을 수정한 사실, 즉 그리스도께서 성부에 의해 중보자로 임명되신 것을 설명하기 위해 언약적인 표현을 명백하게 사용한 사실은 흥미롭다. 구속 언약(covenant of redemption)의 구체적인 개념은 1640년대가 되기 전까지는 개혁주의 신학 안에서 상용되지 않았으므로, 이 개념이 『웨스트민스터 신앙고백서』 안에 나타나지 않는다는 점은 중요한 일이 아니다.

하였다. 이 개념을 주장한 사람들은 슐리히팅기우스(Schlichtingius)와 같은 소시니안주의자, 그로티우스(Grotius)와 같은 알미니안주의자, 그리고 17세기 영국의 유명한 주석가였던 해몬드(Hammond) 주교 등이었으며, 오웬은 이 사람들의 글을 분명하게 언급한다.[17]

이 문제에 있어 오웬은 기존의 훌륭한 주석 전통에 서 있었는데, 그리스도께서 보증인이 되신 것은 인간을 대표하여 하나님께 향한 것이지 하나님을 대표하여 인간에게 향한 것이 아니라고 주장하였다.[18]

이러한 주장을 통해 오웬은 그리스도의 제사장 직분 및 그분의 희생 제사를 안전하게 지키고자 했는데, 그는 그리스도의 희생을 하나님께 바쳐진 어떤 것으로 제시하면서, 성육신의 중요성을 단순히 하나님에 대한 어떤 것을 계시하는 정도로 축소하는 경향에는 반대하였다. 한편 이러한 맥락 가운데 있는 오웬의 논증은 그가 구속 언약에 대해 이해한 바에 신학적으로 기초하고 있고, 그의 주석에도 기초하고 있다.[19] 더 나아가서, '보증인직'을 뜻하는 헬라어 어원 연

17　Owen, *Works*, V. 182-83, 22, 599-600. Hammond는 다음과 같이 설명했다. "그리스도는 하나님을 향한 보증인이자 보증(Surety)이었다. 그리스도는 우리에게 요구된 사항을 이루신다는 조건에 따라 하나님 편에서 우리에게 유익한 분이셨다. 말하자면, 그 언약은 율법의 언약 즉 모세가 하나님을 위하여 우리에게 준 언약보다 더 나은 언약인 복음 안에서 그리스도로 말미암아 우리에게 확정된 것이었다." Henry Hammond, *A Paraphrase, and Annotations Upon A ll the Books of the New Testament, Breifly Explaining All the Difficult Places Thereof* (London, 1659), 741.

18　Ibid., 184-96, 22, 501-12.

19　특별히 Ibid., 191, 22, 505를 보라. 또한 다음 자료를 참고하라. William Gourge, *A Learned and Very Useful Commentary on the Whole Epistle to the Hebrewes* [London, 1655], 193-94; David Dickson, *An Exposition of All St Paul's Epistles* [London, 1659], 196; Edward Leigh, *A Systeme or Body of Divinity* [London, 1657], 575. 또한 Thomas Wilson은 *A Christian Dictionary* [London, 1647]에서 다음과 같이 설명했다. "보증(surety) 1. 다른 사람의 빚을 떠맡는 것을 말한다. 잠 6:1 … 보증 2. 죽기까지 순종하심으로 말미암아 하나님의 공의에 대한 우리의 죄의 빚을 해결하셨던 그리스도. 히 7:22." 네덜란드 주석(Dutch Annotations)이나 웨스트민스터 주석(Westminster Annotations)에서는 이 점이 구체적으로 언급되지 않는다. 하지만

구를 통해, 오웬은 '보증인직은 보증인이 대표하는 무리들의 부족함이나 결함을 전제하는바, 보증인직은 하나님께 적용될 수 없고 오직 아담의 후손에게만 적용된다'고 주장한다.

여기서 오웬의 생각은 로마법과 연결된다. 오웬은, 제네바 성경이나 흠정역 성경과 마찬가지로, 그 헬라어 단어를 "surety"(보증)로 번역하며, 이 단어의 의미가 라틴어 "피데이우쏘르"(fideiussor, 보증인)와 같다고 설명한다.[20] 이 단어는 로마법에서 유래한 용어로서, 빚을 갖고 있는 사람을 위해 자발적으로 채무의 의무를 맡아 주는 보증인을 의미했다.[21] 이 모든 사실에 비추어 볼 때, 특히 그가 "스폰소르"(sponsor, 벌게이트[Vulgate] 성경에서 사용한 용어)와 "피데이우쏘르"(fideiussor)를 사용한 것을 고려해 볼 때, 오웬은 기독론을 구속 언약의 맥락에서 다루었던 전형적인 정통 개혁주의의 전통을 반영한다.[22]

마지막으로 오웬은, 능동적 순종이 전가될 수 없다는 소시니안주의자들의 주장에 반대하면서 **율법 아래**(under law)라는 용어의 의미를 설명했다. 오웬에 따르면, 그들은 이 의미를 "창조주와 모든 이성

Giovanni Diodati는 여기에 대해 언급했고, 일종의 중재적인 입장을 제안했다. 이에 따르면, 그리스도께서는 하나님의 진노를 만족시킴으로써 택함받은 자들을 위한 보증이시며, 성령을 통하여 신자들에게 아버지의 은혜를 확신시켜줌으로써 하나님을 위한 보증이 되신다. Giovanni Diodati, *Pious and Learned Annotations Upon the Whole Bible* (London, 1648), 375 (New Testament).

20 Ibid., 184, 187.
21 예를 들면, Justinian, *The Institutes of Justinian*, 7th, trans. Thomas Collett Sandars (London: Longmans, Green, 1941), III. xx.
22 Richard A. Muller, *Dictionary of Latin and Greek Theological Terms: Drawn Principally from Protestant Scholastic Theology* (Grand Rapids, Michigan: Baker Book House, 1985)에 있는 *fideiussio*와 *sponsio*의 항목을 보라.

적 피조물 사이에 필연적으로 존재하는 관계 때문에 하나님께 순종할 의무를 가진 것"으로 이해한다.

오웬은 이 주장을 받아들이면서도 그것을 종말론적인 영역으로 확장시킨다. 그리스도의 인성은 일종의 피조물로서 종말의 때에서조차 창조자 하나님께 순종할 의무를 가질 것이다. 이러한 점을 오웬은 속성 교통(communication of properties)의 교리와 관련해서 지지하는데, 속성 교통의 교리는 자존하는 신격(deity)과 그리스도의 인성의 직접적인 교통을 결코 허락하지 않는다. 하지만 오웬은 논증하기를, 이러한 속성 교통이 천상적 그리스도께서 **율법 아래** 있음을, 즉 바울적 의미로서 '**자기 자신을 위해서 율법을 이루어야 할 의무에 매여 있음**'을 주장하는 것은 이 문맥에서 명백히 잘못된 것이라고 한다.

더 나아가서, 하나님께서 특별히 상급와 관련해 율법을 부과하신다는 개념에 비추어 볼 때, 그리스도가 그분 자신을 위해 **율법 아래** 놓이셨다는 생각은 어리석은 것이다. 그리스도의 인성을 영원한 생명에 합당하도록 만드는 데에는 위격적 연합(hypostatic union) 그 자체로 충분하다. 여기에서 우리는 행위 언약과 구속 언약이 기독론 및 중보라는 맥락에서 서로 교리적으로 연결되는 모습을 분명히 볼 수 있다.[23]

그리스도의 중보가 구원에 미치는 효력에 대한 설명에서 나타나듯, 오웬은 그리스도께서 십자가에서 행하신 형벌적 사역이 창세기 1-3장에서 언약적으로 세워진 창조주-피조물 도식(Creator-creature framework)에 의해 정해진 것이라는 점을 분명히 한다. 아담과 그리

---

23 Owen, *Works*, V. 261-62.

스도를 비교하는 로마서 5장에 대한 개혁주의적 주해를 바탕으로, 오웬은 백스터의 『경구』에 응답하기 위해 1650년 썼던 『그리스도의 죽음에 관하여』(*Of the Death of Christ*)에서 다음과 같이 논증한다. 즉 택함받은 자들을 위해 그리스도께서 언약적 보증인으로 담당하셨던 형벌은 죽으심이었으며, 그렇게 행하셨다. 이는 갈라디아서 3:13, 로마서 8:3, 창세기 2:17 등과 연결된다.[24]

그러므로 인간의 대표자로서 그리스도는 인류를 대신하여 율법을 적극적으로 이루셔야 한다. 이는 아담이 그 일을 실패했기 때문이다. 뿐만 아니라, 그리스도는 죽음의 형벌을 받으셔야 하는데, 이 역시 아담이 최초의 언약을 깨뜨렸기 때문이다. 그리스도께서 갖는 신-인 위격으로서의 존재론이 이를 요구하는 것이 아니라, 언약적 대표자로서의 지위가 이를 요구하는 것이다.

이와 같은 세 유형의 논증(위격적 연합을 중심으로, 낮아지심을 중심으로, 언약적 대표성을 중심으로)은 다우넘(Downame)과 휘틀리(Featley)에 의해 이미 간략한 형태로 제시된 바 있었는데, 이로 볼 때, 오웬은 이미 확립되어 있던 정통 교리의 틀 안에서 비판자들의 주장에 응답했던 것으로 보인다.[25]

하지만, 오웬의 신학에서 전형적으로 나타나듯이, 어떠한 논증의 기본적인 틀에 있어 독창성이 결여되었다고 해서 그가 중요한 신학

---

24 Ibid., X. 448.
25 Daniel Featley, *Dippers Dips*, 5th (London, 1647)을 보라. 이 책의 부록에 보면 웨스트민스터 총회의 초창기 회기 중 Featley가 이중 전가에 대해서 어떤 발언을 했는지 기록이 남아 있다. 특히 196-97을 보라. 또한 Downame, *A Treatise of Justification*도 참고하라.

적 설명에 기여하지 못했다거나 혹은 그가 헌신했던 정통 개혁주의 신학의 정교한 논증을 드러내지 못했다는 뜻은 아니다. 특히 삼위일체 교리나, 구속 언약 교리 및 그것이 구원의 역사와 질서에 결정적으로 끼치는 영향 등에 있어서 오웬은 기존의 논증을 바탕으로 자신의 신학을 정교하게 설명했다.

이 사실을 강조했으니, 이제는 오웬의 반대자들이 오웬이 속죄와 칭의를 연결시킴으로 발생한다고 보았던 문제들을 살펴보도록 하자. 즉 영원한 칭의라는 문제와 영원한 칭의가 반율법주의와 갖는 연관성이다.[26]

3. 오웬과 영원한 칭의

오웬의 속죄 및 칭의 교리를 대표적으로 비판했던 사람은 리차드

---

[26] 흥미롭게도, Owen의 동시대인들이 그리스도의 이중적 의가 신자에게 전가된다는 점을 부인하기 위해 사용한 최종적인 논증은 주석에 더욱 직접적으로 호소하는 것이었다. 이로 인해 Owen은 언약 사상의 중요성을 더욱 중요하게 생각했다. 이와 관련해 Gataker의 경우가 좋은 예가 될 것이다. 자신의 책 『해독제』(Antidote)에서 Gataker는 주장하기를, 성경은 결코 그리스도의 삶을 구속, 죄 사함, 칭의와 연결시키지 않는다고 말한다. 오히려 성경 본문에 따르면, 그리스도의 고난과 죽음이 구속, 죄 사함, 칭의의 근거라는 게 Gataker의 입장이었다. Thomas Gataker, *An Antidote Against Errour, Concerning Justification* (London, 1670), 5, 28-31. Featley는 이와 같은 입장, 즉 Tilenus와 Piscator등이 제안한 것처럼 '그리스도의 수동적 순종의 전가만을 주장하는 입장'에 대해 대답하였는데, Featley의 주장은 웨스트민스터 총회에서 11번 조항에 관해 발언하던 맥락에서 나타난다. *Dippers Dipt*, 196-97. Owen의 시대에 이르기까지, 이에 대한 표준적인 반응은 '신약성경에서 그리스도의 피에 대해 언급하는 구절들은 제유법적으로(synecdochically) 이해되어야 한다'는 것이었다. 다시 말해서, 그리스도의 피에 대해 언급하는 구절들은 그리스도의 능동적 순종과 수동적 순종 모두를 통합하여 한 단어에 포함시킨 것이라는 주장이었다. 따라서 Owen이 이와 동일한 주장을 했던 것은 놀라운 일이 아니다. Owen, *Works*, V. 271.

백스터(Richard Baxter)였다. 백스터에게 있어 반율법주의와 그것의 개념적 기초라 여겨졌던 영원한 칭의 교리는 단순히 신학적 문제만이 아니었다. 영국 내전에 군목으로 참전하면서 겪었던 경험은 백스터에게 지속적인 인상을 남겼다. 전쟁 기간 동안 급진적인 분파주의가 득세하고 도덕적인 혼란이 지속적으로 초래되었으며, 이로 인해 백스터는 경건한 나라의 평화적인 상태에 조금이라도 방해가 되거나 반율법주의 또는 현학적인 교리 논쟁일 수 있는 모든 것을 지속적으로 우려하였다.[27]

전가에 의한 칭의라는 개신교 교리는 영원한 칭의 교리로 치우칠 수 있다는 비판이 언제나 존재해 왔었다. 중세 후기 신학자들은 하나님의 절대적 능력(absolute power)과 규정된 능력(ordained power), 합력적 공로(congruent merit)와 합당한 공로(condign merit) 등의 개념을 구분하였다.

그들이 이렇게 한 목적은 실제적인 의미에서 '실제적인 의가 논리적으로 우선한다'는 개념과 '어떤 사람을 하나님이 의롭다고 선언하시는 것' 사이의 필연적인 연관성을 깨트리기 위해서였다. 그렇게 함으로써, 하나님의 칭의 선언은 어떤 사람이 고유하게 가지고 있는 본래적인 자질에 의해서가 아니라, 하나님의 의지에 따라 이루어진다.

이로 인한 결과, 단순히 존재론적인 요소와 칭의 사이의 필연적인 연관성뿐 아니라, 시간적인 요소와 칭의 사이의 필연적인 연관성 또

---

27 참고. Carl R. Trueman, "Richard Baxter on Christian Unity: A Chapter in the Enlightening of English Reformed Orthodoxy," *Westminster Theological Journal* 61 (1999): 53-71. Baxter의 교회론에 관해서는 Paul C. H. Lim, *In Pursuit of Purity, Unity and Liberty: Richard Baxter's Puritan Ecclesiology in Its Seventeenth-Century Context* (Leiden: Brill, 2004)를 보라.

한 결정적으로 깨어졌다고 말할 수 있을 것이다. 개신교가 실제로 이러한 중세적 강조점을 더욱 강화했던 점에서 볼 때, 오웬을 포함한 몇몇 개혁주의 신학자들이 영원한 칭의를 주장한다는 의심의 눈초리를 받은 사실은 놀랍지 않다.

오웬의 시대에 영원한 칭의 교리를 정교하게 표현했던 대표적인 사람은 토비아스 크리습(Tobias Crisp)이었다. 그의 책이 1690년대에 다시 출판되었을 때, 노령의 백스터는 "크리습주의"의 위험한 가르침을 반박해야 한다며 다시 활동을 재개했을 정도였다.[28] 하지만 크리습의 설교가 그의 사후 1640년대에 출판되었을 때에는 백스터와 같은 사람들만이 아니라, 사무엘 러더포드(Samuel Rutherford)와 같은 정통 신학자들로부터도 격렬한 반대를 초래했다.

웨스트민스터 총회에서의 논쟁 직후, 러더포드는 크리습의 설교에서 위험스러운 반율법주의적 경향을 발견했고, 종교적인 문제에 관한 양심의 자유를 요청하는 가장 장로교적이지 않은 요구와도 연결된다고 우려했다.[29] 스티븐 기어리(Stephen Geree)와 존 벤리그(John Benrigge) 등의 신학자들도 재빨리 대응하였는데, 그들은 크리습이 가르친 영원한 칭의 교리가 그리스도인의 성화라고 하는 도덕적 당위성을 훼손한다고 반대했다.[30]

사실, 크리습의 글을 검토해 보면, 칭의의 시점에 관한 그의 입장

28　Crisp의 저작들은 그의 사후 1640년대에 세 권의 책으로 출판되었다.
29　Samuel Rutherford, *A Survey of the Spiritual Antichrist* (London, 1648).
30　Stephen Geree, *The Doctrine of the Antinomians by Evidence of Gods Truth Plainely Confuted* (London, 1644); John Benrigge, *Christ Above All Exalted as in Justification So in Sanctification* (London, 1645).

이 단순히 "영원한 칭의"라는 용어로 표현되는 것보다는 훨씬 더 정교하다는 것을 알 수 있다. 먼저, 크리습의 칭의 이해에 바탕이 되는 언약적, 기독론적 배경에 주목할 필요가 있다(이는 뒤에 이어질 오웬과 백스터에 관한 논의를 위해 특히 중요하다).

크리습에게 있어서 은혜 언약은 세 가지 의미에서 그리스도와 연결된다.

첫째, 근본적인 의미에서 그리스도는 성부 하나님과 언약을 맺으신 분이시다(크리습은 이 점에서 구속 언약의 발전을 예상한다).

둘째, 실질적인 의미에서 그리스도는 사람들을 향하여 하나님을 대표하는 동시에 하나님을 향하여 사람들을 대표한다.

셋째, 등가적인 의미에서, 어떤 신자가 구원의 보증(earnest)으로서 그리스도를 소유할 때, 비록 기독교적인 삶에 있어 진보가 나타나야 하겠지만, 그 사람은 언약의 전체에 해당하는 것을 소유한 것이나 다름없다.[31]

이 마지막 부분이 특별히 중요한데, 그 이유는 크리습을 **단순하게** 반율법주의자로 결론 내리는 생각이 문제 있음을 보여주기 때문이다. 만일 기독교적인 삶에 진보가 존재한다고 하면, 시간과 영원이 어떻게 연결되는지를 보다 정교하게 이해해야 할 필요가 있다. 강력한 기독론적 언약 대표성이 크리습의 체계를 뒷받침하며, 이로 인해 오웬의 체계와도 유사해진다.

---

31 Tobias Crisp, *Christ Alone Exalted* (London, 1643), 171-77.

언약이 그리스도 안에서 객관적으로 성취된다고 할 때, 역사(history)는 어떠한 의미를 가질 수 있는가?

크리습은 칭의가 믿음보다 먼저 온다는 사실을 분명히 밝힌다. 이 맥락에서 볼 때, 믿음은 이미 사실인 것을 분명하게 드러내주는 역할을 한다. 다시 말해서 신자는 자신이 이미 의롭다 함을 받았다는 것을 믿으며, 이러한 믿음의 행위는 이전에 감추어져 있던 것을 밝히 드러낸다. 이것이 가능한 기초는 은혜 언약 안에서 그리스도께서 행하신 사역의 객관성에 있다.[32]

하지만, 그리스도 안에서 화목이 이루어졌고 갈보리에서 완성되었다는 사실을 강조하는 가운데, 크리습은 하나님의 영원하신 칭의의 사랑, 속죄, 택함 받은 개인의 삶을 구별하여 설명한다. 크리습은, 시간 안의 모든 시점들과 동시적으로 연결되어 있다는 보에티우스적(Boethian) 개념으로 이해한 '영원 가운데 계시는 하나님'과 '피조물에 의해 경험되는 시간의 연속성'을 기본적으로 구별하여 설명한다.

따라서, 영원 전부터 하나님께서는 자신의 백성이 누구인지를 알고 계시며, 그리스도께서 그들을 위해 속죄(satisfaction)를 이루셨다는 사실을 아신다. 하지만, 인간이 삶을 연속적인 시간으로 경험한다는 사실에 비추어 볼 때, 사람들이 하나님과 적대적인 행동을 행한다고 말하는 것은 정말로 가능하다.[33] 그러므로 해결책은 하나님께서 영원 속에서 시간과 맺는 관계에 있는 것이 아니라, 시간에 관한 인간의 경험

---

32 Crisp, *Christ Alone Exalted*, 168, 198-99.
33 Ibid., 393-97, 328-30.

을 반영하는 용어가 낳은 논리적 문제들에 놓여 있다. 이러한 해결책이 만족스럽지 않다고 볼 수도 있겠지만, 이것은 정통 개혁주의가 이러한 주제들을 다룰 때 얼마나 정교한 논증을 펼쳤는지를 분명하게 보여준다.

또한 정통 개혁주의를 단순히 어떤 하나의 공리로부터 논리적인 결론을 이끌어 낸 체계로 축소시켜 보려는 환원주의적 시도가 옳지 않다는 점 또한 보여준다. 더 나아가서, 크리습은 자신이 그리스도의 형벌을 택함 받은 죄인들이 받아 마땅한 것과 동일시한다는 점을 분명히 밝히고 있다. 이는 백스터가 오웬의 속죄론 및 칭의 신학에서 발견한 문제점과 직접적으로 연결된다.[34]

백스터는 『칭의 경구』의 부록에서 바로 이 점을 집중적으로 다룬다. 백스터는 개혁주의 속죄론에 대한 소시니안의 비판과 이에 대한 그로티우스주의자들(Grotian)의 응답을 전제하면서 다음과 같이 주장한다. 즉 오웬이 『죽음의 죽음』(The Death of Death, 1647)에서 주장한 바와 같이, 만약 그리스도께서 우리 죄에 대한 실질적인 값을 치르셨다고 한다면, 하나님께서는 이러한 죄값의 지불을 거절하실 수 없다. 또한, 죄값을 지불하는 일과 죄인의 빚이 제거되는 일 사이에는 시간적인 지연이 있을 수 없다. 왜냐하면 죄의 값은 지불이 되든 아니면 지불이 되지 않든 둘 중 하나이기 때문이다.

따라서, 택함 받은 자들은 그리스도 안에서 의롭다 함을 받으며, 믿음은 단순히 일종의 인식론적인 기능만 수행한다. 즉, 택함 받은

---

34   Ibid., 398-401.

자들로 하여금 자신들이 이미 의롭다 함을 받았다는 사실을 인정하도록 만드는 기능만 수행하는 것이다. 다시 말해서, 이신칭의는 양심의 재판소에서 일어나는 칭의이지, 하나님 자신의 재판소에서 일어나는 칭의가 아니다.[35]

백스터는 특히 오웬이 자신의 책의 한 부분에서 믿음을 단순히 이전에 이루어진 칭의에 대한 인정으로만 축소시키며 그로 인해 반율법주의의 기초를 형성하고 있다고 비판한다.[36] 비록 백스터 자신이 구체적인 본문을 언급하고 있지는 않지만, 아마도 그가 비판하고 있는 내용은 『죽음의 죽음』의 제3권에 있는 것으로 보인다. 이 부분에서 오웬은, 그리스도께서는 자신의 죽음, "**바로 그 사실에 의해서 우리를 대신하여 저주가 되셔서 우리를 저주로부터 구원하셨다**"고 선언한다.

하지만, 그렇다고 해서 택함 받은 모든 사람이 즉각적으로 의롭다 함을 받는 것은 아닌데, 이 점을 오웬은 한 가지 예를 들어 설명한다. 어떤 사람이 외국에서 감옥에 갇혀 있다고 하자. 자신의 죄에 대한 값이 지불된 순간부터 그는 자유의 권리를 얻는다. 하지만, 자신이 해방되었다는 소식이 그에게 전달될 때에야 비로소 이 사람은

---

35 Richard, Baxter, *Aphorismes of Justification: With Their Explication Annexed* (London, 1649), Appendix, 146-59. 이 책에 대한 답으로 Owen은 *Of the Death of Christ, the Price He Paid, and the Purchase He Made* (London, 1650)를 썼다. Baxter는, 비록 그 어떤 다른 사람도 최종적인 판단을 내리지 않도록 했음에도 불구하고, *Rich. Baxter's Confession of His Faith* (London, 1655)에서 Owen과 계속해서 논쟁을 벌였다. Owen은 논쟁에 능숙한 사람이었다. 하지만 Baxter에 대한 반론은, 자신이 소시니안주의에 대해 논박한 긴 논문 Vindicae Evangelicae (London, 1655)의 부록, "Of the Death of Christ, and of Justification"에서 논하였다.

36 *Aphorismes of Justificaiton: With Their Explication Annexed*, Appendix, 155-57.

자유를 실제로 소유하며 누리게 되는 것이다.[37]

하지만 오웬이 사용한 이 비유는 아쉽게도 약점을 가지고 있다. 왜냐하면, 이 비유는 믿음이라는 것이 단순히 인식론적인 도구에 불과하다는 개념에 바탕을 두기 때문이다. 믿음이 하는 역할은 택함 받은 사람들로 하여금 자신들이 언제나 그러한 존재였다는 사실을 깨닫도록 하는 것이다. 즉 역사 속에서 진노로부터 은혜로 바뀌는 전환은 오직 개인의 양심의 법정에서만 이루어질 뿐이다. 백스터는 이 점을 놓치지 않았고 오웬을 강하게 밀어 붙인다.[38]

물론 오웬이 사용한 예와 표현은, 그것만 따로 분리시켜서 생각할 경우, 백스터가 비판했던 방식으로 해석될 경향이 있다. 그래서, 아마도 이처럼 치열한 논쟁의 상황 때문에, 오웬은 자신이 1647년에 죄수 비유를 사용하며 했던 것보다 더 분명하게 자신의 입장을 설명할 수밖에 없었다. 훗날 출판한 두 개의 논문에서 오웬은 더욱 성숙한 논증을 제시하는데, 그 핵심에는 구원의 언약적 구조가 자리 잡고 있다.

---

37 Owen, *Works*, X. 268.
38 "1. 전혀 구원받지 못한 사람이 자신은 실제로 구원받고 자유케 되었으며 구원에 대한 권리가 있다고 주장하는 말을 나는 의심한다. 2. 구원에 대해 아는 것과 구원을 소유하는 것은 전혀 다른 별개이다. 어떤 사람이 구원을 소유하면서도 그에 대해 알지 못하는 경우가 있을 수 있다. 또는 만일 이 두 가지를 다 가지고 있다 하더라도, 구원을 실제로 소유하는 것은 구원을 아는 것보다 작은 일에 불과하다. 3. 그러므로 우리의 지식이 소유를 주는 것은 아니며, 따라서 이 둘은 같은 것이 아니다. 구원에 있어 필수적인 요소는 채권자(Creditor)의 지식과 만족이다. 우리의 채권자께서는 먼 낯선 나라에 계시는 것이 아니라, 즉각적으로 아신다. 또한 우리로 하여금 즉시 알게 하실 수도 있고, 아니면 우리가 그것을 알기 이전에 우리를 자유케 하실 수도 있다. 4. 우리가 천국에 대한 실제 권리를 그토록 오래전에 가졌음에도 불구하고, 하나님께서 우리에게 천국의 소유를 어떻게 그토록 오래 부인하실 수 있는지의 문제는 쉽게 이해될 수 없다." Baxter, *Aphorismes of Justification: With Their Explication Annexed*, 156-57.

다음 사실을 이해하는 것이 매우 중요한데, 하나님께서 구원하고자 원하셨던 의지가 성부와 성자 사이에 맺어진 구속 언약보다, 그리고 그리스도의 속죄에 대한 어떠한 생각보다 더 앞서 일어났다. 따라서 그리스도의 죽음이 어떠한 방식으로든 성부 하나님의 생각을 바꾸거나, 혹은 일종의 조악한 상업적인 의미에서 아버지의 호의를 구입해 낸다는 식의 개념은 처음부터 배제된다.[39]

이러한 논증의 강점은 오웬이 주목한 다음 사실로 인해 더욱 강화된다. 만일 그리스도의 죽음을 언약적 배경으로부터 따로 떼어내어 생각할 경우, 거기에는 지불(payment)로서의 의미가 사라져 버린다.[40] 반대로, 만일 죽음이 일종의 언약적 행동으로 여겨진다면, 거기에는 지불로서의 의미가 담겨 있다. 이 논증의 강점은 하나님의 의지가 구원의 경륜에 있어 결정적인 역할을 한다는 사실을 강조하는 것이다.

오웬의 신학이 중세 후기의 주의(主意)주의자/스코투스주의자 (voluntarist/Scotist)와 긍정적인 관계를 가진다는 점이 여기에서 분명히 드러난다. 오웬은, 그리스도의 희생을 포함하는 구원의 경륜이 하나님의 주권적인 의지의 행동으로 이해되어야지 인간의 특정한 논리가 가진 좁은 규칙에 종속되어서는 안 된다고 보았다.[41]

---

39 Owen, *Works*, X. 455-56. 이 점은 오웬이 *The Death of Death*의 1권에서 길게 설명한 것을 명확하게 해 놓은 것일 뿐이다.
40 "그리스도의 고난은 절대적으로, 그 자체로서, 언약 혹은 계약으로부터 분리하여 숙고할 경우, 이것을 거절할 수 있는 지불이라고 말할 수 없다. 왜냐하면 그것이 거절할 수 없기 때문이 아니라, 그것이 지불이 아니기 때문이다." Ibid., 458.
41 그리스도의 죽음을 (언약과) 분리해서 볼 것인가 아니면 언약적으로 볼 것인가 사이의 구별에 대해 논하면서 Owen은 다음과 같이 결론 내린다. "이러한 구별은 (지불을 거절할 수 없다는) 이러한 어려움과 조화를 이루지 않는다. 앞에서 주장한 것에 대한

물론 어떤 사람들은 오웬이 1650년대 초반에 하나님의 공의 쪽으로 자신의 태도를 바꾸고 '하나님께서 죄를 용서하고자 하신다면 속죄가 필수적이다'는 입장을 받아들임으로써 이러한 논증이 약해졌다고 주장할지도 모른다.[42]

하지만 이는 사실이 아니다. 하나님의 속성 및 구원 의지에 맞서는 속죄의 필연성이라는 질문은, 언약적인 관점에서 고려할 때는 속죄의 본질을 결정하는 중요한 요소이긴 하나, 그 자체로서는 언약적 축복의 전반적인 구조와 수여(disbursement)에 있어 결정적인 영향을 미치지 못한다.

왜냐하면 그리스도의 죽음은 택함 받은 자를 위한 모든 유익을 획득하는데, 그 유익들에는 믿음도 포함되기 때문이다(어떤 의미에서 믿음은 은혜 언약의 조건이다). 이와 마찬가지로 속죄는 언약과 구원의 질서라고 하는 넓은 맥락 안에서 이해될 필요가 있다.

오웬은 믿음이 성부 하나님의 의지에 의하여 결정된 시간의 어떤 시점에 주어진다고 보았는데, 주의주의적인 강조점이 여전히 더욱 분명하게 드러난다. 이것은 칭의와 관련한 오웬의 생각에서 두 번째 언약적 요소를 추적하게 하는데, 이 언약적 요소로 인해 영원한 칭의라는 문제는 약해진다.

유일한 이유는 하나님의 주권적인 권리에서 찾을 수 있는데, 하나님께서는, 때와 시간을 정하시는 것과 마찬가지로, 계획하시고 이루시고 약속하신 복들을 제공하시는 일 역시도 자신의 자유로운 계획과 뜻에 따라 행하신다." Ibid., 458.

42 참고. "A Dissertation on Divine Justice," in Owen, *Works*, X; Carl R. Trueman, "John Owen's Dissertation on Divine Justice: An Exercise in Christocentric Scholasticism," *Calvin Theological Journal* 33 (1998): 87-103.

만일 구속 언약이 그리스도의 죽음이 갖는 속죄로서의 본질을 결정한다면, 택함 받은 자들을 대표하는 그리스도와 더불어 성부 하나님께서 맺으신 은혜 언약은 각 개인들을 구원으로 선택하는 것만이 아니라, 그들이 구원과 모든 유익들을 누리게 될 시점과 상황과 수단들까지도 결정한다.[43]

백스터는 오웬의 신학이 '택함 받은 자는 그리스도께서 죽으신 순간으로부터 의롭다 함을 받는다'는 결론을 내포한다고 주장했는데, 오웬은 백스터의 이러한 주장이 그리스도와의 연합을 잘못 이해한 결과라고 생각했다.[44]

오웬에 따르면, 택함 받은 자들이 그리스도의 속죄 가운데서 그분과 연합하는 것은 일종의 실제적이고 직접적인 참여하는 형식이 아니다. 이 연합은 언약적 대표성이라는 측면에서 이해되어야 하며, 언약의 전체 문맥과 결정적인 언약의 내용들(terms)에 의해서 이해되어야 한다.

그러므로 죄가 그리스도에게 전가되는 것은, 그리스도의 의가 죄인에게 전가되는 것과 엄밀하게 병행되지는 못한다. 왜냐하면, 구원 계획의 기반이 되는 것은 단순히 성육신이 아니라, 성육신의 배후에 깔려 있고, 구원을 위한 의미를 성육신에 부여하는 언약이기 때문이다. 이처럼, 그리스도께 죄가 전가되고 택함 받은 자에게 의가 전

---

43 "이것이 내가 말하고자 하는바다. 그리스도께서는 우리를 위해 모든 선한 것들을 값 주고 사셨다. 이러한 것들은 하나님의 주권적 의지에 따라 결정된 시간과 질서 안에서 우리에게 실제로 베풀어진다. 복음에 계시된 것과 같이, 이 질서는 다음과 같다. 즉 우리는 믿는다. 그리고 우리는 의롭다 함을 받는다." Owen, *Works*, XII. 608. 또한 Owen, *Works*, V.216-18을 참고하라.

44 Owen, *Works*, XII. 606.

가되는 것은 모두 언약적 개념에 따라 이해되어야 한다. 그리고 이 언약적 개념에 따르면, 의의 전가가 일어나기 위해서는 믿음으로 그리스도와 연합하는 일이 필요하다.⁴⁵

4. 결론

존 오웬의 칭의 교리는 정통 개혁주의 신학을 가장 잘 보여주는 고전적 예이다. 오웬은 펠라기우스의 신학에 반대해 왔던 서방 신학에 뿌리는 두고, 개신교의 확립된 합의 안에서 작업을 하면서, 그러한 합의가 17세기에 주석적으로, 신학적으로, 사회적으로 어떠한 긴장 속에 처해 있었는지, 그리고 그러한 도전에 대응하기 위해 칭의 교리를 설명하며 주의 깊게 발전시키는 것이 얼마나 필요한 것인지를 잘 보여준다.

특히, 오웬은 그리스도의 능동적 의와 수동적 의의 전가를 변호하였고, 자신의 신학이 반율법주의적이며 일종의 영원한 칭의 교리와 유사하다는 백스터의 비판을 철저하게 거부하였는데, 이러한 목적을 위해 자신의 신학에서 언약적/기독론적 의미를 핵심으로 삼았다.

---

45 "하나님께서 정하신 바에 따르면, 그리스도의 속량(satisfaction)과 의가 우리에게 전가되는 데에는 직접적인 기초가 있을 것이다. 이로 인해 우리는 그분 안에서 행하고 고난당했다고 불릴 수 있을 것이다. 또한 그분께서 우리를 대신하여 행하시고 고난당하신 것은 우리에게 전가된다고 불릴 수 있을 것이다. 혹은 우리가 그것에 대해 관심을 가지며, 그 결과 그것이 우리 소유가 되었다고 말할 수 있을 것이다. 우리는 이 모든 것을 주장한다. 우리가 믿음을 통해 그분과 실제적으로 연합하여 신비로운 한 몸이 되었다는 것은 바로 이런 의미이다." Owen, *Works*, V. 217-18. 또한 Owen, *Works*, V. 353-54; Owen, *Works*, XII. 606-607도 참고하라.

이처럼 오웬은, 개신교의 신앙고백적 합의가 초창기 종교개혁 시기 때보다 더욱더 확고한 기반 위에 세워지기 위해 언약신학이 어떻게 사용될 수 있었는지를 잘 보여준다. 또한 정통 개혁주의의 신학적 구조가 매우 정교하여 몇몇 교리로 단순히 환원될 수 없음을 보여준다. 전형적인 개혁주의는 성경 주석, 교리적 종합, 그리고 교회적 합의에 관심을 기울였는데, 오웬의 신학은 개혁주의 신앙이 17세기를 거치며 어떻게 그리고 왜 그토록 정교한 논증을 발전시키게 되었는지를 설명하는 또 한 조각의 증거이다.

제5장

그리스도의 능동적 순종과 웨스트민스터 표준문서의 신학: 역사적 검토

제프리 K. 쥬(Jeffrey K. Jue) 박사
웨스트민스터신학교 역사신학 교수

칭의 교리와 관련하여 오늘날 점점 더 많은 사람들은 정통 개혁주의의 전통적인 교리가 수정될 필요가 있다고 주장한다. 특히 수정이 필요한 부분은, 그리스도의 능동적 순종이 신자에게 전가되어 공로적인 의를 이룬다는 내용으로, 그들은 이 교리를 거부해야 한다고 주장한다. 소위 바울에 대한 새 관점 학파 및 언약적 비전(Federal Vision) 학파에서 이 점을 염두에 두며 칭의 교리를 재구성해 왔다.[1]

---

1 "새 관점"을 지지하는 사람들에 대해 알고자 한다면 James D. G. Dunn and Alan M. Suggate, *A Fresh Look at the Old Doctrine of Justification by Faith* (Cumbria: Paternoster Press, 1993), 27-28; N. T. Wright, *What Saint Paul Really Said* (Grand Rapids, Michigan: William B. Eerdmans Publishing Company, 1997), 96-103, 131-33 등을 보라. 언약적 비전(Federal Vision)과 관해서는 다음 문헌을 참고하라. Rich Lusk, "A Response to 'The Biblical Plan of Salvation'," in *The Auburn Avenue Theology, Pros and Cons: Debating the Federal Vision*, ed. E. Dalvin Beisner (Fort lauderdale: Knox Theological Seminary, 2004), 139-43; James B. Jordan, "Merit Versus Maturity," in *The Federal Vision*, eds. Steve Wilkins and Garner Duane (Monroe: Athanasius Press, 2004), 194-95; Andrew P. Sandlin, "Covenant in Redemptive History: 'Gospel and Law' or 'Trust and Obey'," in *Backbone*

이러한 변화를 주장하는 사람들은, 성경 주석에 근거하여 자신들의 입장을 내세웠을 뿐 아니라, 역사적으로 보더라도 자신들의 견해가 정통 개혁주의 안에서 관용되었다고 주장하고 있다.[2]

『웨스트민스터 신앙고백서』 11:1은 다음과 같이 진술한다.

> 하나님께서는 유효하게 부르신 자들을 또한 값없이 의롭다고 칭하신다. 이 칭의는 의를 그들에게 주입함으로써가 아니라, 그들의 죄들을 용서해 주시고 그들의 인격을 의로운 것으로 간주하여 용납해 주심으로써 이루어진다. 즉 그들 안에서 이루어진 어떤 것이나 또는 그들이 행한 어떤 것을 위해서가 아니라, 오직 그리스도를 위해서, 또한 믿음 자체, 즉 믿는 행위 혹은 어떤 다른 복음적인 순종을 그들에게 그들의 의로 전가함으로써가 아니라, 그리스도의 순종과 속량(satisfaction)을 그들에게 전가하심으로써 ….[3]

신앙고백서는 그리스도의 순종 및 속량이 전가되는 것에 대해 말하고 있는데, 그렇다면 신자에게 전가되는 이 순종의 본질은 무엇인가? 신앙고백서 11장은 그리스도의 능동적 순종과 수동적 순종을 구

---

of the Bible: Covenant in Contemporary Perspective, ed. Andrew P. Sandlin (Nacogdoches: Covenant Media Foundation, 2004), 69-70. 언약적 비전 신학의 주창자들은 그리스도의 능동적 순종을 단순히 그리스도를 죄 없는 희생으로 준비시키는 것으로만 주장한다.

2 James R. Daniel Kirk, "The Sufficiency of the Cross," *Scottish Bulletin of Evangelical Theology* (2006): 36-64.

3 웨스트민스터 표준문서들로부터의 모든 인용은 *Westminster Confession of Faith* (Glasgow, 1990, 6th edition)에 근거했다.

별하지 않고 있다.

왜 그렇게 한 것일까?

최근 발견된 역사적 자료들에 따르면, 웨스트민스터 총회는 이 문제에 대해 격렬하게 논쟁했다.[4] 1643년 9월, 웨스트민스터 총회는 잉글랜드 국교회의 39개조 중 칭의에 대한 부분인 제11조를 개정하는 내용을 두고 토론하였다.[5] 로버트 폴(Robert Paul)은 다음과 같이 설명한다.

> 이때 논의되었던 중요한 주제 중 하나는 칭의에 관한 조항이었다 … 토마스 개태커(Thomas Gataker)와 리차드 바인스(Richard Vines)는 그리스도의 고난과 수동적 순종만이 신자에게 전가된다는 점을 해박하게 주장했다. 반면, 다니엘 휘틀리(Daniel Featley)는 율법에 대한 능동적 순종과 수동적 순종 모두가 신자에게 전가된다는 점을 역시 강력하게 (그리고 아마도 보다 설득력 있게) 주장했다. 휘틀리의 견해가 웨스트민스터 총회 내에서 지배적인 입장이었으며, 이는 대주교 어셔(Ussher)가 『아일랜드 신앙고백서』(Irish Articles)를 작성하며 취한 입장과도 같은 입장이었다.[6]

---

4   Chad B. Van Dixhoorn, "Reforming the Reformation: Theological Debate at the Westminster Assembly 1643-1652, Volumes 1-7" (Cambridge: University of Cambridge, 2004). 이 논문의 부록(3-7권)은 웨스트민스터 총회 회의록의 내용 전체를 포함하고 있다.

5   Van Dixhoorn, "Reforming the Reformation," I. 270 이하.

6   Robert Paul, The Assembly of the Lord: Politics and Religion in the Westminster Assembly and the 'Grand Debate' (Edinburgh: T&T Clark, 1985), 84-85. Paul은 William Twisse 역시 수동적 순종만을 지지했다고 주장하지만, Van Dixhoorn은 이에 대한 증거를

위 인용문에서 볼 수 있듯이, 웨스트민스터 총회는 긴 논쟁 끝에 제11조를 개정하되, "그리스도의 전적인 순종(whole obedience)과 속량이 하나님에 의해 우리에게 전가된다"는 진술을 포함시키기로 했다.[7] "전적인 순종"이라는 표현은 구체적으로 그리스도의 능동적 순종과 수동적 순종 모두를 지칭한다.[8] 이렇게 결론이 내려진 것처럼 보였지만, 『웨스트민스터 신앙고백서』의 11장을 보면 놀랍게도 "전적인"이라는 단어가 빠져 있다.

이러한 변화는 총회가 이전의 결정사항을 변경했다는 사실을 보여주는 것일까?

"전적인"이라는 단어가 최종적으로 왜 빠졌는지를 설명하기 위해, 다니엘 커크(Daniel Kirk)는 수동적 의(passive righteousness)의 전가만을 고수하는 사람들과 타협하기 위해 이 단어가 신앙고백서의 최종적 형태에서 생략되었다고 주장한다.[9] "전적인"이라는 단어가 생략된 것은 『웨스트민스터 신앙고백서』가 일종의 타협적인 문서였으며 "그리스도의 의의 엄밀한 본질에 관하여 여러 견해를 허용했다"는 점을 보여준다고 그는 추론한다.[10]

이보다 앞서 윌리엄 바커(William Barker) 역시 웨스트민스터 신학자들에 대한 연구에서 비슷한 견해를 제시했다. 칭의 교리에 관한

거의 찾지 못했다고 주장한다. Van Dixhoorn, "Reforming the Reformation," I. 335.
7   Van Dixhoorn, "Reforming the Reformation," I. 293.
8   Van Dixhoorn은 다음과 같이 설명한다. "능동적 순종은 웨스트민스터 총회의 논쟁 및 위원회에서 전적인 순종으로 불렸다. 왜냐하면 능동적 순종 개념을 주장하는 사람들이 능동적 순종과 수동적 순종 둘 다가 합하여 그리스도의 전적인 순종을 이룬다고 생각했기 때문이다." Van Dixhoorn, "Reforming the Reformation," I. 293.
9   Kirk, "The Sufficiency of the Cross," 37-38.
10 Ibid., 37-38.

총회의 논쟁을 살펴본 후, 바커는 "웨스트민스터 신학자들은 성경의 용어에 명확하고 충실하려고 노력한 동시에, 일반적인 칼빈주의 안에서는 서로 다른 견해들을 허용하고자 했다"고 설명한다.[11]

마찬가지로 알렉스 미첼(Alex Mitchell)과 존 스트루더스(John Struthers) 역시 웨스트민스터 총회 회의록에 대한 서론에서 설명하기를, 11장에 사용된 용어는 양쪽 진영이 공동의 결론에 도달하기 위해 다양한 점들을 양보했던 신학적 타협의 결과물이었다고 밝힌 바 있다.[12]

지금까지 이루어진 연구 결과들은 우리의 관심을 중요한 신학적 논쟁으로 적절하게 집중시켜 준다. 하지만 웨스트민스터 총회 신학자들의 의도와 신학에 관해 위와 같이 단정적으로 결론 내리기 위해서는 보다 더 철저한 역사적 고찰이 필요하다.

이 논문은 그와 같은 역사적 고찰을 추구하되, 웨스트민스터 총회가 대표하는 정통 개혁주의의 칭의 교리 안에서 그러한 관용이 정말로 허용되었는지를 살펴보고자 한다. 이를 위해서는 17세기 스튜어트 왕조시대 교회(Stuart church)의 역사적 상황, 교리적 논쟁, 그리고 신학적 형성 등을 평가하는 작업이 필요하다. 그렇게 할 때에야

---

11   William S. Barker, *Puritan Profiles*: *54 Influential Puritans at the Time When the Westminster Confession Was Written* (Fearn, Scotland: Mentor/Christian Focus Publications, 1996), 176.

12   Mitchell과 Struthers는 다음과 같이 설명한다. "아마도 이러한 이유로 인해, 비록 대부분의 신학자들이 Ussher와 Featley의 견해, 즉 그리스도의 능동적 순종을 포함하는 견해를 선호했음에도 불구하고, 그들이 처음에 사용했던 것보다 더 일반적인 방식의 표현에 만족했을 것이다. 그리고 이에 대한 반응으로 Gataker는 이 주제에 대해 더 이상 논쟁하지 않기를 동의했을 것이다." Alex F. Mitchell and John Struthers, eds., *Minutes of the Sessions of the Westminster Assembly of Divines* (Edinburgh, 1874, reprinted 1991), lxvi-lxvii.

우리는 비로소 웨스트민스터 총회의 활동 및 그들의 역사적인 칭의 교리를 더욱 정확하게 이해할 수 있을 것이다.

1. 스튜어트 왕조시대 교회의 역사적, 신학적 상황

웨스트민스터 총회의 칭의 교리를 이해하고자 한다면 반드시 17세기 초반의 역사적이며 신학적인 상황을 먼저 고려해야 한다. 종교 개혁 이후의 신학은 상세한 엄밀성과 조직적인 체계성을 바탕으로 형성되었다. 개신교 대학들은 종합적인 신학 교과과정을 필요로 했으며, 교회들은 잘못된 교사들이 증가하는 것에 맞서 신앙고백서를 작성하였다.[13] 영국에서는 이러한 일들이 극심한 정치적/교회적 소용돌이 속에서 이루어졌다. 그 결과, 교회 내부에서 이루어진 신학적 분열은 국가 전체에 영향을 끼쳤고, 궁극적으로는 영국 내전이 발발하는 데 기여하였다.[14]

13　Richard Muller는 다음과 같이 말한다. "초기 정통주의는 하나의 신학 체계를 만들고자 했는데, 이 신학 체계의 목표는 개신교회를 그 자체로서 올바르고, 가르침에 있어 보편적이며, 반대자들에 맞서 지적으로 변호할 수 있고, 대학 내의 다른 학문 분과들과도 전문성 및 방법론에 있어 충분히 일관될 수 있는 그런 성공적인 교회로 세우는 것이었다." Richard A. Muller, *Prolegomena to Theology*, vol. One of *Post-Reformation Reformed Dogmatics: The Rise and Development of Reformed Orthodoxy, Ca. 1520 to Ca. 1725* (Grand Rapids, Mich.: Baker Books, 1987), 62. 또한 Richard A Muller, *After Calvin: Studies in the Development of a Theological Tradition* (Oxford: Oxford University Press, 2003), 130-36, 144-45를 참고하라.

14　영국 내전의 종교적 뿌리에 관해서는 다음 연구 문헌을 참고하라. John Morrill, "The Religious Context of the English Civil War," *Transactions of the Royal Historical Society* 34 (1984): 155-78; Nicholas Tyacke, *Anti-Calvinists: The Rise of English Arminianism c. 1590-1640* (Oxford: Oxford University Press, 1987); Anthony Milton, *Catholic Reformed: The Roman and Protestant Churches in English Protestant Thought, 1600-1640* (Cambridge: Cambridge University Press, 1995);

과거에 휘그파(Whig) 역사가들과 마르크스주의 역사가들은 영국 혁명의 분파주의를 일반적으로 두 집단 사이, 즉 보수적인 국교도들과 혁명적인 청교도들 사이의 충돌로만 보았다.[15]

하지만 보다 최근의 연구에 따르면, 초창기 스튜어트 시대 영국의 신학적 지형은 훨씬 더 다양했다.[16] 앤서니 밀튼(Anthony Milton)은, 당시에 "한편으로는 은밀한 교황주의자에 가까운 '알미니안주의' 열심당원으로부터 시작하여, 다른 한편으로는 강경한 청교도 비국교도에 이르는 다양한 견해들이 존재했다"고 주장한다.[17]

따라서, 다양한 영국 신학자들의 동기와 의도를 올바로 파악하기 위해서는, 17세기의 교리를 여러 신학적 견해와 설명의 연관 관계 안에서 검토하는 일이 반드시 필요하다(각기 다른 이슈에 따라 다양하게 교리적 연대가 이루어지기도 했다).

17세기 영국의 칭의 교리에 대한 논의 역시 여러 구별되는 집단들에 대한 고려가 선행되어야 한다. 영국의 상황에 독특하게 해당되었던 정치적, 목회적, 주석적 고려 사항들을 바탕으로 교리가 형성되었으며, 이는 보다 넓은 국제적인 개혁주의 공동체 안에서 나타난 비슷한 경향들을 반영하기도 한다. 이러한 배경들을 고려함으로써

David Como, "Puritans, Predestination and the Construction of 'Orthodoxy' in Early Seventeenth Century England," in *Conformity and Orthodoxy in the English Church, c. 1560-1642*, eds. P. Lake and M. Questier (Woodbridge: Boydell Press, 2000), 64-87.

15 Christopher Hill, *Society and Puritanism in Pre-Revolutionary England* (London: Secker and Warburg, 1964); S. R. Gardiner, *The First Two Stuarts and the Puritan Revolution* (London: Longmans, Green & Co., 1876) 등을 참고하라.

16 Milton, *Catholic and Reformed*; Kenneth Fincham, ed., *The Early Stuart Church, 1603-1642* (Stanford: Stanford University Press, 1993) 등을 참고하라.

17 Ibid., 5.

우리는 웨스트민스터 총회의 칭의 교리가 형성된 배경을 이해하며, 그것이 정통 개혁주의 안에서 서 있는 위치를 파악할 수 있다.

1) 반(反)교황주의

개신교와 로마 가톨릭 사이의 치열한 싸움은 16세기 종교개혁과 함께 끝나지 않았다. 사실, 17세기 초반 대부분의 서구 유럽은 30년 전쟁에 연루되어 있었으며, 이 전쟁에서 종교는 중요한 역할을 차지했다.[18] 개신교도들은 로마 가톨릭 교도들과 전쟁터에서 그리고 출판물을 통해 싸웠다.

마틴 루터 이후, 칭의 교리는 이러한 싸움에서 매우 핵심적인 충돌 지점이었다. 로마 가톨릭의 입장, 즉 의가 신자에게 주입됨으로써 결과적으로 신자의 행위가 칭의의 근거로 포함되어야 한다는 입장은 여전히 잘못된 가르침으로 여겨졌다.[19] 이와는 반대로, 모든 개신교도들은 하나님 앞에서 신자의 칭의가 오직 은혜로, 오직 믿음으로, 그리고 오직 그리스도 안에서만 이루어진다고 주장했다.

영국에서 "반교황주의"(Anti-Popery) 운동은 17세기 초 절정에 이르렀다. 밀턴(Milton)에 따르면, "교황청에 대한 적대감이야말로 참된 신앙의 표현이자, 하나님을 향한 한 개인의 진정한 헌신의 표시로 여겨졌다. 이것은 단지 극단적인 청교도들만의 견해가 아니라, 잉글

---

18 Klaus Bussman and Hans Schilling, eds., *1648: War and Peace in Europe* (Münster and Osnabrück: Westfälische Landesmuseum für Kunst und Kulturgeschichte, 1998)을 참고하라.

19 The Council of Trent, Canons 9 and 11.

랜드 국교회 소속 신학자들의 확고한 입장이기도 했다."[20] 국내에서 나 국외에서나 로마 가톨릭 교도들은 점증하는 위협세력으로 여겨졌다. 영국은 30년 전쟁의 경과를 크게 우려하며 지켜보았는데, 특히 제임스 왕의 딸이 팔라틴(Palatine)의 선제후와 결혼하였기 때문에 더욱 관심을 가졌다.

영국 국내에서는, 로마 가톨릭 사제들과 예수회 사제들이 비밀리에 여러 가지 음모를 계획하고 있다는 두려움이 지속되었다. 화약음모 사건(Gunpowder Plot)[21]은 이러한 의심을 확증해주었으며, 1620년대 영국은 스페인 및 프랑스와 전쟁 상태에 있었다.[22]

영국에서 반교황주의가 나타난 또 다른 측면은 묵시 사상에 대한 관심이 증가했던 현상에서 찾을 수 있다. 루터가 처음으로 교황을 적그리스도와 동일시한 이후, 개신교도들은 로마와 자신들 사이의 싸움을 거대한 묵시 드라마의 틀 안에서 보았다.[23] 그리스도와 적그리스

---

20 Milton, *Catholic and Reformed*, 35.
21 로마 가톨릭 교도들이 의회를 폭파하고 제임스 1세를 암살하려고 계획한 사건-역주.
22 Ibid., 42-43.
23 이와 관련해 도움이 될 만한 연구 문헌은 다음과 같다. Peter Toon, ed., *Puritans, the Millennium and the Future of Israel* (Cambridge and London: Clarke & Co. Ltd, 1970); Bryan W. Ball, *A Great Expectation*: *Eschatological Thought in English Protestantism to 1660* (Leiden: Brill Academic Publishers, 1975); Richard Bauckham, *Tudor Apocalypse*: *Sixteen Century Apocalypticism, Millenarianism, and the English Reformation* (Oxford: Sutton Courtney Press, 1978); Paul Christianson, *Reformers in Babylon*: *English Apocalyptic Visions From the Reformation to the Eve of the Civil War* (Toronto: University of Toronto Press, 1978); Katherine R. Firth, *The Apocalyptic Tradition in Reformation Britain, 1530-1643* (Oxford: Oxford University Press, 1979); Robin B. Barnes, *Prophecy and Gnosis*: *Apocalypticism in the Wake of the Lutheran Reformation* (Stanford: Stanford University Press, 1988); Heiko Oberman, *Luther*: *Man Between God and the Devil* (New Haven: Yale University Press, 1989); Irena Backus, *Reformation Readings of the Apocalyptic*: *Geneva, Zurich, and Wittenberg* (Oxford: Oxford University Press, 2000).

도 사이의 우주적인 싸움을 설명하기 위해 다니엘과 요한계시록이 꼼꼼하게 주해되었으며, 많은 묵시주의자들은 이 책들에 예언된 내용이 17세기의 여러 지정학적 사건들 안에서 나타난다고 믿었다.

이러한 관심은 1627년 천년왕국주의(millenarianism)의 탄생과 함께 급속히 높아졌다. 그해에, 조셉 미드(Joseph Mede)의 『요한계시록의 열쇠』(*Clavis Apocalyptica*)가 출판되었고, 또한 대륙에서는 요한 하인리히 알스테드(Johann Heinrich Alsted)의 『요한계시록의 천년왕국론』(*Diatribe de mille annis apocalypticis*)이 출판되었는데, 이로 인해 천년왕국 종말론이 유럽 대륙과 영국 및 멀리 신대륙에 이르기까지 널리 소개되었다.[24]

미드는 교황을 적그리스도로 보았고, 로마 가톨릭 교회에서 성인을 숭배하는 관행이 디모데전서 4:1에서 예언된 "귀신의 가르침"이자 종말의 큰 배교를 보여주는 표시라고 주장했다.[25] 미드의 요한계시록 20장 주석을 따라, 천년왕국주의자들은 그리스도께서 적그리스도를 물리칠 것이라 기대하였고, 그 후 1000년 동안 지상에 그리스도의 왕국이 세워질 것이라고 믿었다.[26]

---

24 Mede에 관해 더 알기 원하면, Jeffrey K. Jue, *Heaven Upon Earth*: *Joseph Mede (1586-1638) and the Legacy of Millenarianism* (Dordrecht: Springer, 2006)을 보라. Alsted에 관해서는, Howard B. Hotson, *Johann Heinrich Alsted 1588-1638*: *Between Renaissance, Reformation, and Universal Reform* (Oxford: Oxford University Press, 2000); 그리고 *Paradise Postponed*: *Johann Heinrich Alsted and the Birth of Calvinist Millenarianism* (Dordrecht: Kluwer Academic Press, 2001)을 보라.

25 Joseph Mede, *The Apostasy of the Latter Times* (London, 1641); Jue, *Heaven Upon Earth*, 95-100.

26 Jue, *Heaven Upon Earth*, 141-244.

반교황주의와 묵시적 분위기는 웨스트민스터 총회 신학자들이 활동했던 당시 가장 큰 배경을 형성했다. 개신교 국가와 로마 가톨릭 국가 사이의 정치적 사건들을 모든 사람이 큰 관심을 가지고 지켜보았으며, 미드의 저작들이 보여준 학문적 깊이는 윌리엄 트위스(William Twisse), 토마스 굿윈(Thomas Goodwin), 제러마이어 버로우스(Jeremiah Burroughs), 존 듀어리(John Dury) 등을 비롯해 많은 사람들의 관심을 끌었다.[27] 미드의 『요한계시록의 열쇠』 영어판 서문에서, 트위스는 "요한계시록의 주석과 관련해 많은 해석자들이 훌륭한 작업을 해왔지만, 미드의 작품이야말로 그들 모두를 능가하는 가장 뛰어난 것"이라고 평했다.[28]

실제로, 웨스트민스터 총회의 신학자들이 천년왕국주의에 매우 깊이 매료되었던 결과, 스코틀랜드에서 파송된 로버트 베일리(Robert Baillie)는 "천년왕국주의자들"(chiliasts)이 너무 많이 참석해 있다고 불평하는 편지를 썼을 정도였다.[29]

이러한 배경을 고려해 볼 때, 웨스트민스터 표준문서의 신학에 묵시주의(apocalypticism)과 반교황주의 정서가 깊이 영향을 끼쳤다는 점을 쉽게 파악할 수 있다. 원래의 웨스트민스터 표준문서에서는 교황을 적그리스도라고 분명하게 언급하고 있으며, 성례와 예

---

27 Ibid., 141-244.
28 William Twisse, "A Preface Written by Doctor Twisse Shewing the Methode and Excellency of Mr Mede's Interpretation of This Mysterious Book of the Revelation of Saint John," in *The Key to the Revelation*, Joseph Mede (London, 1643).
29 "chiliasm"은 헬라어 1000으로부터, "millenarianism"은 라틴어 1000으로부터 온 용어이다. Robert Baillie, *The Letters and Journals of Robert Baillie*, ed., David Laing (Edinburgh: Robert Ogle, 1841), 88, 313.

배 형태 및 칭의 교리에 대한 로마 가톨릭의 입장을 배제한다.[30] 칭의 교리에 관한 견해차가 그 어떤 것이었든 간에, 그 누구도 로마로 돌아가는 것은 원치 않았다.

2) 알미니안주의

1625년에 찰스 1세가 왕위에 오르면서 스튜어트 영국의 신학적 분위기가 바뀌었다. 니콜라스 타이악(Nicholas Tyacke)에 따르면, 윌리엄 로드(William Laud)가 캔터베리 대주교로 임명됨과 함께, "반(反)칼빈주의" 정서를 가진 고위 성직자들에 의해 칼빈주의적 일치가 깨트려졌다.[31] "그들이 엄밀한 의미에서의 알미니안주의자였는지는 모르나, 적어도 많은 면에서 독특하고 새로운 이데올로기를 가진 집단이 1620년대 후반에 교회의 권력을 차지했다는 사실에는 의심

---

30 『웨스트민스터 신앙고백서』11, 25, 27-29장과 예배 모범. 『웨스트민스터 신앙고백서』 25:6의 초판은 다음과 같았다. "주 예수 그리스도만이 교회의 유일한 머리가 되신다. 로마 가톨릭의 교황은 어떠한 의미에서도 교회의 머리가 될 수 없다. 오히려 그는 적그리스도이고 죄가 있는 인간이고 멸망의 아들이다. 그는 교회 안에서 그리스도를 대항하여 자기 자신을 높인다. 하나님이라고 불리는 모든 것에서 자신을 높인다." 1903년에 미국북장로교(Presbyterian Church in U.S.A.)는 이 부분을 삭제한 『웨스트민스터 신앙고백서』 개정판을 채택했다.

31 Tyacke, *Anti-Calvinists: The Rise of English Arminianism c. 1590-1640*. Tyacke의 주장은 그 이후에 이루어진 연구에 의해 도전을 받고 수정되었다. 이에 대해서 다음 문헌들을 참고하라. Peter White, *Predestination, Policy and Polemic: Conflict and Consensus in the English Church from the Reformation to the Civil War* (Cambridge: Cambridge University Press, 1993); Kevin Sharpe, *The Personal Rule of Charles I* (New Haven: Yale University Press, 1993); Milton, *Catholic and Reformed*; Seán F. Hughes, "The Problem of 'Calvinism': English Theologies of Predestination c. 1580-1630," in *Belief and Practice in Reformation England: A Tribute to Patrick Collinson By His Students*, eds. S. Waduba and C. Litzenberger (Aldershot: Ashgate, 1998), 229-49; David Como, "Puritans, Predestination and the Construction of 'Orthodoxy' in Early Seventeenth Century England."

의 여지가 없어 보인다"고 데이비드 코모(David Como)는 설명한다.³²

양측을 구별하는 경계가 그다지 뚜렷하지는 않지만, 그럼에도 불구하고 잉글랜드 교회들이 예정 및 칭의 교리와 관련해 하나되지 못했다는 사실만큼은 분명하다. 영국에서 알미니안주의의 성장은 앞에서 설명했던 반교황주의 및 묵시주의적 관심과 별개로 나타난 현상이 아니었다. 찰스 왕의 아내 헨리에타 마리아(Henrietta Maria)는 프랑스의 왕 헨리 4세의 딸이었다. 많은 사람들은 그녀가 영국 내 로마 가톨릭 세력의 든든한 후원자가 될 것이라고 우려했다.

마찬가지로, 대주교 로드가 새로 도입한 예배의 형태는(예를 들어, 예배 시간 동안 한쪽 무릎을 구부린다든지, 성찬상을 제단이라고 부른다든지 등의 형태들은) 로마 교회의 모습과 유사했다.³³ 청교도들은 로드를 따르는 이들을 은밀한 교황주의자라고 비난했는데, 이에 대한 가장 확실한 증거는 1633년에 대주교 로드가 교황과 적그리스도를 동일시한 모든 책들에 대해 출판금지 명령을 내린 것이었다.³⁴ 타이악(Tyacke)의 기본 논제에 따르면, 이것이야말로 영국 내전이 일어나게 만든 가장 주요한 원인이었다.

이러한 배경 하에서, 우리는 웨스트민스터 총회의 칼빈주의 신학자들이 알미니안 신학을 거부했을 것이라고 예상할 수 있다. 예정에 대한 논쟁이 치열하게 이루어진 동시에, 칭의에 관한 알미니안 교리

32　David R. Como, *Blown by the Spirit: Puritanism and the Emergence of Antinomian Underground in Pre-Civil-War England* (Stanford: Stanford University Press, 2004), 75.
33　Milton, *Catholic and Reformed*, 494-503.
34　Ibid., 120.

역시 중대한 차이점을 가져 왔다. 물론 알미니안주의자들은 자신들이 로마 가톨릭의 칭의 교리를 지지하는 것이 아니라고 재빨리 주장했다. 그럼에도 불구하고 그들은 신자의 칭의와 관련하여 행위의 필요성을 재검토하고자 했다.

앨리스터 맥그래스(Alister McGrath)에 따르면, 영국 안에서 두 개의 전통이 충돌하였는데 "한 입장은 칭의의 형상인(formal cause)이 전가된 의라고 주장했고, 다른 한 입장은 신자 자신의 고유한 의(inherent righteousness)만은 아니라 하더라도 전가된 의와 고유한 의가 함께 칭의의 원인으로 고려되어야 한다고 주장했다."[35]

알미니안주의자들은 신자 자신의 고유한 의가 포함되어야 한다는 흥미로운 입장을 취했다. 칭의는 일종의 시작과 끝을 함께 가진 것으로 묘사되었다. 칭의의 시작은 그리스도의 의를 전가받음으로써 죄책이 사면되고 우리의 죄성이 씻겨지는 것에 국한된다. 그리스도의 공로는 믿음으로 칭의를 받은 개인에게 이 같은 시작을 제공했다. 조셉 미드는 이 점을 다음과 같이 설명했다.

> 이것이 우리가 죄인의 칭의라 부르는 것으로, 오직 그리스도의 공로와 속량이 우리를 위해 받아들여지고 우리에게 전가됨으로써 죄가 사면되는 것이다.[36]

---

35 Alister McGrath, *Justitia Dei: A History of the Christian Doctrine of Justification* (Cambridge: Cambridge University Press, 1988), 286., 『하나님의 칭의론』(CLC, 刊), 373.

36 Joseph Mede, *The Works of the Pious and Profoundly-Learned Joseph Mede*, 4th (London, 1677), 155. Mede의 경우는 각각의 신학적 주제가 다양한 견해들의 연결 관계 내에서 어떻게 적절히 평가되었는지를 보여주는 좋은 예이다. 묵시 문학에 대한 Mede의 연구물이 청교도 사이에 워낙 인기 있었기 때문에, 그가 로드주의적인

미드의 설명에서 분명하게 빠져 있는 내용은 그리스도의 공로가 가진 긍정적인 유익, 즉 영생의 보상이다. 미드는 다음과 같이 부연하여 설명했다.

> 믿음을 통해 우리에게 전가된 예수 그리스도의 피와 고난은 우리를 죄인으로 만든 모든 죄로부터 우리를 씻으시고 사면한다 … 이 전가된 의로 말미암아 … 우리의 행위들이 (비록 그 자체로는 도달해야 할 기준에 많이 부족함에도 불구하고) 전능하신 하나님께서 보시기에 의롭고 받아들여질 만한 것이 된다.[37]

미드가 기본적으로 수행한 작업은 성화를 칭의의 "마지막" 단계에 놓은 것이었다. 미드에 따르면, 그리스도의 전가된 의는 신자를 깨끗케 하고 사면할 뿐 아니라, 신자 자신이 행한 일들이 하나님 앞에서 받아들여지도록 만든다. 그리고 이것이 최종적으로 신자의 칭의로 여겨진다.

> 칭의뿐 아니라, 성화가 존재하는데 이는 하나님을 향한 경건과 사람들을 향한 의로운 일들로, 영생에 있어 필수적인 우리의 칭의의 열매, 아니 우리 칭의의 목적(the End)이다.[38]

(Laudian) 국교회 및 반(反)칼빈주의 입장에 충실했다는 점은 간과되기도 했다. Jeffrey K. Jue, *Heaven Upon Earth*, 19-35.
37 Mede, *Works*, 156.
38 Ibid., 156.

이처럼 신자가 행한 경건의 행위들은 그리스도의 의로 인해 받아들여지며, 영생에 있어 필수적인 칭의의 마지막 단계에 기여하게 된다.[39] 미드가 설명해 놓은 이 같은 알미니안적 칭의 교리는 웨스트민스터 표준문서의 가르침과 분명히 차이가 있다.

알미니안적 로드주의자들(Arminian Laudians)과 웨스트민스터 신학자들 사이에는 분명한 대립이 존재했다.[40] 결국 웨스트민스터 총회는 모였다. 그 개최 목적은 대주교 로드가 대표했던 교회의 신앙고백을 대체하여 새로운 교회의 신앙고백을 세우기 위해서였다. 잉글랜드 국교회의 교회 정치 제도, 예배 형태, 교리들은 폐지되고 개혁주의적 장로교 칼빈주의로 대체되었다. 비록 크롬웰 공화정(Interregnum) 및 왕정복고(Restoration) 시기에 이러한 변화들이 취소되긴 했지만 말이다.[41]

알미니안주의 칭의 교리는 17세기에 존재했던 또 하나의 중요한 입장으로서, 웨스트민스터 총회의 신학자들은 자신들의 입장으로부터 이것을 제외시켰다. 하지만, 이처럼 반교황주의적이고 묵시적인 관심이 편만한 상황 속에서, 어떤 신학자들은 칭의 교리 안에 신자

---

39 Milton, *Catholic and Reformed*, 72-77을 참고하라.
40 이에 대한 한 가지 예는 William Twisse와 Thomas Jackson 사이의 논쟁이다. William Twisse, *A Discovery of d. Jackson's Vanitie* (Amsterdam, 1631); Sarah Hutton, "Thomas Jackson, Oxford Platonist and William Twisse, Aristotelian," *Journal of the History of Ideas* 29 (1978): 635-52; White, *Predestination*, 256 71 등을 참고하라.
41 G. E. Aylmer, *The Interregnum: The Quest for Settlement* (London: Macmillan Publishing, 1972); Robert S. Bosher, *The Making of the Restoration Settlement: The Influence of the Laudians, 1649-1662* (London: Dacre Press, 1951); Martin I. J. Griffin Jr., *Latitudinarianism in the Seventeenth Century Church of England* (Leiden: Brill Academic Press, 1992) 등을 참고하라.

고유의 의와 행위를 통합시킴으로써 로마 가톨릭의 입장에 유사한 방향으로 나아간 듯 보였다.

그러한 모습이 나타난 이유는 무엇이었을까?

이는 또 다른 신학적 움직임이 당시의 수많은 논쟁 속에서 표면 위로 꿈틀거리고 있었기 때문이다.

3) 반(反)율법주의

최근의 연구에 따르면 오늘날 "지하"(underground) 반율법주의라 불리는 움직임이 영국 내전이 발생하기 이전 몇 년 동안 런던을 중심으로 여러 지역에서 발생하였다.[42]

우선, 17세기 영국의 상황에서 반율법주의가 무엇을 의미했는지를 먼저 정의하는 일이 중요하다. 코모(Como)와 레이크(Lake)는 다음과 같이 말했다.

> 반율법주의(Antinomianism)는 하나님께서 거저 주시는 은혜의 변혁적인 능력을 드높이는 동시에, 의롭다 함을 받은 그리스도인의 삶에 존재하는 도덕법의 역할 및 사용을 평가절하하거나

---

42 David Como and Peter Lake, "Puritans, Antinomians and Laudians in Caroline London: The Strange Case of Peter Shaw and Its Contexts," *Journal of Ecclesiastical History* 50, no. 4 (October 1999): 684-715; Peter Lake, *The Boxer's Revenge*: 'Orthodoxy,' 'Heterodoxy,' *and the Politics of the Parish in Early Stuart London* (Stanford: Stanford University Press, 2001); Theodore Dwight Bozeman, *The Precisionist Strain*: *Disciplinary Religion & Antinomian Backlash in Purtanism to 1638* (Chapel Hill: University of North Carolina Press, 2004); David R. Como, *Blown by the Spirit* 등을 보라.

심지어는 부인하고자 했던 성향으로 묘사되는 게 가장 적절해 보인다.[43]

다음으로, 그리스도인들이 도덕법에 순종해야 할 의무를 부인했던 이 신학이 형성된 동기가 무엇인지를 살펴보는 일이 필요하다. 데이비드 코모(David Como)와 테오도르 보즈만(Theodore Bozeman)은 청교도 실천신학 내부에서 일종의 엄격한 훈육적 강조점이 발전했다고 주장한다.[44] 이러한 강조점은 지역 교구 내에서 가장 분명하게 나타났는데, 청교도 목사들은 회중들을 향하여 엄밀하고 규칙적인 경건의 삶을 훈련하라고 권고하였다.

이러한 "엄밀주의적" 실천은 개혁주의 칭의 교리를 뒤집어엎기 위해 의도된 것이 아니었다. 왜냐하면 그리스도의 공로만이 칭의의 유일한 근거라고 분명히 믿었기 때문이다. 오히려 이러한 강조점이 증가된 것은 경건치 않은 삶이 지속될 경우 하나님의 책망을 초래하게 될 것이라는 우려 때문이었다. 구약 시대 이스라엘의 모습이 많은 청교도 목사들을 우려하게 만든 사례였다.[45]

이와 더불어 리차드 로저스(Richard Rogers)가 쓴 『성경에서 뽑은 7가지 가르침』(*Seaven Treatises Containing such Direction as is Gathered out of the Holie Scriptures*, 1604)이나 크리스토프 도우(Christopher Dow)가 지은 『안식일과 주일에 대한 논의』(*A Discourse of the Sabbath and*

---

43 Como and Lake, "Puritans," 695.
44 Bozeman, *The Precisionist Strain*, 29-60; David R. Como, *Blown by the Spirit*, 37.
45 Ibid., 32-39.

the Lord's Day, 1636) 등 다양한 실천신학 교본들이 쏟아져 나왔다. 엄밀하게 경건한 삶을 사는 것에 더하여, 청교도 목사들은 회중들에게 자신의 양심을 되돌아보고 매일의 삶 속에 구원과 회심의 증거가 나타나고 있는지 검토해 보라고 권면했다.[46]

이와 같은 실천신학이 어떤 사람들에게는 기본적으로 반율법적인 반동을 초래했다. 코모는 다음과 같이 설명한다.

> 비록 주류 진영에서 가르친 경건의 방식이 대부분의 사람들에게는 충분한 것으로 여겨진 듯 보이지만, 규범적인 청교도주의에서 내세웠던 훈련과 요구 및 일반적인 분위기가 어떤 사람들을 절망과 불안으로 이끌기도 했다. 그러한 사람들에게 … 반율법주의는 희망의 빛을 제공했는데, 그것은 주류 청교도주의에 대한 매력적인 대안으로, 동일하게 성경적인 근거를 가지고 있으며, 훨씬 더 마음을 안심시키는 가르침으로 여겨졌다.[47]

반율법주의는 청교도 실천신학의 억압으로부터 빠져나오는 안도감을 제공했다. 도덕법의 억압에 집중하는 대신, 반율법주의자들은 하나님의 은혜를 강조했다. 이것이 어떠한 방식으로 나타나는지는 칭의 교리에서 가장 분명하게 드러난다. 반율법주의의 가장 핵심에는 구원의 확신에 대한 문제가 놓여 있었다. 바로 이 점 때문에, 존

46　Ibid., 105-20, 129-36.
47　David R. Como, *Blown by the Spirit*, 37.

이튼(John Eaton)을 비롯한 반율법주의자들은 로마 가톨릭주의와 대주교 로드의 알미니안주의를 강력히 반대했다.[48]

칭의 안에 신자 고유의 의를 포함시켜 놓고 있다는 이유에서, 로마 가톨릭주의도 알미니안주의도 고민하는 신자에게 완전한 확신을 제공하지 못했다. 게다가 주류 청교도의 실천신학은 한 개인의 칭의를 입증해 보이는 성화의 행위를 분별하기 위해 삶의 검토라는 본질적인 요소를 도입했는데, 반율법주의자들이 보기에 이 역시 결함이 있는 모델이었다. 왜냐하면 칭의의 시금석으로서 성화의 역할을 지나치게 강조한 것처럼 여겨졌기 때문이다.

칭의 교리에 대한 해결책으로 반율법주의자들은 개신교 개혁주의 전통에 크게 의존하였다. 존 이튼은 다음과 같이 주장했다.

> 그리스도께서는 신격(the Godhead)으로부터가 아니라 인성으로부터 완벽한 거룩하심과 의를 이루셨으며, 그 안에서 완벽한 순종을 행하셨는데, 하나님의 모든 율법을 행하심으로나 당하심으로 모두 성취하셨다. 이것이 칭의의 공식적인 원인이며, 이는 우리에게 단순히 명목상의 칭의를 주는 것이 아니라, 우리로 하나님께서 보시기에 진정으로 의로운 사람들이 되게 한다.[49]

---

48   David R. Como, *Blown by the Spirit*, 188.
49   John Eaton, *The Honey-Combe of Free Justification by Christ Alone* (London, 1642), 262-63.

정통 개혁주의의 입장에 일관되게, 이튼은 그리스도의 능동적 순종과 수동적 순종이 신자가 칭의 받는 근거라고 주장했다. 마찬가지로, 그는 또한 그리스도의 의의 전가를 통해서 신자가 하나님 보시기에 거룩하고 완전하며 죄로부터 자유한 존재로 인정된다고 가르쳤다.[50] 이튼은 다음과 같이 말했다.

> 그리스도의 완벽한 의라는 결혼 예복으로 인해, 칭의된 사람은 하나님 보시기에 진정으로, 완벽하게 거룩하며 모든 죄로부터 의롭다. 하나님께서는 행위가 아니라 오직 믿음으로 의롭게 된 자신의 자녀들에게서 어떠한 죄도 보지 않으시며 (자신의 실제적인 능력에 따라) 어떤 죄도 보실 수 없다(계 3:18).[51]

여기까지는 이튼이 표준적인 개신교 입장 안에 서 있는 것으로 보인다. 하지만, 코모는 이튼의 글에서 "거저 주어진 칭의"(free justification)이라는 표현이 자주 반복되는 것을 지적한다.[52] 이 표현은 의롭다 함을 받은 사람에게서 하나님이 결코 아무 죄도 보시지 않는다는 사실을 강조하기 위해 의도된 것이다.

이튼이 말하고자 하는 바는, 어떤 반율법주의자들이 주장하던 것처럼, 칭의로 인해 각 개인이 본질적으로 완벽해졌다는 것이 아니었다. 칭의의 원인으로서든 아니면 칭의의 증거로서든, 율법의 요구사항을

---

50   David R. Como, *Blown by the Spirit*, 182.
51   John Eaton, *The Discovery of the Most Dangerous Dead Faith* (London, 1642), 182.
52   Ibid., 183.

충족시켜야 하는 노예 상태로부터 각 사람이 자유로워졌다는 점을 그는 주장했던 것이다.[53] 더 나아가서, "거저 주어진 칭의"는 이튼의 핵심적인 관심사였던 절대적인 확신을 제공해 주었다.

하지만, 반율법주의의 칭의 교리는 그 밖의 다른 신학적 의미들을 내포했다. 거저 주어진 칭의 안에서 죄가 완전히 제거되었다는 점을 강조함으로써, 이튼은 순종의 행위가 성화 가운데 동반되어야 한다는 사실의 중요성을 약화시켰다. 그는 신자들을 향하여, 확신을 얻고자 한다면 성화의 행위를 바라보지 말고 (이튼은 이것을 청교도적 율법주의[legalism]로 보았다), 대신 그들 자신의 믿음과 거저 주신 칭의를 바라보라고 권면했다.[54] 반율법주의자들은 구원과 관련하여 모든 측면의 인간적 참여를 약화시키고자 했다.

그 결과, 믿음의 도구적 역할이 반율법주의 구원론에서는 약화되었다. 거저 주어진 칭의는 더 이상 믿음을 통해서 받은 것으로 묘사되지 않고, 오히려 그리스도의 사역에서 완성되었고 영원 속에서 완성된 것으로 묘사되었다.[55] 많은 반율법주의자들은 선택받은 자들을

---

53 Como and Lake, "Puritans," 698. Como는 다음과 같이 말한다. "결론적으로 말해서, 영국 청교도 신학에 관한 Eaton의 분석은 다음과 같다. 영국 청교도들은 외적으로는 그리스도의 완전한 의의 전가로 말미암은 칭의의 원리를 높이 평가하면서도 … 실제적으로는 칭의 이후에도 하나님께서 죄를 보신다는 믿음을 유지했다. Eaton이 볼 때 이러한 경향은, 그리스도께서 하나님의 진노를 완전하게 만족시켜드리지 못하셨으며 그렇기 때문에 죄를 제거하거나 구원을 받기 위해 어떠한 율법적 행위가 필요하게 되었다고 주장하는 것이나 다름없었다." David R. Como, *Blown by the Spirit*, 189-90.

54 Van Dixhoorn, "Reforming the Reformation," David R. Como, *Blown by the Spirit*, 193.

55 Como는 다음과 같이 말한다. "구원을 이루는 모든 공로를 인간으로부터 그리스도께로 옮기려고 애를 쓰는 가운데, 반율법주의자들은 어떤 면에서 믿음 자체를 무가치하게 만들었고 믿음의 도구성을 없애버렸다. 그들의 관점에서 볼 때, 믿음의 역할은 누군가를 실제로 의롭게 하는 것이 아니라, 오히려 그리스도의 죽음으로 이미 이루어진 이전의(a prior) 칭의를 인식하고 이해하는 것이었다." David R. Como, *Blown by the Spirit*, 201.

위한 영원한 칭의(eternal justification)라는 개념을 주장하였다. 그들의 의도는 믿음을 일종의 공로적인 행위로 보려는 어떠한 경향도 배제하는 것이었다. 이를 위해 그들은, 그리스도인의 칭의가 선택에 비견될 수 있는 하나님의 영원한 행동이며 따라서 실제적으로 칭의가 믿음보다 선행한다고 주장했다.[56]

반율법주의자들이 하나같이 선행이나 율법의 행위를 반대했던 것은 아니다. 그들이 주장했던 바는, 그러한 행위가 일종의 두려움이나 영적인 이기심에 입각해 이루어져서는 안 된다는 점이었다.[57] 참된 신자라면 기쁨과 감사로부터 우러나와 선행을 하고 하나님께 순종해야 한다.[58] 율법은 일종의 억압적인 규범으로 사용되는 것이 아니라, 그리스도인을 율법의 의무조항으로부터 해방시킨 하나님의 은혜를 상기시키는 목적으로 사용되어야 했다. 이튼은 다음과 같이 주장했다.

> 거저 주어진 칭의의 이 같은 믿음이 증가될수록, 성령 안에서 평강과 기쁨 또한 증가된다. 이러한 평강과 기쁨이 증가될수록, 앞에서 언급한 사랑 또한 증가한다. 그리고 마음이 불타올라 하나님의 모든 뜻과 계명들을 자유롭게, 기쁘게, 그리고 열정적으로 행하게 만들며, 보상에 대한 기대나 처벌에 대한 두려움으로부터가 아니라 단지 사랑으로부터 우러나와 우리의 모든 소명과

---

56 Ibid., 203. 한 가지 기억해야 할 중요한 사실은, 영원한 칭의 교리가 17세기에 반율법주의자들에 의해서만 주장되지는 않았다는 점이다.
57 Ibid., 199.
58 Ibid., 214.

선행을 힘쓰도록 만든다. 이것이 진정한 성화이다.[59]

반율법주의자들은 이러한 가르침이 확신의 문제로 고민하는 개인들을 격려하고 또 하나님의 은혜를 크게 드높여야 하는 목회적 요구를 더 잘 충족시킨다고 믿었다.

청교도들과 로드주의자들 모두 반율법주의를 격렬하게 거부하였다. 반율법주의자들은 신학적인 이단으로만이 아니라, 정치적인 급진주의자들로도 여겨졌다. 그들은 주류 청교도의 실천신학 및 잉글랜드 국교회의 기존 질서에 위협이 되었다. 신학적으로 볼 때 신자의 행위는, 비록 서로 다른 방식으로 작용하긴 하지만, 개혁주의 청교도와 알미니안 로드주의자 모두의 구원론에서 중요한 역할을 차지했다. 반율법주의는 선행의 필요성을 완전히 부인하는 입장이었으며, 그래서 무절제한 방종과 경건치 않은 행위를 조장하는 입장으로 여겨졌다.

정치적인 관점에서 볼 때, 반율법주의자들은 그들이 로드주의자이건 아니면 주류 청교도이건 간에 기존의 종교 당국자들에게 저항하는 체제 전복적인 운동으로 간주되었다. 1620년대 후반 반율법주의자들을 핍박하는 가운데, 청교도들과 로드주의자들은 종교 법원에서 반율법주의자들을 기소하고 그들을 억압하는 법적인 조치를 취함에 있어 함께 협력하기도 했다.[60] 이처럼, 웨스트민스터 신학자들에게 있어서 반율법주의는 17세기 영국의 격렬한 신학 조류 속에

---

59   Eaton, *Dead Faith*, 76-77.
60   Como and Lake, "Puritans," 686-92; David R. Como, *Blown by the Spirit*, 73 이하.

서 감지해야 할 제3의 입장이었다.

2. 웨스트민스터 총회에서 벌어진 칭의 논쟁

이와 같은 역사적이며 신학적인 배경을 염두에 둠으로써, 이제 우리는 여러 신학자들의 입장 및 우려 사항들을 보다 정확하게 평가할 수 있게 되었다. 앞에서 언급한 바와 같이, 1643년에 웨스트민스터 총회는 칭의에 관해 진술해 놓은 11번째 조항을 개정했다. 채드 밴 딕스후른(Chad Van Dixhoorn)의 최근 연구는 이 논쟁의 과정을 훌륭하게 설명해 준다.[61] 밴 딕스후른에 따르면, 논쟁이 시작될 때부터 총회는 신자 고유의 의를 칭의의 원인으로 제시하는 모든 입장을 제외시켰다.[62] 이로 인해 로마 가톨릭의 입장은 분명하게 배제되었다. 웨스트민스터 총회 회의록에서 헨리 윌킨슨(Henry Wilkenson, Sr.)은 "교황주의자들"에 반대하여 다음과 같이 발언했다.

> 이 문제에 대해 나는 다음과 같이 결론을 내립니다. 로마서 3:23 말씀처럼, "우리 모두는 하나님의 영광에 이르지 못합니다." 만일 최상의 것 안에 단 하나의 결함이라도 있다고 한다면, 거기에는 공덕(supererogation)이 있을 수 없습니다. 단 하나의 결함이 행위를 악하게 만듭니다 … 모든 사람들 및 모

---

61 Van Dixhoorn, "Reforming the Reformation," 1.270-344.
62 Ibid., 1.275.

든 수단들이 공로의 본질로부터 제외됩니다.[63]

윌킨슨은 단지 전적 부패 교리와 그리스도의 전가된 의의 필요성을 재확인했을 뿐이다. 이처럼, 제11조를 개정하려는 의도는 로마 가톨릭의 칭의 교리에 반대하는 입장을 분명히 함으로써, "이 조항을 본 교황주의자가 자신의 입장이 정죄되었음을 알게 하기" 위한 것이었다.[64] 이 총회는 결국 개신교의 총회였으며, 대부분의 청교도들이 가진 목표는 오랫동안 기다려왔던 철저한 종교개혁을 영국에서 실현시키는 것이었다.

로마 가톨릭 교리를 정죄한 후, 웨스트민스터 총회의 신학자들은 곧바로 반율법주의의 입장을 다루었다. 특히 그들은 반율법주의자들이 이해한 영원한 칭의에 대해 우선적으로 논의했다.[65] 압도적인 다수의 신학자들이 칭의는 "실제적"이라고, 다시 말해서, 시간 속에서 이루어지는 것이지 영원한 측면에서 이루어지는 것이 아니라고 주장했다.[66]

하지만 논의가 계속 진행되는 동안, 한 가지 중요한 입장 차이가 나타났다. 칭의의 근거와 관련해서, 그리스도의 "전적인 순종과 속량을 하나님께서 우리에게 전가시키신다"는 구절을 추가하자는 제안이 있었다.[67] 여기에서 "전적인 순종"은 그리스도의 행하시고 수동적

63　Ibid., 3.9.
64　Ibid., 3.11.
65　Ibid., 1.277-78.
66　Ibid., 3.14.
67　Ibid., 1.293.

순종 모두를 언급하는 것이었다.[68] 리차드 바인스와 토마스 개태커는 이 제안에 강하게 반대했다. 신자에게 전가되는 것은 오직 그리스도의 수동적 순종뿐이라고 주장하며, 바인스는 다음과 같이 설명했다.

> 그리스도의 능동적 순종이 칭의와 관련하여 우리에게 전가되는가의 문제에 대해서, 나는 한 번도 공개적으로 이 입장을 지지하지 않았습니다. 왜냐하면 그 안에 무엇인가 들어 있다고 생각했기 때문입니다 … 그리스도의 의의 본질로서 우리에게 전가되는 순종이 어떠한 것인지에 대해서 우리가 묻는다면, 그에 대한 답은 그분의 당하신, 형벌적, 공식적인 고통, 즉 그분의 죽음 가운데서 성취된 것으로 보입니다 … 율법의 시대에 정결케 하고 속죄하는 의식들이 예표했던 것은 피의 필요성이었습니다. 즉, 모든 죄를 씻어 하나도 남기지 않게 만드는 것, 즉 우리의 의가 되는 것은, (그 어떤 것도 아닌) 바로 그리스도의 피입니다.[69]

바인스가 보기에, 칭의의 핵심은 십자가에서 이루어진 그리스도의 희생적 죽음에 따라 죄가 용서되는 것이었다. 로마서 5장은 아담에 의해서 이루어진 단 하나의 불순종과 그리스도에 의해서 이루어진 단 하나의 순종, 즉 그분의 십자가 죽음에 대해서만 말할 뿐이라

---

68 Ibid., 1.293.
69 Ibid., 3.31.

고 그는 주장했다.[70]

마찬가지로, 토마스 개태커 역시 "전적인 순종"이라는 용어에 반대하였는데, 그는 약간 다른 이유에서 그리고 훨씬 더 상세한 내용을 근거로 주장하였다. 개태커 역시 칭의를 그리스도의 수동적 순종에만 국한시켰는데, 그 이유는 칭의의 역할이 오직 신자를 죄책으로부터 사면시키는 일이기 때문이다. "그리스도의 피가 모든 죄악으로부터 나를 씻으시며, 그 결과 재판장은 나에게서 아무런 흠을 찾을 수 없고 따라서 나를 용서해야만 한다"고 그는 주장했다.[71]

하지만, 개태커가 바인스와 다른 부분은, 개태커가 죄 사함을 칭의의 한 측면으로 보지 않았다는 점이다. 개태커가 보기에, 용서는 은혜의 행위인 반면, 칭의는 공의의 행위인데, 이 칭의는 그리스도께서 신자를 대신하여 죄에 대한 정죄를 담당하시고 하나님의 진노를 만족시키신 사역에 근거해 이루어진다.[72] 더 나아가서 개태커가 그리스도의 수동적 순종을 받아들이지 않은 이유는 바인스가 재해석한 두 아담 기독론(two-Adam Christology) 때문이었다.

두 아담 기독론을 이해하기 위한 고전적인 성경 본문은 로마서 5:12-21이다. 여기에서 사도 바울은 두 사람의 언약적 대표를 비교하는데, 첫 번째 아담 안에서 잃어버린 것이 무엇이며 또한 두 번째 아담이신 예수 그리스도 안에서 회복된 것이 무엇인지를 설명한다. 바인스에 따르면, "한 의로운 행위로 말미암아 많은 사람이 의롭다

---

70 Ibid., 1.293-94.
71 Ibid., 3.37.
72 Ibid., 1.282-87; Thomas Gataker, *An Antidote Against Errour, Concerning Justification* (London, 1679), 19, 23.

하심을 받아"(18절), 여기에서 말하는 "한 사람이 순종하심"(19절)은 그리스도의 수동적 순종만을 의미한다.

개태커 역시 바인스의 해석에 동의하였지만, 그는 기독론적인 의미를 이끌어내었다. 그 누구도 그리스도께서 완전한 삶을 사셨다는 것을 부인하지 않았다. 개태커가 거부한 것은, 그리스도의 완벽하고 의로운 삶이 신자의 칭의에 어떠한 긍정적인 유익을 추가시킨다는 입장이었다. 그가 보기에, 영생이라는 상급은 율법에 대한 그리스도의 능동적 순종이 믿음을 통해 전가된 칭의의 결과가 아니었다. "칭의를 통해 우리가 회복된 자리는 바로 타락 이전의 아담의 위치였다."[73]

다시 말해서, 칭의 안에는 종말적인 상급이 포함되지 않았다. 개태커가 칭의에 관해 쓴 작은 논문은 이 점을 더욱 밝혀 준다. 이 논문에 따르면, 모든 인류는 의롭다 함을 받건 아니면 의롭다 함을 받지 못하건 둘 중 하나의 위치에 놓여 있다. 의롭다 함을 받은 사람은 죄책이 없고 무고한 반면, 의롭다 함을 받지 못한 사람은 정죄를 받는다.

> 그는 필연적으로 의롭다 여겨져야 한다. 죄가 있는 사람과 무죄한 사람 사이에는 어떠한 중간 지대도 존재하지 않는다. 자신에게 죄가 없음을 입증할 수 있는 사람은 반드시 의롭다 함을 받아야 하고 죄로부터 사면을 받아야 한다 … 만일 오직

---

73 Ibid., 3.29.

죄로 인해서만 어떤 사람이 의롭지 않게 될 수 있다면, 마찬가지로 죄의 부재만이 그 사람을 의롭게 만들 수 있다.[74]

개태커의 칭의 신학이 암시하는 바는 아담의 시험적 단계(probationary state)를 부인하는 것이다. 웨스트민스터 총회에서 행한 발언에서 개태커는 이 점을 분명히 밝혔다.

> 일반적인 의미에서 칭의는 한 사람을 죄의 책임으로부터 사면시키는 것을 의미합니다. 아담의 경우는 이와는 반대됩니다. 아담은 이런 식으로 의롭다 함을 받을 수 없었는데, 왜냐하면 그는 순결하지만 의롭지 않은(Innocent but not Just) 상태로 창조되었기 때문입니다.
> **대답**: 나는 이 둘 사이의 중간 지대를 찾을 수 없습니다. 아담이 의롭지 않았으나 순결한 상태가 되었다고 말하는 것은 성경에 정면으로 반대되는 주장입니다. 아담은 의와 참된 거룩함으로 창조되었습니다.[75]

개태커의 정의에 따르면, 타락과 하나님의 구속 역사가 시작되기 이전 아담의 최초의 무죄한 상태는 그를 의롭다 함을 받은 범주에 두었다.

그렇다고 해서, 개태커가 그리스도의 능동적 순종을 아무런 의미

---

74 Gataker, *An Antidote*, 19-20.
75 Van Dixhoorn, "Reforming the Reformation," 3.70.

도 없는 것으로 생각한 것은 아니었다. 그가 보기에 그리스도의 능동적 순종은, 그리스도께서 자신의 인성 안에서 하나님의 율법을 지킬 의무가 있었다는 사실을 증명하는 데 필요했다. "그리스도께서는 인간으로서 하나님보다 열등한 위치에 있으며 이 점에서 하나님께 순종해야 할 의무를 가지고 계셨는데, 이렇게 말하는 것이 왜 잘못된 주장인지 나는 이해할 수 없다"고 그는 설명했다.[76] 마찬가지로, 그리스도의 능동적 순종은 완벽한 희생을 보장하기 위해 필요했다.[77] 바인스는 다음과 같이 설명했다.

> 우리는 그리스도의 공로를 제외시키지 않습니다 … 그리스도의 인격적인 행동이 그의 사역들을 공로 있게 만든다는 사실을 부인하지 않습니다. 그리스도의 인격적인 고결함이 이를 위해 충분하기 때문입니다. 만일 그리스도께서 이 땅에서 지내시며 그가 자신의 직무를 맡으시기 전에 순종을 이루셔야 하는 또 하나의 이유가 존재한다면, 이는 죄를 범하지 않고 순종하심으로써 적절한 희생제물이 되시기 위해서였습니다.[78]

밴 딕스후른은 위와 같은 설명 배후에는 캔터베리의 안셀름(Anselm)의 신학이 깔려 있다고 결론 내린다. 밴 딕스후른은 안셀름의 신학을 다음과 같이 요약한다.

---

76   Ibid., 3.28.
77   Ibid., 1.297.
78   Ibid., 3.46.

그리스도께서는 의무사항으로 요구되는 바를 뛰어넘어 그 이상의 것을 행하심으로써 속량을 이루실 수 있었는데, 바로 그것은 죽으시는 것이었다. 죽음은 인간이 죄의 결과로 하나님께 지고 있는 빚이며, 신-인(God-man)께서는 죄가 없는 분이시기 때문에, 그리스도의 죽으심은 "하나님께서 그분에게 요구하신바 이상의" 것을 만족시킨 충만한 공로이며, 이로 인해 "속량으로서의 가치를 지닌다. 그리스도의 죽음이 무한한 가치를 갖는 이유는 그분의 인격이 무한한 가치를 지니고 있으며 따라서 죄를 속량하시기에 넘치도록 충분하기 때문이다."[79]

이러한 안셀름의 신학이 큰 영향을 끼쳤음은 의심의 여지가 없다. 바인스와 더불어 개태커는, 그리스도의 순종을 구속 언약(*pactum salutis*, "팍툼 살루티스")[80]에 입각하여 자기 백성의 구원을 이루기 위해 고통과 죽음을 당하신 것으로 이해해야 한다고 주장했다.[81] "그리스도의 인격의 존귀함이 그리스도의 인격의 공로에 추가시키는 것

---

79 Ibid., 1.298. Van Dixhoorn은 Robert Strimple, "St. Anselm's Cur Deos Homo and John Calvin's Doctrine of the Atonement,"in *Anselm: Aosta, Bec and Canterbury*, eds. D. E. Luscombe and G. R. Evans (Sheffield: Sheffield Academic Press, 1996), 350-51을 인용한다.
80 창세 전 삼위 하나님 간에 맺으신 언약-역주.
81 Ibid., 1.298. Gataker는 이렇게 주장했다. "이러한 심오한 신비 안에서 그리스도인의 절제의 범위 안에 머무르면서 우리는 다음과 같이 안전하게 말해도 좋을 것이다. 그리스도께서 삶의 전 과정을 통해 낮아지신 것, 자신의 영혼과 육체 모두를 통해 그리고 죽음에 가까워짐에 따라 온 인성 가운데서 고난 받으신 것, 인간이자 하나님으로서 탁월한 인격을 가지신 것, 기꺼이 자신을 낮추시고 이 모든 일을 이루신 것 … 등은 너무나 크고 위대한 일이다. 이로 인해 하나님께서는 그분께 관심을 가진 모든 사람들의 빚을 면제하기 위해 필요한 모든 일을 공의 가운데 행하셨다." Gataker, *An Antidote*, 29.

이 있는데, 그것은 바로 하나님의 피이다"라고 개태커는 주장했다.[82]

개태커의 칭의 교리에는 영생이 포함되어 있지 않지만, 그는 이 내용을 다른 곳에서 설명했다. 양자됨(adoption)의 교리가 신자에게 "천국의 유업을 얻을 수 있는 권리"를 제공한다.[83] 이 권리는 하나님께로부터 "거저 받은 선물," 즉 각 개인이 자신의 공로로 절대 얻을 수 없는 선물이다.[84]

개태커는 자신의 견해를 뒷받침하기 위해 구약성경의 모형을 인용했다. 그는 노아가 홍수로부터 구원받고 아브라함이 가나안 땅을 약속받는 일 등을 하나님의 자비와 은혜가 일시적으로 나타난 모형이라 보았고, 그러한 복이 이제는 자기 백성을 구원하시고 하늘의 유업을 주신 그리스도 안에서 주어졌다고 생각했다.[85] 개태커의 설명에서 분명하게 생략되어 있는 내용이 있는데, 하늘의 상급과 관련해서는 어떠한 공로 개념도 나타나지 않는다.

칭의 교리와 관련해 웨스트민스터 총회 안에서 서로 다른 견해들이 있었다는 사실은 다소 놀라운 일이다. 더 나아가서, 리차드 바인스와 토마스 개태커는 높은 평가를 받았던 성직자이자 유명한 신학자들이었다.[86]

그들로 하여금 주류 개혁주의 칭의 교리에서 이탈하게 만든 원인이 무엇이었을까?

---

82 Ibid., 3.27.
83 Gataker, *An Antidote*, 3.
84 Ibid., 29.
85 Ibid.
86 Barker, *Puritan Profiles*, 132-35, 154-61.

그들은 단순히 정체를 위장한 은밀한 알미니안주의자들이었는가? 아니면 신학적으로나 목회적으로 무엇인가 더 중요하게 고려해야 할 사항이 있었던 것일까?

밴 딕스후른은 이와 관련해 다음과 같이 설명한다.

> 몇몇 신학자들에게 있어서는, 런던의 반율법주의자들이 마드리드의 교황주의자들보다 더 크게 보였던 것으로 보인다. 웨스트민스터 총회 회의록은 교황주의자들에 대한 언급보다 반율법주의자들에 대한 언급이 2배로 많은데, 이는 중요한 사실이다. 마찬가지로, 총회 신학자들이 가톨릭 비국교도들에 대해서는 의회에 강력한 조치를 전혀 요구하지 않은 반면, 반율법주의자들에 대해서는 자주 탄원서를 제출하였다. 또한, 총회 내 존재했던 여러 위원회들 중 반율법주의를 다루는 위원회가 가장 활동적이었다는 점 또한 의미심장하다.[87]

반율법주의는 다른 어떤 신학적 일탈보다 더 크게 정통 교리를 위협하는 것으로 여겨졌다. 바인스와 개태커는 바로 이 신학적 오류로부터 교회를 지켜내고자 했다. 실제로 개태커는 반율법주의자들과 여러 차례 신랄한 논쟁을 벌였으며, 반율법주의를 반박하는 논문을 출판하기도 했다.[88]

---

87   Van Dixhoorn, "Reforming the Reformation," 1.28.
88   Thomas Gataker, *Antinomianism Discovered and Confuted: And Free-Grace As It is Held Forth in Gods Word* (London, 1652). 또한 David R. Como, *Blown by the Spirit*, 93 이하도 참고하라.

총회 안에서 그들이 가졌던 우려는, 그리스도의 능동적 순종을 칭의에 포함시켰을 경우 반율법주의로 이어질 수 있다는 것이었다. 바인스와 개태커는, 그리스도께서 율법에 대해 완벽하게 순종하신 것이 신자에게 전가됨으로써 영원한 유업이 보장되었다고 주장할 경우, 신자들로 하여금 더 이상 도덕법을 준수하지 않아도 된다는 빌미를 줄 수 있다고 우려하였다. 프란시스 테일러(Francis Taylor)가 이 점을 잘 표현하였다.

> 이러한 가르침은 반율법주의자들에게 크게 유리한 것처럼 보인다. 만일 그리스도께서 나를 위해 율법을 성취하셨다는 점이 인정된다면, 나는 더 이상 율법에 얽매어 있을 필요가 없다는 결론이 뒤따를 것이다.[89]

이것이 바로 개태커가 우려하던 바였다.

> 그리스도께서 우리의 유익을 위하여 율법의 계명을 지키셨고, 따라서 우리 대신에 율법을 지키셨다고 한다면, 우리가 더 이상 그것을 지킬 필요가 없다는 결론이 이어진다. 어떤 다른 사람이 나를 대신하여 행한 일에 대해서는 내가 더 이상 얽매어 있지 않기 때문이다. 이 점에 대해서 고마루스(Gomarus)는 '하나님께 그리고 그리스도께 감사하는 방식으로 순

---

89 Ibid., 3.39-40.

종하라'고 대답한다. 하지만 이러한 답변은 충분치 않다. 왜냐하면, 만일 그리스도께서 내 대신에 율법을 지켜주심으로써 나를 순종으로부터 자유케 하신 것이 사실이라고 한다면, 나는 피조물의 의무라는 점에 있어서 더 이상 거기에 매여 있지 않기 때문이다.[90]

반율법주의자들과 많은 논쟁을 벌여 왔던 노련한 신학자로서, 개태커는 이러한 심각한 문제를 그냥 지나칠 수 없었다. 그가 보기에, 능동적 순종의 전가를 지지하는 입장은 잘못된 신학으로 이어질 수 있는 위험성을 가지고 있었다. 결과적으로 볼 때, 반율법주의에 대한 두려움이 칭의에 있어서 그리스도의 능동적 순종이라는 주제와 직접적으로 연결되어 있었던 것이다.

반율법주의의 위협을 경계하는 가운데 많은 신학자들이 대응하였는데, 이러한 두려움으로 인해 전통적인 칭의론에서 벗어난 사람은 개태커만이 아니었다. 논란의 여지가 있는 리차드 백스터(Richard Baxter)의 칭의 교리조차도 반율법주의를 반대하는 상황에서 형성되었다.[91] 하지만 바인스와 개태커는 알미니안주의의 해결책에 이끌리지는 않았다. 알미니안주의자들 역시도 반율법주의를 경계했다. 조

---

90 Ibid , 3.61. Franciscus Gomarus(1563-1641)는 1594년에 라이덴(Leiden)대학교에서 신학과 교수로 임명되었다. 그는 Jacobus Arminius를 반대했고 도르트총회(Synod of Dordt)에서 매우 영향력 있게 활동하였다. 참고, Muller, *PRRD* I, 1.31.

91 Hans Boersma, *A Hot Pepper Corn: Richard Baxter's Doctrine of Justification in Its Seventeenth-Century Context of Controversy* (Zoetermeer: Boekencentrum, 1993), 220-28; Paul Chang-Ha Lim, *In Pursuit of Purity, Unity, and Liberty: Richard Baxter's Puritan Ecclesiology in Its Seventeenth-Century Context* (Leiden: Brill Academic Press, 2004), 182-83 등을 참고하라.

셉 미드 역시 그리스도의 능동적 순종이 전가된다는 입장을 거부했는데, 그 이유는 이 입장이 어떤 사람들을 "게으르고 아무것도 행하지 않는" 방향으로 이끌 수 있다는 우려 때문이었다.[92]

알미니안주의자들, 바인스, 개태커가 모두 능동적 순종을 부인하긴 했지만, 그들의 신학적 유사성은 거기까지였다. 알미니안주의자들은 신자 고유의 의와 행위들이 칭의의 근거로 뒤따른다고 주장했으나, 개태커는 이 입장에 동의하지 않았다. "그 누구도 … 하나님의 심판대 앞에 죄인으로 서서 하나님의 율법에 의해 심문받을 때, 자기 자신의 행위로 의롭다 함을 받을 수는 없다"고 개태커는 단호히 주장했다.[93]

마찬가지로, 개태커는 칭의의 본질이 삶을 변화시키는 것이 아니라 사법적인 것이라고 보았다. 그는 칭의와 성화를 신중하게 구별하였다. 칭의는 죄의 책임의 문제를 다루고, 성화는 죄로 인한 부패를 다룬다.[94]

그러므로, 17세기의 상황에서, 칭의와 관련해 그리스도의 능동적 순종을 부인하는 입장이 반드시 펠라기우스(Pelagian)에 유사한 구원론의 모습을 취하는 것은 아니었다.

92　Joseph Mede, *The Works of the Pious and Profoundly-Learned Joseph Mede, B.D. Sometime Fellow of Christ's Colledge in Cambridge.*, ed. John Worthington (London: Printed by Roger Norton, 1677), 215; Jue, *Heaven Upon Earth*, 55.
93　Gataker, *An Antidote*, 5.
94　Ibid., 10, 11, 35.

3. 능동적 순종과 웨스트민스터 표준문서

웨스트민스터 총회 내에서 바인스와 개태커에 대한 반응 역시 동일하게 열정적이면서 신학적으로는 엄정했다. 그리스도의 능동적 순종과 수동적 순종 모두가 칭의에 포함된다는 입장을 변호하는 주장들이 제기되었다. 윌킨슨은 말하기를, "그리스도의 수동적 의를 크게 드높이려는 주장들을 전적으로 지지하지만, 나는 능동적 순종을 배제시킬 수 없다"고 했다.[95] 그는 그리스도가 가진 선지자로서, 제사장으로서, 왕으로서의 직분을 언급한 뒤, "능동적 의는 이 세 직분 모두와 연결됨으로써 죄인의 구원을 더욱 확실하게 돕는다"고 결론 내렸다.[96]

라자루스 셔먼(Lazarus Seaman)은 덧붙이기를, "그리스도의 수동적 순종이 전가되는 것과 같은 의미로 능동적 순종 역시 전가되어야 한다"고 말했다.[97] 셔먼은 더 나아가서 이렇게 주장했다. 칭의의 근거는 "그리스도, 전체의 그리스도, 그분의 의이며, 이는 자질적인 동시에 본질적이다. 그분의 전적인 순종과 속량, 이 모든 것이 칭의의 근거가 된다."[98]

바인스와 개태커를 반대하는 사람들은, 그리스도의 능동적 순종과 수동적 순종이 칭의에 있어 분리될 수 없다는 점을 확신했다. 조

---

95 Van Dixhoorn, "Reforming the Reformation," 3.33.
96 Ibid., 3.33.
97 Ibid., 3.42.
98 Ibid., 3.42. "자질적인"(habitual)이라는 단어를 통해서 Seaman은 능동적 순종 안에서 나타난 그리스도의 능동적 의를 언급했다.

지 워커(George Walker)는 "나를 죄 없이 만드는 것은 곧 나를 의롭게 만드는 것인데, 당신은 그리스도의 능동적 순종과 수동적 순종을 떼어낼 수 없다"고 말했다.[99]

로마서 5장에 대한 주석과 관련하여, 피터 스미스(Peter Smith)는 가장 먼저 다음과 같이 답변했다.

> "한 사람의 의"는 그리스도의 능동적 순종으로 이해되어야 한다. 왜냐하면, 이 표현이 자주, 특히 구약성경에서, 도덕법을 가리키는 의미로 사용되었기 때문이다. 누가복음 1:6 역시 마찬가지이다. 그리스도의 사역들, 그분의 능동적 순종과 수동적 순종 사이에는 교통(communication)이 존재한다.[100]

이에 더하여 토마스 굿윈(Thomas Goodwin)은 로마서 5장이 왜 능동적 순종을 가르치고 있는지 두 가지 이유를 추가했다.

첫째 이유는, "아담의 죄와 예수 그리스도의 순종 사이의 대립" 때문이다. "의의 선물"은 수동적 순종만을 의미하지 않는다. "은혜"로 주어진 "의의 선물"(17절)은 단순히 그리스도께서 십자가 죽음을 통해 하나님의 공의를 만족시키신 것만이 아니다.[101]

둘째 이유는, 굿윈의 다음 말에서 찾을 수 있다.

---

99 Ibid., 3.35.
100 Ibid., 3.28.
101 Ibid., 3.28.

"18절은 의롭다하심을 받아 생명에 이르렀다(생명의 칭의)고 말하는데 … 이는 영생을 얻는 권리를 뜻한다."[102]

즉, 칭의 안에서 주어지는 것은 단순히 하나님의 공의에 대한 만족만이 아니라, 영생이라는 긍정적인 보상이다. 굿윈은 그리스도께서 피를 흘리신 희생이 필수적이라는 사실을 부인하지 않았다.

"그것이 없이는 능동적 순종이 구원하지 못한다."

하지만 "율법의 의" 역시도 마찬가지로 성취되어야 했다는 것이다.[103] 토마스 윌슨(Thomas Wilson) 역시 굿윈의 해석에 동의했다.

"아담의 순종이 제한 없이 전가되었듯이, 그리스도의 순종도 제약 없이 전가된다."[104]

이와 더불어 기독론적인 주제들도 논의되었다. 다니엘 휘틀리(Daniel Featley)는 이 문제를 정면으로 다루었다. 그는 그리스도께서 자신의 인성 가운데 그분 자신을 위하여 율법을 지키셔야 하도록 매여 있었다는 개념에 반대했다.

만일 그리스도께서 그분 자신을 위하여 율법을 성취하도록

---

102 Ibid., 3.28.
103 Ibid., 3.28.
104 Ibid., 3.45. William Gouge는 다음의 설명을 덧붙였다. "그것은 성경의 롬 5:19과 고후 5:21을 통해서 증명되었다. 이 두 본문에서 아담과 그리스도 사이의 대조가 나타난다. 아담의 범죄가 우리에게 전가되었으며 그리스도의 순종이 우리에게 전가되었다. 다른 한편으로는, 우리의 죄와 그리스도의 의가 전가되었다. 많은 악한 사람들이 해독제를 찾으러 오는데, 그 모든 해독제는 각각의 특별한 용도에서 각자의 효력을 가지고 있다. 이와 같이 주 예수님께서 이루신 상세한 하나하나의 일들도 우리 안에 있는 각각의 특별한 용도에서 각자의 효력을 가지고 있는 것이다. 그리스도가 보증으로 명명되는 히 7장에서 그것이 분명하게 나타난다. 거룩하고 해로움이 없음, 이 모든 것이 우리의 보증으로서 규정된다." Van Dixhoorn, "Reforming the Reformation," 3.63.

얽매여 있지 않으셨다고 한다면, 그분께서 율법을 성취하신 일이 우리에게 전가되어야 한다. 그리스도께서는 율법의 성취에 매이지 않으셨는데, 이는 그분이 율법의 주인이요, 교회의 왕이시기 때문이다. 인자가 안식일의 주인이라는 말씀에는 이러한 강조가 담겨 있다. 이것이 사실이 아니라면 우리는 크게 실망할 수밖에 없는데, 왜냐하면 그리스도의 모든 사역을 잃어버리게 되기 때문이다. 무엇이건 간에 빚을 진 상태에서 행해진 것은 공로가 아니다.[105]

추가적으로, 찰스 헐(Charles Herle)은 그리스도의 능동적 순종이 어떻게 해서 그분의 존귀함을 보여주며 그분을 완벽한 희생제물로 만들어 주는지 납득할 수 없었다. 그는 다음과 같이 반박했다.

그리스도가 실제적으로 순종하기 위해서는 그분의 순종이 자연적인 것이었으며, 이와 동시에 그분이 또한 순종의 의무에 매여 있었다는 주장이 있다. 하지만 나는 이러한 의무가 그분의 본성의 존귀함과 어떻게 연결되는지 잘 이해할 수 없다. 비록 그리스도의 인성이 일종의 피조물이라 하더라도, 그것은 인격이 아니다. 의무는 인격에 해당하는 것이며, 이러한 의무의 목적지는 그 아들의 인격이어야 한다.[106]

---

105 Ibid., 3.65. 웨스트민스터 총회에서 했던 Featley의 발언들은 훗날 *The Dippers dipt or The Anabaptists Duck'd and Plung'd over Head and Eares, at a Disputation in Southwark* (London, 1651)라는 책으로 출판되었다.

106 Ibid., 3.75.

헐의 주장에 따르면, 그리스도의 의무를 단순히 그분의 인성에 따라서만 이야기하는 것은 적절치 않다. 그는 이러한 설명이, 그리스도의 인성을 그분의 신성으로부터 분리시킨다는 점에서, 기독론적 이단에 해당한다고 보았다.

따라서, 그리스도에게 어떠한 의무가 부여된다면, 이는 그분의 인격에 해당하는 것이지, 두 본성에 해당하는 것이 아니다. 휘틀리, 헐, 굿윈은 그리스도께서 이 땅에서 가지고 계셨던 의무와 하늘로 승천하신 그리스도를 주의 깊게 구분하였다. 순종은 구원이라는 목적과 관련하여 이 땅에 계셨던 그리스도에게만 적용된다.[107]

결과적으로, 안셀름의 입장을 부인하는 사람들에게 있어서, 능동적 순종과 수동적 순종은 모두 구속 언약(*pactum salutis*)의 일부를 이룬다.

더 나아가, 두 아담 기독론에 대한 논쟁의 필수적인 요소로서, 그들은 칭의에 하늘의 유업이 포함되지 않는다는 개태커의 입장을 거부하였다. 휘틀리에 따르면, 칭의에는 (아담에 의해 야기된) 영원한 죽음으로부터 구원받는 것과, 그 뒤를 이어 (그리스도 안에서) 영생이 주어지는 것이 모두 포함된다.[108] 굿윈은 다음과 같이 설명했다.

> 생명의 칭의는 그리스도의 생명을 일컫는 것이 아니다. 그것은 우리가 영생을 얻을 자격을 얻게 된 것인데, 이는 능동적 순종 때문이다. 즉 그분께서 행함으로써 고유하게 율법을 성

---

107 Ibid., 1.300-01.
108 Ibid., 3.43.

취하셨기 때문에 영생에 대한 우리의 자격은 율법에 적합한 것이다.[109]

헐 역시 능동적 순종을 가리켜 "생명에 이를 자격의 근거이며, 성경에서 '이것을 행하라 그리하면 살리라'라고 표현된, 생명에 이르는 방법"이라고 묘사했다."[110] 워커는 의롭다 함을 받지 못한 자와 의롭다 함을 받은 자 사이의 중간 상태를 부인했던 개태커의 견해를 반박하며 다음과 같이 주장했다.

> 죄 사함와 의 사이에는 중간 지역이 없다는 주장을 들었다. 만일 죄 사함이 어떤 사람을 아담의 의와 동일하게 의롭게 만든다고 한다면, 그 사람을 천상의 위치에 놓는 일은 어떻게 이루어지는가?(고전 15:47)
> 타락하기 전 순수한 자연 상태의 아담을 취하고, 낙원에서 그러한 의를 즐거워하는 것으로는 그를 천상으로 들어 올리지 못할 것이다. 그가 높은 위치에 이르게 되는 것은 율법과 능력에 의해서인데, 이는 예수 그리스도를 통해 이루어진다.[111]

워커는 개태커가 말하는 두 아담 기독론이 일관되지 않다고 확신했는데, 이는 아담이 의로우나 칭의를 받지 않았기 때문이다. 또한

109　Ibid., 3.48.
110　Ibid., 3.50.
111　Ibid., 3.29.

그는 개태커가 궁극적으로 아담의 시험 상태를 부인했다고 믿었다. 마지막으로, 데오도르 백허스트(Theodore Backhurst)는 양자됨이 신자에게 "천국으로 들어갈 자격"을 부여한다는 점에 동의하면서도, 이는 갈라디아서 4:26-27에 따라서 "적극적인 의"와 더불어 이루어진다고 주장했다.[112]

이처럼 치열하게 논쟁을 벌이는 가운데, 능동적 순종을 지지하는 사람들은 자신들에게 제기된 반율법주의라는 비난에 신중하게 답변하였다. 그리스도의 능동적 순종에 입각한 그분의 완벽한 의의 전가를 주장한다고 해서 결코 하나님의 도덕법을 지켜야 할 책임을 면제하는 것이 아니라는 점을 그들은 분명히 했다. 토마스 굿윈은 다음과 같이 분명하게 반율법주의를 거부했다.

> 반율법주의자들의 주장에 대해 답변하자면, 그리스도께서 율법을 성취하시고 종결하셨다는 주장은 틀리지 않다. 하지만 우리는 이것이 오직 칭의에만 관련된다고 주장한다 … 비록 그리스도께서 우리를 위해 율법을 성취하셨지만, 우리는 여전히 그리스도를 닮아가야 한다. 그리스도께서는 자신의 능동적 순종을 통해 우리가 따라야 할 모범으로 세워지셨다.[113]

굿윈은 의롭다 함을 받은 사람이 이제는 그리스도를 닮아가는 삶에 힘써야 하는데, 그리스도께서 친히 하나님의 율법에 순종하셨던

---

112 Ibid., 3.39.
113 Ibid., 3.41.

것처럼 그렇게 살기를 소망해야 한다고 주장했다.

굿윈은 인간이 율법과 관련해 가지는 두 가지 의무를 구분하였다. 첫째로는 생명의 약속과 연관된 의무가 있고, 둘째로는 피조물이기 때문에 가지는 의무가 있다. 그리스도께서는 첫 번째 의무를 이루셨으나, 두 번째 의무는 여전히 남아 있다.[114]

반면, 헐은 신학적으로 조금 다른 각도에서 이 문제를 접근했다. 그는 능동적 순종을 지지하는 입장이 어떻게 해서 "필연적으로 반율법주의적인 교리로 연결되어야 하느냐?"고 반문하였다.[115]

헐이 보기에, 행위 언약 아래에서 인간은 "육신을 통해" 하나님의 율법을 지키는 것이 불가능했다. 요구된 거룩함을 이룰 수 있는 "가치와 덕"(value & the virtue) 그리고 "값과 능력"(the price & power)은 오직 그리스도께만 있었다. 그리스도께서 이 요구를 "우리를 대신하여" 이루셨고, 이제 신자들은 이 원래의 언약으로부터 자유케 되었다고 그는 결론 내렸다.

이와 같이 자유케 된 것은 율법을 폐기하기 위해서가 아니라, 오히려 율법에 순종하기 위한 참된 자유함이었다. 이러한 자유는, 모든 순종을 불가능하게 만들었던 죄의 속박과 대조된다.[116]

최종적으로 웨스트민스터 총회는 1643년 9월 12일, 투표를 통해 이 논쟁을 종결지었다. 투표 결과, "전적인 순종"이라는 표현을 지지하는 입장, 즉 능동적 순종을 지지하는 입장이 압도적으로 많았다.

---

114   Ibid., 3.66.
115   Ibid., 3.64.
116   Ibid., 3.64.

총회 회의록은 토마스 개태커를 포함해 3개의 반대표가 있었다고 기록한다.[117] 하지만, 이 논문의 앞부분에서 언급했듯이, "전적인"이라는 단어가 『웨스트민스터 신앙고백서』 11장에는 나타나지 않는다.

총회 신학자들은 왜 가장 중심적인 신앙고백서에서 이 표현을 뺀 것일까?

칭의에 대한 논쟁이 벌어졌던 1643년과 신앙고백서가 작성된 1645년 사이에, 많은 신학자들이 일종의 합의를 위해 자신들의 생각을 바꾸었던 것일까?

역사가들과 신학자들 모두에게 실망스럽게도, 이 문제는 분명한 역사적 근거를 가지고 답변될 수 없다. 총회 회의록은, 칭의 교리에 대한 보고서가 위원회로부터 제출되었고 총회가 이 보고서에 대해 논쟁했다고 기록하지만, 그 보고서의 주된 내용이 무엇이었는지 또 논쟁의 핵심이 무엇이었는지에 대해서는 밝히고 있지 않다.[118]

실망스럽게도, 회의록은 "전적인"이라는 단어가 왜 빠지게 되었는지에 대해 어떠한 기록도 남기지 않는다. 따라서, 이 단어가 왜 신앙고백서에 나타나지 않는지에 대한 모든 설명들은 잠정적인 추측일 뿐이거나, 기껏해야 개연성 있는 해석에 불과하다.[119]

117　Ibid., 3.77, 1.321.
118　Van Dixhoorn, "Reforming the Reformation," 3.27. 마찬가지로 칭의에 대해 논의한 위원회에 관한 정보 역시 없다. Van Dixhoorn, "Reforming the Reformation," 3.324.
119　칭의에 관한 정통장로교회(The Orthodox Presbyterian Church)의 보고서는 다음과 같이 결론을 내린다. "웨스트민스터 총회의 신학자들이 그리스도의 능동적 순종의 전가를 부인하려는 사람들에게 여지를 주기 위한 목적에서 칭의 교리를 형성했다는 주장은 기껏해야 추론에 불과하다." *Report on Justification Presented to the Seventy-third General Assembly of the Orthodox Presbyterian Church* (2006), 73.

밴 딕스후른은 그와 같은 "개연성 있는 해석들"을 분석한 뒤, "신앙고백서의 최종적인 진술이 만들어지기까지 일련의 상황들이 있었음에 분명하다"고 제안한다.[120]

원래의 표현이 왜 생략되었는지에 대한 가능성들을 다시 설명하거나 새로운 추측을 만들어내는 것보다는, 웨스트민스터 표준문서에서 제시하고 있는 더 넓은 신학의 체계에 연관지어 이 문제를 검토하는 것이 더 유익할 것이다.

특히 웨스트민스터의 두 아담 기독론과 칭의 사이의 연관관계를 설명하는 작업이 중요하다. 『웨스트민스터 신앙고백서』는 첫 아담이 행위 언약 아래에 놓여 있었고, 이 행위 언약 안에서 "완전하고 개인적인 순종을 조건으로 생명이 약속되었다"고 분명히 밝힌다(7:2). 아담이 타락한 결과 그의 죄책이 온 인류에 전가되었고, 죄의 부패 역시 모든 사람에게 전달되었다(7:3). 따라서 생명의 약속은 더 이상 행위 언약 아래에서는 불가능했다(7:3).

하지만 주님께서는 두 번째 언약을 맺으시기를 기뻐하셨는데, "이 언약은 일반적으로 은혜 언약으로 불리며, 이 언약에 의하여 주님은 예수 그리스도로 말미암아 생명과 구원을 죄인들에게 거저 주신다"(7:3). 이렇게 구원은 은혜 언약에 따라 그리스도 안에서 제공되었다.

그리스도께서는 이 언약 안에서 어떻게 구원을 이루셨는가? 신앙고백서 8:5은 다음과 같이 설명한다.

---

120 Van Dixhoorn, "Reforming the Reformation," 3.328. Van Dixhoorn은 일치를 이루기 위해 삭제한 것이 갖는 장점과 단점의 가능성들을 설명한다.

주 예수께서는 완벽하게 순종하셨으며, 영원하신 성령을 통하여 그분 자신을 하나님께 단번에 희생제물로 드리심으로써, 아버지 하나님의 공의를 만족시키셨다. 그분은 아버지께서 자신에게 주신 모든 자들을 위하여 화목뿐만 아니라, 천국의 영원한 유업도 사셨다.

첫 아담과 둘째 아담 즉 그리스도 사이의 병행이 분명하게 나타난다. "생명" 혹은 "영원한 유업"을 얻는 데 필요했던 "개인적인 순종"에 있어 아담은 실패했지만, 그리스도의 "순종"은 이를 이루셨다. 하지만, 그리스도의 "완벽한 순종"의 본질은 무엇인가?

먼저, 대요리문답 92번과 93번의 내용을 기억하는 게 중요하다. 아담에게 요구된 순종은 도덕법에 대한 순종이었으며, 도덕법을 지키는 자에게는 "생명이 약속되었고, 그것을 깨트리는 자에게는 죽음이 경고되었다." 마찬가지로, 은혜 언약에 따라, 예수 그리스도께서는 "율법 아래 놓이셔서 그것을 완벽하게 성취하셨다"(신앙고백서 8:4). 율법을 이루심으로써 혹은 율법에 완벽하게 순종하심으로써, 그리스도는 아담이 실패했던 일을 성취하셨다. 그러므로 십자가에서의 고난과 죽음과 더불어 그리스도의 순종이 구속을 이루셨던 것이다.

구속의 성취로부터 구속의 적용으로 넘어가면서 대요리문답 70번은 다음과 같이 설명한다.

칭의란 하나님께서 죄인들에게 값없이 주시는 은혜의 행위인데, 하나님께서 그들의 모든 죄를 사하시고 자기 목전에서 그

들을 의로운 자들로 받아들이시고 인정하시는 것이다. 이는 그
들 안에서 일어난 어떤 것 때문도 아니고, 그들이 행한 어떤 것
때문도 아니며, 오직 그리스도의 **완벽한 순종**과 완전한 속량
때문이다. 하나님께서는 이것을 죄인들에게 전가시키시며, 그
들은 오직 믿음으로 이것을 받는다.[121]

신앙고백서 11:1 역시 칭의에는 "그리스도의 순종과 속량"의 전가
가 포함된다고 가르친다. 웨스트민스터 표준문서에 따르면, 칭의의
근거에는 그리스도의 완벽한 순종의 전가, 즉 그분께서 율법에 순
종하신 공로로써 영생을 사신 것(8:5)이 포함된다. 첫 아담의 불순종
안에서 상실된 생명의 약속이 둘째 아담의 완벽한 순종 안에서 회
복되었고, 이것이 믿음을 통해 신자에게 전가되는 것이다.

비교해 볼 때, 웨스트민스터 표준문서에서 설명하는 두 아담 기독
론은 바인스나 개태커가 총회에서 주장한 것과는 다르다. 웨스트민
스터 표준문서에서 보여주는 두 아담 기독론의 구조는, 본질적으로,
그리스도의 능동적 순종을 포함하는 칭의 교리를 지지한다. 그리스
도께서 율법에 순종하신 것은, (바인스와 개태커가 주장한 것처럼) 희생
양으로서 그분 자신의 존귀함이나 가치를 증명하시기 위해서도 아
니었고, 그분의 인성이 율법에 얽매어 있었기 때문도 아니었다.

그리스도께서 율법에 대해 완벽하게 순종하신 것은 아담의 불순
종 안에서 잃어버린 것을 그대로 되찾기 위해서였다. 뿐만 아니라,

---

121 강조된 부분은 필자의 것이다.

개태커는 칭의에 영생이 포함되지 않는다고 가르친 반면, 웨스트민스터 표준문서는 그리스도의 긍정적이고 완벽하신 순종에 대한 종말론적인 보상이 영생의 약속이었으며(신앙고백서 8:5), 그리스도의 완벽한 순종이 칭의 안에서 신자에게 전가되었기에(대요리문답 70번), 결과적으로 칭의에는 영생의 약속이 포함된다고 주장한다.

웨스트민스터 총회가 신앙고백서 11:3에서 "전적인"이라는 단어를 왜 생략했는지에 대해서는 원자료들이 더 이상 알려주지 않으며, 아마도 이 질문은 풀리지 않은 채 역사의 수수께끼로 남게 될 것이다. 하지만 웨스트민스터 표준문서의 교리 체계를 전체적으로 살펴 볼 때, 우리는 더 구체적인 세부사항들을 볼 수 있다. 웨스트민스터 표준문서의 전체 맥락 안에서 본 칭의 교리는 하나의 구별되며 일관적인 신학 체계인데, 이는 바인스와 개태커가 주장했던 입장, 즉 "수동적 순종만 전가된다는 입장"의 칭의 교리와는 어울리지 않는다. 이 점은 결코 놀라운 사실이 아니다. 바인스와 개태커의 입장은 투표를 통해 명백히 거부되었기 때문이다.

우리는 투표를 통해 결정되었던 내용이 웨스트민스터 표준문서의 신학 안에 반영되어 있다고 기대해야 할 것이다.

4. 결론

우리는 칭의 교리에 관한 오늘날의 논의들을 언급함으로써 이 논문을 시작했다. 웨스트민스터 표준문서를 따르기로 서약한 교회와 신학 기관 내부에서, "바울에 대한 새 관점"을 지지하는 사람들은 칭의에 있어 수동적 순종의 전가만을 주장하는 입장이 역사적으로 용인되었다고 주장한다. 자신들의 주장을 뒷받침하기 위해 그들은, 바인스와 개태커의 입장들이 웨스트민스터 총회 안에 존재했었고 또 신앙고백서의 11장에 "전적인"이라는 단어가 명백하게 빠져 있다는 사실들을 제시한다. 본질적으로 이것은 역사적 선례에 근거해 논증을 세우려는 시도이다.

하지만, 바인스와 개태커가 주장한 입장이 웨스트민스터 표준문서의 경계 안에서 수용될 수 있었다는 점을 인정한다 치더라도, "새 관점" 옹호자들이 단순히 오늘날의 바인스나 개태커에 해당한다고 볼 수는 없다. 여기에 대해서는 한 가지 중요한 점을 설명하는 것으로도 충분할 것이다.

새 관점 학파와는 달리 바인스나 개태커 그 누구도 신자가 행한 순종의 행위을 칭의의 근거에 포함시키지 않았다. 이미 우리는 바인스와 개태커의 입장이 당시 17세기 유사 펠라기우스주의자들(즉, 알미니안주의자들과 로마 가톨릭주의자들)과 어떻게 달랐는지 살펴보았다. 칭의 교리를 재정의하는 가운데 "새 관점" 옹호자들은 칭의를 더 이상 한 개인이 언약 안으로 어떻게 들어가는지의 문제로 보지 않고, 오히려 한 개인이 언약 안에 어떻게 머물러 있는지의 문제로 간주한다.[122]

---

122   E. P. Sanders, *Paul and Palestinian Judaism* (Philadelphia: S.C.M., 1977), 543; Wright, *What Saint Paul Really Said*, 119, 122; N. T. Wright, *Paul in Fresh Perspective* (Minncapolis: Fortress Press, 2005), 119.

그 결과, "새 관점" 지지자들은 현재적인 칭의만이 아니라 미래적인 칭의가 존재하며, 미래적인 칭의는 "성령에 이끌려" 그리스도인들이 행한 순종의 행위에 근거한다고 주장한다.[123]

이러한 주장은 조셉 미드를 비롯한 알미니안주의자들이 옹호했던 입장이다. 이와는 대조적으로, 바인스와 개태커는 신자의 칭의 중 그 어떤 부분도 인간적인 행위에 (그것이 성령의 이끌림에 따라 이루어진 행위이건 그렇지 않건) 기초하지 않았다. 반교황주의가 만연했고 알미니안주의와 칼빈주의 사이에 긴장감이 팽배했었던 17세기 영국의 상황에 비추어 볼 때, 바인스와 개태커를 포함한 그 어떤 신학자들도 인간의 행위를 칭의의 근거로 포함시키는 입장을 수용할 수 없었을 것이다. 오늘날의 수정주의자들은 역사를 시대착오적으로 잘못 해석하는 오류를 경계해야 할 것이다.[124]

---

123 참고, Don B. Garlington, *Faith, Obedience, and Perseverance: Aspects of Paul's letter to the Romans* (Tübingen: J.C.B. Mohr, 1994), 152-55; Wright, *What Saint Paul Really Said*, 118, 129; Wright, *Paul in Fresh Perspective*, 57, 148. 칭의의 미래적 측면을 주장하는 것 자체가 반드시 알미니안적이거나 "새 관점"에 해당하는 것은 아니다. 대요리문답 90번과 소요리문답 38번에 나오는 공개적인 사면(open acquittal)이라는 단어는 심판의 날에 신자들에게 임할 칭의의 미래 법정적 또는 사법적 측면을 표현한다. 더 나아가서, 웨스트민스터 표준문서에 따르면, 한 번의 칭의 행위에 현재적 측면과 미래적 측면이 함께 포함되며, 이것의 근거는 오직 그리스도의 사역뿐이다. 참고, Richard B. Gaffin Jr., *By Faith, Not By Sight: Paul and the Order of Salvation* (Milton Keynes: Paternoster Press, 2006), 81-84. 또한 본서에 실려 있는 Lane G. Tipton, "Union with Christ and Justification"을 보라.

124 뿐만 아니라, Richard B. Gaffin은 James Dunn의 원죄 교리에서 그리고 아마도 N. T. Wright의 원죄 교리에서도 또 하나의 반(半)펠라기우스적인 요소를 발견한다. 거기에서 그들은 아담의 원죄의 전가를 부인하는데, 이 역시 『웨스트민스터 신앙고백서』 6:3, 6과 충돌한다. Richard B. Gaffin Jr., "Paul the Theologian," *Westminster Theological Journal* 62 (200): 135를 보라.

제3부
칭의론과 변증적 함의들

제6장 ❖ 칭의와 폭력: 속죄 및 변증학에 대한 고찰
—윌리엄 에드가(William Edgar) 박사

제7장 ❖ 언약적 믿음
—K. 스코트 올리핀트(K. Scott Oliphint) 박사

제6장
칭의와 폭력: 속죄 및 현대 변증학에 대한 고찰

윌리엄 에드가(William Edgar) 박사
웨스트민스터신학교 변증학 교수

그리고, 실제로, 우리는 다음 사실을 믿는다. (그리스도의 순종이 우리에게 전가됨으로써 칭의를 얻는다는) 이러한 기초로부터 조금이라도 벗어날 경우, 우리는 그 어디에서도 안식을 찾지 못할 것이며 언제나 고통스러워해야 할 것이다. 예수 그리스도 안에서 사랑받는 상태에 이르기 전, 우리는 결코 하나님과 화목할 수 없으며, 우리 자신이 증오의 대상이 되기에 합당하기 때문이다(1559년 『프랑스[Gallican] 신앙고백서』, 18항).

칭의 교리는 이미 확립되지 않았고, 그와 연관된 문제들도 해결되지 않았는가?

16세기 종교개혁가들은, 적어도 개신교 전통 내부에서는, 이 주제를 완전히 다루었고 미래를 위해 이 교리를 세워놓지 않았었는가?

그렇지 않아 보인다. 적어도 오늘날 교회의 몇몇 부분에서는 말이다. 오늘날 다양한 학자들은 칭의의 모든 문제를 수정하고 있다. 어떤 학자들은 "바울은 루터파가 아니었다"고 주장하면서 우리가 이 문제 전체를 다시 정의해야 하며, 신약성경이 실제로 칭의를 어떻게 보았는지 제2성전 시대의 배경에 비추어 새롭게 이해해야 한다고 주장한다.

비록 이 문제가 오늘날의 논의에서 중요하긴 하지만, 본 논문의 관심은 이것이 아니다.[1] 오히려 우리의 관심은 칭의가 기독교 변증학에 있어 핵심적인 요소라는 점을 주장하는 것이다.

첫째, 우리는 칭의의 실제(reality)를 인간 경험에 위치시키고자 한다. 그리스도의 대속 사역에 기초한 고전적인 칭의가 사라질 경우, 인간들은 그것을 대체할 다른 것들 때로는 매우 기괴한 것들을 붙잡게 될 것이다. 이에 대해 몇 가지 역사적 사례들을 증거로 제시할 것이다.

둘째, 우리는 칭의를 재정의하려고 시도하며 신학에 대한 수정주의적 관점을 제시하는 최근의 신학자들을 비판하고자 한다. 이를 위해 우리는 고대의 저자들뿐 아니라 몇몇 현대의 조직신학자들과도 대화를 시도할 것이다.

셋째, 우리는 칭의의 참된 의미가 여전히, 아니 예전보다 더욱더, 기독교 세계관의 기초를 형성한다는 점을 주장하고자 한다. 성취된 구속(redemption-accomplished)의 중심인 속죄(atonement), 그리고 적용

---

1 신약성경과 그 해석에 관한 논의에 대해서는 이 책의 1, 2, 5장을 보라.

된 구속(redemption-applied)의 중요한 입구인 칭의, 이 둘은 계속해서 기독교 메시지의 근간을 형성하며, 다양한 형태의 현대적인 불신에 맞서 기독교의 진리를 변증하는 데 중심적인 역할을 할 것이다.

1. 왜곡된 형태의 속죄

프랑스 혁명은 공식적으로 1789년 7월 14일, 바스티유 감옥의 습격과 함께 발발했다. "요새"를 의미하는 단어 바스티드(bastide)에서 유래한 이 건축물은 원래 파리의 동쪽 성벽을 보호하기 위해 만들어졌다.

하지만 얼마 지나지 않아 이 건물은 정치범들, 일반적으로 왕의 적수들을 수용하는 끔찍한 장소가 되었다. 감옥이 된 이 건물을 지키고 있던 사람들은 나이 많은 노병들과 몇몇 스위스 용병들뿐이었다. 그들은 이 운명의 날에 감옥을 습격했던 수천 명의 사람들과 상대가 되지 않았다. 그 날은 굉장히 상징적인 순간이었다. 진실로, 프랑스 혁명의 많은 부분은, 매우 과격하고 피비린내 나는 드라마이고, 심지어 일종의 속죄 의식이라고까지 할 수 있었다.

1789년 7월 12일, 일요일 오후 3시 30분, 피카르디(Picardie) 출신의 한 젊은 언론인이 왕궁 안에 있는 식탁 위에 서서 열정적인 연설을 했다. 녹색 잎으로 장식된 베레모를 쓴 과격한 카미유 데물랭(Camille Desmoulins)은 연설을 마치며 "무기를 들라"고 소리쳤다. 일군의 무리가 동원되었고, 길을 따라 행진했다. 그들을 동요하게 만든 직접적인 원인은 재정 장관 자크 네케르(Jacques Necker)의 해임으로서, 이 사건은 프랑스의 일반 시민들에 대한 명백한 도발이었다.

이 반역의 무리는 첫 번째 목표물로 특별한 대상을 선택했다. 그들은 파리에 있는 모든 극장을 폐쇄함으로써, 자신들이 행하는 것보다 더 극적인 드라마는 없다는 것을 상징적으로 표현했다.[2] 사태는 눈덩이가 커지듯 확장되었다. 혁명에 참가하는 무리들은 점점 더 많아졌고 과격해졌다.

그들은 "루이 15세 광장"(*Place Louis XV*)으로 진격했다(이 장소는 훗날 "혁명 광장"으로, 그리고 나폴레옹 이후에는 "화합[*concorde*] 광장"으로 이름이 바뀌었다). 불행히도 왕실 근위대가 발포한 총성으로 시민 몇 사람이 생명을 잃었으며, 이는 더 큰 도발을 불러 일으켰다.

이틀 후, 이제는 거대한 숫자가 된 군중이 바스티유에 함께 모였고 그 감옥에 수감돼 있던 사람들을 해방시켰다. 그 이후의 이야기는 잘 알려져 있다. 잇따라 일어난 혁명 정부, 왕의 처형, 외국과의 전쟁, 공포 정치, 그리고 마지막으로 나폴레옹의 통치가 이어졌다.

우리는 여기에서 일종의 세속적인 속죄의 한 실례를 볼 수 있다. 프랑스 혁명이라는 드라마의 중심적인 의식 중 한 가지는 속죄(expiation)를 행하는 것이었다. 혁명적인 이상을 유지함과 동시에, 과거로부터 깨끗해지는 일이 중요했다. 길로틴(guillotine)이라고 불리는 단두대가 인간을 처형하는 기구로 공인되었다. 이 기구의 역사는 중세 시대로까지 멀리 거슬러 올라간다. 하지만, 의회 대표 중 한 사람

---

2   James H. Billington, *Fire in the Minds of Men* (New York: Basic Books, 1980), 31 이하.

이던 조셉 길로틴(Joseph Ignace Guillotin)이 모든 범죄자들에게 이 기구를 사용할 것을 제안했다. 1791년 3월, 의회는 단두대를 죄수 처형을 위한 유일한 기구로 선포했다. 모든 범죄자들이 동등하게 취급되어야 한다는 이유에서였다.

이전에는 출신이 높은 사람과 낮은 사람 사이에 차별이 있어서, 출신이 낮은 사람들이 훨씬 더 잔인한 형태의 처형을 받아 왔었다. 유명한 의사 앙투완 루이(Antoine Louis)와의 상의 끝에, 정부는 이 단두대가 깨끗하고 효과적인 처형 방식이라고 확신했다(이 기구는 처음에 루이의 이름을 따라 불렸지만, 결국 길로틴이라는 이름을 갖게 되었다).

프랑스 혁명 시대 파리에서 사용된 단두대는 독일의 기술자이자 피아노 장인이었던 토비아스 슈미트(Tobias Schmidt)에 의해 제작되었다. "강둑(Grève) 광장"(오늘날의 "시청 광장"[Place de l'Hôtel de Ville])에서 1792년 4월, 단두대 처형이 처음으로 시행되었다. 중요한 인물이 처형될 때에는, 단두대가 혁명의 광장으로 옮겨져서 사용되었다. 1793년 1월 21일, 루이 16세가 그곳에서 처형되었다. 그 밖의 많은 유명 인사들도 단두대의 운명을 맞이했다. 평화로운 시대가 회복될 때까지 매년 수천 명의 희생자들이 발생했다.

길로틴은 혁명 드라마의 핵심이었다.[3] 다른 측면들도 함께 언급될 수 있을 것이다. 데물랭(Desmoulins)이 연설했던 왕궁(Palais Royal)은 계몽주의의 원칙들에 따라 상징적인 이름을 가진 카페들이 여럿

---

3 이 단두대 처형의 기괴하고 천박한 측면이 언급될 수 있을 것이다. 작은 모형들이 여성의 귀고리로 사용되었다. 단두대는 20세기 후반에 이르기까지 유럽의 수많은 나라들에서 사용되었다. 히틀러와 나치는 프랑스보다 훨씬 더 광범위하게 단두대를 사용하였다.

모여 있었다. 카보(*Caveau*)는 문자적으로나 은유적으로나 지하에 있었다. 1792년 이곳에서 지롱드(Girondins) 당은 왕정 제도를 뒤엎고 프랑스 공화국을 세울 계획을 도모했다. 미케닉(*Mécanique*)은 로봇으로 가득 찼고 현대 과학을 경축했다. 푸아(*Foy*)는 평등주의와 이성에 대한 새로운 신앙을 상징하는 장소였는데, 이곳에서 최초의 군중들이 동원되었다. 그곳에서 데물랭은 마법의 탁자(*table magique*)라고 불리는 탁자 위에 실제로 올라가서 연설을 했다. 그 탁자를 이상적인 세상의 "마법"을 위해 존재했다. 이러한 카페들에서 사람들은 정치에 대해 토론했고, 말들을 만들어 내거나 새로운 의미(민주주의, 공산주의, 국가됨, 자유 등)가 부여되었다.[4]

어떤 의미에서는 세속적이지만, 종교와의 병행관계도 놀라왔는데, 특히 프랑스 혁명의 반(反)가톨릭주의 정서가 두드러지게 나타났다. 바스티유 감옥은 바벨론이었다. 감옥을 파괴하는 것은 백지 상태, 심지어는 새로운 탄생을 의미했다("국가"라는 단어가 의미하는바가 바로 이것이었다).

계몽(Enlightenment)이라는 용어는 "세상의 빛"이라고 하셨던 예수 그리스도를 패러디한 것이었다. 노틀담 대성당의 중앙 제단은 흙더미 위에 심겨진 나무로 대체되었는데, 이는 새 하늘과 새 땅 중 새 **땅**을 상징했다. 마리아 대신 그 지역의 창녀가 행렬을 이끌었고, 프랑소아 고섹(Francois Joseph Gossec)은 최고 존재와 인간 이성의 영광을 찬양하는 노래들을 만들어 불렀다. 그리스도의 탄생이 제1년이었던

4　François Fosca, "Histoire," in *Histoire Des Cafes de Paris* (Paris: Firmin-Didot, 1934)를 보라.

그레고리력은 제1공화국의 출범을 알리는 달력으로 바뀌었다. 하루는 10시간이었고, 달은 10일의 "열 묶음"이었으며, 인간 이성에 호소하는 의미에서 식물, 동물, 도구 등의 이름이 달력에 사용되었다.[5]

이처럼, 길로틴은 갈보리에 대한 모조품이었다. 단두대에서의 죽음은 교수형에서의 죽음보다 훨씬 덜 고통스러웠으며, 일종의 피의 의식에 대한 상징물이었다. 새로운 탄생을 거부했던 죄인들은, 새로운 "교회"의 시민들, 즉 공화국 시민들의 유익을 위해 처형되었다. 광장을 향해 행진하는 행렬을 포함한 의식이 거행되었고, 이 행렬에서 죄인들은 비천한 모습으로, 당나귀가 아니라 노새가 끄는 수레를 타고 호송되었다. 그들이 남긴 마지막 유언들은 기록되었고 프랑스 전역에 출판되었다.

2. 명예를 위한 숙청

프랑스 혁명은 과거의 악으로부터 세상을 정결케 하고 자유를 향한 새로운 길을 열고자 의도되었던 일종의 근대적 모델의 속죄 의식이었다. 이 밖에도 많은 비슷한 예가 존재한다. 시간과 문화 및 장소에 따라 차이가 있고, 또 사회악에 대한 진단 및 더 나은 미래에 대한 소망의 모습이 각각 다르긴 하지만, 그 형태들은 비슷하다. 또 다른 예로 미국 남부의 교수형 제도를 생각해보라.

---

5 Jean Favier, ed., *Chronique de la Révolution 1788-1799* (Paris: Larousse, 1988).

사회학자 올랜도 패터슨(Orlando Patterson)은 "피의 의식"에 관해 중요한 기여를 하였는데, 그는 특히 북미주에서의 인종 관계에 주목하여 연구했다. 그는 남북전쟁 이후 미국 남부 지역에서 나타났던 사형 현상을 연구하였고, 그것을 구조적이고 문화적인 요소들과 연결하였다.[6] 1882년부터 1968년까지, 교수형의 80%가 남부 지역에서 발생하였고, 희생자 중 72%는 흑인이었다.[7] 심리적이고 경제적인 요소가 물론 존재했다. 하지만 패터슨은 문제의 핵심이 의식적 살인 및 피의 희생이라고 주장한다. 이러한 관습은 미국 남부 지역을 넘어서도 널리 존재했다. 특히 보다 "발전된" 근대 이전 사람들에게서 나타났는데, 종종 그 관행은 노예 소유와 연관되었다.

패터슨은 희생이 무엇을 보여주며 왜 그것이 인류의 가장 성스러운 의식 중 하나인지에 대해 질문한다. 앙리 위베르(Henri Hubert)와 마르셀 모스(Marcel Mauss)의 뒤를 이어, 패터슨은 '희생이 보여주는 것은 악의 숙청과 경축의 특별한 조합'이라고 대답한다.[8]

또한 모스는 르네 지라르(René Girard)의 견해를 따르고 있는데, 지라르의 연구는, 각 사회마다 희생자에게 폭력을 시행함으로써 그 사회를 유지하고자 하는 현상이 나타난다는 점에 주목했다.[9] 지라르는 희생의 유사-종교적인(quasi-religious) 특성에 대해 더 많은 관심

---

6   Orlando Patterson, "Feast of Blood: 'Race,' Religion, and Human Sacrifice in the Postbellum South," in *Rituals of Blood*: *Consequences of Slavery in Two American Centuries* (Washington, DC.: Civitas/ CounterPoint, 1998), 169-232.

7   Patterson, "Feast," 176.

8   Ibid., 182-83; Henri Hubert and Marcel Mauss, *Sacrifice*: *Its Nature and Function*, trans. W. D. Halls (Chicago: University of Chicago Press, 1964)를 보라.

9   Ibid., 184. René Girard, "La violence et le vrai savior de l'homme," *Corporation Canadienne Des Sciences Religieuses* 10 (1981):1.

이 집중되어야 한다고 주장한다. 인간 희생의 경우, 역사적이고 문화적인 요소들은 의식적 정화(ritual cleansing)가 왜 그토록 많은 시대에 많은 장소에서 발생하는지를 설명해 준다.

이러한 개념 틀을 바탕으로 패터슨은 미국 남부의 배후에 깔려 있는 켈트(Celtic) 민족의 명예 문화를 조사한다. 19세기 많은 백인 미국인의 특징이었던 개척정신을 강조하면서, 패터슨은 노예 제도의 장애물과 노예 해방의 결과들을 세밀하게 살펴본다. 남부 지역에서 나타난 교수형 현상을 설명하기 위해, 그는 **명예**를 보호하기 위한 일종의 메커니즘이 필요했다고 주장한다.

> 명예를 중시하던 켈트족의 문화가 전달되었고 개척 환경이 시작되었으며, 이로 인해 노예 제도가 세워지고 인종주의라는 세속 종교가 제도화되었다.[10]

노예들은 "내부의 적"으로 여겨졌다.

하지만 노예들이 사용한 전술은 어떤 종류의 것이었는가?

노예들은 백인과의 결혼이나 횡령 등의 행위를 통해 주인의 소유를 은밀히 침해하고자 하는 전복적인 세력으로 여겨졌다. 흥미롭게도, 패터슨은 이를 프랑스 혁명과 연결시키는데, 흑인들을 **자코뱅파 사람들**(Jacobins)로, 그리고 백인들을 파괴하는 세력들로 동일시하는 신문 기사를 인용한다.[11] 남북전쟁 이후 재건 시기 동안, 명예는

---

10 Ibid., 191.
11 Ibid., 191-92. 참고, John Hope Franklin, *The Militant South* (Boston: Beacon

상실되었고 유독 흑인들을 내부의 적으로 인식함이 증가했는데, 이는 흑인들이 처음으로 백인과 유사한 법적 기회를 부여받기 시작했기 때문이다. 그리고, 이러한 환경에서, 의식적인 희생, 설교, 신중하게 선정된 장소, 상징적인 나무(극단적인 백인 우월주의 집단인 Ku Klux Klan[KKK]에게는 "불타는 십자가") 등 모든 요소들이 조합된 결과 "잃어버린 대의의 종교"가 나타났다.[12]

3. 정화, 참과 거짓

우리가 주장하는 핵심 요점은, 인간이 정의에 심각한 위협을 끼친다고 여겨지는 환경에서 일종의 대리 유화적 속죄(substitute propitiatory atonement)를 추구하게 될 것이라는 점이다. 나치가 범한 홀로코스트(the shoah)로부터 캄보디아, 르완다, 우크라이나 등에서 일어난 인종 청소에 이르기까지, 우리는 인간이 대규모의 속죄를 시도하는 끔찍한 장면들을 보아 왔다.

이러한 현상들 사이의 유사성은 분명하다. 물론, 인식으로부터 이루 말할 수 없는 치료에 이르기까지, 우리는 신적인 심판에 대한 광범위하게 왜곡된 모조품을 갖고 있다. 내가 주장하고자 하는 바는, 정의에 대한 참된 이해, 그리고 칭의에 대한 참된 이해가 결여된 곳에서는 반드시 피해가 나타날 수밖에 없다는 것이다. 그리스도께서

Press, 1964).
12   Ibid., 208.

갈보리에서 행하신 속죄를 포괄적으로 그리고 최종적으로 이해하지 않을 경우, 칭의와 관련하여 모조품들이 만들어질 것이다.

적들을 숙청하고, 악의 종말을 기뻐하는 것 등이 인간 실존의 중심적인 갈망인데, 이러한 것들은 하나님의 참된 공의와 참된 칭의라는 진리를 왜곡시킨다. 왜냐하면, 거기에는 그리스도가 빠져 있기 때문이다. 그리스도의 죽음과 부활로 인해 세상이 심판을 받을 것이며(행 17:31), 그리스도의 죽음으로 인해 그의 백성들의 죄가 제거되고, 그리스도의 부활이 그들이 의롭다 함을 받는 근거가 될 것이다(롬 4:24). 하지만 인간들은 그리스도가 아니라, 악마적인 일탈에 의존할 것이다.

속죄의 다양한 모조품이 모두 위와 같이 끔찍하기만 한 것은 아니다. 오늘날과 같은 치료 지향적인 문화에서는 이보다 훨씬 덜 파괴적인 방식으로 정화(purging)를 추구하는 모습도 나타난다.

하지만 이 역시 진리로부터 벗어나 있긴 마찬가지이다. 회복의 필요성과 관련하여 얼마나 많은 광고가 선전되는지 생각해 보라. 우리로 하여금 더 깨끗하다고 느끼게 만드는 향수나 악취제거제로부터 시작해서, 우리로 하여금 새로워졌다고 느끼게 만드는 이국적인 장소에서의 휴가에 이르기까지, 구속을 향한 심리적인 필요에 호소하는 다양한 상품과 계획들이 소비주의의 탈을 쓰고 사람들의 마음을 빼앗는다. 왜곡된 속죄는 온갖 형태로 다가와, 우리가 가진 가장 기본적인 필요에 호소한다.

우리가 이 사실을 담대하게 말해도 될까?

속죄에 기반한 칭의는 오늘날, 아니 어느 시대에나 핵심적인 변증적 이슈이다. 이는 당연하다! 진정한 칭의가 없을 경우, 우리는 서로에게 원수일 뿐 아니라, 하나님의 원수이다(롬 5:10). 그리고, 이 칭의 교리에 대한 분명한 설명과 이해 없이는, 앞에서 언급한 다양한 종류의 왜곡된 형태에 빠지게 마련이다. 하나님만이 유일하게 의롭다 하실 수 있는 분이라는 사실을 충분히 이해하지 않을 때, 우리는 온갖 가능한 종류의 대체물을 만들어낸다. 명예가 손상 받으신 분이 하나님이시라는 점을 이해하지 않는다면, 우리가 시도하는 회복의 방법은 언제나 충분치 않을 것이다.

공의, 그리고 그것의 적극적인 형태인 칭의는 성경적인 신앙의 중심이다. 하나님은 완벽한 공의를 요구하실 수밖에 없으시기 때문에, 상처, 훼손, 의, 고결함, 구속 등의 주제들이 매우 밀접하게 서로 연결되어 있으며, 세상의 존재와 우리의 사유 방식의 기본적인 요소가 된다. 이는 당연한 일이다. 일반인들은 말할 것도 없고, 정말로 많은 철학자들과 사상가들이 인간의 삶에 나타나는 불의의 문제를 치료하기 위해 수백 가지의 해결책을 고안해낸다는 것 역시 전혀 놀랍지 않다. 단 두 가지 사례들을 생각해 보자. 많은 수의 현대 신학은 불의의 대한 자각에 비추어 이러한 교리들을 재평가하고 있다.

4. 따뜻한 포용은 칭의가 아니다

그렇다면, 칭의와 관련해 어떤 종류의 이슈가 있는가?
신학자들은 그 문제를 어떻게 평가해야 하는가?

오늘날 우리는, 전통적인 종교개혁의 입장을 재구성하고 새로운 강조점을 추구해야 한다고 부르짖는 수많은 목소리를 직면하고 있다. 그들은 종종 폭력, 인종 청소, 여성에 대한 억압 등의 문제들을 다루되, 적어도 표면상으로는 종교개혁 선조들이 하지 않았던 방식으로 그 문제들을 다룬다. 그들은 통찰력이 가득하며, 예리한 적용들을 제시한다.

우리가 그들로부터 배울 수 있는 것은 무엇일까?

거기에 수반되어 있는 위험성으로는 또 어떤 것들이 있을까?

간략하게 두 가지 목소리를 살펴보자.

미로슬라프 볼프(Miroslav Volf)는 인간의 상태와 그 해결책에 대해 설득력 있는 글을 남겼는데, **배제**(exclusion)와 **포용**(embrace)이라는 범주들을 그의 중심적인 범례(paradigm)로 삼았다.[13] 볼프에 따르면, 우리가 정의를 찾고자 할 경우, 배제에 맞서 싸우고 포용을 추구하는 삶에서 찾아야 한다.

볼프는 배제를 차이에 기초한 구별(differentiation)로 정의하지 않는다. 구별은 잠재적으로 좋은 것이다. 오히려 배제는 순수하고 단순한 것을 분리시키는 행위이다. 창세기의 이야기는 "나누고 묶는 것"(separating-and-binding)을 칭송하는 반면, 완전한 타자성(otherness)을 칭송하지는 않는다고 볼프는 주장한다. 왜냐하면 우리의 정체성을 다른 사람들과의 관계에서 정의 내리는 것이 완벽하게 정상적이며 건강하기 때문이다.

---

13 Miroslav Volf, *Exclusion and Embrace: A Theological Exploration of Identity, Otherness and reconciliation* (Nashville: Abington Press, 1996).

우리가 하지 말아야 할 일은 이와 같이 좋은 의미에서 나누고 묶을 수 있는 가능성으로부터 타인을 "배제"시키는 것이다.[14] 배제는 잔인한 방식으로 사람들을 쫓아버린다. 크로아티아에서 성장한 볼프는 인종청소라고 하는 치명적인 개념에 매우 민감하게 반응한다. 그는 사람들이 배제를 향해 움직인 끝에 결국에는 부정한 숙청으로 이어지는 경향을 설명한다. 그들은 사람들을 "부정하다"고 이름 붙인 후, 그들을 소극적으로나 적극적으로나 내팽개쳐버린다.

하지만 우리가 이 세상을 죄에 대한 책임이 있는 가해자와 무고한 피해자 둘로 깔끔하게 나누려 시도해서는 안 된다고 볼프는 또한 주장한다. 현실에서 상황은 훨씬 더 복잡하며, 그 누구의 손도 깨끗하지 않기 때문이다.

볼프의 주장은 확실히 그가 가진 루터교 배경에 기초한다. 예를 들어, 그는 "순수하지 않은 세상을 '깨끗함'과 그것에 대립된 '더러움'의 범주로 배타적으로 분류하는 행위는 반드시 부패해지게 마련"이라고 주장한다. 왜냐하면 "상대적인 인간은 무엇이 깨끗하고 무엇이 더러운지에 대해 완전한 판단을 내릴 절대적인 위치를 갖고 있지 못하기 때문이다."[15] 이러한 문제에 대한 해결책으로, 하나님께서는 적대적인 인류(humanity)[16]를 신적인 교제 안으로 받아들이실 것이며, 이러한 하나님의 용납은 인간들이 서로 다른 사람들을 포용하는 모델로 작용할 것이다.

14　Ibid., 65 이하.
15　Ibid., 83.
16　"humanity"는 일반적으로 인류를 의미하지만, 조직신학에서는 인성(human nature)을 의미한다. Volf는 이러한 의미들을 염두하고 진술하는 듯하다-역주.

볼프는 "억압"과 "해방"이라는 대중적인 범주들이 충분한 가치를 지니지 못한다고 지적한다. 왜냐하면 오늘날 이상적으로 생각하는 자유는 외부로부터 간섭받지 않는 것만을 의미할 뿐, 존엄성을 갖고 살아가기 위해 필사적으로 요구되는 힘을 의미하지는 않기 때문이다. 따라서 이러한 범주들은 더 높은 근거를 요구하는 사람들로 하여금 발벗고 나서도록 자극한다. 근대성의 가장 위험한 유산 중 하나는 자유라는 이름으로 정의를 추구하되 하나님 없이 추구하는 잔인한 거대담론(grand narrative)이다. 자유보다는 사랑이 목표가 되어야 한다.[17]

그렇다면 사랑을 위한 중심축은 어디에 존재하는가?

볼프에 따르면, 그것은 변화된 마음 안에 존재한다. 마음은 용서하는 것을 배워야 한다. 마음은 회개하는 것을 배워야 한다.

이러한 마음의 변화를 위해 필요한 자원들은 어디에서 찾을 수 있는가?

바로 "우리의 불의한 원수와 우리 자신의 복수심 가득한 자아 모두를 하나님 앞으로 가지고 나아가, 사랑을 베풀며 공의를 행하시는 하나님과 대면함"으로써 찾을 수 있다. 십자가에 달리신 메시아의 하나님의 임재 안에 있을 때에만 배제를 극복할 수 있다.[18]

하지만 볼프의 주장은 여기에서 심각한 문제가 나타난다. 한편으로 하나님은 수용적인 존재이시나. 볼프의 표현에 따르면, 하나님은 인류가 없었다면 하나님이 아니실 것이며, 삼위일체

---

17   Ibid., 105.
18   Ibid., 124.

(the Trinity)가 정말로 무엇인지를 보여주시기 위해 스스로를 비우신 분이시다.

하지만, 우리 견해에 따르면, 이렇게 하나님을 이해하는 것은 세상을 너무나 사랑하셔서 자신의 백성들을 위해 역사 가운데 참된 속죄를 제공하신 분으로서 하나님을 이해하는 것과는 다르다.

사랑의 참된 본성은 필연성(인류가 없이는 존재하실 수 없는 하나님처럼)에 이끌려 다니지 않는 것이지 않은가?

뿐만 아니라, 하나님은 정말로 스스로를 비우시는가?

자신의 신격(deity)에 인성을 없애심으로써가 아니라 인성(humanity)을 더하심으로써 스스로를 낮추신 것이 아닌가?

하지만 가장 심각한 문제는 이것이다. 볼프의 사상에는 '하나님의 공의는 만족되어져야 하며, 그 백성에게 의가 전가되기 위해서는 하나님의 진노가 그리스도께 쏟아져야 한다'는 사실이 생략되어 있거나, 적어도 심각하게 평가절하되어 있다.

하나님의 사랑은 바로 여기에서, 즉 '자신의 백성들을 지옥에서 **배제**시키지 않으면서도, 공의를 만족시켜야 할 필요성을 놀라운 방식으로 이루신 것'에서 나타나지 않았는가!

이토록 똑똑하고 매력적인 신학자가 주장하고 있는 내용을 우리가 크게 오해하지 않고 있다면, 볼프는 죄를 위한 진정한 속죄에 대해 말할 수 없게 된 것으로 보인다. 그가 폭력의 종말이라고 칭송하는 그리스도의 십자가는, "눈에는 눈, 이에는 이"라는 **복수의 원리**를 비저항의 원리로 바꾸라는 하나님의 명령에 대한 하나의 모범에 불과할 뿐이다.[19] 기껏해야 십자가는 "대리 희생의 작동원리(mechanism)를 보여주는데," 왜냐하면 복수심이 무엇인가 하는 것을 자신의 신실함과 공의로 보여준 것이기 때문이다. 이처럼 십자가는 하나님의 진리와 정의를 위한 투쟁의 일부가 되지만, 사태의 종결이 되지는 않는다.[20] 요컨대, 볼프의 사상에는 대리적 속죄(substitutionary atonement)가 나타나지 않는다. 누군가가 반드시 물어야만 한다.

그렇게 하면 참되고 지속적인 사회 정의가 뒤따라 올 가능성이 있을까?

볼프가 그토록 바라던 이와 같은 포용이 존재할 수 있을까?

기억의 고통에 대해 이야기하는 흥미로운 부분에서 볼프는 다음과 같이 주장한다. 우리가 과거를 잊을 수도 없고 잊어서도 안 된다. 그러나 끔찍한 과거의 기억이 증오심을 되살리는 쪽으로 사용되어서는 안 되며, 오히려 과거의 죄가 반복되지 않도록 주의하고 희망찬 미래를 세우는 쪽으로 사용되어야 한다. 악으로부터 보호하는 방패로서, 기억은 일종의 긍정적인 에너지로서의 역할을 한다. 왜냐하면 "과거에 대해 완전히 배상(restitution)은 불가능할 뿐 아니라, 끔찍하기" 때문이다.[21]

하지만 이것은 사실인가?

물론 유대인들은 잔인한 나치 정부를 잊지 못할 것이며, 어머니는 자신의 아이를 유괴한 범인을 잊지 못할 것이다.

---

19 Ibid., 291.
20 Ibid., 292-93.
21 Ibid., 132.

하지만, 복음의 핵심에는 잊어버리심(forgetting)이 있지 않은가?

성경의 하나님은 진실로 "잊으시고 용서하시는" 분이지 않으신가?

하나님은 매우 그러하시기 때문에 우리에게도 동일한 것을 요구하신다.

"우리가 우리에게 죄 지은 자를 사하여 준 것같이 우리의 죄를 용서하여 주옵소서."

볼프에게 있어서 용서하고 잊어버리는 일이 이루어지는 유일한 방법은 "하나님의 품 안에서 기억하지 않음"의 깊은 단계에 도달하는 것이다.

하지만 어느 정도 깊어야 진정으로 깊은 단계가 될 것인가?

용서한 사람을 계속해서 괴롭히게 만드는 더 깊은 단계가 언제나 남아 있지 않겠는가?

뿐만 아니라, 자신의 품 안에서 우리로 하여금 잊도록 도우시는 이러한 존재는 어떠한 종류의 하나님이신가?

덧붙여 말하자면, 나는 지금 남성형 대명사를 사용해서 하나님을 언급했는데, 볼프는 그렇게 하지 않을 것이다.[22]

하나님은 기억하지 않는 분, 즉 십자가라는 "역설적인 기념비"로 인해 "종말론적으로 잊으시는" 분이시다. 이것은 기껏해야, 하나님께서 인간의 죄를 간과하실 수 있다는 점을 나타내고자 의도된 모호한 용어에 불과하다. 우리가 그분의 임재 안으로 들어갈 때, 우리

22　나는 많은 현대 신학자들이, 하나님은 성(gender)을 가지고 계시지 않다는 것을 강조하려는 올바른 열정으로부터, 남성 대명사 또는 아버지나 아들의 표현을 거부하는 부적절한 모습을 발견한다. 계시가 우리에게 말해 주는 것은 일종의 성을 가진 하나님이 아니라, 하나님의 경륜 및 낳으심(begetting)에 관한 본질적인 내용이다.

역시도 즉시 과거의 끔찍한 악을 잊어버려도 좋을 것이다. 하지만, 이러한 설명은 성경에서 근본적으로 선언하고 있는 내용으로부터 한참 멀어져 있다. 하나님은 실제로 우리의 죄를 더 이상 기억하지 않으시는데, 그 이유는 성자께서 십자가 상에서 고통받으셨을 때 우리의 죄가 그분께 전가되었었기 때문이다!(롬 3:25-26; 히 10:14) 내가 원하는 것은 나의 죄가 뒤로 감추어지는 것이 아니라, 완전히 근절되는 것이다.

따라서 우리는, 볼프가 주장하는 접근방식에 따라 평화와 사랑에 진정으로 이를 수 있으리라는 점에 대해 회의적이다. 볼프에 따르면, 우리가 할 수 있는 최선의 일은 폭력의 순환을 깨트리는 것이다. 우리가 그렇게 할 때 결과적으로 "한 알의 씨가 심겨져, 거기에서 오순절의 평화라는 미약한 열매가 자라게 된다." 볼프는, 더 큰 폭력을 방지하기 위해 때때로 어느 정도의 폭력이 요구되기도 한다는 점을 인정한다. 그는 완전한 의미의 평화주의자는 아닌 셈이다. 하지만 그는 말하기를, 만일 어떤 사람이 십자가가 아니라 군인의 무기를 집어 든다면, 그는 폭력적인 자가 아니라 온유한 자에게 복을 선포하시는 메시아를 경배한다고 주장할 수 없을 것이라고 한다.[23]

이러한 견해에는, 개신교가 항상 견지해 왔던 입장 즉 '개인적 복수'는 거부하되 '공적인 정의'는 수용하는 구분이 빠져 있다. 결국 볼프는, 정의로운 전쟁(just war)이 결코 존재할 수 없는 이유가 전쟁에 임하는 모든 사람들이 저마다 자기 입장이 정의롭다고 주장할 것이

---

23 Ibid., 306.

기 때문이라는 다소 감정적인 주장에 굴복하고 만다. 하지만 이는 참된 주장일 수 없다.

이 주제에 대한 성경의 접근방식은 전적으로 다르다. 갈보리에서 자기 백성들의 죄를 속죄하신 그리스도와 열방을 통치하시며 그들에게 임한 심판의 일곱 인을 여시는 그리스도는 동일한 분이다. 자신의 의를 보여주심으로 친히 의로우시며 또한 의롭게 하시는 분이 되시는 하나님은 또한 세상을 통치하시되 악한 행동을 두렵게 만드는 권세자들을 사용하여 통치하신다(롬 3:26; 13:3).

만일 우리가 세상을 향해 '폭력이 끝날 것'이라는 주장을 설득력 있게 제시하고자 한다면, 단순히 하나의 모범에 불과할 뿐인 십자가를 가지고는 불가능하다. 이를 위해서는 반드시 죄에 대한 속죄가 있어야 한다. 먼저는 그리스도의 의가 그의 백성들에게 전가되어야 하고, 다음으로는 이러한 은혜의 선물을 거부한 사람들에 대한 확실한 심판이 있어야 한다. 이것이 없다면, 피로 가득한 혁명과 악한 폭력 등에 맞설 수 있는 보증이 있을 수 없다.

물론, 배제와 포용이 필요하다는 점은 분명한 사실이다. 또, 배제와 포용이 억압과 해방보다 더 나은 패러다임이라고 주장하는 것 역시 설득력이 있다.

하지만, 범죄와 용서, 죄와 속죄라고 하는 근본적인 패러다임이 존재하지 않는다면, 어떻게 사람들이 자유로워질 수 있겠는가?

오늘날 사람들이 종종 꺼려하는 질문, 그러나 가장 근본적이며 중요한 질문은 이것이다.

하나님께서 만족하시려면 어떻게 해야 하는가?

인간의 문제에 있어서 가장 우선적으로 중요한 것은 '우리가 어떻게 자유로워질 수 있느냐'가 아니라, '하나님이 어떻게 만족하실 수 있느냐, 하나님의 기준이 어떻게 충족될 수 있느냐, 하나님의 진노가 어떻게 뒤집힐 수 있느냐'이다. 그것이 역사의 중요한 문제이고, 인간이 처한 상황의 중심적인 딜레마이다.

만일 하나님이 우리를 사랑하시기 때문에 우리를 구원하실 수 있다면, 어떻게 해서 그분은 의로우시면서도 동시에 불의한 자들을 의롭게 하시는 분이 되실 수 있을까?

칭의가 공의를 위한 하나님 자신의 요구, 전통적인 표현을 쓰자면, 속상(贖償, satisfaction)으로부터 시작하지 않는다면, 모든 것은 상실되고, 용서와 망각을 요구할 수도 없게 되며, 혹은 "신적인 포용"이 우리를 전혀 돕지 못할 것이다. 공의를 추구하는 데 있어서 중요한 것은 하나님의 만족으로부터 시작하고 또 하나님의 만족에서 끝나는 것이다. 물론, 칭의는 의로우신 하나님 앞에 놓여 있는 인간의 지위에 관한 것이다. 하지만 정말로 핵심적인 문제는 다음과 같다.

하나님께서 어떻게 만족하실 수 있으시며, 그러면서도 죄인들을 의롭다 하실 수 있으신가?

하나님께서는 어떻게 악 앞에서 여전히 의로우실 수 있는가?

하나님께서는 어떻게 해서 의로우시면서도 구속된 존재인 불경건한 자의 칭의자(justifier)이실 수 있는가?

진실로 이 문제에 답을 주는 것은 이신칭의의 복음이다. 그리스도의 속죄가 없이는 어떠한 칭의도 있을 수 없다. 진실로 그분의 희생 안에 화해가 있으며, 여기에는 속죄(expiation)과 용서(propitiation)가

빠질 수 없다. 성경 계시에 따르면, 속죄는 일차적으로 하나님의 거룩하심에 대한 우리의 책임과 관계된다. 그리스도께서는 자신을 하나님께 속죄제물로 드리셨는데, 이는 하나님 앞에 죄의 책임을 가지고 있는 죄인들을 위해서이다. 그것은 형벌적이고 대속적인 희생이다. 또한 용서는 하나님의 진노를 덮어 그것이 사라지게 하는 것이다. 한 마디로 말해서, 우리는 대리적 속죄를 주장한다.

> 하나님께서 죄에 대한 심판을 대리적으로 다루시는 것이 속죄라는 사실을 우리가 믿고자 한다면, 속죄가 그 심판에 대한 대리적 고난(vicarious endurance)이라는 사실을 붙드는 것이 절대적으로 필요하다.[24]

죄에 대한 하나님의 의로운 진노가 그리스도께서 완성하신 사역의 일부가 될 때에야, 비로소 화목이 일어난다고 말할 수 있을 것이다. 화목은 적대심을 누그러뜨리는 것, 혹은 하나님과 그 백성 사이에 평화 조약을 체결하는 것이다. 오직 이 경우에만, 그토록 원하던 기억하지 않으시는 하나님, 즉 "종말론적으로 잊으시는" 하나님을 우리가 모실 수 있을 것이다. 십자가는 단순히 하나의 "역설적인 기념비"보다 훨씬 더 뛰어난 것이다. 십자가는 성취된 구속이다.

---

24 John Murray, *Redemption Accomplished and Applied* (Edinburgh: Banner of Truth Trust, 1961), 32.

5. 페미니스트의 우려

또 하나의 방식으로 전통적인 종교개혁의 입장과 대화하는 집단은 여성의 권익 신장을 주장하는 페미니스트 신학자들이다. 다양한 종류의 우려를 표현하는 수많은 실례를 찾을 수 있겠지만, 그 중 가장 주도적인 신학자 중 한 사람은 개신교 종교개혁 분야의 권위자이자 『페미니스트 이론과 기독교 신학』(*Feminist Theory and Christian Theology*)을 쓴 서린 존스(Serene Jones)이다.[25]

존스가 주장하는 목표는 페미니스트 이론을 바탕으로 기독교 교리를 설명하는 것으로, 그녀는 신학의 주요 주제들 특히 칭의와 성화의 주제를 "재정립"하고자 시도한다. 루터와 칼빈에 관한 전문가로서 존스는 오늘날의 페미니스트 의식을 가지고 고전적인 16세기의 관점을 수정하려 한다.[26]

존스가 제기하는 많은 통찰력 중, 그녀가 여성의 상황에 대해 기본적으로 어떻게 보고 있는지부터 시작하자.

존스는 **전략적 본질주의**(strategic essentialism)라는 입장을 설명하고 옹호한다. **단순한** 본질주의에서는, 여성이 남성과 생물학적으로나 심리적인 면에서 근본적으로 다르다고 주장한다. 흔히 언급되는 일반적인 속성들을 인용하자면, 여성은 남성보다 더 양육을 잘하고, 공격적인 남성보다 평화를 가져오고 화해를 이루는 일에 더 뛰어나다

25　Serene Jones, *Feminist Theory and Christian Theology: Cartographies of Grace* (Minneapolis: Fortress Press, 2000).
26　Jones가 예전에 쓴 작품에는 *Calvin and the Rhetoric of Piety* (Louisville: Westminster/ John Knox Press, 2005)도 포함된다.

는 것이다. 존스는 이 점을 받아들이지만, 그러나 어느 정도까지만이다. 그녀는 여성의 본성 자체가 그렇게 구성되어 있다고 믿는다.

구성주의(Constructivism)에 따르면, 성(gender)은 생물학에 의해서가 아니라 언어와 문화에 따라 결정된다. 전통적으로 우리는 여성이 어떤 방식으로 행동하기를 기대하며, 그러한 기준에 맞추어 살라는 식의 압력이 여성들에게 적용된다. 옷, 장난감, 역할 놀이 등을 통해 여자 아이들의 성 정체성이 형성되어 가며, 이렇게 형성된 성 정체성은 그들이 성인 여성으로 자라감에 따라 고정되어 간다. 예상한 대로, 구성주의자들은 비판하기를, 이러한 본질주의로 인해 일종의 위험스러운 "필연성의 장벽"이 세워지고 여성들은 그 안에 갇혀서 이미 정해져 있고 바꿀 수 없는 역할을 수행하도록 이끈다고 주장한다.

존스는 이와 같은 **단순한** 구성주의를 거부한다. 왜냐하면 이로 인해 문화적 결정론(cultural determinism)로 치우칠 경향이 있고, 이는 본질주의보다 훨씬 더 억압적인 결론으로 이어질 수 있기 때문이다. 더 나아가서 그녀가 우려하는 바는, 이러한 구성주의에 따르면 여성은 성차별적인 문화의 피해자로서만 나타날 뿐이라는 것이다. 무엇보다, 이러한 구성주의는 윤리를 위한 기초를 전혀 제공하지 않는다는 것이다.

> 만일 여성의 삶에 대한 묘사 중 그 어떤 것도 옳지 않고 모든 것이 똑같이 타당하다고 한다면, 여성의 삶에서 해로운 것이 무엇인지 혹은 공의와 불의가 무엇인지를 평가할 기준이 어

디에 있겠는가?²⁷

이러한 이유에서 존스는 **전략적 본질주의**를 주장한다. 그녀가 이러한 "중간"(in between) 입장을 채택한 근본적인 이유는 그것이 실용적이고, 이론으로부터 행동으로 옮길 수 있게 하기 때문이다. 전략적 본질주의는 어떤 행동 계획을 위한 하나의 혹은 결정적인 답변을 주지 않는다. 그것은 훨씬 더 유연하다.

예를 들어, 여성이 본성상 남성보다 더 "양육적인가"라는 질문에 다양하게 변한다. 어떤 상황에서는 그러한 본질주의가 억압적이어서, 정치와 같은 힘든 직업은 남성들에게만 제한시킨다. 반면, 또 다른 상황에서는 힘과 위계질서, 통제 등에 대한 가부장적인 견해를 바로 잡아주는 유익도 있다.²⁸

이러한 중간 입장이 어떠한 개념틀을 근거로 가지고 있는지는 찾기가 쉽지 않다. 아마 하나가 아니라 여러 개념틀이 존재할 것이다. 존스는 절대로 보편적일 수 없는 규범들을 찾아가려 노력한다. 존스는, 세상을 이해할 수 있도록 하기 위해서 어떠한 개념적 규칙이 언어 체계와 사회 조직 안에 포함된다고 주장한다. 하지만, 이러한 것들을 절대적이거나 보편적인 규범으로 만들 순 없다.

그렇다면 우리에게 남겨진 것은 무엇인가?

특히 여성들에게 남겨신 것은 무엇인가?

무엇이 억압적이고 무엇이 올바른 것인지를 결정할 때, 어떠한 가

---

27 Jones, *Feminist Theory and Christian Theology: Cartographies of Grace*, 41.
28 Ibid., 45.

치들에 따라야 하는가?

　여기에서 존스는 신학으로 방향을 돌린다. 그녀는 기독교 신학의 "기본적인 교리들," 예를 들면 하나님의 사랑, 창조의 선함, 은혜의 능력 등에 동의하는 한편, 다양한 신학 교리진술들이 여성에게 해로운 방식으로 형성되었다고 믿는다. 가부장적인 신학 담론으로 인해 여성의 인간성은 축소되었다.

　한 예로 존스는, 마틴 루터가 칭의를 설명하기 위해 사용한 "법정 드라마"의 개념이 여성을 교묘하게 제외시킨다고 지적한다. 루터에게 있어서 신적인 재판관은 로마법을 집행하는 군주에 가까운데, 그녀는 이 재판관이 남성적이라고 주장한다. 재판관은 인간에게 유죄를 선언하는데, 오만하고 공격적인 남성들에게는 이 유죄 선언이 도움이 되겠지만, 이미 사회에서 종속적인 위치에 있기 때문에 충분히 죄의식을 가지고 살아가는 여성들에게는 유죄 선언이 도움을 주지 못한다.

　더 나아가서, 루터의 하나님은 진노 가운데 주체를 "해체"(undoes)하고 그 주체를 그리스도 안에서 십자가에 못 박으신다. 하지만 이미 해체되어 있고 그 삶이 파편화되어 있는 여성들은 여기에서 자신들의 죄의식을 단순히 확인할 뿐, 격려를 받지는 못한다. 서구 문화에서 여성은 "언제나 수용하는" 위치, 언제나 남성을 즐겁게 하는 위치이기 때문에, 루터의 주장은 단지 피해자에게 모욕감만 더할 뿐이다.[29]

　존스는 자신의 견해를 강화하기 위해 가장 강한 표현을 사용한다.

29　Ibid., 62.

프랑스의 페미니스트인 뤼스 이리가라이(Luce Irigaray)에 의존하여, 그녀는 여성의 상태를 "피부"가 없는 상태, 즉 "자기 자신의 껍질"이 결여된 상태로 진단한다.[30] 여성은 "서구의 담론에 따라 근본적으로 유동적이도록, 언제나 자신의 관계에 있어서 지나치게 받아들이기만 하는 공간이 되도록 형성되어 왔다. 여성은 너무나 관계적이다." 그 결과 여성은 단순히 남성의 교만함을 확장시키는 존재에 불과했으며, 여성의 옷은 "남성의 즐거움을 위한 껍데기"에 불과했다.[31] 물론, 이러한 종류의 감정적인 묘사는 매우 부정확하다.

누가 이와 같은 피해자이며, 어떻게 해서 서구의 담론이 아무것이나 의미할 수 있는 그토록 유동적인 것이 되는가?

하지만, 어떠한 이유에서건, 여성은 "견고한 자아, 즉 율법의 진노에 의해 분해될 필요가 있는 자아를 갖지 못하며, 본성이 파괴된 주체, 자아가 결여됨으로 인해 속박된 주체로 남을 뿐이다."[32]

이러한 문제에 대한 해결책으로 존스는 여러 가지를 제안한다.

첫째, 구속이 적용되는 전통적인 순서를 뒤집어서 성화를 칭의보다 앞에 둔다. 성화가 앞에 나타날 때, 여성은 해체를 먼저 경험하는 것이 아니라 "주체가 되기 위해 필요한 중심과 실체를 먼저 제공받고 그 다음에 심판을 받고 은혜로 용서된다." 이렇게 순서를 뒤바꿈으로 해서 여성들은 하나님께서 "그들이 가지고 있는 지극히 작은 자신감을 깨트리시기"보다는 그들에게 힘을 주고 자유케 하시길

---

30 Luce Irigaray, *An Ethics of Sexual Difference*, trans. Gillian C. Gill (Ithaca: Cornell University Press, 1993).
31 Jones, *Feminist Theory and Christian Theology: Cartographies of Grace*, 62.
32 Ibid., 63.

원하신다는 인상을 받게 된다.[33]

둘째, 전통적인 문화가 여성을 정의했던 방식을 허물기 위해, 존스는 칭의 자체를 다시 정의한다. 두 번째 순서로 등장한 칭의는 "우리를 얽어맨 구성물들의 죄를 용서하는" 하나의 방식이 되며, "그 결과 우리는, 하나님의 자비를 통해, 성령께서 만드시는 사역을 향해 열릴 수 있게 된다." 여성에게 있어서, 이처럼 인격을 만들어가는 일은 성에 대한 제한적인 개념으로부터 해방되는 것이다.[34]

이러한 주장들을 접할 때, 거기에서 흠을 찾기보다는 그 전에 먼저 잘 들으려는 자세가 언제나 중요하다. 다른 많은 페미니스트들과 마찬가지로 서린 존스 역시 여성에 대한 억압이 현실이라는 점을 우리에게 상기시킨다. 너무나도 자주, 여성들의 인간성은 정말로 축소되었다. 종종 여성들의 정체성은 오로지 남성과의 관계에 의해서만, 즉 서로에게 함께 의존하는 방식으로만 정의되었다. 볼프의 용어를 빌리자면, 거기에는 나누고 묶는 일(separation-and-binding)이 빠져 있었다. 하나님 앞에서 여성의 지위는, 그들 자신에 의해서가 아니라 오직 남성을 통해서만 의롭게 되었다.

하지만! 구속을 적용하는 순서를 뒤집어 성화를 앞에 두는 일은 환영할 수 없다. 사실 그렇게 하는 것은 종교개혁가들이 그토록 반발했던 동일한 오류로 되돌아가는 것이다. 만일 우리가 "인격을 만들어가는" 것에서부터 시작한다면, 우리는 결코 하나님 앞에 놓인 인간의 죄와 죄책을 진지하게 다룰 수 없다. 다시 말해서, 만일 우리

---

33 Ibid., 63.
34 Ibid., 66.

가 진노하시는 하나님 앞에서 용서받을 수 없다고 한다면, 아무리 많은 양의 성화라 하더라도, 비록 그것이 하나님의 은혜로 이루어졌을지라도, 하나님 앞에서 우리를 의롭게 할 수 없다. 칭의가 먼저 있지 않으면, 우리는 다시 속박 아래에 머물게 된다.

자신이 변화되었으니 하나님과 교제할 자리를 찾았다고 주장할 수 있는 사람이 어디 있겠는가?

심지어 은혜로 말미암은 변화라 하더라도, 존스에게 있어서나 중세 교회에 있어서나 마찬가지로, 그것은 거룩하신 하나님의 요구를 만족시킬 수 없다. 다시 한번 우리는 미로슬라프 볼프의 주장에서 보았던 동일한 문제에 직면한다. 구속이 무엇보다도 죄에 대한 화목이 아니라 하나의 포용이라고 한다면, 모든 것을 잃어버리게 된다(요일 2:2).

더 나아가서, 칭의가 우리를 얽어맨 구성물들의 죄를 용서하는 하나의 장식에 불과하다면, 가장 일차적인 문제, 즉 하나님과 우리 사이의 불화는 어떻게 되는 것인가?

이러한 얽어매는 구성물 중 어떤 것이 죄악되고 또 어떤 것이 그렇지 않은지를 우리가 어떻게 알 수 있겠는가?

이와 관련해 구성주의적 본질주의(constructive essentialism)는 우리에게 어떠한 구체적인 내용도 말해 주지 않는다.

존스의 주장이 미묘한 방식으로 이루어져 있긴 하지만, 모든 사람이 죄를 지을 수 있는 상태라는 것을 그녀가 부인하고 있음은 의문의 여지가 없다. 그녀는, 심지어 남성의 교만함을 인식함에도 불구하고, 여성은 남성에게 상호 의존적인 존재이며 따라서 남성보다 훨씬 더 많은 억압을 받고 있다고 주장한다.

하지만, 그렇기 때문에 여성이 남성보다 거룩하신 하나님 앞에서 훨씬 덜 죄인이라고 주장할 수 있을까?

바울의 칭의론에서 핵심은 모든 사람이 죄를 범하였으며, 따라서 어느 누구도 상대적으로 덜 죄인일 수 없다는 것이다. 같은 기준에서 하나님 역시도 의의 선물을 동일하게 모든 자기 백성에게 주시며, 이로 인해 그 누구도 자신의 결백이나 공로를 내세울 수 없다(롬 3:23-27). 오직 칭의의 복음에 의해서만 하나님 앞에서 참된 해방과 참된 평등을 찾을 수 있다(갈 3:28). 오직 칭의로부터 시작할 때에만, 성화의 사역으로 넘어가 사회 정의를 위해 필요한 모든 일을 시작할 수 있다. 슬프게도, 그리고 역설적이게도, 이러한 성경적인 우선순위가 사라지는 경우에는 어떠한 희망도 있을 수 없다.

왜냐하면 우리가 자아의 결핍이라는 감옥에서 벗어나 활동하는 것이 실제로 어떻게 가능할 수 있겠는가?

어떠한 복음도 이 일을 유효하게 행할 수 없다. 하지만, 만일 참되고 객관적인 죄책이 보편적인 문제라고 한다면, 그때에는 칭의가 모든 것을 깨끗하게 정리하며, 온갖 종류의 감옥으로부터 실질적으로 해방되어 진정으로 새롭게 출발할 수 있다는 희망을 제공할 것이다. 우리가 도덕적인 개혁으로부터 시작한다면 해방이 아니라 절망으로 끝날 것이라는 사실을 종교개혁가들은 잘 이해했다.[35]

---

35 Mark Mattes는 Eberhard Jüngel, Wolfhart Pannenberg, Jürgen Moltmann에 관해 신중하게 평가하는 가운데 각각의 신학자들이 칭의의 복음보다 윤리를 우선적인 관심사로 만들 때 어떤 문제가 발생하는지를 강조한다. 율법이 복음의 형태로 될 때, 복음은 사라진다. "이러한 신학들을 이끄는 것은 일종의 변증학이다. 그것이 새로운 도덕 세계를 구할 때, 복음 자체는 (Schleiermacher가 말한) 교양있는 신앙경멸자들에게 정당화될 것이다." Mark C. Mattes, *The Role of Justification in Contemporary Theology* (Grand Rapids: Eerdmans, 2004), 98.

6. 시기에 맞지 않은 예언

이것은 오스 기니스(Os Guiness)가 쓴 책의 제목이다.[36] 진정한 예언의 목소리는 세상으로 하여금 기독교 교리의 어조를 부드럽게 낮추도록 허용해서는 안 된다는 점을 강하게 주장하는 책 제목이다.

그렇다고 한다면, 고통 받는 자들의 상황에 귀를 기울이되, 단순히 그들이 원하지만 실제로는 도움이 안 되는 답변을 주는 것이 아니라 실제로 도움을 줄 수 있는 답변을 주기 위해서는 어떻게 해야 할까?

가장 큰 문제는 하나님과 우리 사이의 관계에 대한 것임을 잊지 않는 가운데, 오늘날 진정한 개혁가가 되기 위해서는 어떻게 해야 할까?

예를 들어, 희생자가 존재하는 곳에는 하나님 나라의 공의와 긍휼이 전면으로 요구된다는 점은 분명한 사실이다. 아마도 우리 사회는 너무나 자주 피해의식을 조장하는 듯 보인다. 하지만, 그렇다고 해서 희생자가 정말로 존재하는 현실에 눈감아 버린 채, 그들을 도와야 할 책임으로부터 회피해서는 안 될 것이다. 우리는 미로슬라프 볼프와 서린 존스가 주장하는 우려의 목소리를 들어야 하며, 왜곡된 신학에 반대한다는 명목하에 사회 정의 자체를 무시하지 않도록 주의해야 한다. 하지만, 사회적 행동을 위한 참된 열정을 제공할 수 있는 것은 바로 고전적인 형태의 칭의 교리라는 사실을 나는 주장하고 싶다.

---

36 Os Guinness, *Prophetic Untimeliness: A Challenge to the Idol of Relevance* (Grand Rapids: Baker/Hourglass, 2003).

왜냐하면, 속죄와 칭의의 근본적인 내용들이 이해되지 않을 경우, 사회 정의가 약해질 뿐 아니라 여러 가지 상황이 심각하게 뒤틀려질 것이기 때문이다. 그리스도께서 완성하신 사역에 대해서 그리고 그분의 의가 신자들에게 전가된다는 사실에 대해서 분명하고 견고하게 설명하지 않을 경우, 세상은 필연적으로 폭력적이 될 수밖에 없을 것이다. 이미 앞에서 본 것처럼, 프랑스 혁명, 짐 크로우(Jim Crow) 교수형, 그리고 지난 200년 동안의 끔찍한 사건들은 결코 단순한 우연이 아니다. 서구 사회에서 서서히 그러나 분명하게 감소되고 있는 것은 하나님의 방식으로 폭력의 종결을 주장했던 신학적 세계관이었다.

속죄와 칭의에 관한 완전하고 견고한 개념을 포기하는 것에 대해 이미 19세기에 반대의 목소리가 다양하게 있었다. 하지만 대부분 이러한 경고의 목소리에 귀를 기울이지 않았다. 이와 관련해 러시아의 위대한 문학가 표도르 도스토예프스키(Fyodor Dostoevsky)만큼 통찰력있는 사람은 없었다. 『카라마조프의 형제들』(The Brothers Karamazov)에 나오는 네 아들 중 한 명인 이반(Ivan)의 유명한 대사를 인용하자면 다음과 같다.

"불멸(immortality)이 존재하지 않을 경우 모든 것이 허용된다."

이 놀라운 소설은 아버지에 대한 살인을 이야기한다. 카라마조프는 비열한 인물이었다. 그의 각각의 아들들에게는 이 악인을 죽여야 할 이유가 있었다. 그는 다른 사람들을 학대했고, 마을의 미친 여인을 통해 아이를 낳기도 했으며, 동료 경쟁자들을 이용하여 상당한 재산을 축적하기도 했다. 비록 그를 실제로 죽인 인물은 스메르쟈코프(Smerdyakov)였지만, 모두가 살인의 동기를 공유했다.

이반은 살인의 동기를 철학적으로 정당화한 인물이었는데, 그의 논리는 다음과 같았다. 비록 윤리적 상대주의자는 아니었지만, 이반은 하나님께서 불의하시다는 것을 꽤 강하게 주장했다. 잔인함과 불의가 만연해 있기 때문에, 이 일에 대해 하나님이 유죄판결을 받으셔야 한다.

유명한 "종교재판소장"(Grand Inguisitor) 장(章)에서, 이반은 두 명의 아버지가 죽어야 한다고 주장하는데, 바로 카라마조프와 하나님 자신이다. 카라마조프와 하나님 모두 불공정한 삶을 창조하였고, 두 존재 모두 고난을 일으킨 장본인이다.

만일 무고한 사람들이 고난 받아야 한다면 "나는 그러한 하나님의 세계를 받아들일 수 없어"라고 이반은 자신의 형제 알료사(Alyosha)에게 말한다. 그는 어떤 장군이 자신의 개를 보내서 한 어린 농부의 자녀를 찢어 죽인 끔찍한 이야기를 예로 든다. 의로운 알료사조차 그러한 악인은 죽어야 한다고 동의한다.

이처럼 이 소설의 핵심에 위치한 문제는 하나님께서 자신의 공의를 시행하지 못하시는 것처럼 보인다는 것이다. 이반이 상상해서 만든 한 이야기 속에서, 하나님은 자신의 아들을 세상에 다시 보내시는데 스페인 이단심문소가 있는 곳으로 보내어 그곳에서 자유와 긍휼을 선포하게 하신다. 하지만 그 지역의 추기경이 하나님의 아들을 체포하고서는, 우리가 권력을 바탕으로 여기에 많은 것을 가지고 있으니 망가뜨리지 말라고 협박한다.

이반의 그리스도는 어떻게 행하시는가?

그리스도는 이 추기경에게 입맞추며 그를 용서하신다. 이러한 하나님과 그리스도는 무력하여 이단심문소의 잔인함을 막을 수 없다. 실제로, 종교재판소장은 교회가 하나님의 접근방식을 바로잡아야 한다고 믿는데, 왜냐하면 하나님께서 선한 사람이나 악한 사람 모두에게 사랑을 베푸시기 때문이다. 이 장에 따르면, 마침내 교회는 사람들을 행복하게 만들기 위해 자유를 정복할 수 있다! 사람들이 지지할 수 없는 자유 대신에, "기적과 신비와 권위"가 있을 것이며, 의미심장하게도 거기에는 빵이 있을 것이다. 이 이야기에서 그리스도가 돌을 빵으로 바꾸기를 거절하신 것은 엄청난 실수였다.

물론 이것은 저자의 관점이 아니다. 저자가 이 문제를 해결하기 위해 얼마나 고심했는지를 감지할 수 있기는 하지만 말이다. 진실로 도스토예프스키가 보기에, 그리스도께서 나누어주기를 거부하셨던 이 "빵"은 물질적 번영의 유혹인데, 이러한 번영은 바벨탑으로 상징되는 기술과 산업에 의해 가능해진다. 이 소설은 악의 문제에 대한, 그리고 정의의 문제에 대한 하나의 연구이다.

만일 하나님께서 선하시다면, 왜 세상의 불의한 일들을 바로잡으실 수 없는가?

추한 범죄자였던 스메르쟈코프는 실제로 이반의 참된 얼굴이다. 이반은, 비록 겉으로 보기에는 교양 있는 사람이었지만, 자신의 본색을 계속해서 드러내다가 마침내는 미쳐 버린다. 하지만 러시아의 자유주의자들, 지성인들, 황제와 모든 권위와 심지어는 하나님까지도 제거해버리고자 하는 사람들 역시 똑같이 잔인한 얼굴을 가진 사람들이다. 토마스 웨스트(Thomas G. West)가 이렇게 지적한다.

투박하고 능글맞으며 증오로 가득 차 있던 스메르쟈코프는, 생물학적인 아버지, 정치적인 아버지였던 황제, 교회의 아버지들(사제들), 그리고 하나님 아버지에 이르기까지 모든 권위에 반대했던 자유주의 지성인들의 진정한 표상이다.[37]

도스토예프스키는 하나님의 공의를 정말로 믿었다. 그는 부모살해에 대해 강력하게 반대했다. 그는 하나님께서 선하시며 또한 전능하시다고 생각했다. 비록 이반처럼 이 사실을 분명하게 보는 데는 어려움을 겪었지만 말이다.

따라서 도스토예프스키는 당시 세속적 자유주의자들이 꿈꾸던 이상을 수용할 수 없었다. 그는 참된 하늘 아버지가 계셔야 하며, 그분이 없이는 인생이 설명될 수 없다고 믿었다.

『악마들』(The Devils)에서 우리는, 자유주의자들이 한 작은 마을을 차지할 때 어떤 일이 일어나는지 보게 된다. 비록 좌파들이지만, 그들은 잔인하며 자신들의 목표를 이루기 위해서라면 무슨 일이든 기꺼이 한다. 그들은 평등을 설교하지만, 수많은 사람을 죽이는 일도 가능하다. 사실상 그들은 독재자이다.

도스토예프스키는 특히 미래에 대해 통찰력이 있었다. 그의 예언적 상대자였던 알렉시스 드 토크빌(Alexis de Tocqueville)과 프리드리히 니체(Friedrich Nietzsche)는 20세기에 대해 꽤나 다른 내용을 믿

---

37 Joseph Frank, "Sin of the Fathers," review of *Dostoevsky: The Mantle of the Prophet, 1871-1881*, vol 5 (Princeton: Princeton University Press, 2002) in *Claremont Review of Books* II/4, Fall, 2002, 29.

었다. 그들은 인류가 목자 없는 양처럼 온순하고 고분고분해질 거라고 생각했다. 토크빌은 20세기가 결국 기독교 신앙에 기초하여 세워진 일종의 관료적인 전제정치, 온건하며 미국적인 민주주의가 될 것이라고 예상했다. 니체는 신의 죽음을 예언했고, 그리고 나면 모든 인간의 고생이 끝날 것이라고 기대했다.

유일한 해결책은 우리를 마비상태로부터 빼내어 줄 독재자, 초인을 갖는 것이다. 만일 이러한 일이 일어난다면 악도 사라질 것이다. 물론, 니체는 미학을 통한 구원을 소망했으며, 기독교의 속죄 교리는 그것이 인간에게 "아첨한다"는 이유로 거부했다. 따라서 니체가 가졌던 비전은, 권력을 있는 그대로 인정하는 동시에 또한 아름다움의 성공을 바라는, 일종의 이상한 혼합이었다.

하지만 도스토예프스키는 이를 다르게 보았다. 그의 예상에 따르면 우리는 독재자들을 찾을 필요가 없다. 왜냐하면 독재자들은 이미 대기하고 있기 때문이다. 만일 우리가 하나님에 대해서 포기해 버린다면, 무슨 일이건 일어날 수 있고 또 일어날 것이다. 신의 죽음 이후 어떤 이들은 평등과 계몽주의적 가치를 여전히 논할지 모르지만, 더 깊은 곳에서 요동치는 현실은 마음의 악일 것이다.

누가 옳았는가?

토크빌인가?

니체인가?

스탈린, 히틀러, 모택동, 호치민, 오사마 빈 라덴 등을 기억해 본다면 답이 나올 것이다. 도스토예프스키는 이를 예상했다. 그의 논리는 견고했다. 아무리 믿기 힘들다 할지라도 속량하시고 의롭게 하시는 하나님에 대한 신앙이 사라질 경우, 우리는 잔인하게 될 것이다. 아버지를 살해하고자 하는 마음은 이해할 수 있으나, 그것은 잘못된 일이다.

아마도 더 최근에 도스토예프스키와 비슷한 목소리를 냈던 사람은 알렉산드르 솔제니친(Alexandr Solzhenitsyn)일 것이다. 그는 도스토예프스키처럼 과거 통치에 대한 향수를 갖지 않았다. 하지만 그 역시도, 하나님과 함께 시작할 용기가 없을 경우, 어떤 일이라도 일어날 수 있고 또 일어난다고 보았다.

우리가 이들처럼 시대에 어울리지 않는 예언자가 될 수 있을까?

우리가 하나님의 모든 경륜을, 그것이 편리하든지 인기 있든지 아니면 그렇지 않든지에 상관없이, 담대하게 선포할 수 있을까?

성경에 근거한 전통적인 칭의 교리를 충만하게 그리고 열심히 설교하고 보여줘야 할 때가 그 어느 때보다 더 무르익지 않았는가!

하나님의 위대하심, 그분의 사랑, 그리고 그분의 공의 등을 선포하고, 하나님의 만족이라는 복음에 근거해 칭의가 필요하다는 사실을 담대히 외칠 수 있을까?

우리 하나님이 충분히 초월적이지 않으시다면, 우리 하나님이 충분히 거룩하시고 영광스러운 분이 아니시라면, 우리는 결코 속죄가 필요한 우선적인 이유를 이해하지 못할 것이다. 그리스도께서 우리 죄를 위해 죽으시고 우리의 칭의를 위해 부활하셨다는 것, 이것이 복음이다!

왜냐하면 이것이야말로 하나님께서 여전히 의로우신 분으로 남아 있는 동시에 의롭지 않은 자를 의롭게 할 수 있는 유일한 방법이기 때문이다. 더 나아가서, 만일 우리가 십자가의 진정한 고통과 부활의 강력한 승리를 느끼지 못한다면, 칭의로 이끄는 속죄가 얼마나 귀하고 특별한 것인지를 결코 이해하지 못할 것이다. 이러한 일에 실패할 때, 우리는 수많은 거짓된 칭의들을 접하게 될 것이며, 안식도 하나님과의 평강도 결코 찾지 못할 것이다.

> 우리는 다음 사실을 믿는다. (그리스도의 순종이 우리에게 전가됨으로써 칭의를 얻는다는) 이러한 기초로부터 조금이라도 벗어날 경우, 우리는 그 어디에서도 안식을 찾지 못할 것이며 언제나 고통스러워해야 할 것이다.[38]

38　이 글 서두에 인용되었던 "1559년 『프랑스 신앙고백서』, 18항"의 일부이다 - 역주.

제7장
언약적 믿음

K. 스코트 올리핀트(K. Scott Oliphint) 박사
웨스트민스터신학교 변증학과 조직신학 교수

이 글의 제목이 의미하는 것처럼, 본질적으로 믿음 그 자체는 우리와 하나님 사이의 관계라는 맥락에서 나타난다고 볼 수 있다. 하나님의 모든 인간 피조물들은 언약이라는 조건을 가진 피조물, 다시 말해서 하나님과 일정한 관계를 맺고 있는 피조물들이다.

그렇기 때문에, 우리의 존재, 우리의 행위, 우리의 변화 등은 모두 **하나님 앞에서**(*coram Deo*, "코람 데오") 일어난다. 하나님 그분에 대한 책임성이라는 배경에서 발생하는 것이다. 언약적으로 아담 안에 있는 사람들에게 있어서, 그들이 **하나님 앞에서** 행한 모든 행위는 정죄 받아 마땅하다(참고, 롬 3:10-18).

반면, 언약적으로 그리스도 안에 있는 사람들에게 있어서, 그들이 **하나님 앞에서** 행한 모든 행위는 최종적으로 용납되는데 그 이유는 바로 그리스도 안에 있기 때문이다(참고, 롬 8:29-39). 내가 말하고자 하는 요점은 이것이다. 인간은, 본질적으로 그리고 영원히, 언약적 피조물이다. 다시 말해, 인간은 그 자신이 하나님과 맺고 있는 관계에 따라 정의된다.

이러한 맥락에서 나는 "언약적 믿음"에 대한 하나의 관점을 제시하고자 한다. 이 언약적 관점에는 두 가지 기본적인 측면이 있다.

첫째, **원래적** 믿음(original faith)이다.

둘째, **구원하며 의롭게 하는** 믿음(saving, justifying faith)이다.

이 두 가지 측면 모두 하나님의 계시에 의존하고, 그 계시를 향해 있으며, 우리에 대한 하나님의 태도를 "결정한다."[1] 따라서, 첫 번째 측면의 믿음이 성경적인 칭의 교리와 직접적인 의미에서 연관되지는 않다 하더라도, 의롭게 하는 믿음과는 연관된다. 언약적 믿음에 대한 이번 논의를 통해 두 가지를 밝히 이해하기를 소망한다.

첫째, 우리의 "원래적 믿음" 및 우리가 하나님 앞에 서 있는 언약적 위치에 대해서다.

둘째, 의롭게 하는 믿음에 대해서다.

1. 원래적 믿음: 보편적인 조건

앞으로 보겠지만, 구원하며 의롭게 하는 믿음에 대하여 성경적으

---

[1] 우리를 향한 하나님의 속성을 "결정한다"는 것은 하나님께 어떠한 것을 요구한다는 의미가 아니라, 우리가 행하는 믿음에 대한 일종의 반응으로서 우리를 향한 하나님의 특정한 행동을 상기시킨다는 의미이다.

로 가르치는 내용들은 많은 책에서 찾을 수 있다. 그러한 내용의 중요한 요소들에 대해서 다음 부분에서 중점적으로 다룰 것이다. 하지만 특별하게 **구원하며 의롭게 하는** 믿음에 대해서 다루기 전에, 지금까지 거의 논의되지 않은 믿음의 한 측면에 대해 생각해 보는 것이 필요해 보인다.

이 믿음은 아담 안에 있는 생명과 그리스도 안에 있는 생명 사이의 연속성을 제공한다(물론 그 둘 사이에 중요한 **불연속성**이 존재하긴 하지만 말이다). 이 믿음에 대해 **원래적** 믿음이라 이름 붙이는 것이 최선일 것 같다. 앞으로 보겠지만, 언약적 믿음은 **구원하는** 믿음과 **원래적** 믿음 모두를 포함하는 개념이다. 여기서는 먼저 언약적 믿음의 **원래적** 측면, 즉 구원 및 칭의와 관련되지 않는 측면을 먼저 설명하고, 이 다음 부분에서는 그것이 구원하며 의롭게 하는 믿음과 어떤 관계를 갖는지 생각해보고자 한다.

당연한 사실이지만, 앞으로 이어지는 논의는 뚜렷한 변증적인 관심을 가지고 있다. 일반적으로 사람들은 믿음과 이성 사이를 구분하여 생각한다. 즉, 믿음은 특정한 **종교** 내부에서 이루어지는 활동인 반면, 이성은 특정한 종교의 맥락 바깥에서 이루어진다는 식으로 나누는 것이다.

가장 일반적인 용어로 표현하자면, 믿음과 이성 사이에 구분, 혹은 더 나아가서 분리가 존재한다고 여겨진다. 믿음과 신앙 사이에서 오랫동안 벌어져 왔던 논쟁을 건드리려 하는 것은 아니지만, 한 가지 사실을 유념할 필요가 있는데, 그러한 논쟁의 절대 다수의 경우 논쟁을 위한 적절한 배경이 세워지지 않은 것으로 보인다.

한 가지 예를 드는 것으로 충분할 것이다. 아마도 믿음과 이성 사이의 관계에 대해 가장 일반적으로 수용되는 개념은 독보적인 계몽주의 철학자 임마누엘 칸트(Immanuel Kant)로부터 나온다. 칸트는 『순수 이성 비판』(*Critique of Pure Reason*)에서 "그러므로 나는 믿음을 위한 영역을 만들기 위해서는 지식을 부인하는 것이 필요하다는 사실을 발견했다"고 말한다.[2]

칸트가 의미한 바는 무엇인가?

적어도 다음과 같은 의미인 것 같다. 믿음을 요구하는 대상들, 즉 칸트가 "**본체적 영역**"(*noumena*, "노우메나")에 해당한다고 보았던 대상들에는 "순수 이성"이 적용될 수 없다는 것이다. 그것들이 "본체적"이라는 사실만으로 인해, 그러한 대상들은 순수한 지식을 허락하는 범주와 맥락으로부터 분리된다. 이러한 개념이 끼친 엄청나고 지속적인 영향력에 대해서는 여기에서 다 말할 수 없겠지만, 이러한 틀에 입각할 때, 지식의 영역에 해당하는 것과 믿음의 영역에 해당하는 것 사이에 이별 혹은 근본적인 분리가 존재한다.

믿음과 이성에 대해 이야기할 때마다 대체적으로(물론 모든 경우는 아니지만) 이런 식으로 생각한다. 즉 한편으로는 우리가 과학의 결과로, 혹은 증거나 추론 과정에 따라 알 수 있는 대상들이 존재하고, 다른 한편으로는 그 밖의 "다른" 대상들, 믿음을 사용해야만 하는 대상들이 존재한다는 것이다. 여기에서 '믿음을 사용한다'는 것이 무엇을 의미

---

2 Immanuel Kant, *Critique of Pure Reason*, trans. Norman Kemp Smith (New York: St. Martin's Press, 1958), 29: "Ich mußte also das Wissen aufheben, um zum Glauben Platz."

하는지는 정확히 정의하기가 어렵다. 하지만 아마도, 이성이나 증거나 추론 과정과 대립됨에도 불구하고 우리 스스로에게 어떠한 종류의 긍정적인 관점을 불어넣어야 한다는 개념에 가까울 것이다.

이러한 관점은, 비록 아무리 편만하게 퍼졌다 하더라도, 참된 것이 아니다. 믿음과 이성 사이에 존재하는 차이점과 유사성을 설명하는 가운데, 프린스톤의 신학자 워필드(B. B. Warfield)는 일반적인 칸트의 개념을 다음과 같이 비판했다.

> (칸트에 따르면) "믿음"이나 "신념"은 주관적으로 볼 때 적절한 증거 위에 세워진 확신이다. 반면 "지식"은 객관적으로 볼 때 적절한 증거 위에 세워진 확신이다 …
> 모든 "믿음"과 "신념"들은 본성상 부적절한 기반 위에 세워진 확신들인가?
> 우리가 확실하다고 느끼지만, 부적절한 근거 위에서 확실하다고 느끼는 그러한 확신인가?
> 우리가 느끼는 확신은, 우리가 의식적으로 부적절하다고 느끼거나, 아니면 적절하다고 가정하지만 실상은 부적절한 그러한 근거 위에 세워진 것인가?[3]

---

3 B. B. Warfield, "On Faith in Its Psychological Aspects," in *Biblical and Theological Studies*, (Philadelphia, Pennsylvania: Presbyterian and Reformed Publishing Co., 1952), 380-81.

워필드는 칸트의 이론에 대해 회의적이다. 왜냐하면 칸트의 이론은, 객관적으로 적절한 근거와 주관적으로 적절한 근거 사이에 큰 간격이 있다는 것을 전제하기 때문이다. 워필드는 더 나아가서 다음과 같이 말한다.

> 우리가 부적절하다고 생각하는 근거에 입각하여 믿는다는 것은 사실 불가능한 일이다. 어떠한 실재에 대해 그것이 객관적으로 부적절한 근거에 기초한다고 인식하는 순간, 그것은 역시 주관적으로도 부적절하다. 그리고 어떠한 대상이 우리에게 주관적으로 적절한 것으로 보이는 한, 이에 대한 결과적인 확신은 "지식"과 구별될 수 없을 것이다.[4]

사람들이 전형적으로 갖고 있는 생각은, 믿음은 이성과 반대되며 믿음의 사용은 어떠한 식으로도 이성에 의존하지 않는다는 것이다. 하지만 이러한 생각은 "믿음에 속하는" 사람들을 "사실에 속하는" 사람들로부터 분리시켜 버리며, 믿음을 사회의 "종교적인" 주변부로 소외시켜 버리는 해로운 결과를 초래한다. 하지만, (물론 다른 맥락에서 나온 말이지만) 야고보가 선언하였듯, "내 형제들아, 이것이 마땅하지 아니하니라"(약 3:10). 그리스도인들은 믿음에 대한 논의가 위와 같이 지식이나 과학 혹은 사실로부터 분리되어 진행되도록 허용해서는 안 된다.

---

4   B. B. Warfield, "On Faith in Its Psychological Aspects," 381.

이러한 문제를 해결하기 위한 한 가지 출발점은 믿음의 보편성을 인식하는 것이다. 모든 이성의 활동이 믿음을 전제하며 믿음에 의존한다는 사실을 대부분의 그리스도인들은 주목하지 못하는 것 같다. 믿음의 이러한 측면을 **밑에서 언급될 한 가지 중요한 조건과 함께** 가장 잘 논의한 사람 중 하나는 아브라함 카이퍼(Abraham Kuyper)이다.

카이퍼는 『신학 백과사전』(*Encyclopaedie der Heilige Godgeleerdheid*)이라는 책에서 올바르게 지적하기를, 믿음은 보편적이며 인간적인 상태라고 주장한다.[5] 그는 일종의 초월적인 논증(transcendental argument)을 제시하는데, 반대경우의 불가능성에 입각해서 논증을 펼친다. 스콜라 신학의 용어를 빌려 표현하자면, 카이퍼는 믿음이 보편적인 **원리**(*principium*, "프린키피움")이며 **모든** 논증과 증명은 바로 여기에서부터 나온다고 주장한다.[6]

그러므로, 추론적인 증명의 도움을 받지 않고 직접적이며 즉각적으로 확신을 얻도록 만드는 **영혼**(ψυχή, "프쉬케")**의 기능을 지칭하기 위해 믿음**이라는 용어를 사용하는 것에는 반대가 없다. 이는 믿음을 "증명"과 대립되는 위치에 두지만, **아는 것**(knowing)과 그 자체로 대

---

[5] Abraham Kuyper, *Encyclopaedie der Heilige Godgeleerdheid*, 3 Vols. (Amsterdam: J. A. Wormser, 1894). 1권의 일부분과 2권 전부는 Abraham Kuyper, *Principles of Sacred Theology*, J. Hendrik De Vries, trans. (Grand Rapids, MI: Baker Book House, 1980)에 영어로 번역되었다.

[6] 증명할 수 없는 출발점을 사람이 언제나 가져야 한다는 개념은 새로운 생각이 아니다. 이는 적어도 아리스토텔레스에게까지 거슬러 올라간다. Aristotle, *The Basic Works of Aristotle*, ed. Richard McKeon (New York: Random House, 1968), Metaphysics, Book IV를 참고하라. 이 책에서 아리스토텔레스는 "절대적으로 모든 것에 관해 증명하는 일은 불가능하다(무한히 거슬러 추론하는 과정을 한다 하더라도, 거기에서조차 여전히 증명되지 않을 것이다)"라고 말한다.

립되는 것은 아니다.[7] 카이퍼에 따르면, 일반적인 의미에서 우리가 아는 것은 우리가 믿음을 갖고 있기 때문에 가능한 일이다. 이러한 믿음은 우리로 하여금 어떤 것을 고수하고, 굳게 붙들며, 신뢰하도록 이끈다.[8]

우리의 주제로부터 너무 멀리 벗어나고 싶지는 않지만, 다음 사실은 기억할 필요가 있다. 믿음에 대한 카이퍼의 개념, 즉 '믿음이 지식을 뒷받침하지만 그 자체로 증명이나 추론적 논증에 종속되지는 않는다'는 개념은 지난 몇 십년 동안 인식론적인 논의에서 중심을 차지해 왔다. 대부분의 경우 앨빈 플랜팅가(Alvin Plantinga)의 저술로부터 시작하여 많은 철학자들은, 선택할 수 있는 대안이 제한되어 있었기 때문에 인식론자들은 지금까지 매우 본질적으로 결함이 있는 전통들을 받아들여 왔다고 결론 내렸다.

이렇게 받아들인 많은 전통의 핵심에는 '증거의 뒷받침을 받을 수 있거나 아니면 증명의 방식으로 입증될 수 있는 것만을 믿는 것이 합리적'이라는 전제가 깔려 있었다.[9] (어느 정도) 토마스 리드(Thomas Reid)를 따르는 가운데, 플랜팅가는 어떻게 해서 우리가 합리적인 동시에 자신의 믿음에 대해서도 근거를 가질 수 있는지, 심지어는

---

7   Kuyper, *Principles*, 128-29.
8   Ibid., 128.
9   합리성과 지식에 대한 규범적인 이해에 의문을 제기했던 Plantinga의 첫 번째 책은 *God and Other Mind; a Study of the Rational Justification of Belief in God* (Ithaca, N.Y.: Cornell University Press, 1972)이었다. 이 책에서 밝힌 Plantinga의 초기 입장은 오늘날 수정되고 더욱 발전하였는데, 근거(warrant)를 주제로 쓴 그의 3부작에 설명되어 있다. Alvin Plantinga, *Warrant: The Current Debate* (New York, etc.: Oxford University Press, 1993); *Warrant and Proper Function* (New York, etc.: Oxford University Press, 1993); *Warranted Christian Belief* (New York, etc.: Oxford University Press, 2000).

증거나 증명의 뒷받침이 없는 경우에도 지식을 가질 수 있는지를 보여주고자 했다.[10]

카이퍼는 리드를 따르진 않았다. 거기에는 올바른 이유가 있었다. 오히려, 그는 믿음을 사용하는 것이 피할 수 없는 인간의 조건이라고 주장했다. 그것은 인간의 앎에 있어 필수적인 요소이다.

> 하지만, 믿음이 없어서는 안 된다는 사실은 더 멀리 나아간다. 소위 엄밀한 과학의 경우에서도, 관찰을 통한 검사 및 추론을 통한 결론 등이 믿음에 기반을 두지 않고서는 불가능하다고 말하는 것이 안전할 것이다.[11]

이 점은 특히 기독교를 변증하는 데 있어서 중요한 의미를 가진다. 아마 한 가지 예를 드는 것이 도움이 될 것 같다. 어떤 대학생들이 기독교 변증을 토론하기 위해 어느 날 저녁 만났다. 그들에게 주어진 논증은 '만일 기독교가 사실이 아니라고 한다면, 우주가 질서정연하다는 사실을 증명할 방법이 없다'는 것이다. 발표가 끝난 후, 발표자는 대학의 물리학 교수 한 명과 만났다. 그 교수가 발표자에게 다가가 스스로를 무신론자라고 소개하고서는, '솔직히 말해서

---

10 Pantinga가 인식론을 기독교 신앙에 적용한 것에 대한 비판적인 평가는 K. Scott Oliphint, "Epistemology and Christian Belief," *Westminster Theological Journal* 63, no.1 (Spring, 2001): 151-82에서 볼 수 있다. 기독교 인식론을 긍정적으로 접근하려 했던 자료로는 K. Scott Oliphint, *Reasons for Faith: Philosophy in the Service of Theology* (Phillipsburg, N.J.: Presbyterian and Reformed Publishing Company, 2006), Part 2, chs. 5-8을 참고하라.

11 Kuyper, *Principles*, 131.

나는 질서정연한 우주를 설명할 방법을 찾지 못하기 때문에 매일 그 사실을 전제해야만 한다'고 말했다.

이와 같은 증명의 부족을 어떻게 설명할까?

적어도, 그 교수는 자신이 어떠한 사실들을 사실로 받아들였다는 점을 인정하고 있는 셈이다. 비록 그것이 자기 자신이 가지고 있는 세계관(무신론)과는 일관되지 않다는 점을 생각하고 있지는 않지만 말이다. 이것이, 부분적으로는, 카이퍼가 정의한 믿음의 의미이다.[12] 적절하게 사용되건 아니면 잘못 사용되건, 믿음은 무엇인가에 대해서 굳게 확신하게 되고 그 확신에 따라 어떠한 행동을 하도록 이끄는 수단이며 언제나 그러할 것이다. 비록 경험적인 증거나 논리적인 증거가 그러한 확신에 제공되거나 발견되지 않는다 하더라도 말이다.[13]

하지만 바로 이 부분에서 카이퍼는 한 가지 문제점을 드러낸다. 그가 주장하는 믿음의 개념에는 그 자체로 내용이 부재할 가능성이 있어 보인다. 그가 생각하는 믿음의 개념은 단순히 형식적일(formal) 뿐이다.[14] 그렇게 함으로써, 카이퍼는 믿음이 단순히 하나의 인간적인 **능력**(capacity)일 뿐이며 이 안으로 다른 **내용**이 채워진다고 암시하는 듯 보인다.[15] 하지만, 이것은 거의 불가능한 경우이다.

---

12 물론, 이 이야기에 더 추가할 내용이 있다. 무신론자가 자신의 신앙을 정당화하기 위해 필요한 모든 것이 원래적 믿음만은 아니다. 오히려 그는 자신이 단지 받아들여야만 하는 어떠한 것들이 있다는 점에 주목했다. 이러한 "받아들임"은 원래적 믿음의 한 부분이다. 더 나아가서, 자신이 받아들인 사실들을 설명할 수 있으려면, 반드시 구원하며 의롭게 하는 믿음을 소유해야 한다.

13 Ibid., 131.

14 Ibid., 125.

15 이것은 Kuyper의 다음과 같은 개념 안에서 더욱 확증된다. "생각의 형식적 과정은 죄에 의해서 공격받지 **않았다**. 따라서, 거듭남(palingenesis)은 이러한 지적인 작업에서 어떠한 변화도 일으키지 않는다." Kuyper, *Principles*, 159.

앞에서 언급한 그 물리학 교수를 다시 한 번 생각해 보자. 만일 그 교수가 '자신의 문제는 물리학자로서 행사하고 있는 믿음을 인식하지 못한 것'이라는 결론에 이르렀다고 가정해 보자.

그럴 경우, 그러한 믿음은 **어떤 것일까**?

기껏해야 그것은 무엇이 객관적인지에 대한 근거를 제공하기 위해 의도된 일종의 주관적인 특징에 불과할 것이다. 그렇다고 한다면, 이는 앎이라는 상황에 있어 데카르트가 주장한 '나는 생각한다 고로 나는 존재한다'(cogito ergo sum, "코기토 에르고 숨")라는 원리보다 하등의 유익함도 주지 못할 것이다. 데카르트는 의심할 수 없는 기초를 확립하는 것을 출발점으로 삼았지만, 그럼에도 불구하고 그것은 일종의 주관적인 성질에 속하며, 그 자신의 방법론에 따르면 지식을 위해 불충분한 것이었다.[16] 그 결과 데카르트의 합리주의는 회의주의로 이어졌다.

믿음에 대한 카이퍼의 논의를 촉발시킨 것은 이러한 **회의주의**이며, 카이퍼는 바로 이것을 피하고자 했다. 카이퍼가 우선적으로 형식적 믿음(formal faith)에 대해 논의하게 만든 것은 회의주의였다. 하지만, 믿음의 내용이 비어 있다고 한다면, 카이퍼가 말하는 형식적인 믿음 역시 데카르트의 불행한 운명을 피할 수 없을 것이다. 데카르트가 주장한 의심할 수 없는 '**나는 생각한다**'(cogito)가 카이퍼에게 있어서는 '형식적 믿음'에 해당한다. 믿음 안에 객관적인 내용을 부

---

16 따라서 "데카르트의 순환논법"(Cartesian circle)을 지적할 수 있다. 『성찰』(Meditations)에서 Descartes는, 분명하고 구별된 개념들의 진실성으로부터 신의 존재까지를 주장하는데, 신의 존재는 분명하고 구별된 개념들의 진실성을 확보하는 근거로 의도된다. 개념으로부터 시작해서 믿음에 이르는 이 과정은 '그 누구도 결코 주관으로부터 벗어날 수 없음'을 보여준다.

어 넣으려고 시도할 때마다, 각각의 주관적인 특징이 분해되어 버린다. 카이퍼로서는 운이 좋게도, 그 자신의 딜레마를 해결할 방법은 그가 따르고자 애썼던 전통에서 발견된다.

카이퍼의 변증학을 간략하게 비판하는 가운데, 코넬리우스 반 틸(Cornelius Van Til)은 '카이퍼가 생각한 형식적 믿음은 결국 그가 피하고자 했던 회의주의로 귀결될 것'이라고 평가한다. 이것은 사실이다. 왜냐하면 카이퍼가 제시한 형식적 믿음이라는 개념은 엄밀히 말해 **주관적인** 개념이기 때문이다. 이 개념에는 주관과 객관 사이를 이어줄 "다리" 역할을 할 어떠한 객관적인 의미가 들어 있지 않다.[17]

하지만 여기에서 요청되는 "다리"는, 사실상, 우리가 보편적으로 가지고 있는 믿음의 **내용**이다. 그러한 믿음의 내용은 "센수스 디비니타티스"(*sensus divinitatis*, 하나님에 대한 지식)라는 용어로 표현되는 것으로서, 모든 인간이 하나님의 형상으로 창조되었기 때문에 가지는 하나님에 대한 지식이다. 반 틸은 다음과 같이 설명한다.

> 이 모든 것(즉 카이퍼가 말한 "형식적 믿음"이라는 개념)은 카이퍼가 칼빈을 뒤따라 신격에 대한 지식과 관련해 가르치고자 했던 내용과 충돌한다. 카이퍼는 반복적으로 주장하기를, 인간은 자신이 마주치는 모든 사실에 있어서 언제나 하나님을

---

17 이를 제거하고자 하는 오늘날의 포스트모던적 노력에도 불구하고, 인식론의 **가장 큰** 문제는 여전히 주관과 객관 사이의 연관관계를 설명하는 것이라고 말할 수 있을 것이다. Kuyper는 자신이 주장한 믿음 개념이 주관과 객관을 잇는 필수적인 다리를 제공**할 것이라고** 생각했다. "믿음이 없다면 당신은 결코 당신의 **자아**(ego)로부터 **비자아**(non-ego)로 갈 수 없다. 현상적 영역(phenomenal)으로부터 본체적 영역(noumena)을 잇는 그 어떤 다리도 존재하지 않는다. 모든 과학적 관찰 결과들은 미결된 채로 남아 있다." Kuyper, *Principles*, 131.

직면한다고 했다. 하지만 형식적 믿음 같은 것은 존재할 수 없다. 분명코 모든 인간은 믿음을 가지고 있다. 불신자들 역시 신자들과 마찬가지로 믿음을 가진다. 이는 그들 역시도 하나님의 피조물이라는 사실 때문이다. 따라서 믿음은 내용을 가지고 있다. 어떤 사람이 불신자가 되는 것은 하나님에 대한 믿음의 내용을 거부하는 것이다. 그러한 방식으로 그는 자신의 원래적 믿음의 내용을 억누르려 하는 것이다.[18]

반 틸이 여기에서 "원래적 믿음"이라 언급한 것은, 우리가 하나님의 형상으로 창조된 연고로 모든 사람들에게 심겨져 있는 하나님을 아는 지식이다. 따라서 구원적 믿음에서와 마찬가지로, "원래적 믿음" 역시 **지식**을 포함하며, 지식에 대립되지 않는다. 그것은 하나님을 아는 지식이다. 더 나아가서 반 틸은 카이퍼의 형식적 믿음에 대해 다음과 같이 평가한다.

그렇다고 한다면 그 내용은 자기가 넣고자 하는 어떠한 형태도 취할 수 있다. 즉 형식적 믿음의 내용은 사실상 결정되지 않은 상태인 것이다. 그 결과, 인간이 자기 자신이나 혹은 세상에 대해서 알 수 있는 근거는 전혀 존재할 수 없게 된다. 인간은 자신이 하나님의 피조물로서 스스로를 인식할 때에만 이 지식의 주체로 자리 잡을 수 있다. 하나님을 자신의 창조

18　Cornelius Van Til, *The Defense of the Faith* (Philadelphia: Presbyterian and Reformed Publishing Co., 1955), 385.

주이자 동시에 재판장으로 인정하지 않으면서도 인간 자신이 지식의 주체가 될 수 있다고 생각한다면, 여기에는 지식을 가능케 하는 기초가 없다.[19]

비록 반 틸이 그 문제를 여기에서 다루진 않았지만, 그의 위와 같은 진술이 인식론과 관련하여 내포하는 의미는 파격적이며 광대하다. 그가 말하고자 하는 요점은 칼빈이 『기독교 강요』의 첫 번째 문장에서 주장했던 내용과 동일하다. 즉, 우리 자신에 대한 지식은 창조자 하나님을 아는 지식과 긴밀하게 연결되어 있다는 것이다. 따라서, 창조자 하나님을 아는 지식이 없이는 자기 자신에 대해서 참되게 아는 일은 불가능하다. 카이퍼는 이 점을 믿었고 또 친히 주장했다. 하지만 보편적인 이 믿음의 **내용**은 사실상 살아계시고 참되신 하나님에 대한 지식이라는 점을 그는 깨닫지 못한 것으로 보인다.

이러한 개념에 근거해서 생각을 시작할 때 다음의 사실이 분명해진다. 우리가 알고 있는 지식이 지식이 될 수 있는 것은, 그것이 거듭나지 못한 사람이 가진 것이든 아니면 거듭난 사람이 가진 것이든 간에, 오직 하나님과의 관계라는 배경을 전제할 때에만 가능하다.

다시 말해서, **모든** 지식은 본질적으로 **언약적** 지식이다. 모든 앎의 기본적인 전제는, 인간이 하나님을 알고 있으며, (자연계시와 특별계시 모두를 통해) 주어진 하나님에 대한 지식이 일반적인 앎에 필요한 "연결고리"를 제공한다는 사실이다. 하나님에 대한 계시가 자연적인 방

---

19 Van Til, *The Defense of the Faith*, 385.

식과 특별한 방식 모두로 우리에게 전해지고 이러한 방식으로 지식**이기** 때문에 "연결고리"가 제공되는 것이다.

그러므로, 하나님에 대한 지식에 있어 근본적인 요소는, 모든 사람들이 하나님의 형상이기 때문에 이러한 하나님 지식을 가지고 있으며, 그러한 의미에서 이 지식은 **보편적**이며 또한 **직접적**이라는 사실이다. 이 지식이 보편적이라는 사실은 바울이 로마서 1:18 이하에서 주장한 바이다. 아담 안에 있는 인류의 상태를 설명하는 가운데, 바울은 우리 모두가 하나님의 자연계시로 인해 핑계할 수 없는 상태에 있다고 강조한다(20절).[20]

우리 모두가 하나님을 이와 같이 "즉각적"으로 알고 있다는 사실은, 그렇기 때문에 하나님에 대한 지식이 어떠한 매개체를 통해 간접적으로 전달될 수 없다는 뜻은 아니다. 바울이 말하듯이, 분명코 그 지식은 "만들어진 것들을 통하여"(롬 1:20, ASV) 전달된다. 오히려, 하나님을 아는 지식이 즉각적이라는 말은, 우리가 이 지식을 어떠한 추론의 방식으로 얻을 수는 없다는 의미이다. 어떠한 증명도, 어떠한 삼단논법도 이 지식을 얻는 데 충분한 근거가 될 수 없다.

하나님을 아는 지식은 우리의 기독교 선조들이 "코그니치오 인시타"(*cognitio insita*)라고 표현했듯이, 하나님에 대한 **심겨진**(또는 삽입된) 지식, 즉 만들어진 것들을 통하여 하나님 자신에 의해 우리에게 전달된 지식이다.

---

20 또는 롬 1:18 이하는 특별히 이방인들에 관한 것인가? 어떠한 경우이건 간에, 요점은 하나님이 그분 자신을 모두에게 일반적으로 알리셨기 때문에 누구도 그분의 심판에서 피할 수 없다는 것이다.

그러므로 이 지식은 만들어진 것들을 통하여 우리에게 전해진다. 하나님께서는 언제나 그리고 어디에서나 세상을 통하여 스스로를 드러내 보이시며, 이 계시는 우리가 저항하거나 혹은 저항**할 수 있는** 그러한 것이 아니라, 우리가 정말로 받아들이며 따라서 알고 있는 계시이다.

만약 우리 모두는 하나님을 알고 있으며, 그분의 형상대로 창조되었다는 사실(이것은 일종의 형이상학적인 개념이다)에 의거하여 그분을 알고 있다는 것이 사실이라고 한다면, 우리가 알 수 있고 또 알고 있는 모든 것을 위한 보편적이며 형이상학적인 기초가 존재한다.

(하나님에 대한) 확실하고 분명한 지식과 함께 우리 모두의 인식이 시작된다고 할 때, 이 지식은 우리가 아는 그 밖의 모든 지식을 뒷받침하는 중심축 역할을 해 준다. 우리가 아는 그 밖의 모든 것들은, 우리가 그것을 안다고 한다면, 이 지식과 일관될 것이다.

그러므로, 이와 같이 본질적이고 근본적이며 형이상학적인 하나님 지식과 배치되거나 모순되는 방식으로 어떠한 것을 아는 일은 불가능할 것이다. 하나님은 **가장 탁월하게** 직접적이고 형이상학적인 사실이시므로, 우리가 지식으로 아는 그 밖의 모든 것들은 바로 이 하나님을 아는 지식을 아르키메데스의 기점(Archimedean point)[21]으로 삼는다.

---

21 이 용어는, 고대 그리스의 과학철학자 Archimedes가 충분히 긴 지렛대와 그것이 놓일 장소만 주어진다면, 지구라도 들어올릴 수 있다고 주장했던 것에서 유래한 것으로서, 관찰자가 탐구 주제를 총체적 관점에서 객관적으로 지각할 수 있는 유리한 가설적 지점을 가리킨다-역주.

이 사실이 추론적이지 않은(non-inferential) 지식 또는 믿음과 관련해 의미하는 바는 무엇일까?

우리는 세상의 본성 및 그것을 구성하는 요소들로 인해 무엇인가를 즉각적으로 안다. 다시 말해서, 지식은 사물이 실제로 존재하는 방식과 긴밀하게 연결되어 있다. 앞에서 본 것처럼, 우리는 무엇보다도 하나님을 안다. 그리고 바울이 이야기한 바와 같이, 우리는 하나님을 "만들어진 것들을 통하여" 안다. 따라서 우리가 하나님을 아는 지식에는 반드시 사물을 아는 지식이 들어 있다.

하지만 그렇다고 해서 바울이, 물자체(物自體, thing itself)를 알지 못하면서 피조물을 통해 하나님을 알게 된다고 주장한 것은 아니다. 지식과 관련하여 우리의 출발점은 하나님의 창조라는 현실에 직면하는 것이다. 영광으로 가득 찬 그분의 창조, 하지만 죄의 결과로 인해 추한 것으로 가득 차 있는 창조를 직면하는 것이다.

이제 의심할 여지없이, 분명하게, 그리고 포괄적으로 우리에게 "현존하며" 우리 모두 안에 있는 것은 하나님의 계시이다. 우리가 하나님을 아는 것은 그분의 현존하심 때문이다.[22] 하지만 우리는 그가 만드신 것들, 이 세상의 것들(예를 들어, 다른 사람들, 우리 주변의 세상, 다른 사람들의 증언, 우리 자신의 기억 등)을 또한 안다. 이는 그것들이 하나님께서 스스로를 보이시며 알려주시는 통로로서 우리에게 현존하기 때문이다.

그러므로 "상식적인" 신념이나 비(非)추론적인 신념(혹은 지식)이

---

22 이러한 종류의 지식에 중심이 되는 언약적 의미에 주목하라.

반드시 보편적이어야 하는 것은 아니다. 오히려, 보편적인 것은 바로 하나님을 아는 지식이다. 그리고 이 지식이 우리 자신을 포함하여 하나님께서 만드신 모든 만물을 통해 나타난다는 사실이 보편적인 것이다.

여기에서부터 예상되는바, 하나님의 형상이 된다는 것에는 우리가 그분의 형상으로서 나머지 피조물과도 언약적으로 묶여 있다는 사실이 포함된다. 우리가 그 밖의 피조물을 알고 관계를 맺는 일은 우리가 형상으로서 존재하는 데 필수적인 부분이다. 우리 자신에 대한 지식과 세상 사이에 존재하는 "연결 고리"는, 언제나 어디에서나 자신의 언약 피조물들에게(즉 그 자신의 형상으로 만들어진 피조물들에게) 스스로를 계시하시는 하나님 자신에 의해 만들어진다.

다시 말해서, 그분께서 만드신 것을 아는 가운데, 우리는 하나님을 아는 것이다. 우리 모두에게 "상식"이라 할 수 있는 것은 어떠한 추론되지 않은 일련의 신념들이 아니라, 우리 모두가 가지고 있는 하나님을 아는 지식이며, 이와 더불어 발생하는 피조 세계에 대한 지식이다.

이처럼 믿음은 그 핵심에 있어서 일종의 복종이라 하겠다. 우리는 우리에게 제시된 것에 복종함으로써 그것이 무엇인지를 알기 시작한다.[23] 헨드릭 스토커(Hendrick Stoker)는 반 틸의 인식론을 다음과 같이 명쾌하고 유익하게 분석한다.

---

23   이러한 "복종"(surrendering)의 복잡한 내용들을 상세하게 알려고 하지 않더라도, 우리는 이 복종이 어떤 측면에서는 자발적이지만 또 어떤 측면에서는 비자발적이라는 점에 주목해야 한다.

인간은 … 알 수 있는 대상을 인식론적으로 **만나되**, 그 대상을 **신뢰함**으로써 만난다. 그것을 알기 위해서는, 그것에 대한 **믿음**이 필수적인 요소이다. 믿음 역시 일종의 아는 행위이며, 이것이 없다면 인간 즉 인식의 주체는 인식의 대상을 진정으로 만나지 않는다. 믿음은, 특별한 의미에서, 일종의 복종이다. 스스로를 인식 대상에 복종시킴으로써, 즉 그것을 수용함으로써, 인간은 앎의 과업을 책임 있게 완수할 수 있다.[24]

이러한 사실은 인식론과 관련하여 적어도 다음의 의미를 갖는다. 신학에서 "프린키피움 에쎈디"(*principium essendi*, 존재의 원리)가 "프린키피움 코그노스켄디"(*principium cognoscendi*, 인식의 원리)의 기초가 되어야 하는 것과 마찬가지로, 하나님의 존재와 속성이 그분에 대해 우리가 아는 지식의 기초가 된다. 왜냐하면 하나님에 대한 지식은 (성경에서 우리에게 주어진바) 그분의 존재와 속성을 전제하기 때문이다. 이는 일반적인 인식론에 있어서도 마찬가지이다.

보편적인 지식의 측면에서 볼 때, 하나님의 존재와 속성은, **그가 만드신 모든 것들을 통하여 모든 사람에게 주어지는바**, 그분에 대한 우리 지식의 기초를 이룬다. 그러므로 모든 지식은, 만약 그것이 지식이라면, 두 가지를 전제한다.

첫째, 하나님에 대한 지식(보편적인 인식의 원리).

---

24 Hendrick G. Stoker, "Reconnoitering the Theory of Knowledge of Professor Dr. Cornelius Van Til," in *Jerusalem and Athens: Critical Discussions on the Philosophy and Apologetics of Cornelius Van Til*, ed. E. R. Geehan (New Jersey: Presbyterian and Reformed Publishing Co., 1977), 28.

둘째, 하나님의 존재(보편적인 존재의 원리).

그러므로, 카이퍼가 주장하듯, 원래적 믿음은 우리로 하여금 주어진 것을 받아들이고, 의존하며, 신뢰하도록 움직인다. 그리고 주어진 것은, 근본적으로 하나님의 계시이다. 따라서 언약적 믿음은, 그 원래적 형태에 있어서, 우리를 하나님의 계시에 묶어 놓으며, 우리는 이러한 믿음에 입각하여 세상과 세상의 특징들을 알게 된다.

2. 구원하며 의롭게 하는 믿음: 연속성과 불연속성

이제 구원하며 의롭게 하는 믿음에 대해 보다 상세히 설명하며, 그것이 지금까지 말한 내용과 어떻게 연결되는지를 보여줄 차례이다. 따라서 지금부터 중심적으로 다룰 주제는 구원하는 믿음, 특히 의롭게 하는 믿음이다.

여기서 자세히 다루지는 않겠지만, 우리가 우선적으로 기억해야 할 사실, 그리고 앞으로의 모든 논의에서 핵심적인 역할을 할 내용은 칼빈에 의해 잘 표현되었다.

> 우리가 그리스도 바깥에 있고 그로부터 분리되어 있는 한, 그가 인류의 구원을 위하여 친히 당하시고 행하신 모든 것이 우리에게 아무 소용이 없고 또한 전혀 유익이 되지를 못한다. 그리스도께서 우리의 것이 되시고 또한 우리 속에 거하셔야만 비로소 그가 아버지께로부터 받으신 축복들을 우리와 함

께 나누실 수 있게 되는 것이다.²⁵

이것은 놀라운 진술이다. 우리가 어떻게 그리스도의 은혜를 얻을 수 있는지에 대해 논할 때, 칼빈은 가능한 한 가장 분명한 표현을 사용하여 "그리스도께서 우리 바깥에 계시는 한" 그리스도의 사역은 아무런 의미가 없으며 전혀 적용되지 않는다고 강조한다. 칼빈은 계속해서 다음과 같이 설명한다.

> 그렇기 때문에, 그리스도를 가리켜 "우리의 머리"(엡 4:15)요, "많은 형제 중의 맏아들"(롬 8:29)이라 부르며, 우리에 대해서는 그에게 "접붙인 바 되었다"(롬 11:17)고 하며, 또한 "그리스도로 옷 입었다"(갈 3:27)고 말씀하는 것이다. 그러므로, 이미 말했듯이, 우리가 그와 하나가 되지 않고서는 그가 소유하시는 모든 것이 우리와 아무런 상관이 없을 수밖에 없다. 진실로 우리는 이것을 믿음으로 얻게 된다.²⁶

『기독교 강요』 3권의 처음부터 위와 같이 강조한 사실에서 볼 수 있듯이, 그리스도와의 연합이라는 개념은 칼빈의 구원론에서 핵심적인 역할을 한다.²⁷ 칼빈은 구원의 필수적이고 핵심적인 요소를 위한 신학

---

25 John Calvin, *Institutes of the Christian Religion*, vol. 20 of *Library of Christian Classics*, ed. John T. McNeill, trans. Ford Lewis Battles (London: SCMPress, 1960), III.1.
26 Calvin, *Institutes*, III.1, 강조된 부분은 필자의 것이다.
27 그리스도의 연합에 대한 Calvin의 이해가 칭의와 성화에 어떻게 연결되는지를 역사적인 관점에서 알고자 한다면, Mark A. Garcia, "Life in Christ: The Function

적 토대를 이와 같이 확립한 뒤, 『기독교 강요』 3권의 나머지 부분에서 그 세부적인 내용들을 다루었다. 그러므로 그가 말하고자 하는 모든 내용은 바로 가장 먼저 세워 놓은 이 토대와 관련되는 것이다.

그렇다면 우리를 이처럼 그리스도와 연합시키는 믿음은 어떠한 것인가?

신학 논의에 익숙한 범주들을 사용해 표현하자면, 그것은 **구원하는** 믿음이며 **의롭게 하는** 믿음이다. 이러한 두 "믿음"은 서로 다른 종류의 것이 아니라, 그리스도 안에서 우리의 것이 된 한 믿음의 두 가지 기본적인 측면이다.[28] 물론 믿음에는 그 밖의 다른 측면들도 있지만, 이 두 가지가 일반적으로 강조되는데, 여기에는 정당한 이유가 있다. 성경에서 믿음이라는 단어를 사용할 때 기본적으로 구원 및 칭의와 관련하여 사용하기 때문이다.

보다 일반적인 내용에서 구체적인 내용으로 나아가는 가운데, 믿음이 그 다양한 용법들 중에서 어떠한 연속성을 가지며 변증적 맥락을 제공하는지 살펴보자.

원래적 믿음과 구원하는 믿음 사이의 관계를 파악하기 위해서, 『웨스트민스터 신앙고백서』가 의롭게 하는 믿음에 대해 어떻게 설

---

of Union with Christ in the *Unio-Duplex Gratia* Structure of Calvin's Soteriology with Special Reference to the Relationship of Justification and Sanctification in Sixteenth-Century Context" (Edinburgh: University of Edinburgh, 2004)를 참고하라.

28 John Owen은 구원하는 믿음과 의롭게 하는 믿음을 동일시한다. "구원하는 믿음과 의롭게 하는 믿음은, 모든 신자에게 있어서, 하나이며 동일한 것이다. 양자 사이의 구별된 작용들과 결과들은 외적인 명칭에 불과하다. 하지만 구원하는 믿음은 일종의 특별한 방식으로 역사하며 칭의에 있어 특별한 역할을 한다. 그것은 다른 어떤 고려 사항에 속하지 않는다." John Owen, *The Works of John Owen*, ed. W. H. Gould (Edinburgh: The Banner of Truth Trust, 1997), V. 122.

명하는지 주목해보자.

> 『웨스트민스터 신앙고백서』 11:1
> 하나님께서는 유효하게 부르신 자들을 또한 값없이 의롭다고 칭하신다. 이 칭의는 의를 그들에게 주입함으로써가 아니라, 그들의 죄들을 용서해 주시고 그들의 인격을 의로운 것으로 간주하여 용납해 주심으로써 이루어진다. 즉 그들 안에서 이루어진 어떤 것이나 또는 그들이 행한 어떤 것을 위해서가 아니라, 오직 그리스도를 위해서, 또한 믿음 자체, 즉 **믿는 행위**(the act of believing) 혹은 어떤 다른 복음적인 순종을 그들에게 그들의 의로 전가함으로써가 아니라, 그리스도의 순종과 속량을 그들에게 전가하심으로써 그들은 **그리스도**와 그의 의를 믿음으로 **받아들이고 의존한다**. 이 믿음은 **그들 자신에게서 나온 것이 아니고, 하나님이 주시는 선물**이다.

무엇보다 먼저, 믿음이 "행위"라는 사실에 주목하자.

이는 물론 우리가 만들어낸 업적이 아니다. 그럼에도 불구하고 믿음은 일종의 **행위이다**. 그것은 **우리**가 행하는 어떤 것이지, 하나님께서 행하시는 어떤 것이 아니다. 또한 믿음이 그리스도를 "받아들이고 의존한다"는 사실에 주목하자. 그러므로 구원하며 의롭게 하는 믿음은 어떠한 "마음 상태"이거나 "태도" 혹은 "자세"라고 말할 수도 있을 것이다. 하지만, 추가적으로 말하자면, 믿음은 마음 상태이되, 구원하는 믿음을 갖지 못한 사람들에게 낯선 것이다.

워필드(Warfield)는 다음과 같이 말한다.

> 종교적인 믿음이 그 외의 다른 믿음과 차이가 있는 것은 오직 그 대상의 본질 때문이다. 종교적인 믿음은 종교적인 개념을 내용으로 삼는 믿음이다 … 이러한 마음 상태에서 두드러지는 것은 바로 신뢰이다 … 이처럼 더 높이 적용할 때, 믿음 안에 존재하는 믿음의 요소는 점점 더 두드러지게 나타나며, 마침내는 그 용어의 충만한 의미에 더욱 가까이 도달하게 된다. (어떠한 대상을) "믿는다," (그 대상에 대한) "믿음을 가진다"는 것은 단순히 "당신 자신을 그 대상에 맡긴다"는 의미이다.[29]

그러므로, "받아들이고 수용하는" 일반적인 태도를 "신뢰하는 자세"(pistic posture, 영어 단어 "pistic"은 믿음을 의미하는 헬라어 "피스티스"[πίστις]에서 유래했다)라고 부르자. "신뢰하는 자세"는 다양한 방식, 형태, 상황 속에서 주어진 하나님의 계시를 받아들이고 수용하는 마음 상태이다.

이러한 언약적 믿음의 원래적 측면을 생각한다면, 거기에서도 하나님의 계시를 "받아들이고 수용하는" 일이 존재하는데, 이는 본래, 적어도 처음에는, **비**자발적이다. 앞에서 살펴본 것처럼 (비록 롬 1:18 이하에 대해 상세하게 주해하지 않더라도), 바울이 보편적인 상황을 이야기하고 있다는 점은 분명하다.[30]

---

29 B. B. Warfield, "Psychological," 392-94.
30 바울은 "하늘로부터" 그리고 "창세로부터" 드리났기 때문에 사람들이 "핑계할 수

즉 이 상황은, 하나님의 형상으로 창조된 존재로서 우리 모두는 필연적으로 하나님에 대한 지식을 가지고 있다는 것이다. 하나님께서 자신의 모든 피조 세계를 통해 우리에게 분명히 알도록 하시기 때문에 우리는 하나님에 대한 지식을 가지고 있다. 이 지식에는 하나님의 능력과 존귀가 포함될 뿐 아니라(20절), 그분의 명령에 대한 지식도 포함된다(롬 1:31; 2:14-16).

따라서 원래적 믿음은 하나님의 계시를 그 대상으로 가진다. 그리고 우리는, 우리를 만드시고 다스리시는 하나님을 아는 방식으로 그 계시를 "받아들이고 수용한다." 모든 사람들의 "신뢰하는 자세"는 그들이 하나님의 계시를 받아들이고 수용한다는 방식으로 나타난다.

하지만, 바울이 계속해서 설명하듯이, 하나님께서 피조 세계를 통해 우리에게 주시는 이러한 지식을, 우리는 타락 이후 더 이상 사랑하거나 인정하지 않는다. 오히려, 아담 안에서, 우리는 이 지식을 억누르려 애쓴다(κατεχόντων, "카테콘톤"). 이러한 억누름은 우리의 감사치 않고(21절), 지식을 거짓과 바꾸며(25절), 창조주의 영광을 피조물의 형상 및 우상과 교환하는(23절) 모습에서 분명히 드러난다.

다시 말하자면, 우리가 하나님의 계시를 비자발적으로 받아들인다. 즉 우리는 그렇게 하는 것을 선택하지 않으며 우리 자신의 추론 과정을 통해서 하나님을 아는 것도 아니다. 그럼에도 불구하고, 일단 그 계시를 받아들이고 수용했을 때, 우리는 끊임없이 이러

없다"고 표현하는데, 그의 강조점은 '자신이 설명하는 내용이 어떤 누군가에게는 해당되지만 다른 누군가에게는 해당되지 않는 그러한 특별한 것이 아니라 보편적인 것'이라는 데 있다. 즉, 바울은 하나님의 형상의 어떠한 측면들이 타락 이후 어떻게 기능하는지를 서술하고 있다. 따라서 그것은 모든 인류에게 적용된다.

한 하나님 아는 지식을 우리 의식의 수면 아래로 억누르고 있는 것이다.[31] 말하자면, 우리는 우리를 향해 밀려오는 하나님의 계시의 파도를 거슬러 헤엄지고 있는 셈이다.

그러므로, 원래적 믿음과 구원하며 의롭게 하는 믿음 사이에는 두 가지 면에서 연속성이 존재한다고 말할 수 있을 것이다. 이러한 언약적 믿음의 두 가지 측면 모두 하나님의 계시를 믿음의 대상으로 삼고 있다. 원래적 믿음에서는 하나님의 일반계시가 그 대상이며, 구원하는 믿음에서는 하나님의 특별계시가 그 대상이다.

하지만, 계시의 두 가지 방식이 언제나, 심지어 타락 이전에도 상호의존적인 관계였듯이,[32] 마찬가지로 언약적 믿음의 두 방식, 즉 원래적 믿음과 구원하는 믿음은 역시 함께 하나로 존재한다. 구원하는 믿음 없이 원래적 믿음을 가진다는 것은, 특별계시 없이 일반계시만 가지는 것만큼이나 "부자연스러우며" 혼동된다. 이는 오직 타락으로 인해서만 그렇다.

따라서 원래적 믿음에 결여된 것은, 어떤 면에서, 구원하는 믿음을 진정 (우리를) 구원하게 만드는 즉 (그리스도를) **의지하게** 만드는 것이다. 개혁주의 신학은 구원하며 의롭게 하는 믿음에 기본적으로 세 가지 구별된 요소들이 있다고 본다.

---

31 다시 말해서, 일단 그것이 비자발적으로 **받아들여진 이후에는**, 우리가 가진 지식과 진리는 **자발적으로**, 다른 방식과 단계에서, 그 지식과 진리는 다른 방식으로 왜곡되고, 전복되고, 훼손된다. 이런 상태는 우리가 그리스도 안에서 회복되고 거듭나기 전까지 그러하다.

32 특별계시와 일반계시의 관계를 잘 분석한 연구로는 Cornelius Van Til, "Nature and Scripture," in *The Infallible Word: A Symposium by the Members of the Faculty of Westminster Theological Seminary* (Phillipsburg, N.J.: Presbyterian and Reformed Publishing Co., 1978), 263-301을 보라.

첫 번째 요소는 지식(*notitia*, "노티티아")이다. 이것은 (원래적 믿음과 구원하는 믿음에서) 반드시 필요한 측면으로서, 과소평가되거나 소홀히 다루어져서는 안 된다. 믿음은 결코 지식과 대립되지 않으며, 오히려 지식을 반드시 포함한다.

두 번째 요소는 승인(*assensus*, "아쎈수스")이다. 승인의 단계에서 우리는 우리가 안다고 주장하는 내용이 참되다고 여긴다. 승인의 적용을 통해 우리는 단순히 명제적인 지식(예를 들면, "그리스도가 십자가에서 죽으셨다고 성경이 가르친다는 **것을** 안다")으로부터 그 지식이 참되다는 것을 긍정하는 단계("그리스도가 십자가에서 죽으셨다고 성경이 가르치며 이것이 참된 사실이라는 **것을** 안다")로 이동한다.

세 번째 요소는 구원하며 의롭게 하는 믿음의 핵심인데, 이것은 신뢰(*fiducia*, "피두키아")의 측면이다. 존 머레이는 이러한 측면들이 어떻게 연관되는지 다음과 같이 설명했다.

> 구원하는 믿음은 단순히 그리스도가 어떤 분이신지에 대한 명제적 지식에 승인하는 것이 아니다. 그분의 충족성 때문에 우리의 가장 깊은 필요가 만족되었다는 명제에 대해 단순히 승인하는 것 역시 아니다. 믿음은 반드시 신뢰의 단계로 올라가야 하는데, 이 신뢰에서는 그분께 온전히 맡겨 드리는 것이 핵심이다. 믿음 안에서 전인(全人)이 내적으로 움직이는 가운데 인격과 인격의 만남이 이루어지고, 구원을 위해 그리스도만을 받아들이고 의지한다. 다시 말해서, 우리 자신이나 어떠한 인간적인 자원에 대한 신뢰를 포기하고, 자기 자신을

그리스도께 전적으로 헌신하는 것이 구원하는 믿음이다. 승인(*assensus*)이 지식을 확신(conviction)으로 연결하듯이, 신뢰(*fiducia*)는 확신을 담대함(confidence)으로 옮겨 놓는다. 바로 여기에 믿음의 독특하고 구별되는 특징이 존재한다. 그것은 가장 깊고 최종적인 모든 사안들을 모두 내려놓고 그리스도께 맡기는 것이다.[33]

3. 이신칭의

이처럼 의롭게 하는 믿음은 하나의 **행동**, 즉 하나님이 아니라 우리가 행하는 행동이며, 이것이 우리가 의롭다 함을 받는 **원인**이 된다. 칭의와 관련된 신학의 역사, 특히 종교개혁 이후의 역사는 어떠한 방식으로 믿음이 칭의의 원인이 되는가에 대한 논의로 가득 찼다. 우리가 여기에서 이 논쟁을 끝내기는 힘들겠지만, 몇 가지 요점들은 주목할 필요가 있다.

첫째, **믿음의 대상 안으로 들어간다**(believing into, πιστεύω ["피스튜오"]와 εἰς ["에이스"])는 개념은 신약성경만 있는 독특함이며[34] 믿음이 가

---

33 John Murray, *Collected Writings of John Murray* (Edinburgh: Banner of Truth Trust, 1977), II. 258.
34 신약성경과 비슷한 개념적 동의어를 구약성경에서도 찾을 수 있다. Warfield에 의하면, "헬라어 70인경에서 πιστεύειν("피스튜에인")은 אָמַן("헤민")을 번역한 용어로, 신뢰를 표현하는 경우에 거의 항상 사용되었다(잠 24:25, πείθεσθαι "페이떼스따이"). 몇몇 경우에 이 단어는 전치사와 함께 한 단어로 사용됨으로써 그 의미가 더욱 강해졌다(신 1:32; 삿 11:20; 대하 20:20; 시락 1:15; 2:10 등등, 그리고 마카비 1서 1:30; 7:16에서는 ἐμπιστεύειν["엠피스튜에인"], 미 7:5에서는 καταπιστεύειν["카타피스튜에인"]이 사용된다). 다른 경우에는 전치사와 연결되어 나타난다(렘 12:6; 시 77:22; 단 6:23;

진 "그리스도 안에서"의 기능에 있어 중심적이다.[35] 이것이 믿음이 가진 "그리스도 안에서"의 기능에 있어서 중심적인 이유는, 믿음의 기능이 우리를 그리스도께 연합시키는 것(이것은 성령께서 거듭나게 하시는 역사이다)이기 때문이 아니라, 작용된 것으로서의 믿음의 선물이기 때문이다. 이러한 믿음의 기능은 우리로 하여금 그러한 연합을 고백(affirm)할 수 있도록 마음을 움직인다. 구원하는 믿음과 연관된 이러한 "신뢰의 자세"는 우리가 알게 된 것, 즉 그리스도께서 나의 죄로부터 나를 구원하셨다는 사실을 인정하는 것이다.

둘째, 오늘날 많은 책에서, 성경에서 종종 사용되는 믿음(πίστις, "피스티스")이라는 개념은 우리가 의롭다 함을 받는 수단이 되는 **우리의 믿음이라기보다는, 그리스도의 신실함으로 여겨져 왔다**.[36] 간단

삼상 27:12; 대하 20:20; 미 7:5; 시락 35:21에서의 ἕν τινι["엔 티나"]; 사 27:16[?]; 마카비 3서 2:7에서의 ἐπί τινα["에피 티나"]; 지혜서[Wis.] 12:2에서의 ἐπί τινι["엔 티니"]; 시락 37:31에서의 εἰς τινα["에이스 티나"]; 욥 4:18; 15:15; 24:22에서의 κατά τινα["카타 티나"]). 이 단어는 구약성경의 높은 종교적 믿음을 표현하는 도구가 됨으로써 신약성경을 또한 준비하였다. (Benjamin Breckinridge Warfield, "Faith," in *Biblical and Theological Studies*, ed. Samuel G. Craig [Philadelphia, PA.: Presbyterian and Reformed Publishing, 1968], 432-33).

35 Warfield는 다음과 같이 설명한다. "신약성경에서는 전치사 εἰς("에이스")와 함께 사용되는 형태가 두드러지게 나타나는데, 49번 정도가 이러한 형태로 사용되며, 그중 4/5는 요한 문헌에서 그리고 나머지 1/5는 바울 문헌에서 나타난다. 이처럼 믿음이 향하고 있는 대상은, '하나님께서 그 아들에 대하여 증언하신 증거'(요일 5:10)라는 하나의 독특한 구절에서 나타난다. 즉 우리는 '증언의 진리, 곧 성육신하신 아들 자신'을 믿는 것이다. 다른 곳에서도 믿음의 대상은 이와 같이 언제나 하나의 인격체를 향하고 있는데, 하나님을 대상으로 삼은 경우는 거의 드물고 대부분은 그리스도를 신뢰할 믿음의 대상으로 삼는다" (Benjamin Breckinridge Warfield, "Faith," 438). 신약성경에서 이러한 형태가 사용된 예는 마 18:6; 막 9:42; 요 1:12; 3:16, 18, 36; 6:29, 35, 40; 7:38 이하; 9:35 이하; 11:25 이하, 48; 12:36, 44, 46; 14:1, 12; 16:9; 행 10:43; 20:20; 20:21; 롬 4:9; 5:2; 요일 5:10, 13 등이 있다.

36 이러한 주장은 Moisés Silva에 의해 결정적으로 반박되었다. Silva, "Faith Versus Works of Law in Galatians," in *Justification and Variegated Nomism*: *Volume 2-The Paradoxes of Paul*, eds. D. A. Carson, Peter T. O'Brien, and Mark A. Seifrid (Grand Rapids, Michigan: Baker Academic, 2004), 217-48. 소위 "새 관점"에 관한 최근의 논쟁에 관심이 있다면, Silva의 글을 주의 깊게 읽어야 할 것이다. 앞으로

히 말해서, 많은 사람들이 이렇게 주장하는 이유 중 하나는, 종교개혁의 이신칭의 교리를 바울에 대한 올바른 해석이라기보다는 루터가 만든 새로운 발명품으로 보고자 하기 때문이다.[37] 만일 바울이 사용한 "믿음"이라는 단어가 우리의 행동이 아니라 그리스도의 행동을 기본적으로 의미한다고 하면, 우리는 바울의 칭의 개념을 종교개혁의 칭의 개념과 매우 다르게 이해해야 할 것이다.

이와 같은 새 관점 학파의 믿음 개념이 심각한 문제를 지니고 있다는 사실은 몇 가지만 언급해도 충분할 것이다.[38]

첫째, 신약성경에서 믿음의 행위에 대해 말하고 있는 대부분의 내용은 그리스도의 믿음이 아니라 전통적으로 이해한 것처럼 우리의 믿음을 가리킨다. 실바(Silva)는 다음과 같이 말한다.

> (바울의 저작을 포함하여) 기독교의 기초를 형성한 글들은 인간의 믿음을 두드러지게 부각시키며, 분명코 저자들은 "피스티스"(πιστίς)라는 단어가 (예외적인 경우가 아닌 한) 이러한 의미로 이해되기를 의도했을 것이다.[39]

다시 말해서, 믿음을 **우리의** 믿음으로 보는 개념이 성경에 주도적으로 나타나기 때문에, 문맥상 다른 해석을 요구하는 특별한 경우가

논의하는 내용은 실바의 논문에 크게 의존했다.
37 이러한 표현은 이 문제를 과도하게 단순화시킨 것이긴 하지만, 그렇다고 해서 잘못 왜곡한 것은 아니다.
38 여기서는 앞에서 언급한 실바의 논문을 전적으로 따랐다.
39 Silva, "Faith Versus Works," 230-31.

아니라면(예를 들어, 로마서 3:3의 "텐 피스틴 투 떼우"[τὴν πίστιν τοῦ Θεοῦ] 에서 믿음이 하나님을 믿는 믿음이 아니라 하나님의 신실하심을 의미하는 경우), 이 단어를 일반적인 의미로 이해해야 할 것이다.

둘째, 사도 바울은 성경의 영감된 기록자들 중 가장 대표적으로 칭의 교리를 주장한 사람인데, 그는 반복적으로 "피스튜오"(πιστεύω) 라는 동사를 사용할 때 그리스도의 신실하심이 아니라 우리의 믿음을 가리키는 방식으로 사용한다.[40]

> 매우 대조적으로, 우리는 "피스티스"(πίστις, 믿음)가 그리스도에게 속한다고 불분명하게 언급하는 부분을 한 군데도 찾을 수 없다. 다른 식으로 보다 구체적으로 말하자면, 바울은 "피스튜오"(πιστεύω, 믿는다)는 동사의 주체로 그리스도를 언급한 적이 없으며, "피스토스"(πιστός, 믿음이 있는)라는 형용사를 그리스도를 수식하는 서술어로 사용하지도 않았다. 이는 바울이 그러한 단어를 사용할 능력이 없었거나 아니면 그러한 용어 뒤에 깔린 개념들을 알지 못했기 때문이 아니다. 그러한 방식으로 단어를 조합하는 것이 바울의 스타일이 아니었기 때문이다.[41]

그러므로 성경은 믿음의 행위를 우리의 행위, 즉 하나님께서 우리를 그리스도 안에서 의롭다고 선언해주시는 일을 가져오는 행위로 언급한다. 이러한 전통적인 개념을 마치 칭의와 관련해 새로운 이해

---

40 Ibid., 231.
41 Ibid., 231-32.

가 필요하다는 식으로 재정의하려는 시도에는 설득력이 없다.[42]

셋째, 어쩌면 가장 중요하게도, 성경적이고 개혁주의적인 이신칭의 교리는 결코 우리를 구원하는 것이 믿음이라는 식으로 가르치지 않는다. 이와 관련해서는 칭의의 개념을 표준적이고 아리스토텔레스적 인과율(causality)의 틀에서 생각해 보는 것이 유익할 것이다.[43]

철학자들은 어떤 일이 일어나는 데 있어서 네 가지 종류의 원인이 작용한다고 생각한다. 하지만 이러한 원인들을 고려할 때, 우리의 구원을 세우는 것에 관한 한 그 어떤 원인도 행위와 관계가 없음을 볼 수 있을 것이다.

> 성경은 우리가 영생을 얻게 되는 작용인(efficient cause)이 하늘 아버지의 자비 및 우리에게 거저 베풀어주시는 사랑이라고 모든 곳에서 선언한다. 그리고 이에 대한 질료인(material cause)은 그리스도와 그분의 순종이며, 바로 이 순종을 통하여 그리스도께서는 우리를 위한 의를 이루셨다.
> 그렇다면 칭의의 형식인 혹은 도구인(formal or instrumental cause)은 믿음이 아니고 무엇이겠는가?[44]

---

42 Silva가 주장한 논리는 논박의 여지가 없어 보이는데, 그 중 두가지는 다음과 같다. (1) πίστις Ἰησου Χριστοῦ("피스티스 예수 크리스투")의 πίστις("피스티스")를 주격적(subjective) 소유격이 아니라 목적의(objective) 소유격으로 이해하는 것은 언어학적인 차원에서 불가능하다. 이러한 이름을 붙이는 것은 억지스럽고 근거가 약하다. (2) 헬라어를 모국어로 사용했던 많은 교부들이 이해했던 방식에 비추어 볼 때, 이 표현의 소유격 의미를 어떻게 해석해야 할지 분명해진다. Ibid., 230 이하.

43 Cavin이 믿음과 칭의 사이의 관계를 어떠한 인과적 용어를 사용해서 설명했는지에 관해서는, Paul Helm, *John Calvin's Ideas* (Oxford: Oxford University Press, 2004), 399이하를 보라.

44 Calvin, *Institutes*, III.14.17.

여기에서 중심적으로 주장하는바와 같이, 우리를 구원하는 것은 우리의 믿음이 아니다. 우리를 구원하는 것은 그리스도에 대한 믿음도 아니다. 우리를 구원하는 분은 **그리스도**이시며, 그분은 오직 믿음이라는 수단을 통해서 우리를 구원하신다. 역사적 개혁주의 신학이 명확히 하고자 애썼듯이, 이 말은 믿음이 **그 자체**로서 우리를 구원한다는 뜻이 아니다. 믿음이 혼자서 구원한다는 말이 아니라, 믿음만이 우리의 칭의가 이루어지도록 하는 유일한 수단이라는 의미이다.[45]

믿음이 우리 칭의의 근거가 되는 것 또한 아니다. 위의 인용문에서 본 것처럼, 칼빈은 그리스도의 순종이 칭의의 질료적 원인이 된다고 설명한다. 왜냐하면 그리스도께서 (완전한 삶과 순종적인 죽음을 통해) 이루신 순종이 우리에게 전가되는 것이기 때문이다. 그러므로 우리의 칭의의 "질료"는 그리스도와 그분의 사역 안에 있다.

우리에게 주어진 믿음, 그리고 우리가 사용하는 믿음은, 하나님께서 그리스도의 의를 우리의 것으로 적용하시기 위해 정하신 "수단"이다. 그러므로 (칼빈이 사용한 인과 개념의 틀에 따르면) 우리가 의롭다 함을 받는 것은 우리가 믿음을 가지고 있기 때문이요, 그리스도께서 삶과 죽음 가운데 성부께 순종하셨기 때문이요, 하나님 아버지의 자비가 우리에게 거저 주어지기 때문이다.

그렇다고 한다면, 구원하며 의롭게 하는 믿음이 하는 일은 무엇인가?

---

45 칭의의 수단으로서 믿음 외에 다른 것을 추가하려는 시도, 그리고 칭의의 근거로서 그리스도의 사역 이외의 다른 것을 추가하려는 시도는, 부정적으로 말하자면, 고전적인 개혁주의 신학의 경계를 벗어난 것이다.

믿음은 (비록 타락 이후 왜곡되긴 하였지만) 원래 있던 것을 우리 안에 가지고 오며, (일반적이고 특별한) 하나님의 계시를 하나로 연합함으로써, 우리가 처음으로 올바로 알 수 있도록 만드는(골 3:10) 통로 역할을 한다. 뿐만 아니라, 우리를 의롭게 만드는 통로 역할을 한다. 그리고 이와 필연적으로 연결되어, 우리를 거룩하다고 선언하며 거룩하게 만들어가는 통로 역할을 한다(엡 4:24).

구원하며 의롭게 하는 믿음은, 따라서, 원래적 믿음을 보완하는 것이 아니다. 마치 원래적 믿음이 퍼즐의 절반에만 해당하고, 구원하는 믿음이 거기에 더해져서 퍼즐을 완성하는 것이 아니다. 도리어 구원하는 믿음은 원래적 믿음을 다스려 변화시킨다. 그리하여 이 믿음은, 하나님께서 우리에게 생명을 주신 것으로 인해, 그에 합당한 순종의 반응을 일으켜, 세상 안에, 말씀 안에, 그리고 말씀 되시는 분 안에서 드러난 하나님의 계시에 복종하도록 이끈다.

모든 사람은 믿음의 피조물이다. 우리가 앞으로 가질 그 믿음이 이미 우리에게 주어졌다. 믿음은 선물이며, 하나님의 명확한 계시를 그 대상으로 삼는다. 구원하며 의롭게 하는 믿음은, 타락 이후의 상황에서 볼 때, 성화된 언약적 믿음이다. 이 믿음으로 인하여 우리는 계시된 하나님을 인정하게 된다. 왜냐하면 그분의 아들을 의지하게 되었기 때문이다.

제4부
목회적 관점에서의 칭의론

제8장 ✢ 칭의 교리의 목회적 의미
―J. 스태포드 카슨(J. Stafford Carson) 박사

제8장
칭의 교리의 목회적 의미

J. 스태포드 카슨(J. Stafford Carson) 박사
전 웨스트민스터신학교 부총장

설교자와 목사의 임무는 단순히 기독교 신앙의 위대한 교리들을 해설하는 것만이 아니라, 회중들의 입장에 스스로를 계속 세워 두며 "그래서 어떻다는 것인가?"라는 질문을 던지는 것이다. 민감하고 효과적인 설교자라면, 청중들 중 예배 시간 뒷자리에 앉아서 자신이 들은 교리나 진리의 현실적인 가치가 무엇인지를 삐딱하게 질문하고 있는 사람을 상상할 수 있을 것이다. 설교자가 자신의 직무에 충실하고자 한다면, 반드시 분명하고 실제적인 적용을 제시해 주어야 한다.

이는 신학자에게 있어서도 마찬가지다. 신학이 하나님의 말씀을 삶의 모든 영역에 적용하는 작업이라고 한다면, 어떠한 신학적 토론에 있어서도, 우리가 믿는다고 고백하는 내용의 실제적인 의미를 설명할 수 있어야 할 것이다. 칭의 교리가 갖는 목회적 의미와 적용점들은 너무나 많으며, 교회의 생명과 건강을 위해 매우 중요하다. 신학자들은 칭의 교리가 기독교적 삶의 핵심에 놓여 있는 문제들을 다룬다는 사실을 알고 있다. 그렇기 때문에 이 교리에 대해서 명확하고 정확하게 진술하는 것만이 아니라, 그것의 목회적 의미를 설명해 내는 것이 반드시 필요하다.

칭의 교리는 복음 전도, 설교, 개인적인 상담에 있어서 분명한 적용점을 가지고 있다. 존 오웬(John Owen)이 표현하였듯, 칭의는 "죄책감에 눌려 고민하는 죄인의 양심을 올바르게 안심시키는데, 이는 칭의야말로 그러한 죄인이 하나님 앞에서 용납되며 하늘의 유업을 얻게 되는 길이요 수단이기 때문이다."[1]

모든 목회자들은, 양심이 눌린 상태에서 죄의 용서를 구하며 또한 자신들이 하나님과 화목된 상태에 있는지 확신을 얻고자 하는 사람들에게 분명한 답변을 주어야 한다. 그리고 이에 대한 답변은, 그리스도의 대리적 속죄(substitutionary atonement)를 설명하고 그 속죄의 유익들이 은혜로 말미암아 믿음을 통해서 어떻게 전달되는지를 가르치는 데서 찾을 수 있다. 이처럼, 이신칭의 교리야말로 죄인들이 절실히 찾고자 하는 빛과 위안과 용납됨을 제공한다. 칭의의 결과로 사람들은 "용납되며 용서받는" 것이다.

대리적 속죄는 복음의 핵심이며 기초이다. 죄, 깨어짐, 속박, 하나님으로부터의 분리 등의 문제들에 대한 대답은 바로 여기에 근거한다. 복음을 전하고 새로운 신자들을 신앙으로 양육하는 데 있어서 가장 핵심이 되는 내용은, 우리를 대신하여 십자가에서 죽으신 그리

---

1 John Owen, *The Works of John Owen*, ed. W. H. Gould (Edinburgh: The Banner of Truth Trust, 1977), V. 7.

스도 안에서 하나님이 어떠한 일을 행하셨는지를 설명하는 것이다.

존 스토트(John Stott)에 따르면, 대속(substitution) 교리는 단지 하나의 사실, 즉 '하나님께서 그리스도 안에서 우리와 그분 자신을 바꾸셨다'는 사실만을 보여주는 것이 아니라, 그것의 필요성, 즉 '하나님의 거룩한 사랑이 만족되고 반역스러운 인류가 구원받기 위해서는 그 어떤 다른 방법도 불가능했다'는 점 또한 확인한다.[2] 크랜필드(Cranfield)는 로마서 3:25에 대한 주석에서 다음과 같이 정통 신앙을 훌륭하게 요약하고 있다.

> 하나님은 자비로운 분이시기 때문에 죄인들을 용서해 주기 원하셨고, 정말로 그들을 의롭게 용서해 주고자 하셨다. 하지만 그들의 죄를 묵인해 주시는 방법으로 이 일을 이루시지 않았고, 오히려 죄인들이 받아야 할 의로운 진노의 완전한 무게를 성자의 인격 안에서 친히 받으심으로써 그들을 용서하셨다.[3]

자신의 죄와 거룩하신 하나님 면전으로부터의 분리라는 문제들이 예수 그리스도의 사역 안에서 해결되었다는 사실을 볼 때에만 진정으로 영적인 생명이 나타난다. 죄의 어둠, 그리고 죄의 결과로 초래된 슬픔이 사라지는 것은 바로 사람들이 하나님과 그의 아들과 더불어 교제하는 빛 가운데로 들어갈 때이다.

---

2 John R. W. Stott, *The Cross of Christ* (Leicester: IVP, 1986), 161, 『그리스도의 십자가』(CLC, 케), 176.

3 C. E. B. Cranfield, *The Epistle to the Romans*, International Critical Commentary (Edinburgh: T&T Clark, 1975-79), 217.

그러므로 목회자들, 설교자들, 장로들, 그리고 영혼의 치유에 책임을 맡은 모든 사람들은 칭의 교리의 근원과 기초 및 수단들을 분명하고 단순하게 설명할 수 있어야 한다. 이 교리를 둘러싸고 논쟁이 벌어지고 있는 오늘날의 분위기에서, 우리는 성경이 우리의 구원 문제에 대해 어떻게 가르치는지를 우리가 제대로 이해하고 설명하는지 확인해야 할 것이다.

하지만, 우리의 설교와 가르침의 사역에서 핵심적인 내용이라 생각하는 부분에 있어 우리는 설교자로서 그렇게 잘하지 못해 왔던 것 같다. 왜냐하면, 복음주의와 개혁주의 교회에 소속돼 있는 많은 그리스도인들이 이신칭의 교리의 개인적인 의미들을 잘 이해하지 못한 것처럼 보이기 때문이다. 몇 년 전 리차드 러블리스(Richard Lovelace)는 다음과 같이 지적했다.

> 그리스도의 의롭게 하시는 사역을 자신들의 삶에 분명하게 적용하는 사람들은 오늘날 신앙을 고백하는 그리스도인 중 지극히 일부에 불과하다. 많은 사람들은 하나님의 거룩하심이 어떠한지, 그리고 자신들의 죄가 얼마나 큰지를 너무 가볍게 이해하고 있으며, 그 결과 자신들에게 칭의가 필요하다는 사실을 거의 인식하지 못하고 있다. 비록 그들의 삶이 죄책감으로 끌려 다니며 불안한 상태에 있으면서도 말이다. 또 다른 많은 사람들은 칭의 교리에 대해서 이론적으로만 동의하고 있을 뿐, 그들의 일상에서는 자신들의 성화를 더욱 의지함으로써 의롭다 함을 받으려 애쓴다.

어거스틴 식으로 말하자면, 그들은 하나님께서 자신들을 용
납해 주셨다는 확신을 그들 자신의 고결함이나, 과거의 회심
체험이나, 최근에 행한 종교적인 행위나, 아니면 의도적으로
불순종한 횟수가 상대적으로 적었다는 사실 등에서 찾으려
한다. **당신은 용납되었다**는 루터의 가르침에 철저히 서서 하
루하루를 시작하는 사람, 믿음으로 자기 자신의 외부를 바라
보고 그리스도의 전적인 의를 유일한 용납의 근거로 주장하
는 사람, 그렇기 때문에 이러한 정도의 신뢰로 안심하며 사랑
과 감사의 마음으로 더 많은 성화를 추구해 가는 사람은 거의
찾아볼 수 없다.[4]

이처럼 안타까운 분석은, 사실상 사람들을 정기적으로 대하는 많은 목회자들에게는 전혀 놀랍지 않다. 너무나 많은 그리스도인들이 겉으로는 그리스도의 의가 자신들에게 전가되어 하나님 앞에 설 수 있게 되었다는 사실을 이해한 것 같지만, 실제로 삶을 살아갈 때에는 행위에 근거한 구원론으로 급히 방향을 바꾼다. 은혜를 통한 이 신칭의 교리 및 그것이 성화의 역사와 어떻게 구별되는지를 분명하게 이해하지 않을 경우, 그들은 둘 중 하나의 오류에 쉽게 빠진다.

한편으로 그들은 자신들이 그럭저럭 올바르게 행동한 몇 가지 행위에 거의 전적으로 집중하여, 일종의 바리새인 같은 교만을 키워 간다. 그들은 자신들의 수준만큼 영적인 성공을 이루지 못했거나 혹

---

4   Richard F. Lovelace, *Dynamics of Spiritual Renewal* (Downers Grove: IVP, 1979), 101.

은 자신들이 행하는 정도만큼 영적인 규칙을 지키지 못한 사람들을 깔보기 시작한다. 일종의 영적인 우월감이 필연적으로 증가하며, 그리스도인들의 공동체 안에서 교만으로 인한 온갖 종류의 긴장감들이 나타나게 마련이다.

그 반대의 오류는 죄책감이다. 어떤 사람들은, 그리스도인의 삶에 순종, 섬김, 경건 등이 요구되지만 자신들이 다른 사람들만큼 이러한 덕목을 행하지 못했다는 사실을 깨닫게 된다. 그들은 자신들의 마음속에 있는 죄들을 인식하며, 정결치 못함, 성급함, 분노, 판단하는 태도 등의 문제들을 해결하고자 애쓰지만, 복음을 자신들의 마음에 성공적으로 적용시키는 일은 극히 드물다. 그 결과 실패감과 죄책감에 휩싸이며, 하나님께서 자신들을 기뻐하지 않으실 것이라고 믿는다. 그들은, 죄의 문제를 다루는 데 실패했기 때문에 하나님의 복과 은혜를 받을 자격이 없다고 믿는 것이다.

우리가 우리 자신의 성취나 행위에 집중하는 순간, 우리는 '하나님의 진노만을 받기에 합당했던 우리에게 하나님의 은혜와 복이 주어졌다'는 의미를 잊어버리게 된다. 바리새인들의 사고 유형을 따라, 기독교 신자들은 자신들의 행함을 통해 하나님의 복을 얻어냈다고 무의식적으로 생각한다.

다른 한편으로, 죄책감에 사로잡힌 신자들은 자신들의 훈련의 부족으로 혹은 자신들의 불순종으로 하나님의 은혜와 복을 저버렸다고 확신한다. 이러한 두 집단에게 있어 공통적인 사실은, 그들 모두 은혜에 근거한 이신칭의 교리의 기본적인 진리를 잊어버렸다는 점이다.

교만과 죄책감이라는 이중적인 위험을 피하기 위해서는, 하나님께서 죄인들을 용서하시고 용납하시는 것은 그들 자신의 행위나 노력에 의해서가 아니라 예수 그리스도의 순종과 죽음 때문이라는 진리를 주의 깊고 분명하게 설명해야 한다. 은혜의 복음에 대한 이와 같은 설명이 우리가 행하는 모든 설교와 상담에 가득 침투해야 하며, 기독교적인 삶을 살아가는 데 필수적인 기초가 되어야 한다.

우리가 하나님과 관계를 맺을 수 있는 유일한 길은 오직 예수 그리스도의 보혈과 의뿐이라는 사실을 정기적으로 알려 주어야 한다. 하나님의 임재 안으로 들어가는 길, 우리를 죄악된 양심으로부터 씻으시는 길은, 우리의 선한 노력이 아니라, 오직 그리스도의 보혈뿐이다(히 10:19-21). 다시 말해서, 우리는 우리의 죄에 관해 스스로를 속일 필요가 없다. 그것이 존재하지 않다거나 혹은 그것이 중요하지 않다는 식으로 괜찮은 척 생각할 필요가 없다.

하나님께서는 죄의 용서를 약속하신다. 이 사실이 의미하는바, 우리는 사람들을 향하여, 그들의 죄가 아무리 끔찍하다 하더라도 하나님 앞에서 솔직해지라고 요청할 수 있다. 그리스도께서는 십자가에서 완벽하게 그리고 완전하게 죄를 해결하셨다. 그러므로 죄인들은 더 이상 자신들의 죄악된 생각과 태도와 행동 등을 합리화하거나 변명할 필요가 없는데, 이는 바로 그리스도 때문이다. 이렇게 은혜를 강조하면 방종이나 무감각한 삶을 조장할 수 있다고 어떤 사람들은 반대할지도 모르겠다.

그들이 결국 용서받게 될 것이라면, 사람들로 하여금 죄악된 형태에 맞서 싸우라고 어떻게 도전할 수 있겠는가?

그들이 하나님의 은혜를 잘못 남용함으로써 영적으로 무감각한 상태나 혹은 그리스도의 일에 헌신하지 않는 상태에 머무르지 않겠는가?

"하나님은 나를 무조건적으로 사랑하셔요. 그러니 내가 어떻게 사는지는 그다지 중요치 않아요"라고 말하지 않겠는가?

이와 같이 은혜를 남용하는 태도를 정확히 예상하고서 바울은 로마서 6장과 갈라디아서 5장에서 이 문제를 다루었다. 칭의 교리에 대한 이 같은 오해가 있다고 해서 이 교리의 본질적인 진리가 사라져 버리는 것은 아니다. 바로 이러한 오해 때문에 우리는 더욱더 끈질기게 그리고 직접적으로 이 교리를 적용으로 옮겨야 한다.

죄책감으로 힘들어하는 사람들을 위한 처방전은, 그들에게 더 많은 것을 요구하고 그들에게 더 많은 짐을 부과함으로써 죄책감을 더하는 것이 결코 아니다. 그들의 죄의식은 자신들이 그리스도 안에서 용서를 얻었다는 사실을 깨달을 때 줄어들 것이고, 그 결과는 자신들의 삶에서 그리스도를 높이고자 하는 욕구가 감소하기는커녕 더욱 늘어가는 것으로 나타날 것이다.

> 우리 마음으로 하여금 훈련 및 경건한 삶에 대한 갈망을 더욱 촉발시키는 것은 무엇인가?
> 그것은 우리의 죄가 용서되었으며, 우리가 오늘 아무리 크게 넘어지고 쓰러진다 하더라도 하나님께서 우리의 죄를 우리

에게 돌리지 않으신다는 사실을 아는 기쁨이다(롬 4:8).[5]

잭 밀러(Jack Millar)의 표현을 빌리자면, 우리는 우리 자신에게 매일같이 복음을 선포해야 하며, 우리가 사역하는 사람들에게도 매일같이 복음을 선포해야 한다. 제리 브릿지스(Jerry Bridges)가 말했듯, 우리는 그렇게 함으로써 우리 마음 안에 거하는 두 종류의 사람, 즉 스스로 의롭다 자부하는 바리새인과 죄책감에 끌려다니는 죄인 모두를 다루게 될 것이다. 은혜의 복음을 우리 삶에 적용시킬 때, 우리는 우리 자신의 선함을 바탕으로 하나님의 복을 얻어낼 수 있다는 온갖 자신감을 물리칠 수 있다.

하지만 은혜의 복음 안에서 살아가는 사람들에게는 여러 가지 복이 주어진다. 하나님의 은혜의 햇빛이 우리 삶의 동산에서 달콤한 열매들을 익어가게 한다. 그리스도로 인하여 우리 죄가 용서받았다는 사실을 알 때 우리 마음은 기쁨으로 충만하다. 우리는 또한, 하나님께서 우리를 용납하시며 그분의 축복이 마침내 우리 가운데 거하실 것인데, 이는 우리 자신의 노력 때문이 아니라 바로 우리가 그리스도께 연합되었기 때문이라는 소망으로 가득 찰 것이다. 그럴 때 우리는 담대하게, 확신 있게, 그리고 자유함 속에서 살 수 있다.

하지만, 소위 "바울에 대한 새 관점"에서는 이러한 구원의 확신을 발견하기가 어렵다. 그들이 내린 결론은 신자의 확신이 기본적으로 그 자신의 언약적 신실함에 기초한다는 것이다. 확신을 이러한 식으

---

5 Jerry Bridges, *The Discipline of Grace* (Colorado Springs: NavPress, 1994), 24.

로 이해하는 것은 전통적인 개혁주의 주장과 근본적으로 다르다. 전통적인 개혁주의에서는, 그리스도인의 순종이 필요함을 인정하면서도, 신자가 구원을 확신할 수 있는 기초는 그리스도를 믿는 모든 사람들에게 구원을 주시겠다고 하신 하나님의 약속에 있다고 주장하기 때문이다. 그러한 약속은 단순히 예수께서 어떠한 분이신가로부터만 나오는 것이 아니라 그리스도께서 이루신 일로부터도 유래한다.

> 행위에 근거하지 않은 칭의는 결코 값싼 용서가 아니다. 그것은 공의가 요구하는 값을 완전히 지불하는 것에 근거하며, 죄인의 대표자께서 그 값을 완전히 치르셨고 모든 법적인 채무를 해결하셨다는 사실에 기초하기 때문이다.[6]

하지만, 은혜의 복음의 상부구조가 든든히 서게 하기 위해서는 몇몇 기초를 놓는 작업이 완성될 필요가 있다. 성경의 강조점에 따르면, 하나님께서 그리스도 안에서 죄인들을 위해 행하신 일의 영광과 위엄은 하나님 자신이 어떠한 분이시고 우리가 그분 앞에서 어떠한 존재인지를 염두에 둘 때에만 드러날 수 있다. 하나님과 우리에 대한 진리가 분명하게 설명될 때에야 비로소 죄에 대한 확신과 그리스도의 은혜를 향한 필요성이 분명해지는 것이다. 이사야가 스스로에 대해 제대로 알게 된 것은 하나님의 거룩하심과 능력을 보았을 때였다.

---

6 Henri Blocher, "Justification of the Ungodly (Sola Fide): Theological Reflections," in *Justification and Variegated Nomism*: *Volume 2 - The Paradoxes of Paul*, D. A. Carson, Peter T. O'Brain, and Mark A. Seifrid (Grand Rapids: Michigan: Baker Academic, 2004), 497.

그 때에 내가 말하되 화로다 나여 망하게 되었도다. 나는 입술이 부정한 사람이요 나는 입술이 부정한 백성 중에 거주하면서 만군의 여호와이신 왕을 뵈었음이로다 하였더라(사 6:5).

종교개혁에까지 거슬러 올라가는 전통에 따르면, 설교자는 하나님에 대한 교리와 인간의 부패에 대한 교리를 분명하게 제시해야 한다. 하나님이 거룩한 분이시기 때문에, 만일 우리가 하나님의 용납하심을 받고 그분 앞에 의롭게 서고자 한다면, 우리 죄인들 역시 거룩해져야 한다.

하지만 개인적인 의와 거룩의 목표에 도달하는 것은 우리 능력 밖의 일이다. 우리가 행한 최고의 노력조차도 하나님의 기준에 미치지 못한다. 우리 문제의 원인을 분석하고자 할 때, 우리는 그 원인이 바로 우리 마음 깊은 곳에 놓여 있다는 사실을 발견한다. 따라서 설교와 상담의 임무는 하나님의 영광과 위엄을 가장 밝히 제시하는 동시에 우리 인간의 마음을 채우고 있는 죄의 어둠과 영적인 무능력을 드러내는 것이다.

1950년대 초반, 존 머레이(John Murray)는 당시 설교에 중요한 핵심 교리들이 빠져 있는 것을 발견했다. 그 중 하나는 그가 "심판의 사역"이라고 불렀던 것인데, 다시 말하자면, 하나님의 율법의 요구와 금지를 선포하는 것이었다.

하나님의 율법을 선포하는 일이 무시될 때, 복음의 의미는 그에 상응하여 감소한다. 복음은 구원의 복음이며, 구원은 무엇

보다도 죄로부터의 구원, 즉 죄의 책임과 오염과 권능으로부터의 구원이기 때문이다.[7]

그리스도 안에서 믿음을 통해 얻는 칭의 교리는 일종의 진공 상태에서 제시될 수 없다. 칭의 교리가 제대로 의미를 갖게 되는 것은 오직 죄에 대해 깊이 확신할 때 뿐이며, 하나님의 의와 거룩하심 및 그분의 율법이 분명하게 설명될 때에야 비로소 우리는 우리가 죄인임을 알게 된다.

이러한 진리가 세워졌을 때, 그리스도를 믿는 일은 더 이상 우리에게 제시된 여러 선택사항 중 하나가 아니라, 우리가 가진 유일한 선택사항이다. 하나님의 압도적인 위엄과 거룩하심, 그리고 죄에 대한 그분의 끊임없는 적대감을 깨닫게 될 때, 오직 믿음으로 얻는 의의 복음이 새로운 의미를 갖게 되는 것이다. 그리스도는 우리의 절망적인 상황에 대한 유일한 해답이시며, 우리가 그분을 소유하게 되는 것은 오직 믿음과 회개를 통해서이다.

하나님의 거룩하심과 인간의 죄악됨을 적용할 때, 설교자는 하나님 앞에서 인간의 죄책(guilt)이라는 주제를 지나쳐 버려서는 안 된다. 죄책이 뒤로 밀려나서 죄책감이 사라져 버릴 때, "복음의 위대한 교리 역시 그에 상응하여 무의미해져 버린다"고 머레이는 지적한다.[8] 머레이가 말한 "위대한 교리"는 물론 은혜로 말미암아 믿음으

---

[7] John Murray, "Some Necessary Emphases in Preaching," in *Collected Writings of John Murray*, vol. 2 (Carlisle, Pennsylvania: The Banner of Truth Trust, 1976), 144.

[8] Ibid., 144.

로 의롭다 함을 받는다는 교리이다.

머레이가 보기에 1950년대 초반의 분위기는, 신앙에 있어 가장 기본적인 질문 즉 '한 개인이 어떻게 하나님과 올바른 관계에 있을 수 있는가?'라는 질문에 대해 놀라울 정도로 그리고 안타까울 정도로 침묵하고 있었다. 그 결과, 최종적이고 취소될 수 없는 칭의가 거저 주시는 은혜로 말미암아 믿음으로 이루어진다는 사실을 깨달을 때 수반되는 놀라운 기쁨 역시 찾을 수 없었다. 이렇게 빈곤하게 된 이유는 인간의 죄에 대한 하나님의 심판을 깊이 생각하지도 설교하지도 않았기 때문이다. 죄와 정죄에 대한 하나님의 심판을 강조하지 않을 경우, 거저 주시는 주권적인 은혜의 복음에 호소할 기초가 놓이지 않는다.

50여 년이 지난 오늘날, 죄인들이 영적인 조언과 위안을 찾으면서 제시하는 문제들 역시 기본적으로는 하나님 앞에서의 죄의식이 아니다. 사람들은 자신들이 경험하는 죄와 상처의 문제를 다양한 방식으로, 예를 들어 소외나 무의미함이나 외로움이나 공허함 등의 방식으로 표현한다.

어떤 이들은 자신들이 행하는 많은 활동이 방향을 잃었다는 점을 의식하는가 하면, 또 다른 이들은 자신들이 하나님으로부터 잘려 버린 것처럼 느낀다. 그럼에도 불구하고, 죄로 인해 자신들이 하나님 앞에서 죄에 대한 책임을 져야 하는 상태에 있다는 사실을 이해하는 사람은 거의 없다. 하지만, 하나님의 권위에 반역한 것에 대해 완벽히 거룩하신 하나님께 개인적으로 책임을 져야 한다는 사실을 깊이 깨닫기 전에는, 하나님께서 죄인들을 위해 그리스도 안에서 행하셨던 일이 왜 필요했으며 얼마나 놀라운 일인지 결코 이해할 수 없다.

여러 업무로 바쁜 목회자들로서는 칭의의 의미를 엄밀하게 주장하는 것이 2차적인 일에 불과하다고 생각할지 모른다. 사람들이 칭의 교리의 정확한 신학적 의미를 분명하게 이해하지 않은 채로 구원받거나 의롭다 함을 받을 수는 있을 것이다. 하지만, 종교개혁가들이 칭의의 법정적 의미를 주장하기 위해 부단히 노력했던 사실을 우리는 기억할 필요가 있다. 이는 그 내용을 조금이라도 타협하게 될 경우 많은 것을 잃어버리게 된다는 것을 그들이 이해했기 때문이다.

하나님의 율법이 요구하는 바는 절대적이다. 우리 내부에서 성취된 의는 그것이 무엇이건 간에 하나님의 거룩하심이라는 기준에 크게 미치지 못할 것이다. 하나님의 심판대 앞에서 우리에게 내려진 판결이 어떤 식으로든 우리 자신의 의에 기초하여 이루어진다고 한다면, 우리는 정죄 받을 수밖에 없다. 설령 우리가 율법에 순종할 수 있는 단계에 도달할 수 있다고 하더라도, 우리가 과거에 범한 죄의 문제들은 여전히 해결하지 못할 것이며 그에 대한 빚도 지불할 수 없을 것이다.

죄가 속죄되지 못하였을 때 죄에 대한 책임이 여전히 남는다고 성경은 말씀한다(롬 3:25; 히 9:15). 오직 우리 바깥에 있는 낯선 의(alien righteousness)가 우리에게 전가될 때에만 하나님께서 우리를 용납하실 수 있다. 다시 말해서, 칭의가 법정적일 경우에만 우리가 구원을 진정으로 소망할 수 있는 것이다.

20세기 후반을 살아가는 우리들은 감사하게도, 설교 및 복음 전도와 관련하여, 청교도들의 신학 저술과 설교를 이용할 수 있게 되었다. 하나님의 거룩하심과 인간의 부패의 깊이라고 하는 종교개혁의 중요한 주제들을 청교도들은 마음을 찌르는 설교를 통해 열정적으로 설명했다. 종교개혁가들과 청교도들이 우리에게 가르쳐 온 바와 같이, 타락한 인간의 본성은 모든 부분에서 원죄의 파괴적인 영향을 받고 있다. 비록 인간이 자기가 무엇인가를 하고자 하는 의지를 갖고 있다 할지라도, 성령의 새롭게 하시는 역사가 없이는 하나님을 찾거나 섬기는 일에 있어 전적으로 무능하다.

사람들이 행하는 최고의 노력조차도 신뢰할 수 없는 기초 위에 세워져 있으며, 그들은 본성상 하나님의 규칙을 싫어한다. 그들은 하나님의 뜻과 방식에 저항하기 때문에, 하나님의 원수이며, 매일같이 예수님을 십자가에 죽이는 것을 되풀이할 준비가 되어 있다. 이러한 분석에 비추어 볼 때, "놀라운 것은 하나님께서 죄에 대해 강렬하게 진노하신다는 사실이 아니라, 오히려 자신에게 반역한 원수들을 놀라운 인내심을 갖고 참으시며 구속하신다는 사실이다."[9]

은혜의 칭의 교리가 최고로 아름답고 영광스럽게 되는 때는 바로 위와 같은 주제들을 설교할 때이다.

우리는 이러한 내용을 설교 하는 일에 구체적으로 재헌신할 필요가 있다. 우리 중 많은 이들이 사역을 시작하게 되는 공동체는, 과거에 사역자들이 하나님을 단순히 매력적이고 친절하며 사랑을 베푸시기만 하는 존재로 설교함으로써 성경에서 말하는 진정한 하나님으로부터 회중들을 보호하기 위해 회중들로부터 사례를 받았던 것처럼 보인다.

---

9 Lovelace, *Dynamics of Spiritual Renewal*, 87.

만일 우리가 복음을 충성스럽게 설교하고자 한다면, 교리의 내용을 전체적으로 제시하는 것이 필요하다. 즉, 하나님은 거룩하고 주권적인 분이시며, 죄인들을 회개케 하시려고, 그리고 구속자되시는 그리스도 안에서 발견되는 하나님의 자비를 찾게 하시려고 그들을 부르신다는 내용을 중점적으로 설교해야 한다.

십자가를 선포함으로써 우리는 죄에 대한 하나님의 진노가 얼마나 큰지, 그리고 죄인들을 향한 그분의 사랑과 자비가 얼마나 깊은지를 서로 연결할 수 있다. 물론, 우리가 칭의 교리를 제시할 때, 하나님의 자비와 은혜와 사랑은 반드시 그 중심에 위치해야 한다. 하지만 그러한 속성들이 제대로 이해되기 위해서는 하나님의 권능과 주권과 거룩하심 그리고 의로움 등의 맥락 속에서 설명되어야 한다.

하나님의 거룩하심과 사랑 사이의 긴장 관계는 화해될 수 없는 것이 아니다. 하나님은 스스로 모순되는 분이 아니시다. 십자가에서 그분의 공의와 사랑은 함께 나타났으며, 그렇기 때문에 칼빈은 "놀랍고도 신적인 방식으로 하나님께서는 우리를 미워하시던 순간조차 우리를 사랑하셨다"고 표현했다.[10] 포사이스(P. T. Forsyth)는 "하나님의 거룩한 사랑"이라는 표현을 사용하여 기독교를 설명했다.

> 기독교는 다른 어떤 것보다 먼저 하나님의 거룩하심과 관계되며, 이것이 인간에게 사랑으로 나타난다 … 하나님의 사랑

---

10 John Calvin, *Institutes of the Christian Religion*, vol. 20 of Library of Christian Classics, ed. John T. McNeill, trans. Ford Lewis Battles, Library of Christian Classics (London: SCM Press, 1960), II. 16.4; cf. II.17.2.

의 출발점이 단순한 연민이나 동정심이나 애정이 아니라 최고의 거룩하심이라는 점은 복음과 자유주의 신학을 나누는 분수령이다 … 그리스도의 가장 우선적인 관심사는 단순히 하나님의 용서하시는 사랑을 보여주시는 것이 아니라, 그러한 사랑이 가지고 있는 거룩성을 보여주시는 것이었다.

포사이스는 또 다음과 같이 주장했다.

우리가 하나님의 사랑에 대해서 덜 말하고 그분의 거룩하심과 심판에 대해서 더 많이 말했다면, 우리는 하나님의 사랑을 이야기할 때는 더더욱 말해야 한다.[11]

오늘날의 상황을 되돌아 볼 때 이러한 강조점을 새롭게 하는 작업이 필요하다고 믿는다. 왜냐하면 단지 이신칭의 교리만이 아니라 하나님과 인간에 관한 교리들 역시 심각하게 재평가되고 있기 때문이다. 돈 카슨(Don Carson)은 『이머징처치와 대화하기』(*Becoming Conversant with the Emerging Church*)에서 밝히기를,[12] 미국과 영국에서 이머징처치 운동을 이끌고 있는 브라이언 맥클라렌(Brian McLaren)과 스티브 초크(Steve Chalke)의 글에 속죄론과 이신칭의에 대한 정통적인 이해로부터 벗어난 내용들이 나타난다고 주장했다.

---

11   P. T. Forsyth, *The Cruciality of the Cross* (Hodder & Stoughton, 1909), 5, 6, 73.
12   D. A. Carson, *Becoming Conversant With the Emerging Church* (Grand Rapids: Zondervan, 2005).

예를 들어, 맥클라렌의 책에 등장하는 가상적인 인물 네오(Neo)는 우상숭배나 하나님의 진노 등과 같은 성경적인 주제를 다루는 데 있어 매우 서툴다. 그는 심판의 주제가 성경적으로 볼 때 십자가와 전혀 어울리지 않는다고 생각한다. 비록 맥클라렌이 구원은 은혜로 말미암아 믿음을 통하여 이루어진다고 단호히 주장할지라도, 하나님의 최후의 심판은 십자가 위에서 이루어진 그리스도의 사역이 아니라, "각 개인들이 우리 세상과 이 세상에서의 삶을 향한 하나님의 소망과 꿈에 따라 얼마나 잘 살았는지"에 달려 있다고 이해한다.[13]

카슨은 최후의 심판을 이런 식으로 생각하는 것에 대해서 평가하기를, 이런 이해는 전혀 "좋은 소식"처럼 들리지 않으며, 오히려 "소위 바울에 대한 '새 관점'의 한 부분을 대중화시킨 것처럼" 들린다고 한다.[14] 특히 카슨은 결론 내리기를, 맥클라렌이 『우리 자신을 발견하는 이야기』(The Story We Find Ourselves In)에서 복음에 대한 관점을 거의 다 잃어버렸다고 한다.

마찬가지로, 스티브 초크가 쓴 『예수의 잃어버린 메시지』(The Lost Message of Jesus) 역시 하나의 지배적인 속성, 즉 사랑의 속성에 입각해서 하나님을 정의한다.[15] 초크는, 성경이 결코 하나님의 진노, 권능, 심판 등을 하나님의 사랑으로부터 독립적으로 주장하지 않는다고 설명한다.

또한 초크는 주장하기를, 신학자들이 수 세기에 걸쳐 원죄 교리를

---

13 Brian D. McLaren, *The Story We Find Ourselves In: Further Adventures of a New Kind of Christian* (San Francisco: Jossey-Bass, 2003), 166-67.
14 Carson, *Becoming Conversant With the Emerging Church*, 181.
15 Steve Chalke, *The Lost Message of Jesus* (Grand Rapids: Zondervan, 2003).

두고 논쟁해 왔지만, 그들은 한 가지 출발점을 놓쳐 왔는데, 바로 예수님께서 원래의 선함(original goodness)을 믿으셨다는 사실이라고 한다.

하지만 초크가 간과한 사실이 있다. 하나님께서 창조를 선하다고 선포하신 것은 타락 이전의 일이었으며, 예수님께서도 사람들을 가리켜 그들이 악하며 모든 악한 행동이 악한 마음으로부터 유래한다고 분명하게 말씀하셨다(마 7:11; 막 7:21-23). 초크는 하나님과 인간의 죄성에 대한 성경적인 관점에 충실치 못한 결과, 한걸음 더 나아가서, 모든 종류의 형벌적 대속 개념은 불쾌한 것이며 하나님을 사랑의 신으로 보는 자신의 이해와 대립된다고 주장한다.

> 십자가는 일종의 우주적인 아동학대 즉, 복수심에 가득 찬 아버지가, 자신이 행하지도 않은 죄 때문에 아들을 벌하는 형태의 사건이 아니다. 이렇게 잘못 해석된 사건들에 대해 교회 안팎의 사람들이 도덕적으로 의심스러워하며 믿음의 큰 장애물이 된다고 생각한 것은 이해할 만하다. 하지만, 그보다 더 깊이 깔려 있는 문제는, 그와 같은 개념이 "하나님은 사랑이시다"는 진술과 완전히 반대된다는 사실이다. 만일 십자가가 하나님께서 죄인들을 향하여 행하시고 그 아들이 담당했던 일종의 인격적인 폭력 행위라고 한다면, 그것은 '원수를 사랑하고 악을 악으로 갚지 말라' 하셨던 예수님 자신의 가르침을 조롱하는 것이다.[16]

---

16 Chalke, *The Lost Message of Jesus*, 182-83.

그리스도의 십자가를 위와 같이 설명하는 것은 그리스도의 속죄와 죽음에 대한 전통적인 정통 교리로부터 크게 벗어난 주장이다. 복음주의와 개혁주의 신학자들은 성부 하나님과 성자 하나님이 십자가가 중심된 구원의 계획과 관련해 서로 어떻게 협력하셨는지를 설명해 왔다. 성자께서 성부의 뜻에 얼마나 순종하셨는지, 그리고 성부와 성자가 구속을 이루시는 가운데 함께 얼마나 고통을 겪으시는지를 이야기했다. 결단코 그들은 맥클라렌이나 초크가 "일종의 우주적인 아동학대"라는 표현을 쓰면서 주장했던 그러한 방식으로 십자가를 이해하지 않는다. 카슨은 다음과 같이 결론을 내린다.

> 그들이 말한 내용들을 진지하게 생각해 볼 때, 정중하면서도 분명하게 말해야 하는 사실은 맥클라렌과 초크가 복음을 크게 저버렸다는 것이다.[17]

우리가 이신칭의 교리를 분명하게 설명하는 설교자가 되려 한다면, 이 교리를 반드시 올바른 성경의 문맥 안에 두어야 한다. 또한 우리는 사람들이 "다른 복음"을 설교하며 믿고 있다는 사실을 인식해야 한다. 우리가 제시하는 복음이 반드시 성경 자체가 말하는 강조점과 경계를 따라 이루어져야 한다는 사실은 너무나 중요하다. 쉽게 혼동될 가능성이 있다.

전체적으로 충분하게 제시된 성경적 교리가 아닐 경우, 그러한 가

17　Carson, *Becoming Conversant With the Emerging Church*, 186.

르침은 하나님과의 바른 관계를 필요로 하며 자신들이 용서받았다는 사실을 알 필요가 있는 죄인들에게 좋은 소식이 되지 못할 것이다.

반면, 충분하게 설명된 이신칭의 교리는 신자에게 유익을 줄 것이다. 그것은 단순히 영적인 유익들만 주는 것이 아니라, 우리를 심리적으로, 신체적으로, 그리고 사회적으로 새롭게 만들 것이다.

사람들이 직면하는 많은 문제들은 그리스도가 아닌 다른 우상이나 신이 그들의 마음을 다스리고 있다는 현실에서 비롯된다. 절망, 죄책감, 두려움, 분노 등은 모두 그리스도가 아닌 어떤 것 혹은 어떤 사람이 우리의 구원자일 때 나타나는 현상이다. 사람들은 오직 그리스도께서만 가져다주실 수 있는 안정감과 의미 및 정체성을 이러한 가짜 신들이 전해줄 것으로 기대한다. 이처럼 하나님이 아닌 자기 자신의 경력이나 가족, 자선 사업, 혹은 낭만적인 관계 등을 숭배하고 섬김으로써 여러 가지 종류의 심리적 불균형과 어려움이 발생한다.

이러한 문제들은 오직 칭의의 복음이 분명하게 이해될 때 해결된다. 우리가 하나님과 맺는 관계의 기초는 두려움에서 사랑으로 변화된다. 하나님께 받아들여지기 위해 두려워하며 애쓰는 관계가 아니라, 사랑 안에서 주님을 기쁘시게 하고자 갈망하는 관계로 바뀌는 것이다. 우리 자신의 정체성과 관련해서, 우리는 더 이상 다른 사람들이 우리에 대해 어떻게 생각하는가 혹은 우리가 스스로에 대해 어떻게 생각하는가에 집중하지 않는다.

더 중요한 핵심은 하나님께서 우리를 그리스도 안에서 어떻게 보시는가(고전 4:3-4)이다. 그리스도께서 우리를 용납하시고 품어 주신 것을 알기에, 우리는 더 이상 열등의식 때문에 힘들어하지 않는다.

이러한 칭의 교리를 적용함으로써, 우리는 담대함과 겸손함을 독특하게 조합시키게 된다. 이것이야말로 우리가 이 교리를 이해했고 이 교리에 따라 살아가고 있다는 증거일 것이다.

또한 이 은혜의 복음은 일반적으로 받아들여지는 그 밖의 문제 해결 방식들보다 뛰어나다. 개인적인 죄에 대한 도덕주의적인 답은 우리가 회개하고 올바른 삶을 시작해야 한다는 것이다. 상대주의적인 답은 우리가 우리 자신의 모습을 그냥 있는 그대로 받아들여야 한다는 것이다. 하지만 복음은, 우리가 잘못된 신을 섬기고 있다는 사실을 지적하며, 그리스도께서 우리의 감정의 중심이 되실 때에만이 우리가 변화될 수 있다고 주장한다.

그러므로 목회자들은 칭의 교리를 받아들이는 것과 성화를 경험하는 것 사이의 깊고 끊을 수 없는 연결 관계를 설명할 수 있어야 한다. 건전하지 않은 형태의 교리를 무비판적으로 허용함으로써 성경적인 칭의 교리는 너무나 쉽게 변질되는 듯하다. 러블리스(Lovelace)는 값싼 은혜, 율법주의, 도덕주의에 대해 경고한다.[18]

칭의와 성화를 분리시킴으로써 우리는 본회퍼(Bonhoeffer)가 "값싼 은혜"(cheap grace)라고 불렀던 것에 쉽게 도달한다. 하지만 신약성경은, 성화에 대한 헌신 없이 그리스도 안에서 믿음으로 의롭다 함을 받으려는 시도는 불가능하다고 분명히 밝힌다. 우리가 의롭다 함을 받는 근거는 그리스도와의 연합이기에, 우리는 우리 죄를 덮으시는 그분의 완벽한 의를 누릴 때 반드시 우리 삶을 변화시키는 그분

---

18 Lovelace, *Dynamics of Spiritual Renewal*, chapter 4.

의 부활의 능력을 함께 얻는다. 청교도들이 표현했듯이 그리스도와 절반만 연합하려는 시도야말로 바울이 로마서 6장에서 언급했던 은혜의 악용이다.

성화의 근거는 우리가 그리스도의 죽음과 부활 안에서 그분과 연합하는 것이다. 따라서 믿음과 회개는 분리될 수 없으며, 칭의의 근거는 믿음에 회개를 추가시키는 것이 아니라 회개하는 믿음이다. 바로 이러한 이유에서 목사, 설교자, 상담가들은, 야고보가 인간의 행위와 노력을 칭의의 수단으로 추가시키지 않은 동시에, 행위를 낳는 살아 있는 믿음만이 참된 믿음이라고 분명히 밝힌 것을 주의 깊게 보여주어야 한다.

성화에 대한 헌신 없이 칭의를 주장하려는 시도는 온갖 종류의 잘못된 행동 방식을 초래할 수 있다. 특히 러블리스는 "육신을 죽이기보다는 그것을 더 악화시키는 강박적인 자기중심성"을 경고했다. 많은 목회자들은 그가 다음과 같이 지적한 내용을 들을 때 머리에 떠오르는 사람이 있어 본능적으로 미소를 지을 것이다.

> 값싼 은혜라고 하는 개신교의 질병은 이 땅에서 가장 이기적이고 다투기 좋아하는 지도자들과 평신도들을 낳을 수 있다. 목회자들은 그들이 자연 상태에 있을 때보다 은혜 상태에 있을 때 견디기가 더 어려울 것이다.[19]

---

19 Ibid., 103-04.

하지만 칭의와 성화를 이렇게 연결시킬 때, 우리는 또한 그 둘을 뒤섞어버리지 않도록 각별히 조심해야 한다. 머레이 교수는 둘의 차이를 설명하기 위해 이런 비유를 들었다. 칭의와 성화의 차이는 판사의 행동과 의사의 행동 사이의 차이라고 할 수 있다. 판사는 우리의 사법적인 지위와 관련해 판결을 내린다. 의사는, 암세포를 제거하면서 우리 몸 안에서 무언가를 행한다. 머레이는 다음과 같이 말한다.

> 순결한 복음은 바로 이러한 구별을 인식하는 것이다. 만일 칭의가 중생이나 성화와 혼동된다면, 복음이 그 핵심에서 왜곡될 가능성이 있다.[20]

머레이가 올바르게 주장하였듯, 칭의는 여전히 교회를 세우거나 넘어뜨리는 교리이다.

값싼 은혜와 더불어, 우리는 다른 측면에서 율법주의의 위험을 피해야 한다. 값싼 은혜의 위험성을 경계하려 애썼던 청교도와 경건주의자들은 종종 영적 훈련의 영역에 있어 유익하지 않고 파괴적인 율법주의로 치우친 경향이 있었다. 스스로의 삶을 점검하기 위해 자기가 행한 일을 되돌아보거나 성령의 내적 증언을 추구해야 한다는 점을 과도하게 강조함으로써, 그들은 구원의 확신을 위해 그리스도의 사역에 의존해야 하는 핵심적인 중요성으로부터 벗어날 때가 있었다.

---

20   John Murray, *Redemption Accomplished and Applied* (Edinburgh: Banner of Truth Trust, 1961), 121.

대부분의 목회자들은 율법주의가 경건한 언어의 옷을 입고 위장할 수 있다는 사실을 알고 있다. 올바른 교리를 믿고, 올바른 책을 읽고, 올바른 훈련을 실천하고, 올바른 사역에 참여하는 일 등은 모두 자만감이나 자기 만족감을 조장하는 데 사용될 수 있다. 비도덕성, 거짓, 탐욕, 폭력 등 사회에 여러 가지 악한 모습이 존재하며, 자신들은 그러한 죄로부터 스스로를 멀리할 수 있다는 사실로 인해, 사람들은 자기 자신에 대해 꽤 훌륭하다고 느끼곤 한다. 예수님의 비유에서 의롭다 함을 받지 못한 채 집으로 돌아갔던 바리새인들은 여전히 하나님께 감사의 기도를 드렸다!(눅 18:11)

신자들은 여전히 자신들이 다양한 유형의 죄를 범하고 있다는 사실을 기억할 필요가 있다. 교회 안에서 허용되는 율법주의의 레이다를 통과했지만, 여전히 하나님의 분노와 진노를 초래하는 보다 교묘한 죄를 범할 수 있다. 예를 들어 조급함, 비판적이며 판단하는 태도, 험담, 분노, 쓴뿌리 등은 하나님께서 심각하게 여기시는 죄이다. 우리의 최고의 행위들도 하나님의 호의를 얻어낼 수 없다. 그것들은 그저 냄새나는 누더기일 뿐이다.

그러니, 선하게 보이건 악하게 보이건 간에, 우리 자신이 행한 일에 집중하지 말고, 하나님께서 우리 죄를 위해 제공해 주신 그리스도의 은혜를 바라보아야 한다. 우리는 그리스도인이 된 첫 날부터 마지막 날까지 그리스도의 의를 신뢰한다.

우리는 또한 도덕주의를 피해야 한다. 우리가 설교나 개인적인 상담을 통해 제공하는 경건한 조언들 중 그리스도 및 그분의 은혜와 상관이 없는 것들이 너무나 많다. 그리스도가 빠져 있기 때문에, 그러한 조언들은 종종 한편으로는 죄책감을 일으키거나, 다른 한편으로는 폴 트립(Paul Tripp)이 "열매 수집하기"라고 부른 행위,[21] 즉 마음의 변화 없이 순전히 개인적인 의지력에 근거해서 덕을 생산해 내는 것을 초래할 뿐이다.

사람들의 삶에서 진정한 변화를 가져오고자 한다면, 반드시 죄의 문제가 인간의 마음 깊이 뿌리박고 있다는 사실, 그리고 죄에 대한 승리는 그리스도를 향한 믿음을 통해서, 즉 그리스도와의 연합을 누리고 성령의 능력을 의지함으로써 주어진다는 사실을 분명히 해야 한다.

칭의 교리가 중요한 의미를 갖는 마지막 영역은 우리가 교회의 교제 안에서의 하나님의 백성이라는 정체성이다. 은혜의 복음 안에서 그리스도인은 그리스도와 연합하고 또 서로 간에 연합하는 하나님의 새로운 백성이 된다.

칭의 교리가 우리를 겸손케 낮추는 동시에 우리가 하나님의 사랑을 받고 용납되었음을 확신시키기 때문에, 우리는 질투나 교만 모두로부터, 열등감이나 우월감 모두로부터 자유롭다. 우리의 가치는 사람들로부터 인정을 얻는 것이나 혹은 다른 사람들을 지배하는 것에서 나오지 않는다. 우리가 그리스도 안에서 누구인가를 이해할 때, 그 결과로 우리는 서로를 사랑과 긍휼로 대할 수 있다. 우리는 또한, 필요할 경우, 사랑 안에서 진리를 말하며 서로를 바로잡아줄 수도 있다.

여기에 더하여, 복음은 우리가 우리 문화 안에서, 혹은 우리의 인종이나 성별 때문에 가질 수 있는 모든 자만심을 제거한다. 우리는

21　Paul David Tripp, *Instruments in the Redeemer's Hands* (Phillipsburg: Presbyterian and Reformed Publishing Co., 2002), 63.

이러한 것 중 그 어떤 것도 신뢰하지 않는다. 우리는 오직 그리스도만 신뢰한다. 갈라디아서 3:28에서 바울이 선언하였다.

> 너희는 유대인이나 헬라인이나 종이나 자유인이나 남자나 여자나 다 그리스도 예수 안에서 하나이니라(갈 3:28).

바울이 여기에서 언급하고 있는 세 쌍의 목록들, 즉 인종, 경제적 능력, 성별은 인류 역사 가운데 줄기차게 경계를 나누었던 것들이다. 각각의 영역들 모두 죄로 인해 오염되었으며, 이로 인해 우리가 사는 세상 안에 넓고도 깊은 분열들을 만들어 냈다.

하지만 예수 그리스도를 믿는 믿음으로 하나님의 자녀가 된 모든 사람들, 즉 더 이상 율법의 감독이 아니라 믿음으로 의롭다 함을 받은 모든 사람들은 이러한 정체성 구분 표지들로부터도 자유롭게 되었다. 비록 인종, 돈, 성별 등과 같은 분열의 장벽이 여전히 크게 존재하지만, 은혜의 왕국에 소속된 사람들에게는 새로운 기준과 새로운 삶의 방식이 적용된다.

하나님의 은혜의 복음은 새로운 인류, 즉 하비 칸(Harvie Conn)이 "교회에 주어진 의"(institutionalised righteousness)라 부른 것의 공동체를 창조했다.

> 교회가 도시 안에서 "첫 열매들"로 형성되고 부름 받은 것은 종말이 현재적으로 시작된 것과 같다. 교회는 하나님의 도래하는 왕국을 그리스도 안에서 믿음으로 동일시하는 제도

이다. 그분의 구속하시는 사역 속에서, 교회는 "압도적이며 공의로운 능력이 분출되는" 것을 보았다. 이 능력은 그리스도 께서 재림하실 때 여러 인간 사회들을 하나님의 용사라는 단일한 사회로 재구성할 것이며, 이는 승리하신 아들의 활동으로 이루어진다.[22]

이 새로운 공동체는, 복음이 이해되고 사람들이 하나님 및 서로 간의 관계에서 복음의 함의들을 살아내도록 배우는 정도에 따라서만 존재할 것이다. 우리 교회의 많은 구성원들은 그리스도와의 관계에 있어서 불안정한 나머지, 문화적인 배경으로부터도 완전히 자유롭지 못하다. 그리스도 안에서 하나님의 은혜가 그들에게 실제적인 것이 될 때에만, 비로소 그들은 자신들의 성취나 영성 때문이 아니라 하나님께서 그들에게 전가해 주신 그리스도의 완벽한 의 때문에 하나님께 용납된다.

그들 자신의 순종이 적절한지 여부에 집중하기보다, 그들은 그리스도께 집중할 필요가 있다. 매일매일 자신의 느낌이나 최근에 행한 행동을 의지하며 하루를 시작하기보다, 자신들을 대신하여 이루신 그리스도의 희생과 하나님의 사랑 안에서 안식하기를 배울 필요가 있다. 여기에 집중하지 않을 경우, 사람들은 낙심하거나, 무감각하거나, 스스로 의롭다하거나, 아니면 교만해질 것이다.

"우리가 성화의 실패로 해석하는 것의 많은 부분은 칭의와 관련

---

22 Harvie M. Conn, *A Clarified Vision for Urban Mission* (Grand Rapids: Zondervan, 1987), 146-47

하여 잃어버린 것들이 성장한 결과이다."²³

만일 우리들의 교회가 새로워져서 하나님의 부르심에 따르려 한다면, 교회의 각 구성원들이 자신들의 삶을 올바른 진리 위에 세우도록 배워야 한다. 즉, 우리가 하나님 앞에서 의롭게 되는 일은 우리들 자신의 행함에 근거한 것이 아니라, 그리스도의 의를 유일한 근거로 주장하는 믿음 때문에 가능하다는 사실을 배워야 한다. 그들은 하나님의 거룩하심과, 자신들의 죄의 깊이와, 그리스도의 대속하시는 희생의 충족성을 분명하게 보아야 한다. 단지 그리스도인이 되었던 처음 순간만이 아니라 매일의 삶 속에서, 우리는 이처럼 은혜로 말미암은 이신칭의 교리를 반드시 마음으로 품어야 한다.

23　Lovelace, *Dynamics of Spiritual Renewal*, 211.

제5부
칭의론에 관하여 선별된 참고문헌

제9장 ✦ 참고문헌

-알렉산더 핀레이슨(Alexander Finlayson) 박사

제9장
참고문헌

알렉산더 핀레이슨(Alexander Finlayson) **박사**
웨스트민스터신학교 도서관장 및 신학서지학 교수

아래 자료들의 목적은 본서의 기고자들이 참고했던 주요 작품들을 정리함으로써, 관심 있는 독자들이 더 깊은 연구를 할 수 있도록 돕는 것이다. 여기에는 학문적인 작품들과 대중적인 작품들 모두가 포함돼 있으며, 교회 역사의 여러 시기에 저술된 대표적인 작품들, 그리고 다양한 신학적 관점을 가진 작품들이 함께 들어 있다. 이 참고문헌의 주된 관심은 칭의에 관한 작품들이지만, 독자들은 그 외에도 성경 주석, 역사신학, 변증학, 윤리학, 철학 등과 관련된 작품들도 보게 될 것이다.

Almyer, G. E. *The Interregnum: The Quest for Settlement*. London: Macmillan Publishing, 1972.

Aristotle. *The Basic Works of Aristotle*. Edited by Richard McKeon. New York: Random House, 1968.

Backus, Irena. *Reformation Readings of the Apocalypse; Geneva, Zurich, and Wittenberg.* Oxford: Oxford University Press, 2000.

Baillie, Robert. *The Letters and Journals of Robert Baillie.* Edited by David Laing. Edinburgh: Robert Ogle, 1841.

Ball, Bryan W. *A Great Expectation: Eschatological Thought in English Protestantism to 1660.* Leiden: Brill Academic Publishers, 1975.

Barker, William S. *Puritan Profiles: 54 Influential Puritans at the Time When the Westminster Confession Was Written.* Fearn, Scotland: Mentor/Christian Focus Publications, 1996.

Barnes, Robin B. *Prophecy and Gnosis: Apocalypticism in the Wake of the Lutheran Reformation.* Stanford: Stanford University Press, 1988.

Baur, Ferdinand Christian. *Der Gegensatz Des Katholicismus und Protestantismus Nach Den Principien und Hauptdogmen der Beiden Lehrbegriffe.* Tubingen: O. Zeller, 1834.

Baxter, Richard. *Aphorismes of Justification: With Their Explication Annexed.* London, 1649.

--------. *Richard Baxter's Confession of His Faith.* London, 1655.

Bavinck, Herman. *Our Reasonable Faith.* Grand Rapids, Mich.,: W. B. Eerdmans Publishing Co., 1956.

Benrigge, John. *Christ Above All Exalted as in Justification So in Sanctification.* London, 1645.

Bente, Friedrich. *Historical Introductions to the Book of Concord.* St. Louis: Concordia Publishing House, 1965.

Berkhof, Louis. *The History of Christian Doctrines.* Grand Rapids, Michigan: Baker Book House, 1975.

Billington, James H. *Fire in the Minds of Men,* New York: Basic Books, 1980.

Blocher, Henri. "Justification of the Ungodly (*Sola Fide*): Theological Reflections." In *Justification and Variegated Nomism: Volume 2 - The Paradoxes of Paul,* Eds. D. A. Carson, Peter T. O'Brien, and Mark A Seifrid, 465-500. Grand Rapids, Michigan: Baker Academic, 2004.

Boersma, Hans. *A Hot Pepper Corn: Richard Baxter's Doctrine of Justification in Its Seventeenth-Century Context of Controversy.* Zoetermeer: Boekencentrum, 1993.

Bosher, Robert S. *The Making of the Restoration Settlement: The Influence of the Laudians, 1649–1662.* London: Dacre Press, 1951.

Bozeman, Theodore Dwight. *The Precisionist Strain: Disciplinary Religion & Antinomian Backlash in Purtanism to 1638.* Chapel Hill: University of North Carolina Press, 2004.

Bridges, Jerry. *The Discipline of Grace.* Colorado Springs: NavPress, 1994.

Bussman, Klaus, and Hans Schilling, eds. *1648: War and Peace in Europe.* Munster and Osnabruck: Westfalische Landesmuseum fur Kunst und Kulturgeschichte, 1998.

Calvin, John. *Calvin's Commentaries.* Grand Rapids, Michigan: Baker Book House, 1979.

--------. *Institutes of the Christian Religion.* Vol. 20 of *Library of Christian Classics.* Edited by John T. McNeill. Translated by Ford Lewis Battles. Library of Christian Classics. London: SCM Press, 1960.

Carson, D. A. *Becoming Conversant With the Emergent Church.* Grand Rapids: Zondervan, 2005.

Chalke, Steve. *The Lost Message of Jesus.* Grand Rapids: Zondervan, 2003.

Chemnitz, Martin. *Examination of the Council of Trent.* Edited by Fred-Kramer. St. Louis, Missouri: Concordia Publishing House, 1971.

Cheynell, Francis. *The Rise, Growth, and Danger of Socinianisme*. London, 1643.

Christianson, Paul. *Reformers in Babylon: English Apocalyptic Visions From the Reformation to The Eve of the Civil War.* Toronto: University of Toronto Press, 1978.

Como, David R. *Blown by the Spirit: Puritanism and the Emergence of an Antinomian Underground in Pre-Civil War England.* Stanford: Stanford University Press, 2004.

--------. "Puritans, Predestination and the Construction of 'Orthodoxy' in Early Seventeenth Century England." *In Conformity and Orthodoxy in the English Church, c. 1560–1642.* Editors P. Lake and M. Questier. 64–87. Woodbridge: Boydell Press, 2000.

Como, David R., and Peter Lake. "Puritans, Antinomians and Laudians in Caroline London: The Strange Case of Peter Shaw and Its Contexts." *Journal of Ecclesiastical History* 50, no. 4 (October 1999): 684–715.

Conn, Harvie M. *A Clarified Vision for Urban Mission*. Grand Rapids: Zondervan, 1987.

Cranfield, C. E. B. *The Epistle to the Romans*. International Critical Commentary. Edinburgh: T&T Clark, 1975-79.

Crisp, Tobias. *Christ Alone Exalted*. London, 1643.

Cunningham, William. *Historical Theology*. London: Banner of Truth Trust, 1960.

Dickson, David. *An Exposition of All St Pauls Epistles*. London, 1659.

--------. *The Summe of Saving Knowledge*. Edinburgh, 1671.

Diodati, Giovanni. *Pious and Learned Annotations Upon the Whole Bible*. London, 1648.

Downame, George. *A Treatise of Justification*. London, 1634.

Dunn, James D. G., and Alan M. Suggate. *A Fresh Look at the Old Doctrine of Justification by Faith.* Cumbria: Paternoster Press, 1993.

Eaton, John. *The Discovery of the Most Dangerous Dead Faith.* London, 1642.

--------. *The Honey-Combe of Free Justification by Christ Alone.* London, 1642.

Fee, Gordon D. *The First Epistle to the Corinthians.* Grand Rapids: Eerdmans, 1987.

Fincham, Kenneth, ed. *The Early Stuart Church, 1603–1642.* Stanford: Stanford University Press, 1993.

Firth, Katherine R. *The Apocalyptic Tradition in Reformation Britain, 1530–1643.* Oxford: Oxford University Press, 1979.

Forsyth, P. T. *The Cruciality of the Cross.* Hodder & Stoughton, 1909.

Gaffin Jr., Richard B. "Biblical Theology and the Westminster Standards." In *The Practical Calvinist*, edited by Peter A. Lillback. Fearn: Mentor/Christian Focus, 2002.

--------. *By Faith, Not By Sight: Paul and the Order of Salvation.* Milton Keynes:Paternoster Press, 2006.

--------. "Paul the Theologian". *Westminster Theological Journal* 62 (2000).

--------. *Resurrection and Redemption.* Phillipsburg, New Jersey: Presbyterian and Reformed Publishing Co., 1987.

Garcia, Mark A. "Life in Christ: The Function of Union with Christ in the *Unio-Duplex Gratia* Sctructure of Calvin's Soteriology with Special Reference to the Relationship of Justification and Sanctifi cation in Sixteenth-Century Context." Edinburgh: University of Edinburgh, 2004.

Gardiner, S. R. *The First Two Stuarts and the Puritan Revolution.* London: Long-mans, Green & Co., 1876.

Garlington, Don B. *Faith, Obedience, and Perseverance: Aspects of Paul's Letter to the Romans.* Tubingen: J.C.B. Mohr, 1994.

Gataker, Thomas. *An Antidote Against Errour, Concerning Justification;.* London, 1670.

--------. *Antinomianism Discovered and Confuted: And Free-Grace As It is Helf Forth in Gods Word.* London, 1652.

Geree, Stephen. *The Doctrine of the Antinomians by Evidence of Gods Truth Plainely Confuted.* London, 1644.

Gillespie, Patrick. *The Ark of the Covenant Opened.* London, 1677.

Gouge, William. *A Learned and Very Useful Commentary on the Whole Epistle to the Hebrewes.* London, 1655.

Griffin Jr., Martin I. J. *Latitudinarianism in the Seventeenth Century Church of England.* Leiden: Brill Academic Press, 1992.

Guinness, Os. *Prophetic Untimeliness: A Challenge to the Idol of Relevance.* Grand Rapids: Baker/Hourglass, 2003.

Hammond, Henry. *A Paraphrase, and Annotations Upon All the Books of the New Testament, Breifly Explaining All the Difficult Places Thereof.* London, 1659.

Hampson, Daphne. *Christ Contradictions: The Structure of Lutheran and Catholic Thought.* Cambridge: Cambridge University Press, 2001.

Helm, Paul. *John Calvin's Ideas.* Oxford: Oxford University Press, 2004.

Hill, Christopher. *Society and Puritanism in Pre-Revolutionary England.* London: Secker and Warburg, 1964.

Hotson, Howard B. *Johann Heinrich Alsted 1588–1638: Between Renaissance, Reformation, And the Universal Reform.* Oxford: Oxford University Press, 2000.

--------. *Paradise Postponed: Johann Heinrich Alsted and the Birth of Cal-*

vinist Millenarianism. Dordrecht: Kluwer Academic Press, 2001.

Hubert, Henri and Marcel Mauss. *Sacrifice: Its Nature and Function*. Translated by W. D. Halls. Chicago: University of Chicago Press, 1964.

Hughes, Sean F. "The Problem of 'Calvinism': English Theologies of Predestination c. 1580–1630." *In Belief and Practice in Reformation England: A Tribute to Patrick Collinson By His Students*, eds S. Waduba and C. Litzenberger. 229–49. Aldershot: Ashgate, 1998.

Hutton, Sarah. "Thomas Jackson, Oxford Platonist and William Twisse, Aristotelian." *Journal of the History of Ideas* 29 (1978): 635–52.

Irigaray, Luce: *An Ethics of Sexual Difference,* translated by Gillian C. Gill. Ithaca: Cornell University Press, 1993.

Jones, Serene. *Calvin and the Rhetoric of Piety*, Louisville: Westminster/John Knox Press, 2005.

Jordan, James B. "Merit Versus Maturity." In *The Federal Vision,* eds Steve-Wilkins and Garner Duane. Monroe: Athanasius Press, 2004.

Jue, Jeffrey K. *Heaven Upon Earth: Joseph Mede (1586–1638) and the Legacy of Millenarianism.* Dordrecht: Springer, 2006.

Justinian. *The Institutes of Justinian*. 7th. Translated by Thomas Collett Sandars. London: Longmans, Green, 1941.

Kant, Immanuel. *Critique of Pure Reason*. Translated by Norman Kemp Smith. New York: St. Martin's Press, 1958.

Kirk, James R. Daniel. "The Sufficiency of the Cross." *Scottish Bulletin of Evangelical Theology* (2006), 36–64.

Kline, Meredith G. *Kingdom Prologue: Genesis Foundations for a Covenantal Worldview.* Overland Park: Two Age Press, 2000.

Knight, George. *The Pastoral Epistles*. Grand Rapids: Eerdmans, 1992.

Kuyper, Abraham. *Encyclopædie der Heilige Godgeleerdheid, 3 Vols.* Amsterdam: J. A. Wormser, 1894.

--------. *Principles of Sacred Theology*. J. Hendrik De Vries, trans.. Grand Rapids, MI: Baker Book House, 1980.

Lake, Peter. *The Boxer's Revenge: 'Orthodoxy,' 'Heterodoxy,' and the Politics of the Parish in Early Stuart London.* Stanford: Stanford University Press, 2001.

Leigh, Edward. *A Systeme or Body of Divinity*. London, 1657.

Lillback, Peter. *The Binding of God: Calvin's Role in the Development of Covenant Theology.* Grand Rapids, Michigan: Baker Book House, 2001.

Lim, Paul C. H. *In Pursuit of Purity, Unity and Liberty: Richard Baxter's Puritan Ecclesiology in Its Seventeenth-Century Context.* Leiden: Brill, 2004.

Loofs, Friedrich. "Die Rechfertigung Nach Den Lutherschen Gedanken in Den Bekenntnisschriften Des Konkordienbuches." *Theologische Studien und Kritiken* 94 (1922); 307–82.

Lovelace, Richard F. *Dynamics of Spiritual Renewal*. Downers Grove: IVP, 1979.

Lusk, Rich. "A Response to 'The Biblical Plan of Salvation'." In *The Auburn Avenue Theology, Pros and Cons: Debating the Federal Vision,* edited by E. Calvin Beisner. Fort Lauderdale: Knox Theological Seminary, 2004.

Luther, Martin. *Luther's Works.* Editors, Helmut T. Lehmann and Jaroslav-Jan Pelikan. St. Louis, Philadelphia: Concordia Publishing House Fortress Press, 1955.

--------. *Martin Luther, Selections from His Writings.* Edited by John Dillenberger. Garden City, N.Y.: Doubleday, 1961.

--------. *Selected Writings of Martin Luther.* Edited by Theodore G. Tappert.

Philadelphia: Fortress Press, 1967.

Luther, Martin, and Desiderius Erasmus. *Luther and Erasmus: Free Will and Salvation.* Translated by E. Gordon Rupp and Philip S. Watson. Philadelphia: Westminster Press, 1969.

McGrath, Alister E. *Iustitia Dei: A History of the Christian Doctrine of Justification.* Cambridge: Cambridge University Press, 2005.

McLaren, Brian D. *The Story We Find Ourselves In: Further Adventures of a New Kind of Christian.* San Francisco: Jossey-Bass, 2003.

Mattes, Mark C. *The Role of Justification in Contemporary Theology.* Grand Rapids: Eerdmans, 2004.

Mede, Joseph. *The Apostasy of the Latter Times.* London, 1641.

--------. "This Mysterious Book of the Revelation of Saint John." In *The Key to the Revelation, Joseph Mede.* London, 1643.

--------. *The Works of the Pious and Profoundly-Learned Joseph Mede.* London, 1677.

Melanchthon, Philipp. *Loci Communes Theologici.* Ed and trans Wilhelm Pauck. Westminster, 1969.

Melanchthon, Philipp, Jean Calvin, Ulrich Zwingli, and Karl Gottlieb Bretschneider. *Corpus Reformatorum.* Halis Saxonum: Schwetschke, 1911.

Milton, Anthony. *Catholic Reformed: The Roman and Protestant Churches in English Protestant Thought, 1600–1640.* Cambridge: Cambridge University Press, 1995.

Mitchell, Alex F., and John Struthers, eds. *Minutes of the Sessions of the Westminster Assembly of Divines.* Edinburgh, 1874, reprinted 1991.

Morrill, John. "The Religious Context of the English Civil War." *Transactions of the Royal Historical Society* 34 (1984): 155–78.

Mounce, William. *Pastoral Epistles.* Nashville: Thomas Nelson Publishers,

2005.

Mueller, John Theodore. *Christian Dogmatics*. St. Louis, Missouri: Concordia, 1934.

Muller, Richard A. *After Calvin: Studies in the Development of a Theological Tradition*. Oxford: Oxford University Press, 2003.

--------. *Dictionary of Latin and Greek Theological Terms: Drawn Principally from Protestant Scholastic Theology*. Grand Rapids, Michigan: Baker Book House, 1985.

--------. *Prolegomena to Theology*. Vol. One of *Post-Reformation Reformed Dogmatics: The Rise and Development of Reformed Orthodoxy, Ca. 1520 to Ca. 1725*. Grand Rapids, Mich.: Baker Books, 1987.

Murray, John. *Collected Writings of John Murray*. Banner of Truth Trust, 1977. 4 vols.

--------. *Redemption Accomplished and Applied*. Edinburgh: Banner of Truth Trust, 1961.

Oberman, Heiko. *Luther: Man Between God and the Devil*. New Haven: Yale University Press, 1989.

Oliphint, K. Scott. "Epistemology and Christian Belief." *Westminster Theological Journal* 63, no. 1 (Spring 2001): 151–82.

--------. *Reasons for Faith: Philosophy in the Service of Theology*. Phillipsburg, N.J.Presbyterian and Reformed Publishing Company, 2006.

Owen, John. *Of the Death of Christ, the Price He Paid, and the Purchase He Made*. London, 1650.

--------. *Vindiciae Evangelicae*. London, 1655.

--------. *The Works of John Owen*. Edited by W. H. Gould. Edinburgh: The Banner of Truth Trust, 1977.

Patterson, Orlando. *Rituals of Blood*, New York: Basic Civitas, 1998.

Paul, Robert. *The Assembly of the Lord: Politics and Religion in the Westminster Assembly And the 'Grand Debate'.* Edinburgh: T&T Clark, 1985.

Pieper, Francis. *Christian Dogmatics.* St Louis, Missouri: Concordia, 1950.

Piscator, Johannes. *A Learned and Profitable Treatise of Mans Justification.* London, 1599.

Plantinga, Alvin. *God and Other Minds; a Study of the Rational Justification of Belief in God.* Ithaca, N.Y.: Cornell University Press, 1972.

--------. *Warrant and Proper Function.* New York: Oxford University Press, 1993.

--------. *Warrant: The Current Debate.* New York: Oxford University Press, 1993.

-------. *Warranted Christian Belief.* New York, etc.: Oxford University Press, 2000.

Reid, W. Stanford. "Justification by Faith According to John Calvin." *Westminster Theological Journal* 42, no. 2 (Spring 1980): 290–307.

Ritschl, Albrecht. *The Christian Doctrine of Justification and Reconciliation the Positive Development of the Doctrine.* Translated by H. R. Mackintosh, Macaulay. Edinburgh: T.&T. Clark, 1900.

Rutherford, Samuel. *A Survery of the Spirituall Antichrist.* London, 1648.

"Savoy Declaration." In *A Declaration of the Faith and Order Owned and Practised in the Congregational Churches in England/ Agreed Upoin and Consented Unto by Their Elders and Messengers in Their Meeting at the Savoy, October 12, 1658.* London, 1658.

Sanders, E. P. *Paul and Palestinian Judaism.* Philadelphia: SCM Press, 1977.

Sandlin, Andrew P. "Covenant in Redemptive History: 'Gospel and Law' or 'Trust and Obey'." In *Backbone of the Bible: Covenant in Contemporary Perspective,* edited by Andrew P. Sandlin. Nacogdoches:

Covenant Media Foundation, 2004.

Seeburg, R. *Textbook of the History of Doctrines.* Philadelphia, 1905.

Sharpe, Kevin. *The Personal Rule of Charles I.* New Haven: Yale University Press, 1993.

Shedd, William G. T. *A History of Christian Doctrine.* Minneapolis: Klock and Klock, 1978.

Silva, Moisés. "Faith Versus Works of Law in Galatians." In *Justification and Variegated Nomism: Volume 2 - The Paradoxes of Paul*, Eds. D. A. Carson, Peter T. O'Brien, and Mark A. Seifrid, 217–48. Grand Rapids, Michigan: Baker Academic, 2004.

Stoker, Hendrik G. "Reconnoitering the Theory of Knowledge of Professor Dr. Cornelius Van Til." In *Jerusalem and Athens: Critical Discussions on the Philosophy and Apologetics of Cornelius Van Til*, edited by E. R. Geehan. 25–71. New Jersey: Presbyterian and Reformed Publishing Co., 1977.

Stott, John R. W. *The Cross of Christ.* Leicester: IVP, 1986.

Strimple, Robert. "St. Anselm's Cur Deus Homo and John Calvin's Doctrine of the Atonement." In *Anselm: Aosta, Bec and Canterbury,* eds D. E. Luscombe and G. R. Evans. Sheffield: Sheffield Academic Press, 1996.

Smalcius. *The Racovian Catechism.* Amsterdam, 1652.

Tappert, Theodore G., ed. *The Book of Concord the Confessions of the Evangelical Lutheran Church,* Philadelphia: Fortress Press, 1959.

--------. "*Confessions of the ELC.*" In *The Book of Concord the Confessions of the Evangelical Lutheran Church,* Edited and translated by Theodore G.Tappert. Philadelphia: Fortress Press, 1959.

Toon, Peter, ed. *Puritans, the Millennium and the Future of Israel.* Cambridge and London: Clarke & Co. Ltd, 1970.

Tripp, Paul David. *Instruments in the Redeemer's Hands*. Phillipsburg: Presbyterian and Reformed Publishing Co., 2002.

Turretin, Francis. *Institutes of Elenctic Theology*. Vol. I. Edited by James T. Dennison Jr. Translated by George Musgrave Giger. Phillipsburg, New Jersey: Presbyterian and Reformed Publishing Company, 1994.

Trueman, Carl R. *John Owen*. Aldershot: Ashgate, 2007.

--------. "John Owen's Dissertation on Divine Justice: An Exercise in Christocentric Scholasticism." *Calvin Theological Journal* 33 (1998): 87–103.

--------. "Richard Baxter on Christian Unity: A Chapter in the Enlightening of English Reformed Orthodoxy." *Westminster Theological Journal* 61(1999): 53–71.

Twisse, William. *A Discovery of Jackson's Vanitie*. Amsterdam, 1631.

--------. "A Preface Written by *Doctor Twisse* Shewing the Methode and Excellency of *Mr Medes* Interpretation of This Mysterious Book of the Revelation of Saint John" in *The Key to the Revelation*, Joseph Mede (London, 1643).

Tyacke, Nicholas. *Anti-Calvinists: The Rise of English Arminianism c. 1590–1640*. Oxford: Oxford University Press, 1987.

Ussher, James. *Immanuel, or, the Mystery of the Incarnation of the Son of God*. London, 1653.

Van Dixhoorn, Chad B. "Reforming the Reformation: Theological Debate at the Westminster Assembly 1643–1652, Volumes 1–7." Cambridge: University of Cambridge, 2004.

Van Til, Cornelius. *The Defense of the Faith*. Philadelphia: Presbyterian and Reformed Publishing. Co., 1955.

-------. "Nature and Scripture." In *The Infallible Word A Symposium by the Members of the Faculty of Westminster Theological Seminary*, 263–301. Phillipsburg, N. J.: Presbyterian and Reformed Publishing Co., 1978.

Volf, Miroslav. *Exclusion and Embrace: A Theological Exploration of Identity, Otherness and Reconciliation.* Nashville: Abingdon Press, 1996.

Vos, Geerhardus. *Biblical Theology: Old and New Testaments*. Grand Rapids: Eerdmans, 1948.

-------. *Grace and Glory*. Carlisle, Pennsylvania: Banner of Truth Trust, 1995.

--------. *The Pauline Eschatology*. Grand Rapids, Mich.,: Baker, 1979.

--------. *Redemptive History and Biblical Interpretation: The Shorter Writings of Geerhardus Vos.* Edited by Richard B. Gaffi n. Phillipsburg, N.J.:Presbyterian and Reformed Publishing Co. 2001.

Warfield, B. B. *Biblical and Theological Studies,* Philadelphia, Pennsylvania:Presbyterian and Reformed Publishing Co., 1952.

Wendel, Francois. *Calvin the Origins and Development of His Religious Thought.* Philip Mairet. London: Fontana, 1965.

White, Peter. *Predestination, Policy and Polemic: Conflict and Consensus in the English Church from the Reformation to the Civil War*. Cambridge: Cambridge University Press, 1993.

Wilson, Thomas. *A Christian Dictionary*. London, 1647.

Wright, N. T. "New Perspectives on Paul." 10th Edinburgh Dogmatics Conference. Rutherford House, Edinburgh, 2003.

--------. *Paul in Fresh Perspective*. Minneapolis: Fortress Press, 2005.

--------. *What Saint Paul Really Said*. Grand Rapids, Michigan: William B. Eerdmans Publishing Company, 1997.

색인

ㄱ

가현설적 기독론(docetic Christology) 100
값싼 은혜(cheap grace) 356, 357
개태커, 토마스(Gataker, Thomas) 188, 189, 197, 211, 213, 234, 235, 236, 237, 240, 241, 242, 243, 244, 245, 246, 250, 251, 253, 257, 259, 260
개혁주의 신학(reformed theology) 57, 87, 88, 89, 112, 122, 124, 129, 138, 182, 192, 197, 208, 325, 332
개혁주의 신학자(reformed theologian) 107, 134, 184, 199, 353
갱신(renewal) 47, 59, 65, 73, 126, 127, 131, 135, 136, 137, 138, 140, 141, 142, 143, 144, 145, 146, 147, 150, 152, 153, 154, 155, 157, 158, 159, 160, 161, 162, 165, 166, 168, 169, 171, 172, 174, 177, 179, 181, 182

계시(revelation) 279, 283, 301, 313, 314, 315, 316, 319, 323, 324, 325, 333
공의(justice) 99, 132, 194, 206, 236, 240, 247, 256, 272, 273, 276, 277, 278, 282, 285, 292, 294, 296, 298, 344, 350
교회의 교제(church fellowship) 360
구성주의(constructivism) 285
구속(redemption) 67, 71, 74, 87, 91, 103, 113, 114, 150, 152, 175, 263, 272, 273, 283, 288, 289, 290, 354
구속 언약(the covenant of redemption, *pactum salutis*) 191, 192, 193, 194, 195, 197, 200, 205, 206, 240, 252
구원(salvation) 22, 25, 31, 32, 33, 37, 38, 40, 43, 47, 53, 54, 58, 66, 72, 78, 87, 88, 89, 91, 94, 102, 103, 104, 112,

113, 118, 119, 127, 128, 129, 133, 156, 169, 170, 187, 192, 195, 197, 200, 204, 205, 206, 207, 226, 230, 240, 246, 250, 255, 297, 302, 319, 320, 321, 326, 331, 338, 343, 345, 348, 351, 354

구원론적 유익(soteriological benefits) 101

구원의 서정(the order of salvation, *ordo salutis*) 25, 87, 129, 139, 156

구원의 확신(assurance of salvation) 227, 343, 358

구원하는 믿음(saving faith) 121, 156, 302, 319, 321, 322, 325, 326, 328, 333

굿윈, 토마스(Goodwin, Thomas) 186, 219, 247, 248, 250, 252

그로티우스(Grotius, H.) 193, 202

그리스도께서 받으신 칭의(Christ's justification) 60, 61, 95

그리스도와의 연합(Union with Christ) 23, 47, 58, 59, 60, 62, 72, 83, 85, 87, 88, 89, 91, 92, 93, 94, 101, 103, 104, 110, 111, 112, 113, 116, 117, 118, 119, 120, 121, 122, 123, 124, 125, 126, 127, 128, 129, 155, 156, 207, 320, 356, 360

그리스도와 함께 고난받음(suffering with Christ) 71

그리스도의 부활(resurrection of Christ) 46, 53, 59, 60, 61, 91, 94, 95, 97, 99, 100, 109, 126, 272

그리스도의 순종(Christ's obedience 또는 obedience of Christ) 31, 60, 108, 118, 187, 210, 240, 246, 247, 248, 256, 257, 262, 299, 322, 332, 341

그리스도의 십자가(cross of Christ) 277, 353

그리스도의 의(righteousness of Christ) 21, 43, 60, 61, 65, 88, 89, 104, 105, 110, 111, 112, 116, 123, 124, 128, 129, 132, 134, 148, 156, 166, 172, 173, 174, 186, 207, 212, 222, 224, 228, 235, 248, 281, 332, 339, 359, 363

그리스도의 의로운 행위(Christ's righteous act) 106, 107, 236

기니스, 오스(Guinness, Os) 292

기독론(Christology) 101, 120, 185, 194, 195, 200, 208, 236, 248, 249

기어리, 스티븐(Geree, Stephen) 199

길로틴, 조셉 이그나스(Guillotin, Joseph Ignace) 265

ㄴ

나이트, 조지(Knight, George) 95
낮아지심(condescension) 192
네케르, 자크(Necker, Jacques) 264
노예(slavery) 269, 270

능동적 순종(active obedience) 48, 88, 99, 110, 185, 187, 188, 194, 209, 210, 211, 212, 228, 235, 237, 238, 239, 242, 244, 245, 246, 248, 249, 250, 251, 252, 253, 257

ㄷ

다우넘, 조지(Downame, George) 190, 196
담대함과 겸손함(boldness and humility) 355
대리적 속죄(substitutionary atonement) 31, 100, 118, 188, 278, 283, 336
대리적 희생(substitutionary sacrifice) 31, 98, 283
데물랭, 카미유(Desmoulins, Camille) 264, 266, 267
데카르트, 르네(Descartes, René) 310
도덕주의(moralism) 356, 359
도스토예프스키, 표도르(Dostoevsky, Fyodor) 293, 295, 296, 297, 298

도우, 크리스토프(Dow, Christopher) 226
두 아담 기독론(two-Adam Christology) 109, 236, 250, 251, 255, 257
듀어리, 존(Dury, John) 219

ㄹ

라이트(Wright, N. T.) 38, 39, 41, 42, 47, 83, 89, 111, 123, 124, 125, 126, 127, 129, 260
러더포드, 사무엘(Rutherford, Samuel) 199
러블리스, 리차드(Lovelace, Richard F.) 338, 356, 357
레이크, 피터(Lake, Peter) 225
로드, 윌리엄(Laud, William) 220, 221, 224, 227
로드주의 222
로드주의자(Laudian) 224, 232
로마 가톨릭(Roman Catholic) 40, 43, 44, 52, 131, 138, 140, 141, 155, 161, 162, 165, 178, 179, 184, 216, 217, 218, 219, 220, 221, 222, 225, 227, 228, 233, 234, 259
로저스, 리차드(Rogers, Richard) 226
루이, 앙투완(Louis, Antoine) 266
루이 16세(Louis XVI) 266
루터(Luther, Martin) 24, 33, 34, 36, 39, 51, 131, 132, 133, 134,

135, 136, 137, 139, 140, 156,
157, 166, 167, 168, 169, 170,
171, 172, 173, 174, 175, 176,
177, 178, 179, 180, 181, 183,
216, 217, 284, 287, 329, 339
루터의 탁상담화(*Luther's Tabletalk*)
180
루터파(Lutheran) 57, 89, 111, 117,
119, 121, 122, 123, 125, 128,
131, 134, 135, 136, 137, 138,
139, 144, 145, 146, 156, 157,
160, 168, 179, 181, 263
루터파 신학(Lutheran theology) 117,
120, 124, 129, 135, 145, 160
루터파 정통주의(Lutheran orthodoxy)
135, 141, 145, 146, 147, 157,
166, 182

ㅁ

만족(satisfaction) 132, 247, 298
매트스, 마크(Mattes, Mark) 291
맥그래스, 앨리스터(McGrath, Alister)
222
맥클라렌, 브라이언(McLaren, Brian D.)
351, 354
머레이, 존(Murray, John) 45, 49, 81,
96, 126, 326, 345, 346, 357,
358
멀러, 리처드(Muller, Richard A.) 214
멜랑히톤, 필립(Melanchthon, Philipp)

135, 137, 139, 145, 149, 157,
158, 159, 160, 161, 162, 163,
165, 166, 167, 168, 179, 180,
181
모스, 마르셀(Mauss, Marcel) 269
목회적(Pastoral) 45, 48, 215, 335,
336
묵시주의(apocalypticism) 219
뮐러, 존 테오도르(Müeller, John
Theodore) 117, 118, 119, 121
미드, 조셉(Mede, Joseph) 218, 219,
222, 223, 224, 244, 260
미래적 칭의 46, 53, 54, 56, 57,
58, 76, 83, 85, 98, 259,
260
미래적 심판(future judgment) 82
믿음의 기능(function of faith) 328
밀러, 잭(Millar, Jack) 342
밀턴, 앤서니(Milton, Anthony) 216

ㅂ

바빙크, 헤르만(Bavinck, Herman) 90
바우어, 퍼디난드 크리스챤(Baur,
Ferdinand Christian) 140
바울신학(Pauline theology) 46, 57,
59, 120, 127, 155
바인스, 리차드(Vines, Richard) 211,
234, 236, 239, 240, 241, 242,
244, 245, 246, 257, 258, 259,
260

바커, 윌리엄(Barker, William) 212
반(反)교황주의(anti-popery) 216
반(反)율법주의(antinomianism) 185, 197, 198, 199, 200, 203, 208, 225, 227, 228, 229, 230, 231, 232, 234, 242, 243, 244
반 틸, 코넬리우스(Van Til, Cornelius) 45, 311, 312, 313, 317
백스터, 리차드(Baxter, Richard) 186, 196, 198, 199, 200, 202, 203, 204, 207, 208, 244
백허스트, 테오도르(Backhurst, Theodore) 251
밴 딕스후른, 채드(Van Dixhoorn, Chad) 211, 233, 239, 240, 241, 254
버로우스, 제러마이어(Burroughs, Jeremiah) 219
벌코프, 루이스(Berkhof, Louis) 139, 156
법정적 칭의(forensic justification) 47, 131, 135, 136, 137, 141, 142, 143, 144, 145, 146, 147, 155, 157, 158, 161, 166, 171, 177, 179, 181, 182
베일리, 로버트(Baillie, Robert) 219
벤리그, 존(Benrigge, John) 199
보속 행위(satisfaction) 160
보스, 게할더스(Vos, Geerhardus) 45, 100, 109, 121, 122, 156

보즈만, 테오도르(Bozeman, Theodore) 226
복음 전도(evangelism) 336, 348
본질주의(essentialism) 285, 290
본회퍼, 디트리히(Bonhoeffer, Dietrich) 356
볼스티우스, 콘라드(Vorstius, Conrad) 188
볼프, 미로슬라프(Volf, Miroslav) 274, 275, 277, 278, 279, 280, 289, 290, 292
부서, 마르틴(Bucer, Martin) 134, 149
부패(depravity) 255, 275, 345, 348
부활의 생명(resurrection-life) 61, 67, 92, 93, 94, 102, 109
불링거, 하인리히(Bullinger, J. H) 134, 149
브릿지스, 제리(Bridges, Jerry) 343

ㅅ

사망이 최종적이고 완전하게 멸망 (final destruction of death) 68
사면(Acquittal) 56, 222, 223, 236, 237
죄의 사법적인 결과(judicial consequence)로서의 죽음(사망) 62, 63, 64, 66, 72
사보이 선언(*Savoy Declaration*, 1658) 185, 186, 187, 192

사회 정의(social justice) 278, 291, 292, 293
새 관점(바울에 대한 새 관점, New Perspective [on Paul]) 32, 33, 38, 39, 40, 43, 44, 45, 48, 49, 52, 57, 89, 111, 128, 209, 258, 259, 260, 328, 329, 343, 352
새 생명(the new life) 92, 126
새 창조의 작용인(the agent of the New Creation)으로서의 성령 95
생명의 성령(Spirit of life) 64
생명의 칭의(justification of life) 61, 65, 247, 250
설교(preaching) 23, 27, 109, 199, 271, 296, 298, 336, 338, 341, 345, 347, 348, 349, 350, 354, 359
성경적이며 조직신학적(Biblical and Systematic-Theological) 89, 125
성령의 갱신(renewal of Holy Spirit) 152
성령의 능력(power of Holy Spirit) 83, 182, 360
성육신하신 중보자(incarnate mediator) 191
성화(sanctification) 11, 26, 47, 59, 86, 89, 90, 91, 93, 94, 98, 103, 114, 115, 116, 119, 125,
126, 127, 136, 138, 139, 146, 155, 174, 175, 182, 199, 223, 228, 230, 231, 245, 284, 288, 289, 290, 291, 320, 333, 338, 339, 356, 357, 358, 362
셔먼, 라자루스(Seaman, Lazarus) 246
소시누스, 파우스토 파올로(Socinus, Fausto Paolo) 187
소시니안주의(Socinianism) 46, 187, 188, 189, 190, 193, 194, 203
속량(satisfaction) 188, 207, 210, 212, 222, 234, 239, 240, 246, 257, 282, 322
속죄(atonement) 201, 205, 206, 264, 272, 298
속죄(expiation) 235, 265, 281, 283
솔제니친, 알렉산드르(Solzhenitsyn, Alexandr) 298
수동적 순종(passive obedience) 47, 88, 99, 110, 185, 187, 210, 211, 212, 228, 234, 236, 246, 250, 258
슈미트, 토비아스(Schmidt, Tobias) 266
슐리히팅기우스(Schlichtingius) 193
스말키누스(Smalcius) 187
스토커, 헨드릭(Stoker, Hendrik G.) 317
스토트, 존(Stott, John) 23, 337

스튜어트 왕조시대 교회(Stuart Church) 213, 214
실바, 모세(Silva, Moisés) 328, 329, 330
심판(judgment) 20, 56, 66, 76, 77, 78, 79, 80, 82, 84, 147, 271, 272, 281, 283, 288, 314, 347, 351, 352
심판의 날(the day of judgment) 55, 77, 85, 260
심판의 사역(ministry of judgment) 345

ㅇ

아담의 불순종(disobedience of Adam) 108, 257
아우구스부르그 신앙고백서의 변증서 (*Apology of the Augsburg Confession*) 145, 159, 167
안셀름(Anselm of Canterbury) 239
알렉스 미첼(Alex Mitchell)과 존 스트루더스(John Struthers) 213
알미니안주의(Arminianism) 220, 245, 259, 260
알스테드, 요한 하인리히(Alsted, Johann Heinrich) 218
양자됨(adoption) 73
억압(oppression) 274, 275, 281, 289, 290
언약 사상(federalism) 192, 197

언약적 믿음(covenant faith) 301, 302, 319, 323, 325, 333
언약적 비전 학파(Federal Vision Theology) 209
언약적 율법주의(covenantal nomism) 36
역사적이며 신학적(historical-theological) 48, 55, 111, 117, 125, 214, 233
연합과 전가(union and imputation) 60, 111
영생(eternal life) 61, 81, 82, 86, 132, 138, 143, 160, 169, 174, 223, 224, 237, 240, 247, 250, 257, 331
영원한 칭의(eternal justification) 197, 198, 199, 200, 206, 208, 230, 231, 234
예수 그리스도(Jesus Christ) 23, 24, 33, 41, 45, 70, 87, 88, 93, 95, 98, 100, 101, 108, 187, 220, 223, 236, 247, 251, 255, 256, 262, 267, 337, 341, 361
오시안더(Osiander, A.) 154, 155
오웬, 존(Owen, John) 48, 183, 208, 321, 336
오이코람파디우스(Oecolampadius, J.) 134
용서(propitiation) 42, 283

우리 자신에 대한 지식(knowledge of ourselves) 313
워커, 조지(Walker, George) 189, 246, 251
워튼, 앤서니(Wotton, Anthony) 189
워필드(Warfield, B. B.) 304, 305, 322, 327, 328
원래적 믿음(original faith) 301, 302, 309, 312, 318, 321, 324, 325, 333
웨스트, 토마스(West, Thomas G.) 296
웨스트민스터 대요리문답(Westminster Larger Catechism) 55, 71, 84, 85, 88, 98, 256, 260
웨스트민스터 소요리문답(Westminster Shorter Catechism) 55, 56, 71, 84, 85, 104, 108, 260
웨스트민스터 신앙고백서(*Westminster Confession of Faith*) 84, 86, 88, 185, 186, 192, 210, 212, 219, 253, 255, 260, 321
웨스트민스터 총회(Westminster Assembly) 48, 189, 190, 196, 199, 211, 212, 213, 214, 216, 218, 221, 224, 233, 234, 238, 241, 242, 246, 249, 253, 254, 258, 259
웨스트민스터 표준문서(Westminster Standards) 55, 210, 219, 224, 245, 255, 257, 258, 259, 260

위격적 연합(hypostatic union) 190, 195, 196
위베르, 앙리(Hubert, Henri) 269
윌슨, 토마스(Wilson, Thomas) 194, 248
윌킨슨, 헨리(Wilkenson, Henry, Sr.) 233, 234, 246
육체(몸, body) 64, 69, 70
육체의 부활(resurrection of the body) 54, 58, 67, 72, 74, 75, 76, 85, 86, 174
율법(law) 33, 35, 39, 45, 62, 67, 69, 77, 78, 79, 106, 153, 158, 163, 164, 165, 170, 211, 228, 229, 230, 231, 235, 237, 238, 242, 243, 245, 248, 250, 251, 252, 256, 257, 288, 291, 345, 346, 348, 361
율법주의(legalism) 230, 356, 358, 359
은혜 언약(covenant of grace) 136, 182, 192, 200, 201, 206, 255, 256
은혜의 복음(gospel of grace) 341, 343, 344, 347, 356, 360, 361
의롭게 하는 믿음(justifying faith) 83, 132, 301, 302, 309, 319, 321, 322, 325, 326, 327, 332, 333
이리가라이, 루스(Irigaray, Luce) 288
이미-아직 아니의 구조(already-not

yet structure) 53, 58, 59, 63, 83
이성, 이성적(reason, reasonable) 26, 155, 188, 195, 267, 268, 302, 303, 304, 305
이튼, 존(Eaton, John) 227, 228, 229, 230, 231
일치 신조(Formula of Concord) 141, 144, 145, 146, 149, 150, 157, 158
잊어버리심(forgetting) 279

ㅈ

자유(freedom) 276, 295
적그리스도(Antichrist) 217, 218, 219, 220, 221
전가된 의(imputed righteousness) 31, 87, 116, 222, 223, 234
전략적 본질주의(strategic essentialism) 284, 286
전적 부패(total depravity) 234
정죄(condemnation) 63, 98, 99, 100, 104, 108
존스, 서린(Jones, Serene) 284, 285, 286, 287, 288, 289, 290, 292
종교개혁 이후의 루터파(the post-Reformation Lutheran) 89, 117, 121, 125, 128
종말론(eschatology) 46, 47, 51, 52, 55, 58, 67, 82, 88, 89, 94, 95, 96, 97, 98, 100, 101, 102, 104, 106, 109, 120, 127, 129, 195, 218, 237, 257, 279, 283, 361
종말론적인 생명(eschatological life) 99, 104, 107
죄 사함(forgiveness of sins) 118, 132, 138, 141, 143, 146, 150, 153, 160, 161, 162, 163, 174, 175, 176, 179, 197, 236, 251
죄 사함의 실제적인 작용인(a real agent in the forgiveness of sins) 174
죄에 대한 확신(conviction of sin) 344
죄의 보편성(universality of human sin) 77, 78
죄책(guilt) 20, 56, 65, 98, 105, 109, 126, 222, 236, 237, 255, 289, 291, 346
죄책감(sense of guilt) 35, 36, 336, 338, 340, 342, 343, 346, 355, 359
죽음과 부활(death and resurrection) 55, 59, 63, 87, 94, 101, 102, 103, 272, 357
중보(mediation) 191, 195
중생(regeneration) 135, 136, 144, 145, 146, 149, 150, 151, 152, 153, 154, 155, 157, 158, 162, 181, 358

지라르, 르네(Girard, René)　269
질료적 원인(material cause)　331, 332
짐 크로우(Jim Crow)　293

ㅊ

찰스 1세(Charles I)　220
창조자 하나님을 아는 지식(knowledge of God the Creator)　313
천년왕국주의(millenarianism)　218, 219
초크, 스티브(Chalke, Steve)　351, 352
최후의 심판(final judgment)　52, 55, 56, 58, 66, 69, 73, 76, 77, 79, 81, 82, 84, 85, 86, 352
츠빙글리, 울리히(Zwingli, Ulrich)　134

ㅋ

카슨(Carson, D. A)　351
카이퍼, 아브라함(Kuyper, Abraham)　44, 306, 307, 308, 309, 310, 311, 312, 313, 318
칸, 하비(Conn, Harvie M.)　361
칸트, 임마누엘(Kant, Immanuel)　26, 303, 304
칼빈, 존(Calvin, John)　34, 45, 47, 87, 111, 112, 113, 114, 116, 117, 123, 124, 127, 131, 132, 133, 134, 135, 136, 137, 138, 139, 146, 147, 148, 149, 150, 151, 152, 153, 154, 155, 156, 157, 181, 182, 213, 220, 221, 222, 224, 260, 284, 311, 313, 319, 320, 331, 332, 350
커닝햄, 윌리엄(Cunningham, William)　139
커크, 다니엘(Kirk, J. R. Daniel)　212
켐니츠, 마틴(Chemnitz, Martin)　135, 137, 141, 142, 143, 144, 157, 168, 181
코모, 데이비드(Como, David)　220, 225
크랜필드(Cranfield, C. E. B.)　96, 337
크리습, 토비아스(Crisp, Tobias)　199, 200, 201, 202

ㅌ

타이악, 니콜라스(Twisse, William)　220, 221
테일러, 프란시스(Taylor, Francis)　243
토크빌, 알렉시스 드(Tocqueville, Alexis de)　297
트렌트공의회(Council of Trent)　138, 139, 141, 151, 178, 184
트립, 폴(Tripp, Paul D.)　360
트위스, 윌리엄(Twisse, William)　219, 224

ㅍ

패터슨, 올랜도(Patterson, Orlando) 269, 270
페미니스트(feminist) 284, 288, 289
포사이스(Forsyth, P. T.) 350
폭력(violence) 262, 269, 274, 277, 280, 281, 293, 353, 359
폴, 로버트(Paul, Robert) 211
프랑스 혁명(French Revolution) 264, 265, 266, 267, 268, 270, 293
플랜팅가, 앨빈(Plantinga, Alvin) 307, 308
피, 고든(Fee, Gordon D.) 103
피스카토르, 요하네스(Piscator, Johannes) 188
피퍼, 프란시스(Pieper, Francis) 117, 119, 120

ㅎ

하나님의 거룩(holiness of God) 338, 344, 346, 348, 350, 363
하나님의 사랑(love of God) 71, 72, 277, 287, 350, 351, 352, 360, 362
하나님의 지혜(God's wisdom) 101, 102
하나님의 진노(wrath of God) 42, 71, 73, 77, 82, 98, 100, 132, 177, 194, 204, 230, 236, 277, 282, 283, 287, 288, 290, 337, 340, 349, 350, 351, 352, 359
해몬드, 헨리(Hammond, Henry) 193
행위(works) 33, 35, 37, 39, 62, 76, 78, 79, 80, 82, 83, 84, 86, 98, 108, 115, 118, 132, 143, 160, 164, 165, 169, 178, 179, 182, 210, 216, 222, 223, 224, 225, 228, 229, 230, 231, 232, 233, 245, 259, 300, 317, 322, 329, 330, 331, 339, 340, 344, 357, 359
행위 언약(covenant of works) 99, 106, 195, 253, 255
헐, 찰스(Herle, Charles) 249, 251, 253
헨리에타 마리아(Henrietta Maria) 221
확신(assurance) 227, 343
회개(repentance) 276, 346, 349, 356, 357
휘틀리, 다니엘(Featley, Daniel) 190, 196, 197, 211, 213, 248, 249, 250
희생(Sacrifice) 37, 193, 205, 210, 239, 248, 249, 255, 257, 269, 270, 271, 283, 362, 363

30년 전쟁(Thirty Years War) 216, 217

그리스도의 칭의론
Justified in Christ: God's plan for us in Justification

2017년 3월 3일 초판 발행

편 집 자	K. 스코트 올리핀트
옮 긴 이	조영천

편 집	이종만, 곽진수
디 자 인	신봉규, 서민정
펴 낸 곳	사)기독교문서선교회
등 록	제16-25호(1980. 1. 18)
주 소	서울시 서초구 방배로 68
전 화	02) 586-8761-3(본사) 031) 942-8761(영업부)
팩 스	02) 523-0131(본사) 031) 942-8763(영업부)
홈페이지	www.clcbook.com
이 메 일	clckor@gmail.com
온 라 인	기업은행 073-000308-04-020, 국민은행 043-01-0379-646
	예금주: 사)기독교문서선교회

ISBN 978-89-341-1616-5 (93230)

* 낙장 · 파본은 교환해 드립니다.

이 도서의 국립중앙도서관 출판시 도서목록(CIP)은 서지정보유통지원시스템 홈페이지(http://seoji.nl.go.kr)와 국가자료공동목록시스템(http://www.nl.go.kr/kolisnet)에서 이용하실 수 있습니다.
(CIP제어번호:CIP2017000195)